BTS 1re et 2e années
COMMUNICATION

BLOC 3

Accompagner le développement de solutions médias et digitales innovantes

Ouvrage coordonné
par Fabienne REYSSIER

Éric BIZOT
Frédéric CHATELAIN
Flavie DAUPHIN-MEUNIER
Sébastien D'INDY
Asma KCHOUK DRISSI
Mathieu GLAVANY
Stéphane KLOSTER
Nadine MEDJEBER
Fabienne REYSSIER
Lola SANDEVOIR

Nathan
TECHNIQUE

Édition : Brune Billaudel, Florence Terrasse, Sara Wlodarczyk
Coordination artistique : Vincent Rioult
Fabrication : Émilie Rametti
Conception couverture : Vincent Rioult
Mise en pages : Ghislaine Geneslay, Jean-Jacques Galmiche

ISBN : 978-2-09-502266-2
Code éditeur : 166821

Avec ce livre, une licence i-MANUEL 2.0

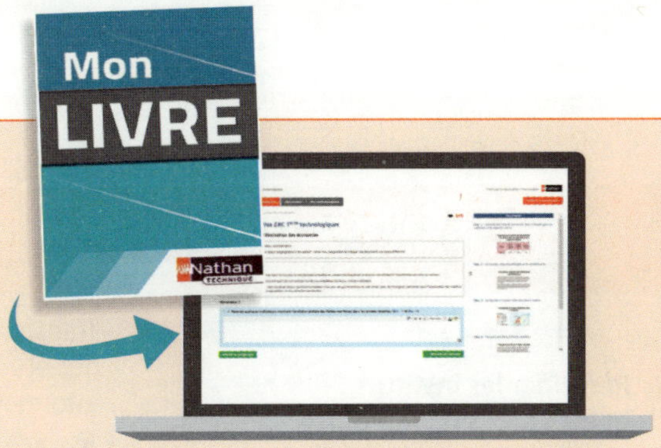

Le i-Manuel 2.0, un outil simple d'utilisation qui reprend l'ensemble des contenus de ce livre sous forme numérique et interactive.

Il permet d'accéder au contenu de ce manuel à tout moment et en tout lieu sur un ordinateur ou une tablette. L'utilisateur peut donc passer du papier au numérique et choisir le support qui lui convient le mieux selon le travail à faire et le lieu où il se trouve.

Une véritable interactivité entre l'enseignant et sa classe

- **Vidéoprojeter** en classe les activités, les documents et les corrections pour animer les cours et travailler collectivement.
- N **Feuilleter le livre papier enrichi et le télécharger** pour un usage sans connexion.
- N Bénéficier d'**une banque de ressources.**
- **Piloter la classe** en assurant le suivi du travail des élèves à distance et en cours (recevoir et envoyer du travail, faire des commentaires, intervenir en temps réel).
- **Intégrer et envoyer à la classe**, à un ou plusieurs élèves, **des documents personnels**.
- **Afficher les corrigés** ou la correction individuelle du travail de l'élève.
- **Imprimer** les documents nécessaires pour mettre les élèves en **situation d'examen**.

Des fonctionnalités innovantes pour favoriser l'intérêt, la motivation et l'implication des élèves

- **Saisir les réponses** en travaillant sur ordinateur ou tablette.
- **Faire les activités et les exercices**, préparer ou réviser le cours **en classe ou à la maison**.
- **Accéder** aux **ressources numériques**, vidéos, fichiers élèves (Word, Excel, GeoGebra...).
- **Sauvegarder** au **format Word** le travail effectué dans un dossier (classeur).
- **Envoyer le travail** au professeur.
- **S'enregistrer** pour les activités orales.
- **S'auto-évaluer**.

Toutes les infos et les tutos sur www.nathan.fr/i-manuel2

Avec ce livre, des ressources numériques en accès direct

Flashez les QR Codes avec votre smartphone ou saisissez les mini-liens associés pour accéder à des vidéos, animations, QCM...

Sommaire

Sommaire des fiches ressources

CHAPITRE 9 Élaborer un argumentaire pour valoriser des solutions médias et digitales innovantes

CHAPITRE 10 Créer des outils d'aide à la prospection et à la vente

CHAPITRE 11 Comprendre les problématiques médias des annonceurs et élaborer une recommandation média

CHAPITRE 12 Accompagner les acteurs dans les enjeux du numérique responsable

CHAPITRE 13 Suivre la relation client et accompagner le changement

CHAPITRE 14 Mettre en place des indicateurs de performance

Comment utiliser l'ouvrage ?

Ouverture du chapitre

Rappel des compétences et savoirs associés du référentiel.

Présentation du contexte professionnel qui sert de fil conducteur au chapitre.

Activités

Pour chaque chapitre, un découpage du travail en plusieurs activités.

Questionnement qui renvoie vers des documents professionnels et des fiches ressources apportant les savoirs.

Termes définis dans le lexique (surlignés en bleu).

Documents de formes et de natures variées : articles, vidéos, extraits de sites Internet…

Fiches ressources

Fiches ressources détachables privilégiant une approche pratique : exemples, schémas, tableaux…

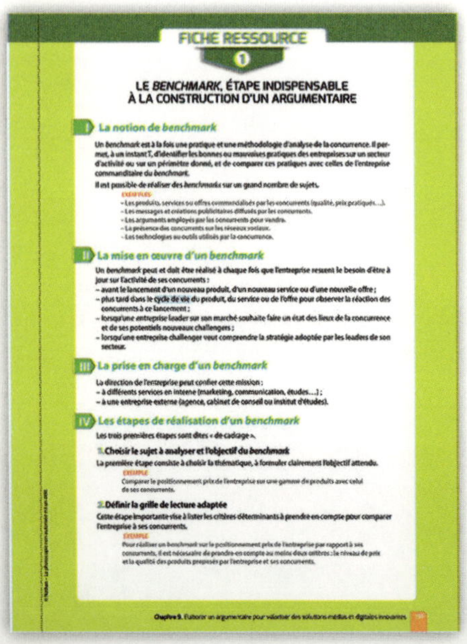

Applications

Dans chaque chapitre, 1 à 2 applications permettent d'approfondir les notions et / ou de retravailler les compétences dans d'autres contextes.

Renvois aux compétences Pix en face des questions qui font travailler ces compétences.

CHAPITRE 1

Identifier les instituts et les études de référence

Contexte professionnel

Compétences professionnelles
- Transformer les données des études de référence en informations
- Assurer une veille permanente de l'écosystème média et digital

Savoirs associés
- Les différentes études et leurs caractéristiques
- Le panorama des médias, du digital et de l'écosystème innovation

Vous êtes en stage en tant qu'assistant(e) chargé(e) d'études dans la régie publicitaire leboncoin Publicité. Lancée en 2012, la régie compte actuellement 150 collaborateurs. Elle s'appuie sur une audience homogène sur tout le territoire et sur 29 millions de visiteurs uniques mensuels en moyenne, qualifiés selon différents profils : intentionniste achat immobilier, bio friendly, fashionista, CSP+... La régie emploie 30 directeurs conseil dans toute la France, qui encadrent des équipes commerciales locales dédiées aux annonceurs en région. Leur objectif est de proposer des solutions adaptées à chacune des problématiques clients. Votre travail dans la régie consiste à assister au quotidien les chargés d'études et de marketing, dont les missions sont les suivantes :

- recenser les besoins en études des collaborateurs ;
- mettre en place des dispositifs de mesures quantitatives ou qualitatives ;
- assurer le rôle de référent méthodologique ;
- bâtir des questionnaires ou des guides d'entretien ;
- accompagner les équipes commerciales et marketing dans la valorisation des solutions publicitaires en leur fournissant des données.

Dans le cadre de ce stage, vous aurez aussi une mission en autonomie : réaliser une veille régulière de l'ensemble de l'écosystème études en identifiant les différents acteurs et leurs démarches innovantes.

www.leboncoin.fr

Vidéo : leboncoin Publicité, la bonne régie pour tous
liennathan.fr/zju755

Site : Présentation de la régie leboncoin Publicité
liennathan.fr/xq98s9

Comprendre le contexte

1. Présenter la régie leboncoin Publicité à partir de recherches sur Internet et des solutions publicitaires qu'elle commercialise.
2. Recenser les forces de la régie.
3. Citer différentes problématiques annonceurs en région.
4. Expliquer en quoi une audience homogène sur tout le territoire est un atout pour la régie.
5. Expliquer pourquoi la régie peut aider les annonceurs et les agences médias à comprendre leurs audiences et les enjeux de société.

1 Analyser une méthodologie d'enquête quantitative

Dans le cadre de votre mission au sein de la régie leboncoin Publicité, vous décidez d'étudier comment deux acteurs de référence, l'institut BVA et le CRÉDOC, mettent en œuvre une méthodologie d'enquête.

Documents 1 et 2
Fiches ressources 1 et 2

1. Présenter l'institut BVA et le CRÉDOC.
2. Identifier les commanditaires de l'étude BVA.
3. Préciser pourquoi les deux études CRÉDOC ne mentionnent pas de commanditaires.
4. Distinguer les études quantitatives des études qualitatives.
5. Préciser l'intérêt de réaliser des études par vagues.
6. Citer trois critères sociodémographiques retenus lors de la constitution des échantillons.
7. Justifier l'intérêt d'un échantillon composé d'un tel nombre d'interviewés.
8. Préciser la contrainte liée à l'interview des mineurs.
9. Repérer les avantages et les inconvénients des deux types d'administration des questionnaires (en ligne ou en face-à-face).
10. Expliquer l'intérêt de la méthode des quotas dans la construction de l'échantillon.

Document 1 La méthodologie de l'enquête quantitative BVA

Un an après la précédente mesure, la Fondation Jean-Jaurès et la Macif ont à nouveau réalisé avec l'institut BVA une enquête sur « les jeunes et l'entreprise » auprès de 1 000 jeunes français âgés de 18 à 24 ans afin d'observer les aspirations de cette génération en matière de travail, à la suite d'un certain nombre d'événements (campagne présidentielle, inflation, crise climatique, changement du rapport au travail) observés depuis la rentrée de septembre 2022.

Méthodologie

Étude réalisée par Internet du 12 au 22 septembre 2022

Échantillon de 1 000 Français âgés de 18 à 24 ans, représentatif de la population nationale âgée de 18 à 24 ans

La représentativité de l'échantillon a été assurée grâce à la méthode des quotas appliquée aux variables suivantes : sexe, âge, profession de l'interviewé et de la personne de référence du ménage, région et catégorie d'agglomération.

Les résultats présentés dans des encadrés sont significativement supérieurs à la moyenne. Ils démontrent la présence d'un écart significatif et permettent d'affirmer à 95 ou 99 % que cette différence entre la population affichant ce résultat et l'ensemble n'est pas due au hasard.

Rappel 2021

Des rappels et des évolutions sont indiqués par rapport à la mesure réalisée en 2021.

www.bva-group.com, mars 2022.

Document 2 La méthodologie de l'enquête quantitative CRÉDOC

Le regard des Français sur l'environnement et la nature des actions à mener
Dans un contexte socio-économique de montée des prix de l'énergie, et alors que la société sort à peine de la crise sanitaire, les préoccupations pour l'environnement restent fortes et les enjeux liés à l'environnement restent installés durablement dans l'opinion publique. L'idée que des changements de société auront à s'opérer pour des raisons environnementales dans les prochaines années s'installe petit à petit. Ces changements semblent aussi souvent souhaités que subis. L'opinion est en revanche plus sceptique sur la survenue de changements en matière de justice sociale.

CRÉDOC
CENTRE DE RECHERCHE POUR L'ÉTUDE ET L'OBSERVATION DES CONDITIONS DE VIE

L'enquête Conditions de vie et aspirations – plus de 40 ans d'historique

- **Enquête réalisée en ligne auprès de 3 000 interviewés à chaque résidant sur tout le territoire français (France métropolitaine, Corse et DOM-TOM) âgés de 15 ans et plus**
  - Les vagues avant 2015 étaient menées en face-à-face sur un échantillon de 2000 personnes et sur un champ plus restreint : les individus de 18 ans et plus, résidant en France métropolitaine, hors Corse
- **Vague de début 2022**
  - 3400 personnes interrogées
  - Terrain: du 21 décembre 2021 au 14 janvier 2022
  - Durée médiane des questionnaires: 53 minutes
- **Méthode des quotas :**
  - 1) quotas : ZEAT, taille d'agglomération, âge, sexe, catégorie socio-professionnelle et type d'habitat
  - 2) redressement, notamment sur la variable croisée âge x diplôme
- **Des questions propres à chaque client et d'autres mutualisées**
  - Une vingtaine de critères **sociodémographiques**
  - De très nombreuses questions sur les **modes de vie et les opinions** de la population, portant sur la santé, les inquiétudes, les préoccupations, la famille, l'environnement, les loisirs, les pratiques culturelles, le moral économique, l'opinion sur le fonctionnement de la société, les politiques sociales, etc.
  - Des questions spécifiques pour suivre l'impact de l'épidémie de la Covid

CRÉDOC

Les zones d'études et d'aménagement du territoire (ZEAT) découpent la France métropolitaine en huit grandes zones qui correspondent à des regroupements des régions antérieures à la nouvelle organisation territoriale de la République de 2015.

www.insee.fr et www.credoc.fr

2 Comprendre l'intérêt des études « média-marché »

L'institut Kantar Media, leader mondial de la data, des études et du conseil, a développé de nombreuses compétences : connaissance des consommateurs, des marques et des marchés, développement de solutions technologiques, évaluation des marchés publicitaires, mesure d'efficacité… Il travaille dans tous les domaines d'activité, de la grande consommation à l'automobile, en passant par la technologie et la finance. Parmi les études qu'il mène, l'étude TGI est l'une des plus connues en France. La plupart des acteurs du marché s'intéressent à ses résultats pour enrichir leur connaissance des cibles.

Documents 3 et 4
Fiche ressource 1

KANTAR

1. Identifier les forces méthodologiques de l'étude TGI de Kantar Media en précisant le sens des expressions « auto-administré » et « single source ».
2. Expliquer pourquoi TGI est une étude « média-marché ».
3. Indiquer pourquoi Kantar Media enrichit régulièrement l'étude TGI avec de nouvelles variables.
4. Préciser l'enjeu pour une régie publicitaire de connaître et de décrire avec précision les habitudes médias (online et offline) des consommateurs.
5. Préciser à quelle famille de presse appartient CB News et citer d'autres titres de la même catégorie.

Document 3 L'étude TGI de Kantar Media sur la consommation des médias

[...] L'étude TGI de Kantar Media publiée chaque année en avril puis en octobre s'enrichit. En effet, elle intègre désormais 700 variables supplémentaires avec des thématiques telles que la RSE, la santé naturelle, Internet et les réseaux sociaux ainsi que la publicité. [...]

Dans la foulée de ces nouveautés, Kantar Media en profite pour révéler quelques nouvelles données. On apprend ainsi que 74 % des Français de 15 ans et plus « ne profitent plus du moment présent, tout le monde a les yeux rivés sur son smartphone » quand, dans le même temps, 32 % se « sentent complètement dépassés par la quantité d'informations disponibles sur Internet ». Par ailleurs, 20 % des Français se disent « influencés par les réseaux sociaux quant à l'image qu'ils ont d'une marque » et que seuls 15 % « pensent qu'ils influencent leur consommation ». De même, concernant les plateformes, Facebook garde la préférence des Français quand il s'agit de découvrir une nouvelle marque ou de prendre contact avec elle, devançant Instagram et YouTube.

Par ailleurs interrogés sur les enjeux RSE, les Français pointent à 64 % que « les marques devraient jouer un rôle majeur dans la lutte contre toutes les formes de discriminations » et pourtant ils ne sont plus que 26 % à dire acheter « de préférence les marques qui mettent en avant le multiculturalisme et la diversité dans leurs publicités ». Kantar Media nous apprend également que 68 % des Français estiment que les entreprises devraient faire beaucoup plus d'efforts pour lutter contre les discriminations, mais qu'une part moindre, évaluée à 48 %, aime travailler dans un environnement multiculturel. La voiture électrique devra pour sa part encore convaincre 1 Français sur 5 pour qui « les voitures électriques font perdre tout le plaisir de la conduite ». [...]

T. Wojciak, www.cbnews.fr, 13 juin 2022.

Document 4 La méthodologie de l'étude média TGI de Kantar Media

Focus méthodologie TGI de Kantar Media

Étude média-marché menée auprès d'un échantillon représentatif de 15 000 Français de 15 ans et plus *via* un questionnaire autoadministré offline et online. Les résultats de cette enquête en single source sortent tous les six mois en avril et en octobre.

Cette étude permet aux annonceurs, aux agences et aux médias d'identifier et de cibler grâce à :

- des données sociodémographiques : individu et foyer, responsable des achats, logement, modes et rythmes de vie ;
- des données médias et digitales : consommation média et digitale sur ordinateur ou mobile ;
- des données consommation : usages des produits et des marques, achats des 12 derniers mois ;
- des données valeur et centres d'intérêt, comportement, personnalité, opinion, attitudes motivations, styles de vie loisirs.

T. Wojciak, www.cbnews.fr, 13 septembre 2022.

Vidéo : Kantar x UDM : FAIRe 2022 | François Nicolon
liennathan.fr/6g4uv3

Vidéo : Développer des plans médias efficaces
liennathan.fr/42m3ku

3 Mettre la technologie au service des études propriétaires et de l'efficacité publicitaire

Récemment, la régie leboncoin Publicité a créé de nouvelles solutions publicitaires. La première innovation a été lancée en partenariat avec YouTube : le Cube publicité. Cette solution permet de communiquer dans un environnement vidéo qui utilise la data du boncoin. La seconde est centrée sur les opérations spéciales et permet aux annonceurs d'émerger de façon efficace et créative. La régie accompagne aussi depuis dix ans les annonceurs et les agences médias dans la compréhension de leurs audiences et des enjeux de société en créant notamment un bureau d'études chargé de décrypter les tendances sur la consommation des Français.

➊ Document 5
➊ Fiche ressource 3

www.lebonobservatoire.fr

1. Démontrer que la régie leboncoin Publicité commercialise bien plus que des espaces publicitaires.
2. Présenter les deux outils basés sur les études récemment mis en place par la régie en intégrant les définitions des notions « données propriétaires » et « insight ».
3. Décrire le fonctionnement d'une étude barométrique comme le Bon Observatoire cité par Fabien Scolan.
4. Expliquer pourquoi la régie leboncoin Publicité précise qu'elle travaille avec des données propriétaires et anonymisées.
5. Visionner la vidéo puis expliquer pourquoi les outils de datavisualisation mis en place par la régie sur sa plateforme sont une nécessité à notre époque.
6. Faire un schéma qui fera le lien entre annonceur, régie, technologie, data et études.

Document 5 — Interview de Fabien Scolan, en charge de l'activité Advertising du groupe leboncoin

Leboncoin met gratuitement sa data à la disposition de toutes les entreprises françaises. Pourquoi ?

Fabien Scolan : Nous sommes partis du constat que leboncoin accompagne les Français dans leurs moments de vie, des plus engageants – trouver un logement, un véhicule, un emploi, partir en vacances… – aux plus usuels – trouver un vêtement, décorer sa maison – à travers une offre répartie en 73 catégories. Cela représente 29,4 millions de visiteurs uniques mensuels et 50 millions d'annonces en ligne. Nous nous sommes dit qu'il était temps de mettre toutes ces données au service des entreprises françaises, pour leur apporter une meilleure connaissance du comportement de consommation des Français dans leur vie de tous les jours en mettant gracieusement à leur disposition deux outils : le Bon Observatoire et leboncoin Publicité Insight.

De quoi s'agit-il exactement ?

Fabien Scolan : Le premier est le Bon Observatoire, un baromètre accessible à tous et lancé en début d'année [2021] qui, comme son nom l'indique, permet d'observer les comportements de consommation des Français sur les grandes catégories que sont l'automobile, l'immobilier, l'emploi, les biens de consommation, etc. Cet outil interactif permet d'identifier les grandes tendances de consommation à l'échelle nationale, régionale et locale.

Le second outil, leboncoin Publicité Insight, est une plateforme d'insights en ligne, mise à jour en temps réel, alimentée par 50 millions de données 100 % propriétaires et anonymisées, conformément aux recommandations du RGPD [et accessible] depuis notre site leboncoin Publicité […]. Les entreprises peuvent ainsi connaître l'influence de leur marque sur les utilisateurs, voir les comportements de leurs cibles s'ils la connaissent (ce qui les intéresse, ce qu'ils achètent…) pour mieux travailler le timing ; ou encore, mieux les adresser et travailler l'efficience de leurs campagnes publicitaires sur le funnel de conversion. […]

www.cbnews.fr, 22 novembre 2021.

Vidéo : Découvrez leboncoin Publicité insight
liennathan.fr/27hrt8

4 Valoriser une méthodologie solide et des livrables exploitables

Dans le cadre de votre stage au sein de la régie leboncoin Publicité, vous faites de la veille sur les études proposées par les différents instituts sur le comportement du consommateur mais aussi sur leur façon de valoriser leurs études et leurs méthodologies. Vous prenez connaissance d'une plaquette commerciale du CRÉDOC.

Document 6
Fiche ressource 3

1. Préciser en quoi la méthodologie décrite dans la plaquette du CRÉDOC est un véritable argument de vente.
2. Indiquer si cette étude « Tendances de consommation » est une étude par souscription, une étude multi-clients ou une étude *ad hoc*.
3. Justifier le choix de la méthode quantitative pour cette étude.
4. Préciser l'intérêt pour un client de pouvoir insérer des questions en exclusivité.
5. Expliquer pourquoi les livrables proposés par le CRÉDOC sont qualifiés d'« opérationnels ».
6. Expliquer pourquoi cette plaquette distingue l'étude des attitudes de celle des comportements.
7. Expliquer ce que l'on entend par « tendances » dans le cadre des études marketing/communication en vous appuyant sur une recherche Internet.

Document 6 La plaquette commerciale présentant l'étude « Tendances de consommation »

Document 6 La plaquette commerciale présentant l'étude « Tendances de consommation » (suite)

L'enquête Tendances de Consommation Mars 2023

Un tronc commun

L'enquête suit depuis 1992 l'évolution des attitudes et des comportements des Français en matière de restrictions budgétaires, de critères d'achats et de nouveaux modes de consommation tels que la consommation durable, la consommation collaborative, le do-it-yourself…

Poser vos questions en exclusivité

Vous pouvez insérer vos propres questions sur les sujets qui vous animent, pour un regard exclusif sur les consommateurs

Elles vous sont restituées en bénéficiant de l'analyse générale que le CREDOC porte sur les tendances de consommation

Le CRÉDOC, **spécialiste de la consommation**

Depuis soixante-dix ans, le CREDOC vous apporte une analyse des attitudes et des comportements de consommation basée sur son expertise des modes de vie et des opinions des Français..

Le Crédoc repère ainsi les tendances émergentes (consommation engagée, sobriété, proximité). Il analyse de manière originale l'impact des crises successives qui traversent la société. Sur les comportements des consommateurs..

Tendances de consommation, **La référence dans l'analyse des comportements de consommation**

- Analyser l'impact de la conjoncture sur les attitudes et comportements de consommation
- Repérer les tendances émergentes
- Décrypter les tendances durables et leurs motivations
- Etudier vos cibles spécifiques
- Analyser les représentations des marques, de la qualité, de la sobriété…
- Bénéficier de plus 30 ans d'historique (1992-2023) et d'éclairages issus de l'ensemble des études et enquêtes du Crédoc

Caractéristiques **Techniques**

Terrain d'enquête online février-mars 2023

Recrutement Online

Questionnaire de 30 minutes (plus de 80 questions)

2 000 consommateurs de 18 ans et plus

Quotas par sexe, âge, catégorie socio-professionnelle, diplôme, région, taille d'agglomération, type de ménage

Tendances de consommation Mars 2023

Les thématiques

Ressenti économique et arbitrages dans un contexte inflationniste

- Préoccupations vis-à-vis du **pouvoir d'achat**
- Perception actuelle et future de la **situation budgétaire** des ménages
- **Sentiment de restrictions budgétaires,** perception de leur situation face à l'emploi, importance accordée à l'épargne
- **Précarité alimentaire perçue**
- Perception de la consommation comme **nécessité ou plaisir**

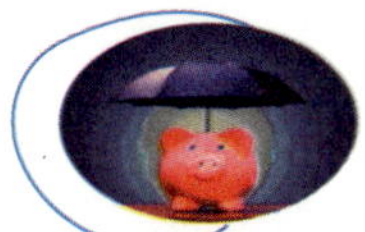

Rapport d'étude (format ppt)

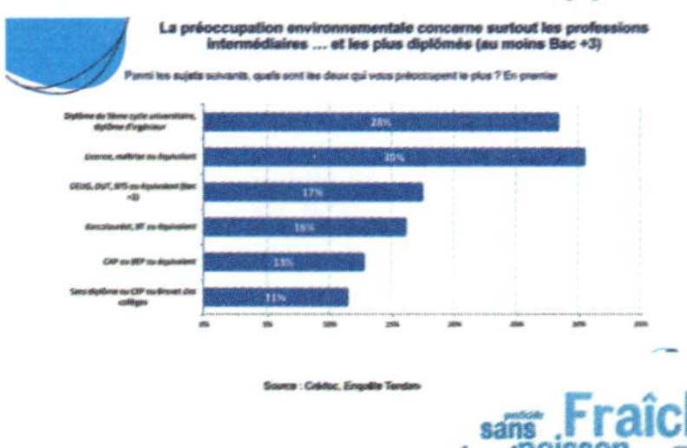

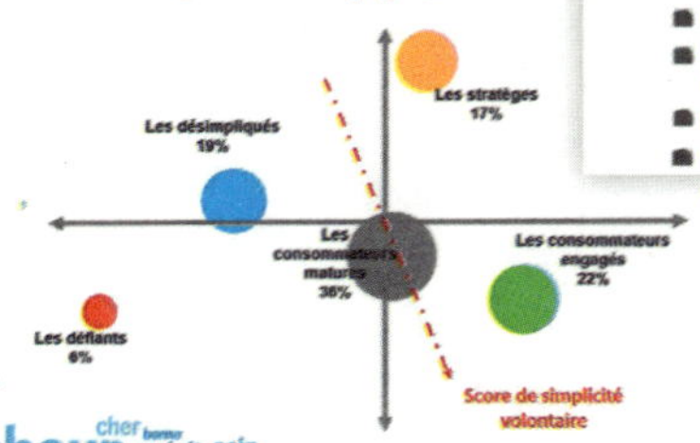

Rapports spécifiques PowerPoint avec vos questions + présentation : mars–avril 2023

Présentation du tronc commun de l'étude au CRÉDOC ou par Webinar : 6 avril 2023 avec l'ensemble des souscripteurs

Budget

Adhésion à l'enquête — Tronc commun

www.credoc.fr, 2023.

5 Comprendre l'intérêt des études hybrides

Dans le cadre de votre veille, vous êtes attentif(tive) aux publications des autres régies. La régie 366 vient de publier le nouveau volet de *Françaises, Français, etc.* Cette étude vous intéresse particulièrement car elle met en œuvre une méthodologie hybride.

Document 7
Fiche ressource 3

1. Présenter, à partir des documents et de vos recherches en ligne, la régie 366 et les différentes offres publicitaires qu'elle commercialise.
2. Préciser les objectifs de cette étude pour la régie 366 aussi bien d'un point de vue marketing, communication et commercial.
3. Rappeler les atouts de cette méthodologie hybride.
4. Définir la notion de « signaux faibles » et préciser en quoi il est intéressant pour la régie 366 de les identifier et de les formaliser pour les mettre à la disposition des annonceurs et des agences.
5. Expliquer l'intérêt des apports de la big data sémantique, d'une part, et de l'apport de l'ethnographie sociale, d'autre part.

Document 7 L'étude sociétale de la régie 366

L'étude

Le 6e volet de l'étude sociétale de la régie 366, régie nationale et commune des 55 titres de la presse quotidienne régionale (chaque titre ayant une régie propre en local), a été publié en novembre 2022. Cette étude hybride de 140 pages intègre plusieurs méthodologies afin de dresser le portrait des Françaises et des Français et de comprendre leur relation à la consommation et à la société. Cette dernière version, coordonnée par l'institut BVA, a été réalisée avec la collaboration de quatre partenaires qui ont apporté leur expertise spécifique. Le livrable se structure autour de 10 thèmes (la distance au travail, stratégies d'adaptation, l'assiette militante…) et a nécessité un travail important de datavisualisation. Cette étude permet à la régie, en s'appuyant sur des données plus stratégiques, de nourrir ses argumentaires de vente (**service marketing**) et d'obtenir des rendez-vous avec les annonceurs et les agences médias (**service commercial**).

La méthodologie de l'étude

Cette étude hybride, dont les résultats sont issus de différentes méthodologies, combine une approche classique et des approches moins conventionnelles qui s'appuient sur les technologies digitales. L'objectif de l'hybridation est d'obtenir les résultats les plus fiables et les plus pertinents grâce à des approches complémentaires. Il s'agit de tirer parti des atouts de chaque méthodologie et d'en gommer les biais. Aujourd'hui, de nombreuses études sont basées sur une approche hybride.

1. **une phase de planning stratégique** pris en charge par l'institut BVA qui a identifié les tendances sociétales ;
2. **une phase de big data sémantique** réalisée avec la plateforme de veille média Aday qui a travaillé en s'appuyant sur une base de données de plus de 110 millions d'articles, représentant 30 milliards de mots, rédigés par les journalistes de la presse quotidienne régionale (PQR) depuis 2012. Cette plateforme permet d'identifier les mots symboles de notre époque et la manière dont les sujets sont abordés ;
3. **une phase d'ethnographie sociale**[1] avec le cabinet Uptowns, spécialisé dans l'étude et l'analyse des microcommunautés et des microtendances : cette nouvelle brique méthodologique consiste en la détection de signaux faibles[2] au travers de l'écoute des réseaux sociaux (social listening) ;
4. **une phase d'enquête quantitative** menée par l'institut d'études Kantar Media auprès de 3 000 personnes représentatives des Français de plus de 18 ans.

1. Étude descriptive des groupes humains.
2. On entend par « signal faible » une information d'alerte précoce, de faible intensité, pouvant être annonciatrice d'une tendance ou d'un événement important.

Document 7 L'étude sociétale de la régie 366 (suite)

Vidéo : Grand Prix Syntec Conseil 2021 : BVA x 366 lauréats or
liennathan.fr/46yh3a

La régie 366

366 est la régie publicitaire experte des territoires depuis 2015 et opère, pour le compte de l'ensemble du marché publicitaire, une offre puissante, permettant de toucher chaque jour plus de 20 millions de personnes et chaque mois 43 millions de lecteurs issus de la presse quotidienne régionale, de ses déclinaisons digitales et TV locales, soit 81 % de la population française de + 15 ans.

À l'appui de son maillage complet du territoire en print, 366 diffuse *via* ses marques fortes et leurs canaux digitaux des contenus de proximité exclusifs, générés chaque jour par 5 800 journalistes et JRI et plus de 25 000 correspondants. 366 opère la publicité de 55 quotidiens, leurs 46 sites web et applications mobiles, la vidéo, les TV locales et les podcasts des éditeurs de PQR.

www.366.fr

6 Comprendre l'intérêt des études quali-collaboratives

Documents 8 et 9
Fiches ressources 1 et 3

L'administration de questionnaires d'enquêtes *via* Internet est devenue la règle dans le domaine des études quantitatives. Dans l'univers des études qualitatives, le digital a également permis de développer de nouvelles approches méthodologiques, plus faciles à mettre en œuvre et plus agiles que les méthodes classiques.
Vous complétez votre approche des différents types d'études par la découverte des activités de l'institut iligo, notamment de ses études qualitatives communautaires online. L'institut est composé de 15 consultants ayant pour mission de produire des recommandations opérationnelles et d'apporter un conseil stratégique aux clients grâce à des données fiables. Son portefeuille clients est composé d'annonceurs, de médias, de régies et d'agences.

1. Présenter l'institut d'études iligo en vous appuyant sur des recherches en ligne.
2. Décrire le fonctionnement de l'étude quali-collaborative mise en place par iligo.
3. Préciser l'apport du digital dans cette méthodologie quali-collaborative.
4. Comparer les forces et les faiblesses d'une réunion de groupe classique et d'une plateforme collaborative.
5. Expliquer en quoi ces nouvelles possibilités (plateforme de conversation digitale, réponse des interviewés avec téléchargement de photos et vidéos, interactions entre les membres) enrichissent les études qualitatives.

Document 8 iligo, la culture de l'innovation

Parce que le digital est aujourd'hui partout dans notre vie quotidienne, la compréhension des usages et attitudes des consommateurs, et la mesure des leviers marketing ne [peuvent] se faire sans prendre en compte le digital. Cela entraîne la nécessité d'innover et repenser sans cesse nos solutions pour répondre à de nouvelles problématiques.

iligo est particulièrement reconnu dans le domaine de l'innovation puisque l'agence a été primée à toutes les éditions des Trophées Études & Innovations depuis leur création en 2016 et dans toutes les catégories, recevant 15 récompenses, notamment pour des protocoles avec Google, Twitter, Publicis…

https://www.iligo.fr

TROPHÉES ÉTUDES & INNOVATIONS 2022 by 100% MEDIA

Document 9 Extrait de la présentation client de l'institut iligo

Slide 1 – Utiliser une communauté online pour allier la dynamique de groupe et l'expression individuelle

Slide 2 – Animer une communauté tripartite pour créer des interactions et enrichir la collecte

Slide 3 – Mettre en œuvre un dispositif qui combine des modalités d'interrogation complémentaires

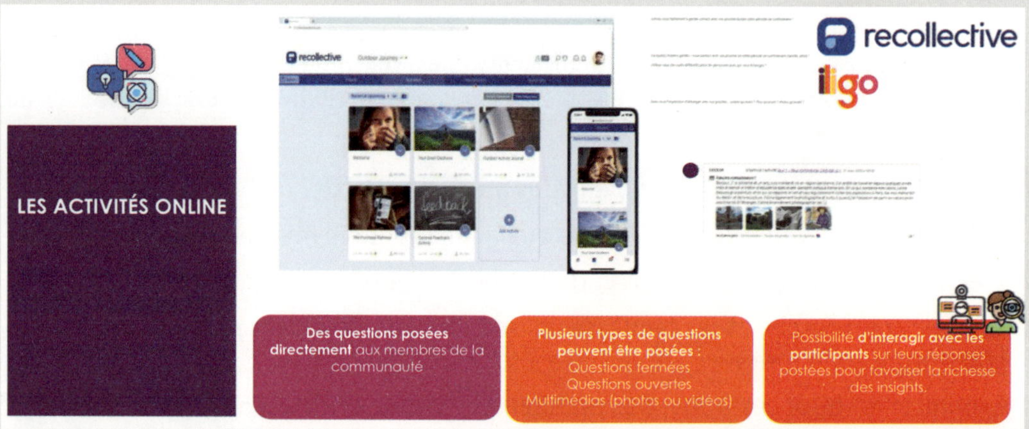

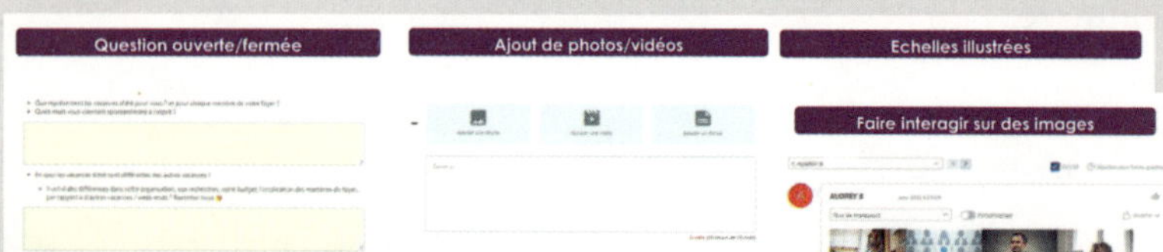

Slides 4 et 5 – Proposer différents types de question sur la plateforme pour éviter la lassitude des participants

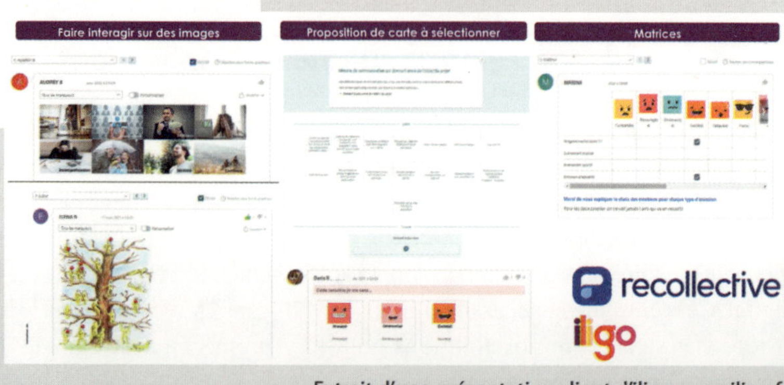

Extrait d'une présentation client d'iligo www.iligo.fr

Découvrir une filière, un syndicat professionnel, un métier et des trophées

Votre stage dans la régie leboncoin Publicité ayant été particulièrement formateur, vous devez préparer un oral de 30 minutes pour partager votre expérience. Vous réalisez des recherches complémentaires pour nourrir ce retour d'expérience.

Fiches ressources 4 et 5

1. Rappeler les différents rôles des études marketing puis présenter, à partir de vos recherches en ligne, le syndicat professionnel Syntec Conseil en identifiant ses principales missions.
2. Citer d'autres organisations professionnelles dans le secteur de la communication en précisant les métiers qu'elles représentent.
3. Présenter, après avoir écouté les podcasts, le métier de chargé d'études, en identifiant ses différentes missions.
4. Citer cinq instituts d'études marketing puis regarder la vidéo du document 2 pour choisir deux études lauréates à analyser. Compléter les grilles d'analyse à télécharger ci-contre.

Grilles d'analyse liennathan.fr/eie924

5. Expliquer pourquoi ces instituts consacrent autant d'efforts à l'innovation et pourquoi ils sont mis en compétition.
6. Classer les membres du jury en trois catégories professionnelles et indiquer ce qu'il est possible d'en déduire.
7. Préciser les motivations des instituts d'études pour participer à ces concours malgré leur coût.
8. Expliquer le rôle de la filière communication et indiquer si les instituts d'études en font partie.
9. Préciser le rôle des acheteurs de prestations intellectuelles et l'évolution de leurs missions.

Document 1 Un syndicat professionnel

SYNTEC CONSEIL

« Les professionnels des études marketing et opinion ont pour vocation de décrypter et prévoir l'évolution des modes de vie et de pensée, étudier les comportements des individus et des marchés, détecter les attentes non encore exprimées des consommateurs, éclairer les conséquences d'un arbitrage… en vue d'aider leurs clients à prendre des décisions en confiance. »

Pour ce faire, les techniques d'études reposent sur une combinaison de savoirs issue des statistiques, du marketing, des sciences humaines et sociales, mais aussi sur la maîtrise des technologies de l'information et du Web : phénomènes d'intelligence collective, psychologie des foules, pensée en réseau, techniques projectives, sociologie, anthropologie, ethnologie, sémiotique, neurosciences, analyse multivariée, méthodes probabilistes avancées, Web 2.0, gestion de communautés de consommateurs, écoute du Web, stratégies d'influence, marketing viral…

Le terme d'études marketing et opinion […] recouvre une grande diversité de métiers et de méthodes : panels, études quantitatives, études qualitatives, recueil automatique de données, recueil par questionnaire, recherche documentaire, observation in situ, simulation…

https://syntec-conseil.fr

Document 2 Le métier de chargé d'études

Vidéo : Découvrez Ipsos avec Oana, Chargée d'études Senior liennathan.fr/2ya25j

Podcast : Ça sert à ça ! Le podcast des métiers du conseil liennathan.fr/4nd5t6

Offre d'emploi : Chargé(e) d'études liennathan.fr/4un74i

Document 3 Dossier de participation aux Trophées Études & Innovations

Encore une fois cette année, ce rendez-vous incontournable va mettre en avant vos initiatives les plus innovantes […].
La data et les insights sont le moteur du marketing ; l'évolution de plus en plus rapide des comportements des consommateurs impose aux marques une agilité accrue.
Nous invitons l'ensemble des sociétés d'études […] ainsi que leurs clients (annonceurs, médias, régies publicitaires, start-up, agences ou agences médias) à participer. Toutes les études réalisées et/ou présentées entre avril 2022 et avril 2023 sont éligibles au prix.
L'occasion pour les candidats de :
– Mettre en avant leur expertise auprès du marché
– Inscrire leur démarche dans une vision prospective
– Présenter leur savoir-faire […]
– Bénéficier d'une visibilité inégalée et affinitaire grâce à la puissance et la pertinence de l'audience 100 % Média

Vidéo : Les Trophées Études et Innovations – 6e Édition
liennathan.fr/c3pg34

Dossier complet
liennathan.fr/v92m5u

7e édition
TROPHÉES
ÉTUDES & INNOVATIONS
2023

Document 4 La Filière Communication

La Filière Communication a pour mission principale de faire comprendre et de faire valoir le rôle de la communication, son utilité, ses métiers, son fonctionnement, auprès de tous les publics. En donnant une vision globale de l'activité du secteur, elle permet de révéler l'effet de levier de la communication sur la croissance économique et l'emploi, mais aussi sur la conduite du changement, sur la transformation du monde, des attitudes et des comportements dans la perspective de la transition écologique et solidaire. […]
La Filière représente donc tous les acteurs inscrits dans une logique d'intermédiation entre une marque, une entreprise ou une institution et les publics que ces dernières souhaitent toucher.

https://filiere-communication.org/lessentiel

LA FILIÈRE COMMUNICATION

Chaine de valeur de la filière communication
liennathan.fr/52gh6i

Exemples d'organisations professionnelles membres de la Filière Communication
liennathan.fr/4t3qv7

Document 5 Appel d'offres et achat de prestations intellectuelles

Dans le domaine des études, on pratique les appels d'offres comme dans le domaine de la recommandation. Pour obtenir la solution la plus pertinente, la mieux adaptée aux besoins, il convient de communiquer le brief à plusieurs instituts d'études. Très fréquemment, le service Achats est sollicité par les équipes études pour organiser la compétition et pour valider le choix.
Le choix sera basé sur plusieurs critères, notamment :
– le prix proposé par les instituts ;
– la pertinence de la méthodologie proposée pour répondre au mieux à la problématique.

De nouvelles initiatives ont vu le jour récemment, comme la rédaction de la charte des achats de conseil responsables qui vient compléter les 10 engagements de la Charte Relations fournisseurs et achats responsables.

https://syntec-conseil.fr

La Charte Relations fournisseurs et achats responsables
liennathan.fr/8aa2i2

CHAPITRE 2

Connaître les études d'audience : les acteurs et la méthodologie

Contexte professionnel

Compétences professionnelles
- Transformer les données des études de référence en informations
- Assurer une veille permanente de l'écosystème média et digital
- Repérer les nouvelles tendances sociologiques, culturelles et réglementaires

Savoirs associés
- Les différentes études d'audience et leurs caractéristiques

Les agences de l'écosystème Média exercent une activité de conseil et d'achat média et sont généralement composées de plusieurs équipes qui coopèrent pour aider les annonceurs à prendre les meilleures décisions sur l'ensemble des leviers médias (digital, télévision, presse, publicité extérieure, audio et cinéma) :
- l'équipe « Conseil plurimédia » est chargée de la stratégie globale de la campagne média et de la répartition des investissements publicitaires entre les différents médias ;
- l'équipe « Conseil média » est composée d'experts spécialisés par média (expert TV…) ;
- l'équipe « Expertises » est constituée de spécialistes en data, technologie ou contenu ;
- l'équipe « Média intelligence » (ou « études ») accompagne notamment l'ensemble des collaborateurs dans la connaissance des audiences ;
- l'équipe « Trading » achète les espaces médias.

Publicis Media, l'un des quatre pôles du groupe Publicis, est spécialisé dans les investissements médias à travers ses cinq réseaux mondiaux : Starcom, Spark, Blue 449, Zenith et Performics. Ces agences médias, présentes dans 115 pays, sont réparties en France sur cinq sites (Paris, Lille, Lyon, Rennes et Montpellier) et emploient près de 1 000 collaborateurs.
Vous venez d'être recruté(e) pour assister un consultant média qui accompagne plusieurs clients dans l'élaboration et le déploiement de leurs stratégies médias, à savoir : préparer des éléments d'analyse d'audience nécessaires à la réalisation d'une recommandation média, contribuer à l'analyse de la concurrence, assister l'ensemble de l'équipe « Conseil média » pour le suivi opérationnel des campagnes médias, aider à la gestion de la facturation des campagnes (devis, bons de commande…).
Dans un premier temps, vous vous familiarisez avec les multiples études d'audience qui vous permettront de nourrir vos recommandations.

PUBLICIS MEDIA
BLUE 449
Performics
SPARK FOUNDRY
Starcom
Zenith The ROI agency

Vidéos : Employés chez Publicis Media
liennathan.fr/m53hw5

Comprendre le contexte

1. Citer les deux principales missions d'une agence média.
2. Définir en quoi consiste une recommandation média réalisée par les équipes de Publicis Media dans le cadre d'une prestation de conseil.
3. Identifier six agences médias concurrentes des agences de Publicis Media en consultant les sites Internet des deux organisations professionnelles suivantes : www.udecam.fr et www.aami.media.

1 Mesurer l'audience du média radio

L'institut Médiamétrie est un acteur majeur de la mesure d'audience. Les équipes de Publicis Media s'appuient chaque jour sur les résultats de ses études pour connaître les audiences et élaborer des recommandations médias.

Documents 1 à 3
Fiches ressources 1 et 2

1. Présenter brièvement l'institut Médiamétrie et expliquer en quoi les études d'audience qu'il réalise sont indispensables aux équipes de Publicis Media pour concevoir leurs recommandations médias.
2. Préciser en quoi la concertation de tous les acteurs médias est une nécessité par rapport aux enjeux de mesure d'audience.
3. Décrire dans les grandes lignes la méthodologie de l'étude EAR.
4. Repérer les évolutions méthodologiques entre l'ancienne étude nommée « 126 000 Radio » et la nouvelle étude d'audience radio nommée « EAR ».
5. Justifier la nécessité de ces changements de méthodologie.
6. Expliquer pourquoi il est important de vérifier la représentativité sociodémographique de l'échantillon interrogé.

Document 1 La mesure de l'audience de la radio par Médiamétrie

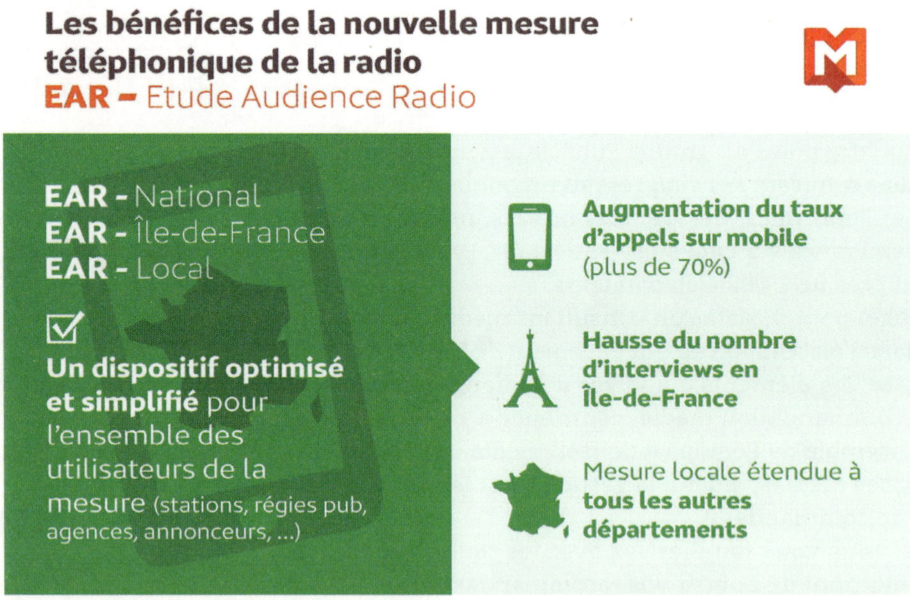

Médiamétrie, en concertation avec les acteurs du marché, [a fait évoluer] son dispositif de mesure de référence de la radio (anciennement 126 000 Radio / Médialocales).

Depuis septembre 2021, la mesure d'audience de la radio, désormais baptisée EAR – Étude Audience Radio, repose sur une enquête téléphonique déclarative renouvelée, optimisée [...]. Elle s'appuie dorénavant sur une base unique de répondants représentatifs de la population pour les mesures nationales et locales. Ce nouveau dispositif accompagne l'évolution des modes de vie de la population avec plus de 70 % des appels passés sur mobile. Il gagne également en précision au niveau local avec une augmentation du nombre d'interviews en Île-de-France, zone clé du marché, un périmètre étendu à l'ensemble des départements français métropolitains (*versus* 72 auparavant, hors Île-de-France) et toujours près de 100 agglomérations. [...]

Communiqué de presse, www.mediametrie.fr, 16 novembre 2021.

Document 2 Médiamétrie, tiers de confiance pour une juste mesure

Médiamétrie s'engage à fournir à ses clients des mesures d'audience de référence communes et souveraines. Leader de la donnée et experte des médias, la société étend son expertise aux mesures des comportements vidéo, audio, cross-médias et à la mesure de l'efficacité publicitaire. Chaque jour, près de 1 000 collaborateurs élaborent et produisent la juste mesure d'aujourd'hui et de demain pour favoriser la libre décision des clients de l'entreprise en France et à l'international. En 2021, le groupe Médiamétrie a réalisé un chiffre d'affaires de 105,1 M€ et traite plus d'un milliard de données chaque jour.

Communiqué de presse, www.mediametrie.fr, 19 janvier 2023.

Document 3 Mesures EAR > National

L'audience de la radio en France en avril-juin 2023

Médiamétrie publie les résultats d'audience de la radio en France métropolitaine sur la période allant du 3 juin au 25 juin 2023, mesurée auprès de 25 963 personnes âgées de 13 ans et plus. Sur une journée moyenne de lundi-vendredi (5 h-24 h), la radio rassemble plus de 39,3 millions d'auditeurs de 13 ans et plus, pendant 2 h 37 par jour et par auditeur.

L'Audience de la Radio en Lundi-Vendredi (5h-24h)

(1) La composition des Indés Radios figure en page 7

		Avril - Juin 2023		
		AC %	DEA h/mn	PDA %
RADIO EN GÉNÉRAL		**70,6**	**2h37**	**100,0**
Programmes généralistes	**Total**	**31,5**	**2h19**	**39,4**
Dont				
EUROPE 1		3,5	1h39	3,2
FRANCE BLEU		4,5	1h52	4,5
FRANCE INTER		12,5	2h03	13,9
RMC		5,6	1h56	5,9
RTL		9,5	2h19	11,9
Programmes musicaux	**Total**	**31,1**	**1h49**	**30,4**
Dont				
CHERIE FM		2,8	1h25	2,1
EUROPE 2 *		2,2	1h06	1,3
FUN RADIO		3,7	1h29	2,9
NOSTALGIE		6,2	1h46	5,9
NRJ		7,7	1h31	6,3
RFM		3,0	1h33	2,5
RIRE ET CHANSONS		1,9	0h57	1,0
RTL2		3,8	1h30	3,1
SKYROCK		5,8	1h16	4,0
Programmes thématiques	**Total**	**14,4**	**1h30**	**11,7**
Dont				
FRANCE CULTURE		3,0	1h32	2,4
FRANCE INFO		8,8	1h02	4,9
FRANCE MUSIQUE		1,9	1h44	1,7
RADIO CLASSIQUE		1,8	2h02	2,0
Programmes locaux	**Total**	**16,2**	**1h40**	**14,7**
Dont				
FIP		1,1	2h00	1,2
RADIOS PRIVÉES ASSOCIATIVES		1,7	1h38	1,5
Composé de (nombre de stations)			(585 stations)	
GROUPEMENT LES INDÉS RADIOS (1)		12,8	1h36	11,2
Composé de (nombre de stations)			(129 stations)	

*Depuis le 1er janvier 2023, la station Virgin Radio est devenue Europe 2

Données à jour sur le site Médiamétrie
liennathan.fr/r9ey65

Indicateurs d'audience

AC = audience cumulée : ensemble des personnes ayant écouté au moins une fois dans la tranche horaire ou la journée (5 h-24 h), en pourcentage de la population ou en milliers.

DEA = durée d'écoute par auditeur (en heures / minutes).

PDA = part d'audience (part de marché) : part que représente le volume d'écoute d'une station […] dans le volume d'écoute global du média radio.

Communiqué de presse, www.mediametrie.fr, 12 janvier 2023.

2 Mesurer l'audience de la presse

L'ACPM (Alliance pour les chiffres de la presse et des médias) est une organisation professionnelle tripartite : ses membres sont des éditeurs, des annonceurs et des publicitaires. Publicis Media adhère à l'ACPM comme 29 autres agences médias, 639 éditeurs de presse, 16 régies publicitaires... Vous vous intéressez aux raisons de l'adhésion de Publicis Media à cet organisme professionnel.

Documents 4 et 5
Fiches ressources 4 et 6

1 Identifier les deux rôles majeurs de l'ACPM.

2 Citer la raison pour laquelle il est important pour Publicis Media comme pour tous les acteurs (éditeurs de presse, régies, agences...) de devenir membres de l'ACPM.

Site de l'ACPM
liennathan.fr/75j6wk

L'agence Publicis Media est amenée à conseiller les annonceurs dans leur stratégie média, notamment dans leur choix du média presse. Pour cela, elle se réfère aux publications de l'ACPM.

3 Identifier les différentes familles de presse.

4 Différencier les notions de diffusion et d'audience.

5 Repérer les différents modes de diffusion de la presse.

6 Expliquer en quoi la mesure d'audience de la presse est importante pour les trois acteurs de l'écosystème que sont les agences médias comme Publicis Media, les éditeurs de presse et les régies.

Les équipes de Publicis Media se réfèrent également aux résultats de l'étude OneNext, étude de référence de la presse qui mesure les niveaux et les habitudes de lecture. OneNext prend en compte l'ensemble des lectures, aussi bien sur support papier que sur support digital (ordinateur, mobile, tablette).

Documents 5 et 6
Fiches ressources 4 et 6

7 Relever le nombre de lecteurs de *Télé 7 jours* sur l'étude OneNext puis sur l'étude OneNext Global. Expliquer pourquoi ces chiffres sont différents.

8 Expliquer pourquoi la mesure d'audience de la presse intègre des données de l'étude Internet Global de Médiamétrie et indiquer l'intérêt que cela présente pour les équipes de Publicis Media.

9 Analyser la répartition des lecteurs par support en intégrant à vos réflexions la notion de duplication.

www.acpm.fr

Document 4 Les données fournies par l'ACPM

ACPM

TENDANCES 2022

93% La Diffusion Individuelle représente 93 % de la Diffusion France Payée
(Ventes N° payées par l'acheteur + Versions Numériques Individuelles + Abos Individuels + Portage)

Diffusion France Payée (en structure)

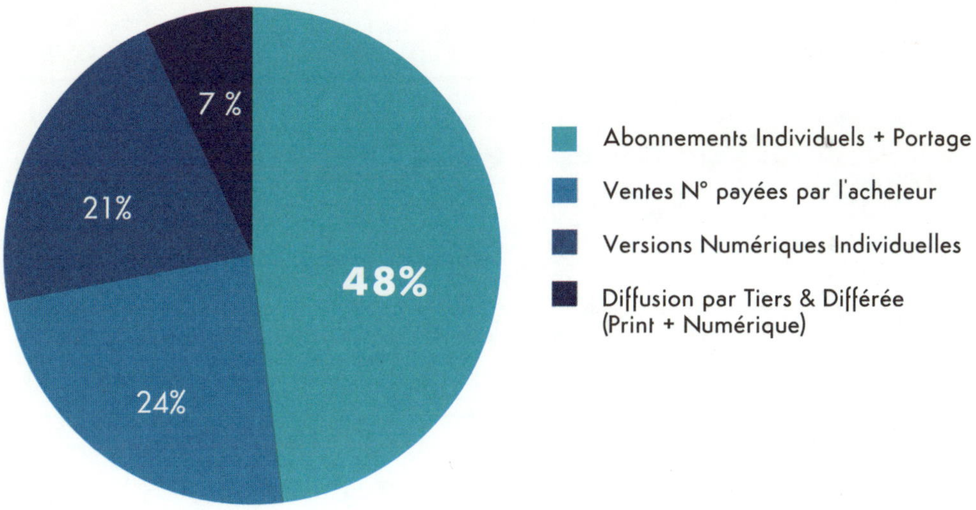

Part des Versions Numériques des Familles de Presse dans la Diffusion France Payée

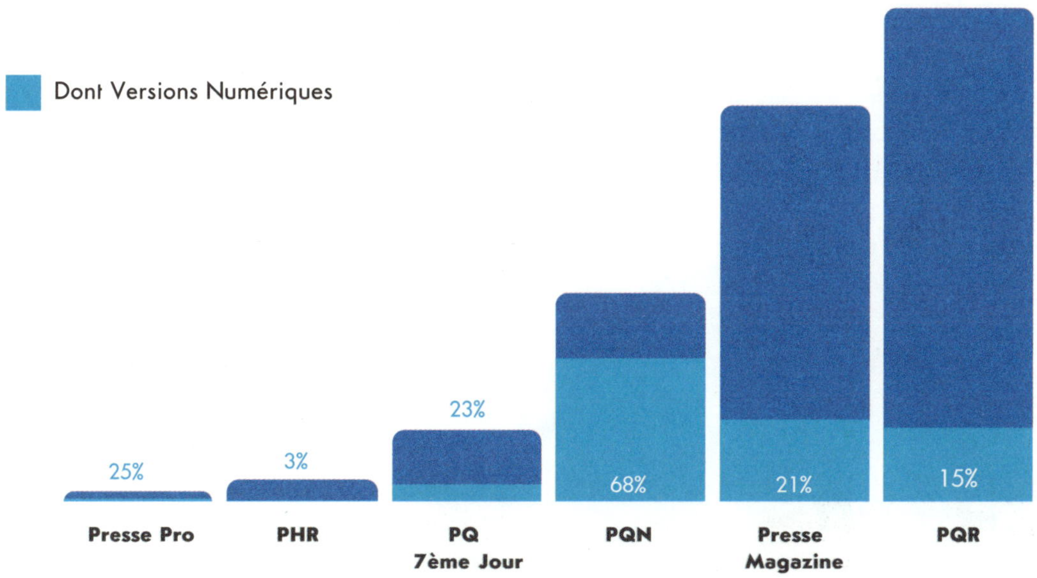

*Déclarations sur l'Honneur 2022
Source : ACPM - février 2023, Copyright ACPM // Retrouvez-nous sur notre site www.acpm.fr

ACPM/OJD, www.acpm.fr, avril 2023.

Document 5 L'ACPM, opérateur de la mesure d'audience du média presse

Extrait de l'étude ACPM/OneNext : audience des marques de presse intégrant tous les modes et moments de lecture sur tous les supports (audience reposant sur des déclarations)

Rang	Titre	Périodicité	Période	Audience ensemble 15+ (LDP)
1	Marmiton	Bimestriel	2023 S1	8 960 000
2	Version Femina	Hebdomadaire	2023 S1	3 990 000
3	Télé 7 Jours	Hebdomadaire	2023 S1	3 915 000
4	Science & Vie	Mensuel	2023 S1	3 324 000
5	L'Équipe Le Magazine	Hebdomadaire	2023 S1	3 261 000
6	Cuisine Actuelle	Mensuel	2023 S1	3 230 000
7	National Geographic	Mensuel	2023 S1	3 154 000
8	Geo	Mensuel	2023 S1	3 074 000
9	Canal + le Mag	Mensuel	2023 S1	3 072 000

* LDP = lecture dernière période : nombre de personnes qui déclarent avoir lu un support de presse au cours d'une période de référence (la veille pour les quotidiens, une semaine pour les hebdomadaires, 15 jours pour les bimensuels, un mois pour les mensuels…).

OneNext/ACPM, Classement audience presse magazine, www.acpm.fr, 1er semestre 2023.

Document 6 OneNext Global, étude de référence Print et Digital

L'ACPM a publié la première vague 2023 des résultats de la mesure d'audience référente Print et Digital des marques de presse. [Ces données sont issues du rapprochement de deux études : OneNext basée sur du déclaratif et Internet Global de Médiamétrie basée sur de la mesure passive].

OneNext, […] pour les données Print, a été réalisée à partir du terrain de janvier 2022 à décembre 2022. Les données digitales correspondent, elles, aux résultats de l'étude Internet Global des mois de septembre, octobre et novembre 2022.

RÉPARTITION DES LECTEURS PAR SUPPORT

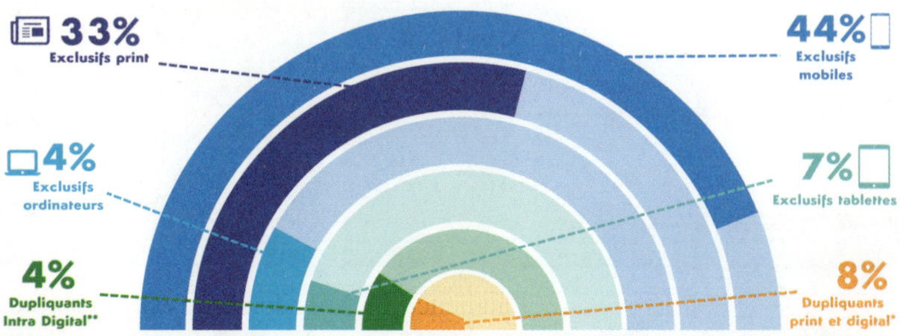

Top 20

Brand 30 Jours

OneNext Global S1 2023

OneNext GLOBAL

		Lecteurs en milliers
1.	PQR 66	42 725
2.	Le Figaro	24 743
3.	PHR	24 301
4.	Télé Loisirs	21 530
5.	Femme Actuelle	21 449
6.	Ouest-France	21 009
7.	20 Minutes	20 223
8.	Le Monde	20 206
9.	Le Parisien Aujourd'hui en France	20 162
10.	Marmiton	19 659
11.	Actu	19 548
12.	L'Equipe	16 164
13.	Voici	15 739
14.	Le Journal des Femmes	14 660
15.	Télé 7 Jours	13 766
16.	Gala	13 559
17.	La Dépêche du Midi	13 317
18.	Marie France	13 033
19.	L'Internaute	11 748
20.	Elle	11 544

* Dupliquants print et digital : lecteurs utilisant à la fois le support Print et au moins un support digital (fixe, tablette, mobile).
** Dupliquants Intra Digital : lecteurs n'utilisant pas le support Print, mais au moins deux supports digitaux (fixe et/ou tablette et/ou mobile).

Fait notable sur S1 2023 vs S1 2022 : les exclusifs mobiles progressent de 5 points, au détriment des exclusifs ordinateurs.

Communiqué de presse, www.acpm.fr, 25 avril 2023.

3 Mesurer l'audience du média TV

La télévision représente 23 % des investissements publicitaires médias en 2022 (source IREP). Elle se positionne au deuxième rang derrière Internet (56 %). Au fil des années, les usages de la télévision ont fortement évolué. Les téléspectateurs regardent de plus en plus les contenus TV sur d'autres écrans que le téléviseur.
Les instituts d'études observent aussi une individualisation croissante des comportements, ce qui se traduit par une fragmentation des audiences et une complexification du travail des experts médias.
Il est donc important pour un consultant média junior de bien connaître l'audience de ce média qui ne cesse d'innover et de se transformer grâce aux technologies digitales qui ont aussi permis aux téléspectateurs de s'affranchir des grilles de programmes imposées.

Documents 7 à 10
Fiche ressource 5

1. Présenter la mesure d'audience de la télévision et indiquer pourquoi il est essentiel de connaître et de consulter l'étude Médiamat pour réaliser des recommandations médias.
2. Identifier comment Médiamétrie a adapté son étude Médiamat aux évolutions des usages des téléspectateurs.
3. Expliquer le principe et l'intérêt des audiences agrégées publiées par Médiamat.
4. Préciser ce qui différencie les modes de visionnage en live, en différé et en replay en vous aidant du lexique en fin d'ouvrage.
5. Montrer l'intérêt du *watermarking* pour mesurer l'audience de la télévision.

Document 7 Le rôle de Médiamat et la mesure d'audience de Médiamétrie

Médiamat est l'étude d'audience de référence de la télévision en France. Elle permet :
- de connaître quotidiennement les performances de chaque programme pour différentes catégories de publics ;
- d'analyser avec une grande précision le comportement des téléspectateurs face à la télévision : fidélité à une émission, nombre d'expositions à une campagne publicitaire… ;
- de définir le public d'une émission, par exemple selon les principaux critères sociodémographiques.

Mediametrie

Vidéo : Comment sont mesurées les audiences TV ?
liennathan.fr/9qcx63

Pour en savoir plus sur le Médiamat
liennathan.fr/6rs35q

Document 8 L'étude d'audience TV : le Médiamat

L'univers de référence du Médiamat correspond à la population âgée de 4 ans et plus équipée TV en France métropolitaine.
Pour mesurer l'audience TV à domicile, Médiamat s'appuie sur un panel constitué d'environ 5 000 foyers, soit plus de 12 400 individus âgés de 4 ans et plus.

Pour mesurer l'audience TV hors domicile et en mobilité, tous écrans confondus, un panel dédié de 4 500 individus âgés de 15 ans et plus vient compléter le dispositif.

Document 8 — L'étude d'audience TV : le Médiamat (suite)

1 LES DEUX PANELS REPRÉSENTATIFS

MESURE D'AUDIENCE TV À DOMICILE

Le panel historique, à domicile (résidence principale) sur téléviseur, représentatif des foyers équipés TV en France métropolitaine.

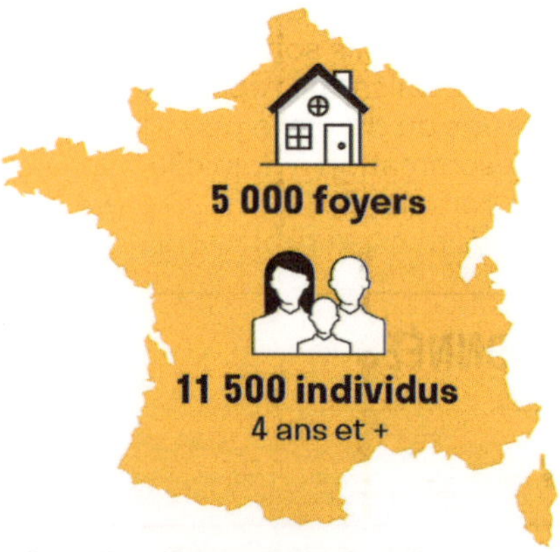

Modes de réception des foyers équipés TV (nov-déc 2021)

65,2 %	16,0 %	45,3 %
ADSL, fibre, câble	Satellite	Hertzien

Insee

- Panel structuré sur la base des données INSEE pour l'ensemble des critères sociodémographiques, informations issues des recensements nationaux.
- Et sur la base des données Home Devices pour le suivi des équipements médias et multimédias des foyers.

Consommation sur téléviseur, tous modes confondus

MESURE D'AUDIENCE TV EN MOBILITÉ ET HORS DOMICILE

Un nouveau panel de mesure sur 4 écrans hors domicile (base équipés TV à domicile).

- 4 500 individus âgés de 15 ans et +
- Résidences secondaires, hôtels, locations, etc.
- Gare, aéroports, voitures, trains, bus, etc.
- Tous lieux publics
- Chez des amis, famille, etc.

Conso. sur téléviseur, ordi., smartphone, tablette, tous modes confondus

LIVE — DIFFÉRÉ — REPLAY

www.snptv.org

Document 8 L'étude d'audience TV : le Médiamat (suite)

Tous les panélistes sont équipés d'un audimètre, adapté selon le panel

À domicile

Tous les téléviseurs de la résidence principale sont équipés d'un audimètre fixe.

En mobilité et hors domicile

Les individus sont équipés d'un audimètre portable. Ils sont équipés de bornes de localisation réparties dans les pièces du domicile pour isoler la consommation à domicile de la conso hors domicile.

2 LA MÉTHODE DE TRAITEMENT DES DONNÉES

Fusion des données des 2 panels

Audiences à Domicile

Base 4 ans et +

\+

Audiences Hors Domicile

Base 15 ans et +

→

Audiences Agrégées

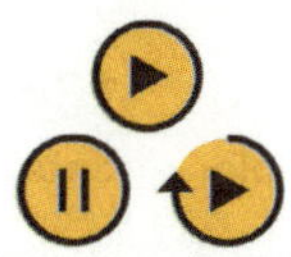

Sans distinction entre domicile et hors domicile, ni distinction d'écran. Seule la distinction live / différé / replay subsiste

Base foyers équipés TV

Fusion par strate

35 strates basées sur

Âge — NPF (nombre de personnes au foyer) — Sexe — Régions

www.snptv.org

Document 9 L'évolution des méthodologies pour tenir compte de l'évolution des usages

Les usages médias évoluent et la télévision se regarde aussi sur les écrans Internet.
Grâce à son expertise scientifique et techno-logique, Médiamétrie a développé une méthodologie qui rapproche et compare les résultats d'audience de la télévision sur le téléviseur avec ceux des autres écrans.
Les innovations méthodologiques et techno-logiques de Médiamétrie permettent aujourd'hui de proposer des résultats d'audience de la télévision sur 4 écrans : téléviseur, ordinateur, smartphone et tablette.
[...]

La mesure d'audience de la TV/Vidéo 4 écrans, comment ça marche ?

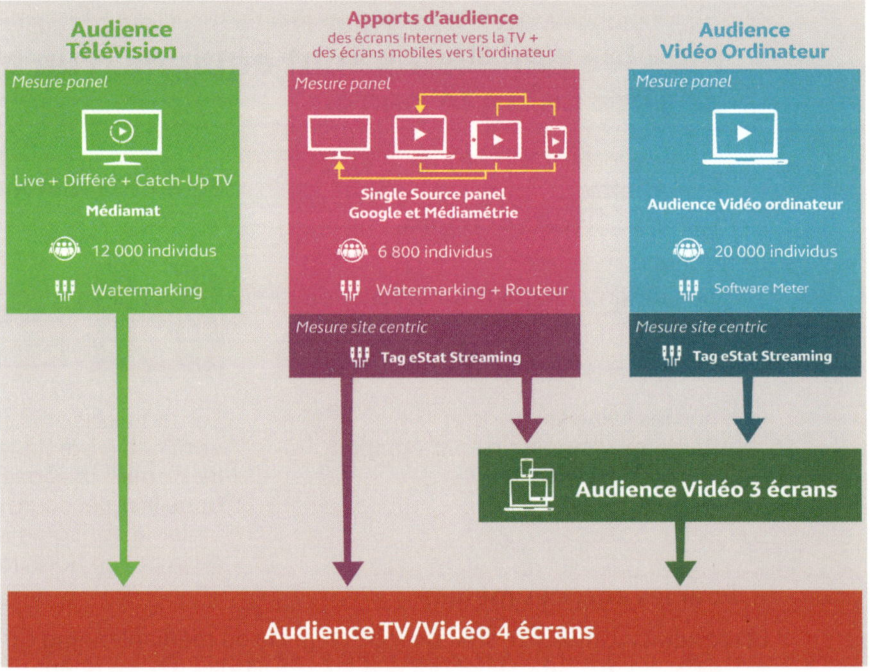

www.mediametrie.fr

Document 10 Les innovations technologiques dans la mesure de l'audience

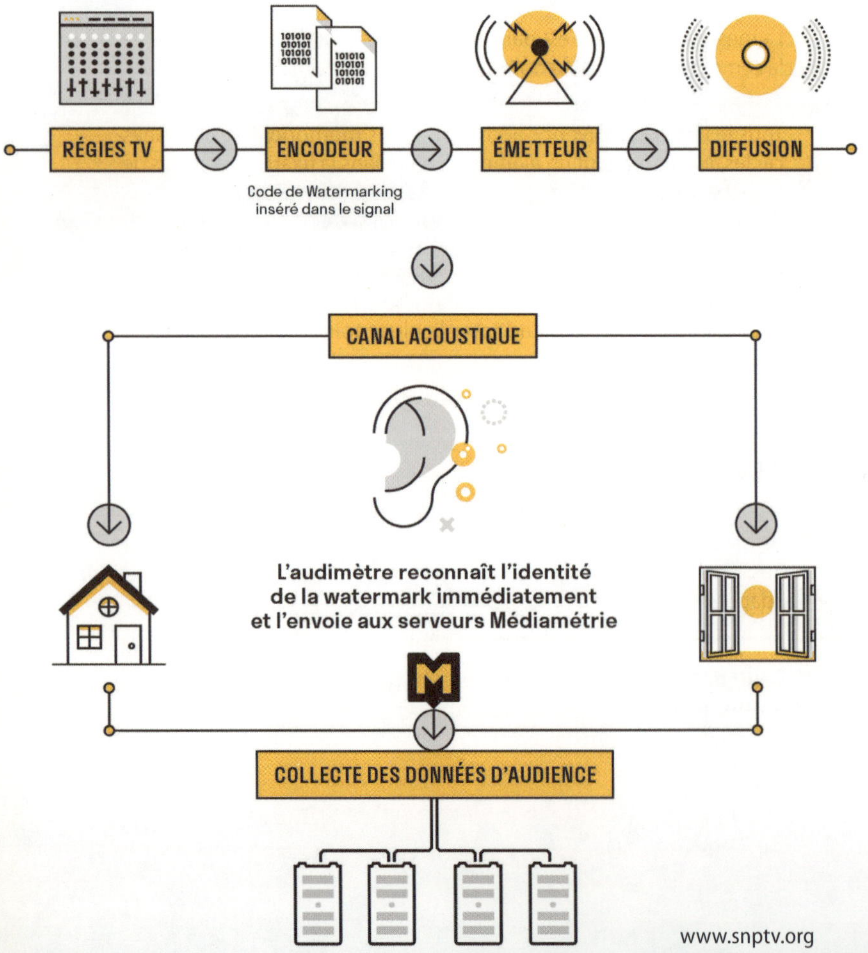

www.snptv.org

Le *watermarking* est un tatouage numérique inséré dans le son d'une chaîne, inaudible pour l'oreille humaine mais qui permet à l'audimètre de le reconnaître et d'identifier la chaîne qui est en train d'être visionnée.

FICHE RESSOURCE

1

LES ÉTUDES D'AUDIENCE

Mesurer l'audience des médias est un enjeu crucial pour les acteurs de la communication. En effet, chaque acteur utilise chaque jour les données d'audience à des fins stratégiques et opérationnelles.

I L'intérêt de la mesure d'audience

1. Pour les éditeurs et régies

La mesure d'audience :
- donne des informations sur la santé du média (TV) et des supports (TF1, France TV...) qui le constituent ;
- permet de se comparer à ses concurrents ;
- permet d'obtenir des informations sur les cibles touchées par le média et les supports ;
- permet de faire évoluer le contenu éditorial si le support ne rencontre pas son public ;
- sert d'indicateur pour fixer les tarifs de la publicité. Plus l'audience d'un support est élevée et/ou spécifique et difficile à toucher, plus l'éditeur ou la régie pourra fixer des tarifs publicitaires élevés.

2. Pour les agences médias

Les résultats d'audience sont un indicateur clé du médiaplanning car ils permettent :
- de choisir les supports les plus pertinents pour toucher une cible de communication (nombre de personnes touchées par le support et affinité avec les cibles) ;
- de justifier auprès des annonceurs le choix des médias et des supports.

II Les contraintes liées à la mesure d'audience

Les contraintes institutionnelles	La mesure d'audience est partagée par tous les acteurs du marché de la communication. Il faut donc qu'elle soit réalisée dans des conditions acceptables par tous, neutre et indépendante. Tous les acteurs doivent s'accorder sur les méthodologies utilisées car les audiences sont un élément capital dans la fixation des tarifs de l'espace publicitaire.
Les contraintes technologiques	L'utilisation massive des contenus digitaux, la diversité des solutions technologiques utilisées et la multiplication des innovations poussent la mesure d'audience à s'adapter le plus rapidement possible aux évolutions technologiques. Cette tâche complexe nécessite une veille permanente de la part des acteurs de ce type de mesure.
Les contraintes liées aux usages	Les habitudes de fréquentation des médias ne cessent d'évoluer. La mesure doit donc prendre en compte les nouveaux usages et s'assurer que les méthodologies mises en œuvre par les instituts sont adaptées.
Les contraintes budgétaires	Compte tenu de la complexité de la mesure, les budgets nécessaires à sa réalisation sont élevés mais ils doivent être acceptables pour tous les acteurs.

III Les enjeux actuels de la mesure d'audience

1. L'importance de l'hybridation

On appelle « études hybrides » des études qui font appel à plusieurs techniques de collecte de l'information pour obtenir des résultats aussi fiables que possible.
Compte tenu des enjeux, un glissement progressif des méthodologies vers des approches dites « hybrides » est engagé.

EXEMPLE
Dans le cas de la mesure d'audience, une collecte d'information peut être issue d'un questionnaire (sondage des interviewés) et une autre de systèmes d'enregistrement automatique des comportements des audiences.

2. Le développement des enregistrements automatiques

Ils effacent des biais liés à la mémorisation ou à la sphère de référence.

EXEMPLE
Médiamétrie intègre la mesure automatique dans plusieurs études : le Médiamat, le panel Internet Global, le panel AIP (audimétrie individuelle portée), le panel multi-écrans Google et Médiamétrie, EAR > Insights.

IV Les études d'audience de référence

Média	Nom de la mesure d'audience de référence	Institut
Télévision	Médiamat	Mediametrie
Internet	Audience Internet globale	Mediametrie, nielsen
Presse	ACPM-OJD OneNext	ACPM OJD, KANTAR
Radio	EAR > National	Mediametrie
Affichage	Mobimétrie	Ipsos
Cinéma	CinExpert	vertigo Entertainment Marketing Research

FICHE RESSOURCE 2

LES ÉTUDES D'AUDIENCE DU MÉDIA RADIO

L'audience de la radio est mesurée grâce à deux études complémentaires déployant des méthodologies différentes : EAR > National et EAR > Insights.

I La mesure d'audience de la radio : l'étude EAR > National

Institut en charge de la mesure d'audience	Médiamétrie
Population étudiée	Les Français âgés de 13 ans et plus
Méthodologie	Sur l'année, 100 000 interviews sont réalisées, réparties sur quatre vagues d'enquête. Les échantillons sont représentatifs de la population française étudiée. Les interviews sont réalisées par téléphone (fixe ou mobile), de 17 h 30 à 21 h, afin de s'assurer de la joignabilité des personnes. Le même nombre d'interviews est réalisé chaque jour d'enquête. Les personnes interviewées doivent répondre sur leurs comportements d'écoute de la radio des dernières 24 heures. Les interviews sont programmées tous les jours, du lundi au dimanche inclus.
Résultats	Les résultats donnent une audience par jour, sur une période « lundi – vendredi » et une audience par jour sur une période « samedi – dimanche ». Plusieurs indicateurs sont fournis. **EXEMPLES** **L'audience d'une journée par station, l'audience par tranche horaire, les parts d'audience des stations, la durée d'écoute radio par auditeur.**

II La mesure d'audience de la radio : l'étude EAR > Insights

Pour compléter ce dispositif, Médiamétrie a lancé une nouvelle étude EAR > Insights pour mesurer les comportements d'écoute de la radio sur une période de deux mois.

Institut en charge de la mesure d'audience	Médiamétrie
Population étudiée	Les Français âgés de 13 ans et plus
Méthodologie	Les comportements d'écoute sont mesurés automatiquement grâce à un audimètre miniature. Celui-ci équipe un panel permanent (sur les deux mois d'enquête) d'environ 5 000 personnes. Cet audimètre, porté en permanence par les panélistes, identifie les écoutes de la radio réalisées tout au long de la journée grâce à la technologie du *watermarking*. Cette technologie consiste à insérer dans le signal audio d'une station une marque inaudible permettant l'identification de la station.
Résultats	Plusieurs indicateurs sont calculés. **EXEMPLES** **La régularité d'écoute, la couverture des stations sur plusieurs jours et les duplications d'écoute entre stations.** Les résultats de cette étude sont intégrés dans les outils de médiaplanning tout comme les résultats d'audience issus de EAR > National.

FICHE RESSOURCE

3

LA MESURE D'AUDIENCE DE LA PUBLICITÉ EXTÉRIEURE

I La notion d'audience de la publicité extérieure

La mesure d'audience de la publicité extérieure consiste à donner les performances des réseaux d'affichage implantés en France.

EXEMPLES

Le pourcentage de personnes exposées aux affiches publicitaires d'une campagne (la couverture), le nombre moyen de contacts (ou d'expositions) à cette même campagne publicitaire.

Pour atteindre cet objectif, il faut identifier, sur une cartographie numérique, le nombre et le profil des personnes qui empruntent, durant chacun de leurs déplacements quotidiens, les rues où les panneaux publicitaires sont implantés.

II L'étude Mobimétrie

Institut en charge de la mesure d'audience	Ipsos
Population étudiée	Les Français âgés de 11 ans et plus
Méthodologie	La méthodologie s'appuie sur plusieurs éléments : – la première étape consiste à établir une cartographie numérique sur laquelle les afficheurs vont venir positionner tous les panneaux de leurs réseaux d'affichage ; – la seconde étape consiste à mesurer et comprendre les déplacements des individus. Elle est réalisée grâce à un panel de 18 000 individus représentatifs de la population, équipés d'un meter (mesure passive). Pendant 7 à 9 jours, on mesure les habitudes, modes et motifs de leurs déplacements. Les données ainsi collectées sont ensuite croisées avec des données issues de multiples sources extérieures (les flux réels dans les rues, les compteurs de trafic, les données urbaines, les navigateurs automobiles, les applications mobiles…). Toutes les données sont anonymisées et le process respecte les règles du RGPD. Cette étape permet d'obtenir le nombre d'individus et les profils ; – une approche méthodologique complémentaire est mise en place pour calculer le nombre de fois où l'individu entre en contact avec la campagne publicitaire. Cette approche prend en compte les caractéristiques de chaque panneau d'affichage d'un réseau (parallèle ou perpendiculaire à la route…). De nombreux modèles mathématiques et statistiques sont utilisés pour faire ces calculs. Le CESP (Centre d'étude des supports de publicité) a été associé à cette nouvelle méthodologie dès sa conception.
Résultats	Les résultats sont fournis chaque année. Pour une campagne d'affichage, cette étude permet de connaître le nombre d'individus uniques qui ont été exposés à la campagne et le nombre moyen de contacts (appelé « occasions de voir ») avec la campagne. Les résultats pour une campagne peuvent être fournis : – sur le périmètre actif de la campagne ou sur un autre périmètre ; **EXEMPLE** La France entière. – sur une cinquantaine de cibles prédéfinies ou sur une cible *ad hoc*.

FICHE RESSOURCE
4

LES ÉTUDES D'AUDIENCE DES MÉDIAS PRESSE ET CINÉMA

I La mesure d'audience de la presse

La mesure de la diffusion et de l'audience de la presse est pilotée par l'ACPM (Alliance pour les chiffres de la presse et des médias), qui a pour objectifs :
– de contrôler la diffusion des titres de presse ;
– de développer les études d'audience ;
– de faire évoluer les études en fonction des besoins du marché.
Ces dernières années, la mesure d'audience de la presse, comme celle des autres médias, s'est adaptée pour tenir compte de l'évolution des comportements de lecture de plus en plus tournés vers le digital.
Elle repose sur deux approches complémentaires :
– une première étude ACPM-OJD mesure la diffusion des titres de presse ;
– une seconde étude mesure la lecture de la presse auprès des Français, c'est-à-dire l'audience.

1. L'étude ACPM-OJD

Objectif de l'étude	La mesure de la diffusion de la presse
Méthodologie	Il s'agit de contrôler la diffusion des titres de presse, c'est-à-dire de compter le nombre d'exemplaires qui sont diffusés et d'identifier par quels canaux les titres de presse sont mis à disposition des lecteurs. Plusieurs canaux sont pris en compte : – les versions numériques de titres ; – le portage (distribution matinale en boîtes aux lettres ou sous la porte) ; – les abonnements ; – les ventes (en kiosque ou dans d'autres points de vente) ; – la diffusion par des tiers. 700 titres de presse sont contrôlés chaque année (presse payante, presse gratuite, presse professionnelle, magazines de marques, annuaires…). Le contrôle s'effectue en deux étapes : – tout d'abord, les titres font une déclaration de diffusion sur l'honneur publiée sur le site de l'ACPM ; – ensuite, les instances mettent en place des contrôles (de février à octobre) et établissent des procès-verbaux. Leur publication mensuelle s'effectue au fur et à mesure des contrôles.
Résultats	Différents indicateurs de diffusion sont publiés mais l'indicateur de référence pour la communication est la diffusion France payée.

2. L'étude OneNext

Instituts en charge de l'étude	Kantar Media et Médiamétrie
Objectif de l'étude	La mesure d'audience du média presse
Population étudiée	Les Français âgés de 15 ans et plus

• • •

Méthodologie	L'étude est réalisée sur un échantillon de 28 000 interviewés représentatifs de la population âgée de 15 ans et plus, interrogés *via* un questionnaire en ligne. En plus de ce questionnaire, 5 000 personnes sur les 28 000 scannent leurs lectures sur papier grâce à une application dédiée. L'étude couvre environ 600 titres (presse quotidienne nationale, presse quotidienne régionale, presse d'information gratuite, presse hebdomadaire régionale et presse magazine).
Résultats	Les résultats fournissent des indicateurs de natures différentes : – les indicateurs d'audience de référence (lecture dernière période et lecture d'un numéro moyen), les habitudes de lecture (fréquence, temps passé…) et les contextes de lecture (papier ou digitale), les profils des lecteurs ; – des indicateurs plus qualitatifs : la confiance, l'attention, l'engagement… L'étude OneNext est complétée par l'étude OneNext Global, qui fusionne les résultats de OneNext avec les résultats de l'étude Internet Global de Médiamétrie. Les résultats d'audience de cette étude sont exprimés pour une période de 30 jours alors que les résultats de OneNext sont exprimés en lecture dernière période. La notion de dernière période est liée à la périodicité des titres. **EXEMPLES** Pour un hebdomadaire, la lecture dernière période correspond à l'audience du titre sur les 7 derniers jours, pour un mensuel les 30 derniers jours.

II La mesure d'audience du cinéma

L'étude CinExpert mesure l'audience du média cinéma.

Instituts en charge de l'étude	Vertigo Cette étude de référence est réalisée à la demande du CNC (Centre national du cinéma et de l'image animée) et des régies publicitaires Mediavision et Canal+ Régie qui gère la publicité du réseau UGC.
Population étudiée	Les Français âgés de 3 ans et plus
Méthodologie	L'étude est un baromètre qui utilise trois modes de recueil pour trois types de données : – des interviews effectuées chaque semaine sur Internet auprès des spectateurs âgés de 3 ans et plus, étant allés au cinéma au cours des 7 derniers jours. Environ 100 000 interviews sont réalisées au cours de l'année. Cette étude permet d'obtenir le profil des spectateurs en fonction des films vus ; – 5 000 interviews de personnes de 3 ans et plus, par téléphone, réalisées en début d'année, permettant d'obtenir une étude de cadrage annuelle. Cette étude fournit les profils des spectateurs et les habitudes de fréquentation du cinéma ; – le nombre d'entrées hebdomadaires issues du comptage des billets vendus.
Résultats	Les résultats, publiés chaque mois par le CNC, sont constitués : – du profil du public et de son évolution selon des critères sociodémographiques et selon un classement (assidus, réguliers et occasionnels) ; – de l'évolution de l'âge moyen des spectateurs ; – du top 5 des films sur le mois étudié (en fonction du nombre d'entrées).

FICHE RESSOURCE

5

LES ÉTUDES D'AUDIENCE DES MÉDIAS TÉLÉVISION ET INTERNET

I La mesure d'audience de la télévision : l'étude Médiamat

L'audience du média TV intègre les audiences des émissions et des écrans publicitaires, en live, en différé et en replay, tous les jours de l'année.

Institut en charge de la mesure d'audience	Médiamétrie
Population étudiée	Les Français âgés de 4 ans et plus équipés d'un téléviseur
Méthodologie	• Pour mesurer l'audience à domicile : un panel de 5 000 foyers, soit 11 400 personnes représentatives de la population française métropolitaine. Chaque foyer panéliste est équipé d'un audimètre fixe qui enregistre tout ce qui se passe sur le téléviseur. Les membres du foyer sont équipés d'une télécommande pour signaler qu'ils sont présents dans la pièce quand le téléviseur est allumé. • Pour mesurer l'audience de la télévision hors du domicile (chez d'autres personnes, dans les lieux publics, en situation de mobilité), quel que soit le mode de réception (téléviseur, ordinateur, tablette, mobile) : un panel de 4 500 personnes âgées de 15 ans et plus équipées d'un audimètre portable. Les audiences à domicile et hors domicile sont rassemblées pour donner l'audience totale.
Résultats	Deux types de résultats de référence sont fournis tous les matins à 9 h : – les audiences à J+1 : audiences des programmes de la veille par chaîne, tranche horaire, et audiences des écrans publicitaires ; – les audiences à J+8 : les mêmes audiences auxquelles on ajoute l'audience replay et différée mesurée sur les 7 jours suivant la première diffusion en live du programme (c'est l'audience consolidée).

II La mesure d'audience d'Internet : l'étude Audience Internet Global

La mesure d'audience Internet est relativement récente. Elle utilise une méthode hybride basée sur des mesures automatisées.

Institut en charge de la mesure d'audience	Médiamétrie
Population étudiée	Les Français âgés de 2 ans et plus
Méthodologie	La mesure d'audience d'Internet est la résultante de deux approches dont Médiamétrie combine les résultats : – un panel de 25 000 personnes (de 2 ans et plus) dont 6 000 environ sont équipés de deux ou trois écrans. On enregistre automatiquement les comportements de navigation sur Internet. Sont pris en compte dans la mesure d'audience des sites et applications : la navigation sur ordinateur, mobile et tablette, quel que soit le mode de connexion (3G/4G/5G, wifi), le lieu de connexion, l'opérateur, le type d'équipement, le protocole http ou https). Cette approche est dite « *user centric* » car elle est directement basée sur les habitudes des utilisateurs ; – une approche basée sur les statistiques de fréquentation des sites et applications. Ces statistiques sont collectées automatiquement par des outils technologiques dont les méthodes sont certifiées. Cette approche est dite « *site centric* ».
Résultats	Les résultats proviennent de la combinaison des deux études et concernent plus de 5 000 marques et 1 000 applications. Les résultats du mois sont publiés à la fin du mois suivant. **EXEMPLES** **L'audience et le profil des sites et applications par mois et par jour moyen, le temps passé et le nombre de pages vues, un classement des résultats selon différentes catégories, y compris par régies ou réseaux publicitaires.**

FICHE RESSOURCE

6

LE RÔLE DES ORGANISATIONS PROFESSIONNELLES DANS LA FIABILITÉ DES MESURES DE L'AUDIENCE

I Le Centre d'étude des supports de publicité (CESP)

CESP

Le CESP est l'organisme interprofessionnel qui regroupe tous les acteurs concernés par la mesure d'audience des médias. Sont ainsi représentés en son sein les médias, les agences et les annonceurs. Le CESP est considéré comme un tiers de confiance, c'est-à-dire comme un organisme indépendant dont les décisions sont neutres. L'enjeu et les missions du CESP sont de « garantir la qualité des études et des outils utilisés par le marché afin que la monétisation des espaces publicitaires se fasse sur la base de référentiels pertinents, robustes et contrôlés ». Pour répondre à ces objectifs, le CESP conduit des audits sur les méthodologies mises en œuvre par les instituts d'études.

II L'Institut de recherches et d'études publicitaires (IREP)

irep

Cette association professionnelle regroupe les principaux acteurs du marché de la communication : annonceurs, médias et régies, agences, sociétés d'études, acteurs digitaux, écoles et universités. Elle remplit de multiples missions :
- **informer** sur les nouveautés et les innovations en matière d'études et de recherches ;
- **favoriser** les échanges d'expériences entre professionnels, chercheurs, universitaires et toutes personnes concernées par la communication ;
- **former** les personnes par un approfondissement et un perfectionnement de leurs connaissances au travers de séminaires professionnels ;
- **créer** les conditions de neutralité pour accéder à une maîtrise objective de l'environnement publicitaire ;
- **mesurer** les recettes publicitaires des médias en valeur nette.

Le périmètre couvert par l'IREP concerne le marché publicitaire, les médias, l'efficacité de la communication, les nouvelles technologies, les tendances, les études et la recherche.

WWW **Site de l'IREP**
liennathan.fr/3x9fv4

III L'Alliance pour les chiffres de la presse et des médias (ACPM)

ACPM
LE TIERS DE CONFIANCE
LA VALEUR DES MÉDIAS

L'ACPM est le tiers certificateur des médias. De nombreux membres y adhèrent : éditeurs de presse, régies publicitaires, agences médias, annonceurs…
Ses missions sont les suivantes :
- **contrôler** les diffusions dans le souci de la plus totale transparence ;
- **développer** les études d'audience les plus pertinentes et les plus opérationnelles (OneNext, par exemple) ;
- **imaginer** les études et les actions futures en fonction des besoins du marché.

Les données de l'ACPM jouent un rôle majeur dans le secteur des médias, particulièrement concurrentiel :
- elles sont un gage de fiabilité et une référence sur le marché des médias ;
- elles expriment la volonté de transparence des éditeurs, leur exigence et leur intérêt de se comparer aux autres ;
- elles permettent de fixer des tarifs de publicité conformes à la diffusion des supports ;
- l'ACPM dispense également, de manière régulière, des formations à ses membres et non-membres pour mieux maîtriser les enjeux et méthodologie de ses études.

Synthèse réalisée à partir des informations des sites du CESP, de l'ACPM et de l'IREP.

1 S'appuyer sur les études d'audience en régie publicitaire

Après avoir travaillé au sein de Publicis Media, dont le rôle est de conseiller les annonceurs dans leur stratégie média, on vous confie une nouvelle mission au sein de la régie publicitaire MEDIA FIGARO, qui commercialise toutes les marques de presse du groupe Figaro. Dans le cadre de sa mission, la régie doit valoriser ses espaces publicitaires et présenter clairement toutes les possibilités publicitaires.

1. Distinguer le rôle d'une régie publicitaire comme MEDIA FIGARO du rôle d'une agence média comme Publicis Media.
2. Préciser pourquoi la régie publicitaire MEDIA FIGARO, tout comme les agences médias, a besoin des études d'audience.
3. Indiquer l'intérêt pour la régie MEDIA FIGARO de consulter régulièrement à la fois l'étude OneNext et le classement de l'étude Internet Global en précisant ce que signifie « visiteur unique ».
4. Indiquer pourquoi l'institut Médiamétrie fait figurer le logo CESP sous les résultats d'audience.
5. Expliquer l'écart entre les chiffres de diffusion et les chiffres d'audience de l'édition du *Figaro Magazine* en Région Rhône-Alpes.

Document 1 La régie MEDIA FIGARO et les marques de presse du groupe Figaro

MEDIA FIGARO est la régie publicitaire nouvelle génération du groupe Figaro, pensée afin de proposer aux agences et aux annonceurs une approche globale, innovante et qualitative, et une stratégie d'influence personnalisée.

Elle assure la commercialisation de l'ensemble des marques du groupe : *Le Figaro, Le Figaro Magazine, Madame Figaro, TV Magazine, Le Particulier, L'Internaute, Le Journal des Femmes, Le JDN, CCM, La Chaîne Météo…*

À travers ces différentes marques médias, MEDIA FIGARO permet de s'adresser chaque mois à près de 40,5 millions d'individus, soit 8 Français sur 10.

La régie MEDIA FIGARO est membre de l'IREP.

Les marques du groupe MEDIA FIGARO
liennathan.fr/44c7wk

Les membres de l'IREP
liennathan.fr/m3p74d

https://media.Figaro.fr

Document 2 La mesure d'audience Internet Global en France des groupes

En mai 2023, 54,6 millions d'individus se sont connectés à Internet au cours du mois, soit 85,7 % des Français. Chaque jour, 46,4 millions d'entre eux ont surfé sur le Web. En moyenne, les Français ont passé 2 h 23 chaque jour sur Internet. […]

Répartition par écran – Top 20 des groupes les plus visités en France

	Groupe	Visiteurs Uniques par mois	% des VU ayant utilisé l'ordinateur	% des VU ayant utilisé le mobile	% des VU ayant utilisé la tablette
1	**Google**	53 363 000	60,9	90,3	37,6
2	**Meta Platforms**	50 076 000	32,8	94,4	24,0
3	**Microsoft**	40 671 000	57,4	76,0	12,7
4	**Amazon**	38 826 000	37,7	82,4	14,8
5	**Vivendi**	38 076 000	28,0	86,8	17,9
6	**WEB66**	33 708 000	22,9	88,3	13,3
7	**Groupe Figaro CCM Benchmark**	32 916 000	30,2	85,7	12,1
8	**ReWorld Media**	32 121 000	21,0	87,4	12,0
9	**Wikimedia Foundation**	28 904 000	28,1	82,5	9,5
10	**Adevinta**	28 440 000	29,4	81,8	11,8
11	**Webedia**	27 948 000	24,5	84,3	11,0
12	**Altice France**	27 857 000	24,3	85,9	11,3
13	**Snap Inc.**	27 115 000	1,4	97,9	4,5
14	**francetélévisions**	25 932 000	19,5	84,8	14,9
15	**Yahoo**	25 860 000	25,4	80,4	17,1
16	**Groupe Auchan**	25 074 000	34,8	76,8	9,9
17	**M6**	24 543 000	25,3	80,9	12,7
18	**La Poste**	24 303 000	39,8	75,4	7,9
19	**Ministere de l Economie et des Finances**	24 138 000	69,6	47,0	6,4
20	**Orange**	23 902 000	41,1	74,0	13,6

Méthodologie

Médiamétrie//NetRatings est la société créée et détenue conjointement par Médiamétrie et Nielsen. Médiamétrie//NetRatings développe et commercialise en France les mesures de référence de l'audience Internet et de l'efficacité online.

www.mediametrie.fr / NetRatings, 4 juillet 2023.

Document 3 La mesure d'audience Internet Global du groupe Figaro

1er ÉDITEUR ET DIFFUSEUR DE CONTENUS DIGITAUX

Avec ses 13 marques médias, les sites du groupe Figaro sont visités chaque mois par plus de 33 millions d'internautes et 6 millions d'internautes par jour.

Chiffres donnés en millions de visiteurs uniques. ▶

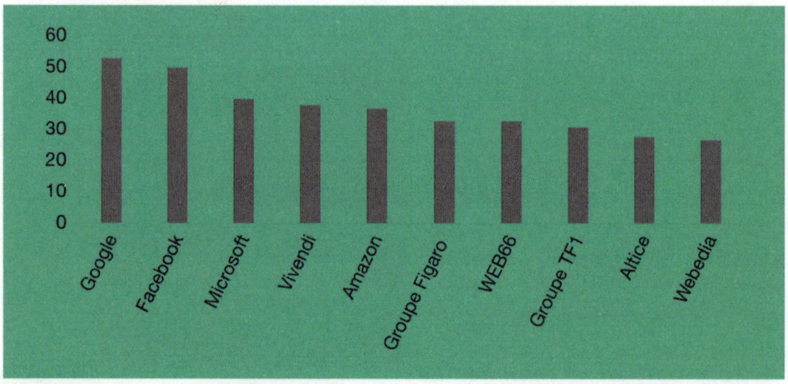

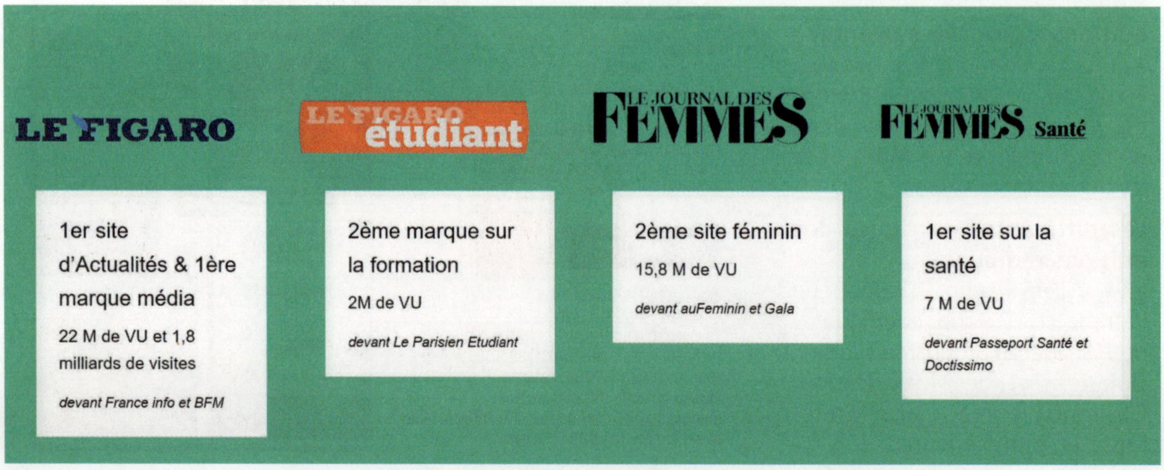

Médiamétrie / Netratings – Internet Global, https://media.figaro.fr, octobre 2022.

Document 4 La mesure d'audience OneNext du titre de presse quotidienne nationale (PQN) *Le Figaro*

LE FIGARO
Le très lourd bilan d'une semaine de violences
La facture des vandales

Powered by ScoringMedia

LE FIGARO

MARQUE LE FIGARO

CHIFFRES DE DIFFUSION

	2022	2022 vs 2021
Diffusion France payée	351 526	1,29 %
Diffusion totale	354 853	1,27 %

RÉSULTATS D'AUDIENCE

	2023-s1	2023-s1 vs 2022-s1
Audience Ensemble 15+ (LNM)	2 009 000	17,8 %

www.acpm.fr

Document 5 MEDIA FIGARO constitue ses équipes en région

Après l'annonce faite par *Le Figaro* […] de l'installation de journalistes à Bordeaux, Lyon, Nantes et Nice afin de couvrir l'actualité locale en politique, société, faits divers, économie et culture, place cette fois à la régie publicitaire du titre d'annoncer le déploiement de trois bureaux à Lyon, Marseille et Nantes.

MEDIA FIGARO entend ainsi « accompagner les nombreuses grandes entreprises et agences de communication qui constituent le tissu économique de ces villes et territoires français », selon un communiqué. En ligne de mire, sa volonté de « se rapprocher » des acteurs locaux pour leur proposer des solutions sur mesure […].

www.cbnews.fr, 7 décembre 2022

Document 6 *Le Figaro Magazine*, éditions régionales

6 fois par an *a minima, Le Figaro Magazine* décline les éditions régionales suivantes : Aquitaine, Bretagne, Languedoc-Roussillon, Limousin Poitou-Charentes, Midi-Pyrénées, Pays de la Loire, Provence-Alpes-Côte d'Azur et Rhône-Alpes.

Les différentes rubriques des éditions régionales :
Immobilier, Habitat, Gestion de Patrimoine, Horlogerie/Bijouterie, Escapades, Tourisme, Loisirs, Culture, Art de vivre, Design, Gastronomie mais aussi Entreprises et Entrepreneuriat.

DIFFUSION

AQUITAINE : 18 283 EX.
BRETAGNE : 17 000 EX.
LANGUEDOC-ROUSSILLON : 12 834 EX.
LIMOUSIN POITOU-CHARENTES : 10 411 EX.
MIDI-PYRÉNÉES : 13 481 EX.
PAYS DE LA LOIRE : 13 458 EX.
PROVENCE-ALPES-CÔTE-D'AZUR : 33 821 EX.
RHÔNE-ALPES : 33 821 EX.

AUDIENCE

AQUITAINE : 71 000 LECTEURS
BRETAGNE : 49 800 LECTEURS
LANGUEDOC-ROUSSILLON : 53 600 LECTEURS
LIMOUSIN POITOU-CHARENTES : 39 600 LECTEURS
MIDI-PYRÉNÉES : 52 000 LECTEURS
PAYS DE LA LOIRE : 52 000 LECTEURS
PROVENCE-ALPES-CÔTE-D'AZUR : 131 000 LECTEURS
RHÔNE-ALPES : 101 000 LECTEURS

www.intelligence-media.fr

2 Innover pour mesurer efficacement l'audience de la communication extérieure

Vous êtes stagiaire dans l'entreprise JCDecaux, dont le fondateur inventa le mobilier urbain publicitaire en 1964. Ce concept consiste à mettre gratuitement à la disposition des villes du mobilier urbain (abris voyageurs, sanitaires à entretien automatique, vélos en libre-service, kiosques à journaux…). L'implantation et l'entretien (nettoyage, remplacement…) de ce mobilier sont assurés par JCDecaux et le financement s'appuie sur des ressources publicitaires. L'entreprise est depuis devenue numéro 1 mondial de la communication extérieure, avec près de 10 720 collaborateurs dans le monde, dont 2 700 en France.

Fiche ressource 3

1. Indiquer l'intérêt de l'étude Mobimétrie pour JCDecaux.
2. Caractériser, à l'aide d'une recherche Internet, les différents souscripteurs de l'étude Mobimétrie (document 3). (vers Pix 1.1)
3. Préciser le rôle de l'institut Ipsos et celui de l'outil appelé « meter ».
4. Expliquer pourquoi les présentations de cette étude insistent sur l'anonymisation des données.
5. Expliquer en quoi le besoin de données massives (*big data*) fait émerger de nouveaux acteurs tels Orange Business dans l'écosystème « communication ».
6. Justifier le recours à la mesure d'audience passive, à la cartographie et au journal de bord en ligne.

Document 1 JCDecaux, acteur de transformation de la ville

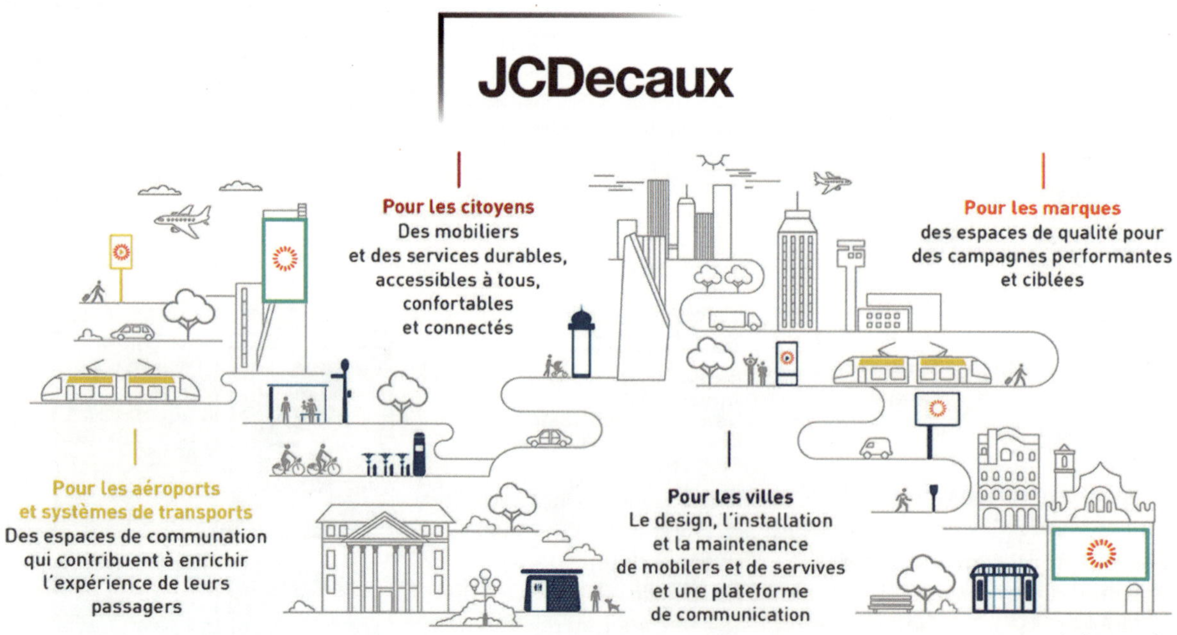

www.jcdecaux.fr

Document 2 La nécessité de cartographier la mobilité

[Cartographier la mobilité permet aux souscripteurs de construire des offres publicitaires performantes.]

Mobimétrie est l'étude d'audience de la communication extérieure qui délivre aux acteurs du marché publicitaire les performances des réseaux implantés dans chacune des agglomérations du territoire métropolitain.

Cette mesure d'audience est réalisée en identifiant, sur une cartographie numérique, le nombre et le profil des personnes qui empruntent, durant chacun de leurs déplacements quotidiens, les rues où les faces publicitaires sont implantées.

Mesurer cette audience, c'est donc d'abord mesurer la mobilité des individus, leurs habitudes de déplacement, leurs modes de transport… […]

MOBIMETRIE

https://wimobi.fr

Document 3 L'évolution de la méthodologie de l'étude Mobimétrie

Recueillir et modéliser la mobilité

Évolution de la démographie selon les agglomérations, nouveaux centres-villes piétonniers et pistes cyclables, tramways ou véhicules en libre-service (voiture, scooter, vélo), covoiturage, mais aussi développement du télétravail ou du temps partiel, tout évolue en permanence !

Vidéo : [Mobimétrie] révolutionne sa mesure d'audience avec Ipsos
liennathan.fr/6i97zw

Pour suivre au plus près les effets de ces évolutions sur la mobilité, Mobimétrie [a] fait évoluer à partir de 2019 sa méthodologie d'expertise de la mobilité et [a déployé] le dispositif imaginé par [l'institut d'études] Ipsos qui repose sur deux innovations majeures :

– Une mesure passive

Pour connaître plus finement les déplacements des individus (parcours, distance, durée, destination…), 10 000 individus sont équipés par Ipsos d'un boîtier [appelé] meter. […]

Chacun de ces individus porte le meter durant 9 jours, ce qui permet de recueillir de nombreux nouveaux enseignements sur l'évolution de la mobilité individuelle dans le temps.

– Des données massives

Pour extrapoler les parcours recueillis par le meter à l'ensemble de la population française, Ipsos mobilise ensuite de nombreuses données […] mesurant les flux réels sur les voies : compteurs de trafic et données de la « smart city », navigateurs automobiles et applications mobiles… Toutes les données sont bien sûr anonymisées ; l'ensemble du protocole respecte ainsi les règles les plus strictes de protection des données personnelles et les dispositions du RGPD.

https://wimobi.fr

Document 4 — Les entreprises actionnaires et souscriptrices de l'étude Mobimétrie

CADRES BLANCS AFFICHEURS
liennathan.fr/64t2au

Clear Channel
liennathan.fr/4x9zf4

philippe Védiaud publicité
liennathan.fr/f3u9e8

JCDecaux
liennathan.fr/75bfc6

Insert
liennathan.fr/3m6z6f

Affimext
liennathan.fr/mfi753

GIRAUDY place aux grandes idées
liennathan.fr/yq55m8

Document 5 — *Open data, data tierce* : les enjeux du big data

Mobimétrie, l'étude d'audience de référence de la communication extérieure, a intégré différentes sources de données :

- **des données en *open data*** (en accès libre aux usagers) :
  - Insee,
  - données de trafic dans certaines agglomérations… ;
- **des données de prestataires** (ou *data tierce*) :
  - les déplacements entre agglomérations s'appuient sur la base de données Orange Flux Vision,
  - d'autres données permettent d'évaluer le volume de trafic automobile ou le trafic des piétons.

En 2022, le recueil passif d'informations (Meter Ipsos) a été complété par un journal de bord en ligne, renseigné par les individus déjà équipés d'un meter.

> Mesure active avec le journal de bord en ligne pour recenser les motifs de déplacement
> \+
> Mesure passive avec le meter pour connaître les itinéraires, modes de transport, vitesses…

Vidéo : Orange Flux Vision, une solution unique pour comprendre et analyser les flux de déplacements de population
liennathan.fr/z92b6w

https://wimobi.fr

CHAPITRE 3

Exploiter les études

Contexte professionnel

Compétence professionnelle

- Transformer les données des études de référence en informations

Savoir associé

- Les différentes études et leurs caractéristiques (analyses sectorielles, études de marché, études d'audience, études consommateurs)

Vous allez effectuer un stage au sein du département marketing de Lagardère Publicité News. L'offre de la régie touche 28 millions de Français et se déploie en radio, presse, digital et sur le terrain de l'expérience ou de l'événementiel. Lagardère Publicité News est la régie publicitaire des marques Europe 1, *Paris Match*, *Le Journal du Dimanche*, Europe 2, RFM, OÜI FM (en Île-de-France), FG Radio (en Île-de-France et à Nice), Radio Meuh, Radio Public Santé et Replay News.

Le rôle de l'équipe que vous allez intégrer est d'apporter du conseil aux équipes commerciales afin d'augmenter le chiffre d'affaires publicitaire. Les missions auxquelles vous participerez sont multiples : rédaction de synthèses sur les évolutions du marché, veille concurrentielle ou sectorielle, analyse des audiences, identification des innovations du secteur, participation à l'élaboration d'argumentaires, à la construction des offres et à la réalisation des bilans de campagne, conception d'outils de communication sur les actualités de la régie…

Vous avez choisi cette régie pour sa forte capacité à innover. Les innovations développées par Lagardère Publicité News touchent plusieurs domaines :

- innovations éditoriales et créatives : lancement d'un studio créatif dédié aux activités de *brand content*, à la création de contenus cross-marques et cross-canal, et à l'événementiel ;
- innovations technologiques : mise en place d'un format qui donne la parole au mobinaute (interagir par la voix et déclencher une action sans interrompre son écoute d'un contenu audio) ;
- innovations RSE : engagement accru dans une démarche responsable, avec notamment la création d'un comité RSE régie ;
- innovations commerciales : simplification de l'achat média afin de mieux répondre aux attentes de ses clients, développement de nouveaux formats comme des « *call-to-action* » en audio digital.

www.lagarderepublicitenews.fr

Site : Lagardère Publicité News
liennathan.fr/66lsxd

Vidéo : Lagardère News Story
liennathan.fr/ivpmum

Comprendre le contexte

1. Montrer, en consultant l'onglet « Nos marques » du site Lagardère Publicité News, que l'objectif de la régie est de prouver que les marques médias qu'elle commercialise sont « référentes et complémentaires ».
2. Rappeler pourquoi les chiffres sont utiles au service marketing et communication dans ses missions. Dire à quoi vont servir les chiffres.
3. Préciser les points de vigilance à avoir en tête lors de l'utilisation de données chiffrées.

1 Exploiter les résultats d'une étude sociétale pour identifier les évolutions des comportements

Dans le cadre de votre préparation au stage, vous vous intéressez tout particulièrement à l'ObSoCo, un institut d'études et de conseil en stratégie qui analyse les mutations de la société et de la consommation. L'institut permet aux organisations clientes de détecter les opportunités pour optimiser leur positionnement et créer de nouvelles formes de valeur. Il a mis en place de nombreux observatoires.

Documents 1 à 3
Fiches ressources 1 et 4

1. Présenter l'ObSoCo en identifiant ses particularités.
2. Rappeler les grands principes méthodologiques et l'intérêt d'un observatoire.
3. Expliquer pourquoi la compréhension des tendances sociétales est importante pour les acteurs de la communication.
4. Identifier les partenaires de l'Observatoire des mobilités émergentes et expliquer les raisons pour lesquelles ces partenaires ont soutenu cette étude.
5. Identifier les moyens de déplacement qui ont bénéficié de la crise sanitaire selon les études.
6. Repérer la tendance sociétale qui préside aux futurs changements des modes de mobilité.
7. (vers Pix 3.1) Rédiger une présentation synthétique (5 slides) sur la mobilité de demain, en vous appuyant sur les 4 chiffres les plus importants de l'étude.

Document 1 Exemples d'observatoires mis en place par l'institut ObSoCo

Observatoires	Partenaires/clients	Objectifs
L'Observatoire du rapport des Français au vélo	• L'ADEME • La Compagnie des Alpes • La MAIF	• Explorer en profondeur les ressorts de la pratique du vélo. • Objectiver l'ensemble des leviers et des freins au développement de la pratique. • Mieux comprendre les attentes et besoins selon les profils d'usagers.
L'Observatoire des loisirs des Français	La Compagnie des Alpes	Explorer l'usage que font les Français de leur temps libre et ce qu'ils en retirent.
L'Observatoire de la consommation responsable	Citeo	• Livrer un panorama étendu du rapport des Français à la consommation et aux modes de vie responsables : des croyances et attitudes jusqu'aux comportements qui visent à réduire leur impact environnemental ou exercer un effet social ou sociétal positif. • Aider à comprendre les contours de cette nouvelle consommation. • Repérer les leviers du changement et les obstacles à l'adoption et à la diffusion de comportements responsables. • Dresser une typologie du rapport des Français à la consommation et aux modes de vie responsables.

Site de l'ObSoCo
liennathan.fr/u9yc5b

L'OBSOCO L'Observatoire Société & Consommation

Document 2 L'Observatoire des mobilités émergentes (2021) – La méthodologie

Dans le cadre de ses activités, l'ObSoCo a mis en place un Observatoire des mobilités émergentes, en partenariat avec Chronos, cabinet d'études et prospective axé sur les territoires et la mobilité, et avec le soutien de l'ADEME et de la SNCF. L'objectif de ce 2e numéro de l'observatoire est de mesurer si les évolutions induites par la crise sanitaire vont s'installer et redessiner plus durablement le rapport des Français à la mobilité.

MÉTHODOLOGIE

L'Observatoire des mobilités émergentes a été réalisé du 2 au 10 novembre 2021 *via* un questionnaire en ligne auprès d'un échantillon de 4 000 personnes, représentatif de la population française âgée de 18 à 75 ans. La représentativité a été établie selon la méthode des quotas sur la base des critères suivants : âge, sexe, région et taille de l'agglomération de résidence, catégorie socioprofessionnelle et niveau de diplôme.

https://lobsoco.com

Document 3 L'Observatoire des mobilités émergentes (2021) – Les résultats

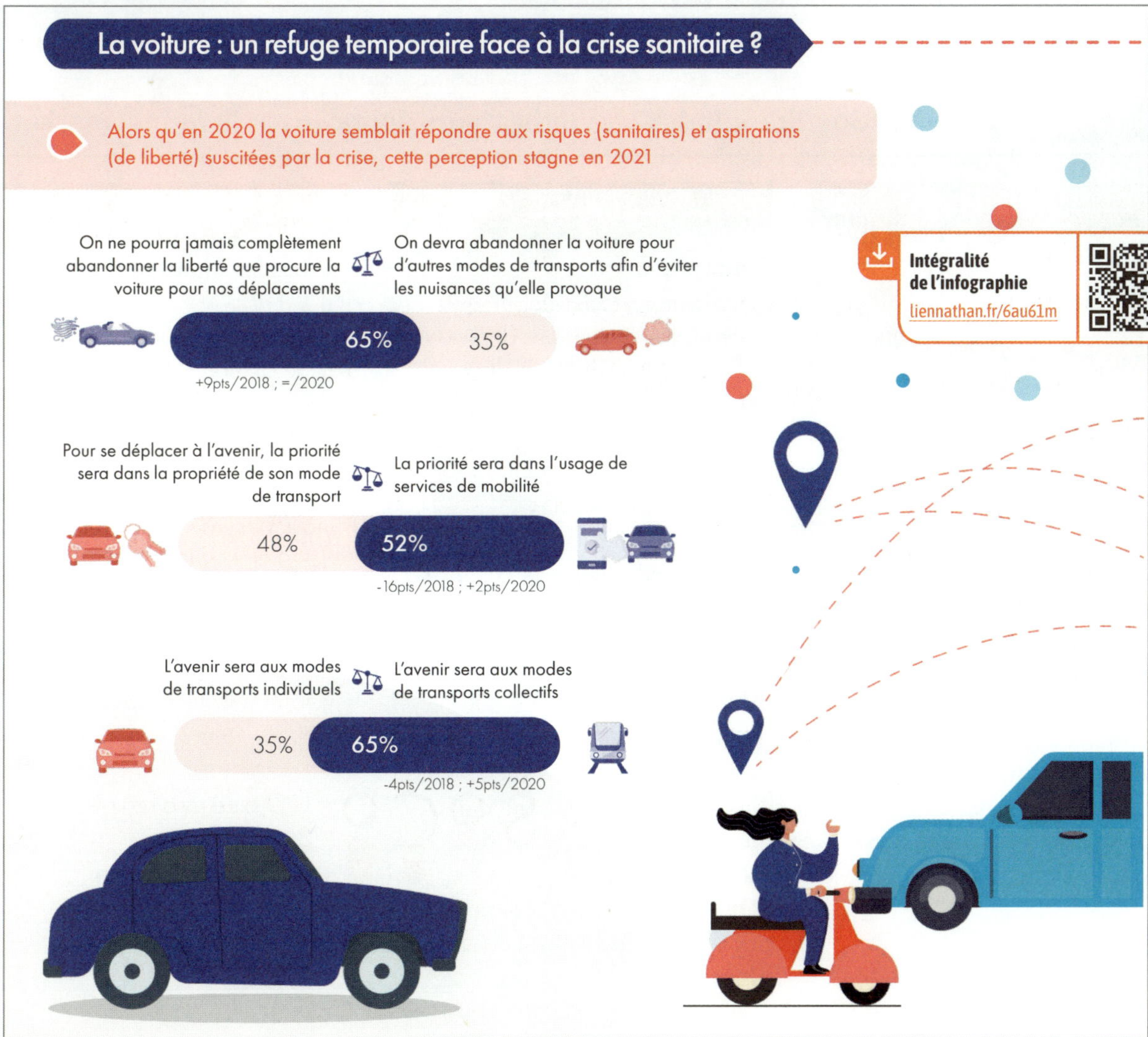

https://lobsoco.com

2 Exploiter les résultats d'un panel propriétaire pour comprendre la perception des marques

Vous poursuivez vos recherches et vous intéressez à YouGov, un institut d'études international, offrant des solutions globales et innovantes. Fondé en 2000 à Londres, YouGov accompagne les marques et agences dans leurs décisions stratégiques. Présent dans 55 pays, il dispose d'un des plus grands panels propriétaires au monde : plus de 20 millions de panélistes, dont plus de 700 000 en France. YouGov propose deux études majeures :
- YouGov BrandIndex, une plateforme qui permet de suivre quotidiennement la perception des individus de plus de 1 500 marques en France selon 16 indicateurs ;
- YouGov Profiles, un outil de segmentation des groupes cibles comprenant plus de 95 000 variables librement reliables.

➜ Documents 4 à 6
➜ Fiches ressources 5 et 6

1. Présenter les avantages d'une étude barométrique et des panels propriétaires.
2. Comparer l'intention d'achat de Spotify sur l'ensemble de la population et sur les moins de 30 ans, et noter vos remarques.
3. Donner la tendance d'évolution d'Amazon Music sur l'ensemble de la population française.
4. Identifier le mois au cours duquel l'intention d'achat a été la plus élevée pour Spotify. Donner le pourcentage atteint.
5. Comparer les courbes du souvenir publicitaire et de l'intention d'achat d'Apple Music d'octobre 2022 à janvier 2023 et noter vos constatations.

WWW
Site YouGov
liennathan.fr/p1zqmt

Document 4 YouGov/BrandIndex : les indicateurs pour couvrir le funnel marketing

VISIBILITÉ	IMAGE	RÉACTION
Notoriété assistée Parmi la liste ci-dessous, quelles marques connaissez-vous, ne serait-ce que de nom ? **Buzz** Au cours des deux dernières semaines, pour quelles marques avez-vous vu, lu ou entendu quelque chose de positif/négatif ? **Attention** Buzz positif – Buzz négatif **Souvenir publicitaire** Pour quelles marques avez-vous lu ou entendu de la publicité au cours des deux dernières semaines ? **Bouche-à-oreille** De quelles marques avez-vous discuté avec votre entourage au cours des deux dernières semaines ?	**Impression** De manière générale, de quelles marques avez-vous une impression positive/négative ? **Qualité** Quelles marques associez-vous à de la bonne/mauvaise qualité ? **Rapport qualité/prix** Quelles marques associez-vous à un bon/mauvais rapport qualité/prix ? **Réputation/Marque employeur** Pour quelles marques seriez-vous fier(ère)/embarrassé(e) de travailler ? **Satisfaction** De quelles marques diriez-vous que vous êtes un client satisfait/insatisfait ? **Recommandation** Quelles marques recommanderiez-vous/diriez-vous d'éviter ? **Index** Moyenne des indicateurs ci-dessus	**Considération/Intention d'achat** Si vous deviez acheter des marques de l'univers (X), lesquelles considéreriez-vous ? **Préférence d'achat** Quelle marque seriez-vous le plus susceptible d'acheter ? **Client** Avez-vous déjà acheté ces marques ? Avez-vous acheté ces marques récemment ?

https://business.yougov.com

Document 5 Les marques qui progressent le plus suivant la plateforme BrandIndex

YouGov a évalué les marques qui ont le plus progressé sur les indicateurs de visibilité, d'image et d'intention d'achat. EDF est, parmi plus de 1 500 marques suivies par la plateforme BrandIndex, la marque qui progresse le plus en juillet 2022 selon le *scoring* de synthèse [des] indicateurs BrandIndex (4 items de visibilité, 6 items d'image de marque et 3 items d'intention d'achat).

EDF progresse notamment sur de nombreux critères d'image de marque : rapport qualité/prix, réputation, satisfaction et recommandation. L'entreprise devance notamment Engie, Ferrero Rocher, Kinder Surprise et Buitoni.

Les marques qui progressent le plus en mars 2023

Rang	Marques	Notoriété	Souvenir Publicitaire	Bouche-à-Oreille	Buzz	Impression	Qualité Perçue	Rapport Qualité/Prix	Réputation Corporate	Satisfaction	Recommandation	Considération	Préférence	Clients
		Visibilité				Image de Marque						Intention d'Achat		
1	E.Leclerc		▲	▲	▲	▲	▲	▲		▲	▲	▲		▲
2	Franck Provost		▲	▲	▲		▲		▲				▲	▲
3	KFC					▲	▲		▲	▲		▲	▲	
4	Kiabi				▲	▲				▲		▲	▲	
5	GRDF		▲			▲	▲		▲		▲			
6	1664			▲		▲					▲		▲	
7	ManoMano				▲			▲		▲			▲	
8	Poltronesofà					▲		▲	▲					▲
9	Beko		▲		▲		▲	▲						
10	Sofitel				▲		▲		▲		▲			

Source : BrandIndex, l'outil de suivi en temps réel & continu des marques de l'Institut YouGov. Les flèches indiquent des mouvements statistiquement significatifs sur l'indicateur pendant la période donnée.

YouGov

https://themedialeader.fr, 30 août 2022.

Méthodologie : BrandIndex suit en temps réel et continu les marques et toutes les prises de parole qui leur sont dédiées. En France, plus de 1 500 marques sont évaluées de manière quotidienne *via* un panel d'environ 750 000 répondants.

Document 6 Plateforme BrandIndex, focus sur la perception des marques de streaming audio en France

YouGov a publié une étude sur la perception des marques de streaming audio en France, *via* BrandIndex, sa plateforme qui permet de suivre quotidiennement la perception qu'ont les individus de plus de 1 500 marques en France selon 16 indicateurs. Concernant l'intention d'achat des Français entre le 1er janvier et le 31 décembre 2022, Spotify devance ses rivaux tout le long de l'année et observe un pic à 19 points aux alentours du 1er octobre, à la suite de sa campagne publicitaire de rentrée. Deezer finit bien 2022, avec une hausse de plus de 6 points lors des fêtes de fin d'année, après avoir été dépassé d'une courte tête par Amazon Music en début de mois. Le service de streaming du géant du retail est par ailleurs passé de 8 à 11 points entre janvier et décembre.

Document 6 — Plateforme BrandIndex, focus sur la perception des marques de streaming audio en France (suite)

L'écart entre Spotify et Deezer est plus marqué chez les moins de 30 ans qu'auprès de la population française en général. Celui-ci frôle par exemple les 12 points au 31 décembre, quand il est quasi nul à la même période chez les Français sans distinction d'âge. Par ailleurs, l'intention d'achat des 18-29 ans pour Deezer atteint son maximum lors de la seconde quinzaine de septembre, s'établissant aux alentours de 21 %.

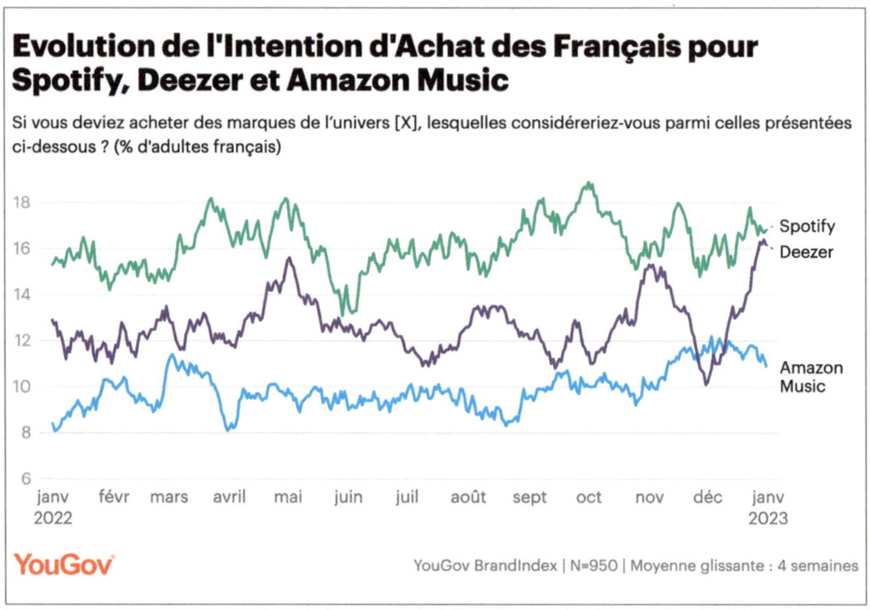

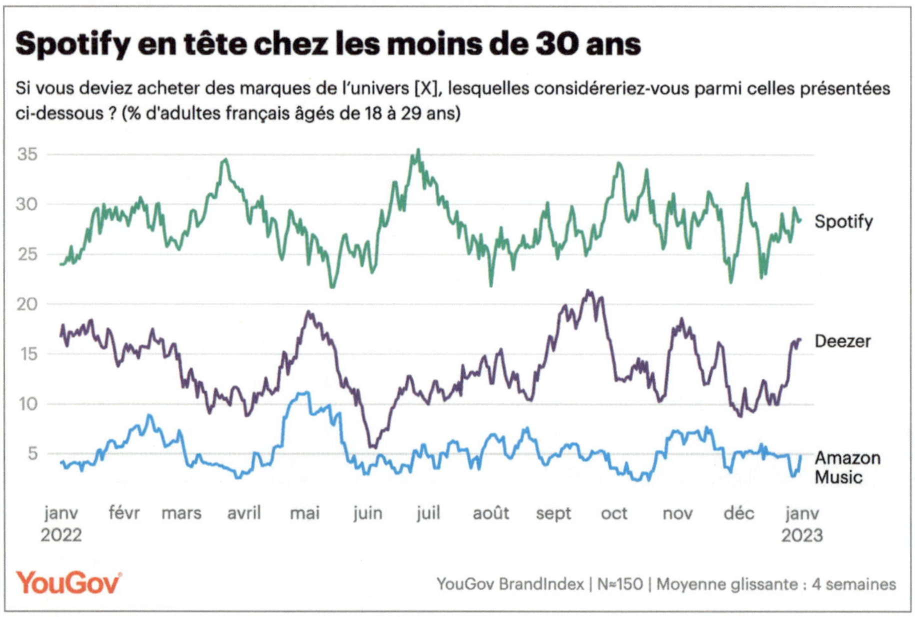

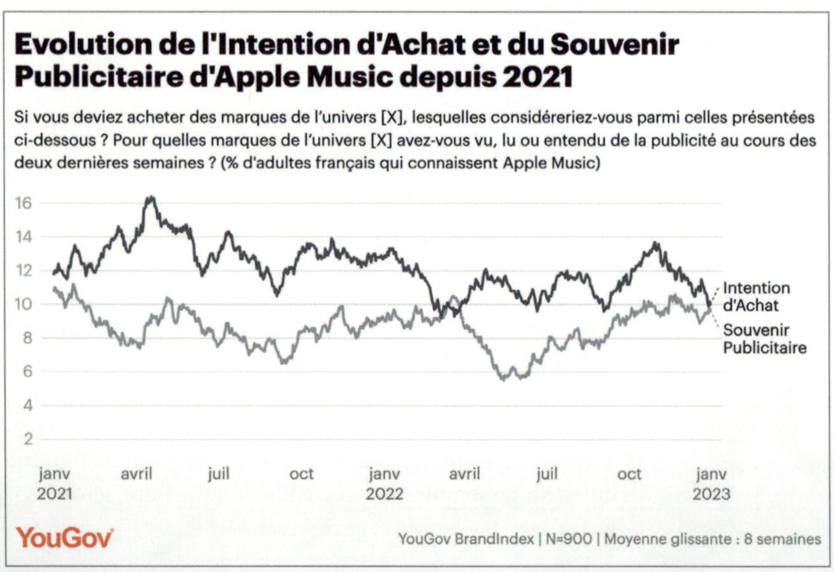

Les deux courbes ci-dessus et ci-contre font état des scores de souvenir publicitaire et d'intention d'achat pour Apple Music sur la période 2021-2022 auprès des Français qui connaissent la marque. YouGov observe une hausse concomitante des deux indicateurs entre septembre et octobre 2022, de même qu'une baisse de l'intention d'achat qui suit celle du souvenir publicitaire entre mi-avril et début septembre 2021. L'intention d'achat est en léger recul entre le 1er janvier 2021 et le 31 décembre 2022, passant de 12 à 10 points.

T. Moysan, www.cbnews.fr, 13 février 2023.

3 Exploiter les résultats d'une étude pour segmenter et décrire une cible

Cette étude, réalisée par YouGov, propose une segmentation de la population. Cinq profils de population ont été définis et YouGov décrit précisément l'un de ces groupes, « la cible des engagés », qui revêt une importance particulière pour l'un de ses clients du e-commerce dans le domaine des équipements technologiques.

Documents 7 à 11
Fiches ressources 4 et 5

1. Expliquer en quoi la description de populations cibles est primordiale dans le domaine de la communication et en quoi les études quantitatives sont importantes.
2. Préciser l'intérêt d'un mapping et les principaux points de vigilance méthodologiques pour construire un mapping cohérent.
3. Citer les différents types de critères qui permettent de décrire une cible et un persona.
4. Identifier le poids (en %) de la cible des Engagés par rapport à l'ensemble de la population française de 18 ans et +.
5. Préciser pourquoi les données sur la population nationale figurent entre parenthèses.
6. Indiquer pourquoi, sur chaque page de résultats, apparaît la mention « XX/XX sig. sup/inf à la population nationale à 95 % ».
7. Expliquer à quoi servent les indicateurs exprimés en indices d'affinité.
8. Expliquer en quoi la cible des engagés est intéressante pour l'annonceur du e-commerce, spécialiste de l'équipement technologique.

Document 7 La notion de *personae*

Depuis la fin des années 1990, les directions marketing placent la définition de personae au cœur de leur stratégie pour dépasser le concept de cibles ou de segments de marché, jugés trop génériques, trop éloignés de l'humain. C'est pourquoi, nombreuses sont les marques faisant appel à des cabinets de conseil pour construire des individus fictifs représentant les typologies d'utilisateurs des produits ou services proposés par leur marque. Ces « personae » sont dotés d'une personnalité, d'un style de vie, de traits de caractère, d'habitudes d'achat. […]

www.influencia.net

Document 8 Méthodologie et segmentation de YouGov Profiles

YouGov®

La segmentation proposée par YouGov a été réalisée sur la base de données issues de YouGov Profiles. Les réponses d'environ 20 000 répondants ont été utilisées. Les critères sélectionnés pour construire la segmentation concernent la RSE, le e-commerce, les attitudes et comportements digitaux. La méthode statistique utilisée pour bâtir la segmentation consiste à rassembler au sein d'un même groupe les individus qui ont des attitudes et des comportements similaires.

Document 9 Profils basés sur l'attitude et les comportements digitaux

business.yougov.com/fr 5 YouGov

5 profils : répartition et description

Le frugal et économe

- S'en tient au strict nécessaire en raison de faibles revenus
- Plus susceptible de rechercher le prix le plus bas
- Peu enclin à s'intéresser aux questions sociales ou environnementales
- Acheteur hors ligne, préoccupé par le rythme de la technologie

Le chasseur de bonnes affaires

- S'assure de profiter des offres et des reductions
- Pas très fidèle, ouvert à l'essai de nouvelles marques afin d'obtenir le meilleur rapport qualité-prix
- Ne se soucie pas vraiment des dimensions RSE
- Fait la plupart de ses recherches en ligne

Le connecté en quête de praticité

- Le shopping n'est pas une priorité dans sa vie
- Très attaché à la commodité et à la simplicité
- Le consommateur le moins soucieux de l'environnement
- Adepte des nouvelles technologies

Le responsable

- Se préoccupe de son impact environnemental et social
- Accorde de l'importance à la qualité et ne rechigne pas à payer plus pour des marques qui partagent ses valeurs
- Apprécie la qualité et est le plus susceptible d'être fidèle
- Il achète hors ligne et n'est pas un adepte précoce

L'engagé

- Apprécie la qualité et est prêt à payer plus cher pour l'obtenir
- Prêt à essayer de nouvelles marques, mais a ses habitudes quand même
- Pas le plus soucieux de l'environnement, mais est sensible aux missions sociales
- Ouvert à la technologie et l'adopte rapidement

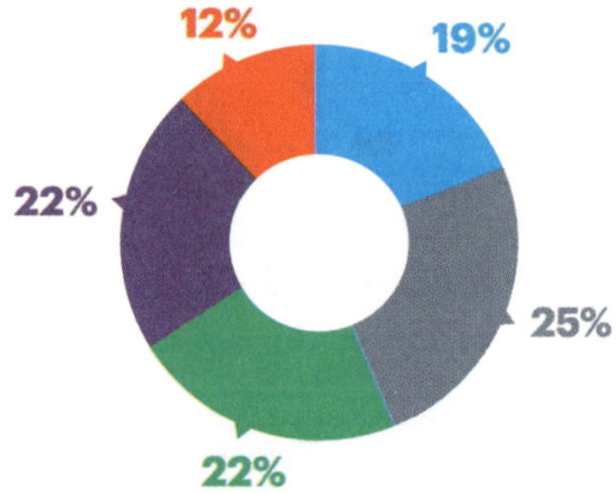

https://business.yougov.com

Document 10 Mapping de positionnement des différents profils

business.yougov.com/fr 6 YouGov

5 profils plus ou moins sensibles aux technologies et au rapport qualité/prix des produits retail & e-commerce

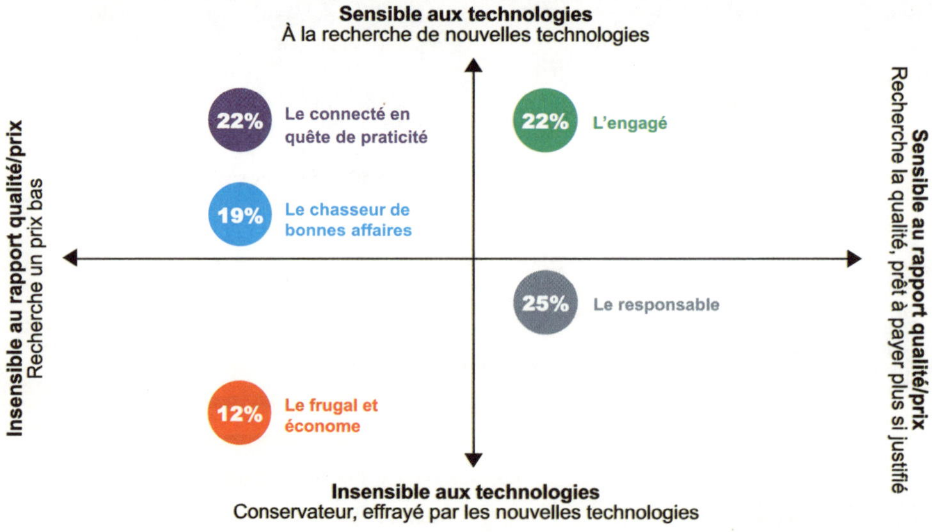

https://business.yougov.com

Document 11 Focus sur l'engagé : descriptif du profil

YouGov

L'engagé

Ils représentent **11 millions** de personnes en France*

Les engagés sont une cible jeune, plus présente en région parisienne (à noter que plus de **50%** de ce segment est présent dans l'est de la France).

Âge	Engagés	(Population nationale)
18-24 ans	11%	(10%)
25-34 ans	16%	(15%)
35-49 ans	28%	(25%)
50-64 ans	29%	(33%)
65 ans et plus	15%	(18%)

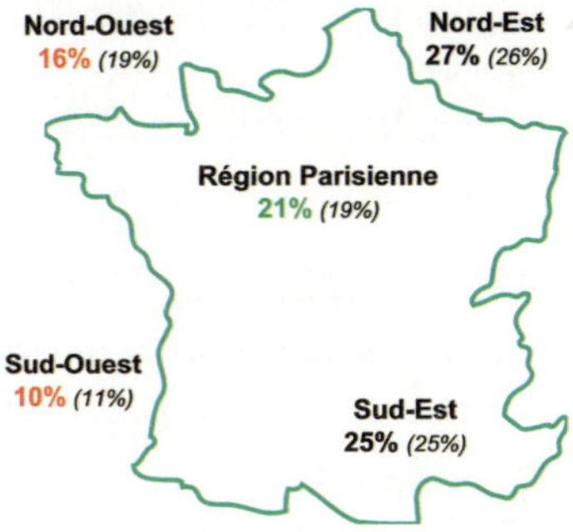

	Engagés	(Population nationale)
Hommes	51%	(48%)
Femmes	49%	(52%)
CSP+	30%	(30%)
CSP-	41%	(34%)
CSP-	28%	(36%)

N moyen Engagés = 5 600
XX/XX sig. Sup/inf à la population nationale à 95%
*Extrapolation des 22% sur la population nationale 18+
Les chiffres entre parenthèses sont ceux de la population nationale

L'engagé

Ce segment est déjà très engagé sur les achats en ligne et donc plus facile à amener sur une marketplace. De plus, on observe une forte intention de s'équiper en appareils électroniques.

Fréquence d'achat en ligne au cours des 3 derniers mois

	Engagés	(Population nationale)
Au moins une fois par semaine	32%	(22%)
Au moins une fois par mois	45%	(37%)
Moins souvent	23%	(41%)

N moyen Engagés = 5 600
XX/XX sig. Sup/inf à la population nationale à 95%
*Extrapolation des 22% sur la population nationale 18+
Les chiffres entre parenthèses sont ceux de la population nationale

Ont utilisé un ordinateur pour un achat de téléphone portable au cours des 12 derniers mois **(11%)** : 16%

Ont utilisé un smartphone/tablette pour un achat de téléphone portable au cours des 12 derniers mois **(11%)** : 14%

« Les achats en ligne me facilitent la vie » **(54%)** : 78%

Top 5 Intention d'achat – 12 prochains mois

	Engagés	(Population nationale)
Téléphone mobile	27%	(19%)
Ordinateur portable	23%	(17%)
Tablette	14%	(10%)
Console de jeux portable	14%	(6%)
Ordinateur de bureau	13%	(8%)

Consommation média

YouGov

L'engagé

Un segment qui semble s'informer via la TV davantage que la population nationale, et qui semble plus sensible aux publicités sur ce canal.

67% « Je préfère regarder la télévision en direct » *(58%)*

33% « La télévision influence mes pensées et réflexions » *(20%)*

42% « Je cherche sur internet les produits que j'ai vu en publicité pendant que je regarde la TV » *(24%)*

Top 10 - Sources d'information

	Engagés	(Population nationale)
Télévision	71%	(69%)
Site Internet d'un journal	48%	(38%)
Radio	47%	(44%)
Sites Internet de réseaux sociaux	30%	(24%)
Site internet consacré aux actualités non associé à un journal	29%	(23%)
Version papier d'un journal	26%	(23%)
Appli consacrée aux actualités	25%	(18%)
Magazine en ligne	14%	(8%)
Version papier d'un magazine	13%	(9%)
Newsletters	13%	(10%)

N moyen Engagés = 5 600.
XX/XX sig. Sup/inf à la population nationale à 95%.
*Extrapolation des 22% sur la population nationale 18+
Les chiffres entre parenthèses sont ceux de la population nationale

L'engagé, profil complet
liennathan.fr/2g53py

https://business.yougov.com

4 Exploiter les résultats d'une étude pour comprendre un parcours d'achat

YouGov est amené à répondre ponctuellement aux questions de ses clients. L'un d'eux, opérateur dans le domaine d'Internet, se pose des questions sur le parcours d'achat (*purchase funnel*) de diverses cibles qui présentent un intérêt pour lui. Les résultats de YouGov, issus de BrandIndex et Profiles, vont lui permettre de statuer sur les cibles auxquelles il faut s'adresser à chaque étape du *purchase funnel*.

▶ Document 12
▶ Fiches ressources 4 et 5

1 Définir la notion de *purchase funnel* (ou *consumer decision journey*).

2 Classer, parmi les critères du document 4 (activité 2) qui permettent d'analyser le *purchase funnel* dans les résultats de l'étude YouGov, celles liées aux attitudes et celles liées aux comportements des consommateurs.

3 Comparer les résultats du tableau et rédiger une synthèse concise :
- sur les cibles 25-49 ans et clients de la marque ;
- sur la cible des clients entre septembre et octobre 2018.

Document 12 Les résultats de l'étude YouGov

Afin de répondre aux questions de ce client, opérateur Internet, YouGov a produit les résultats suivants.

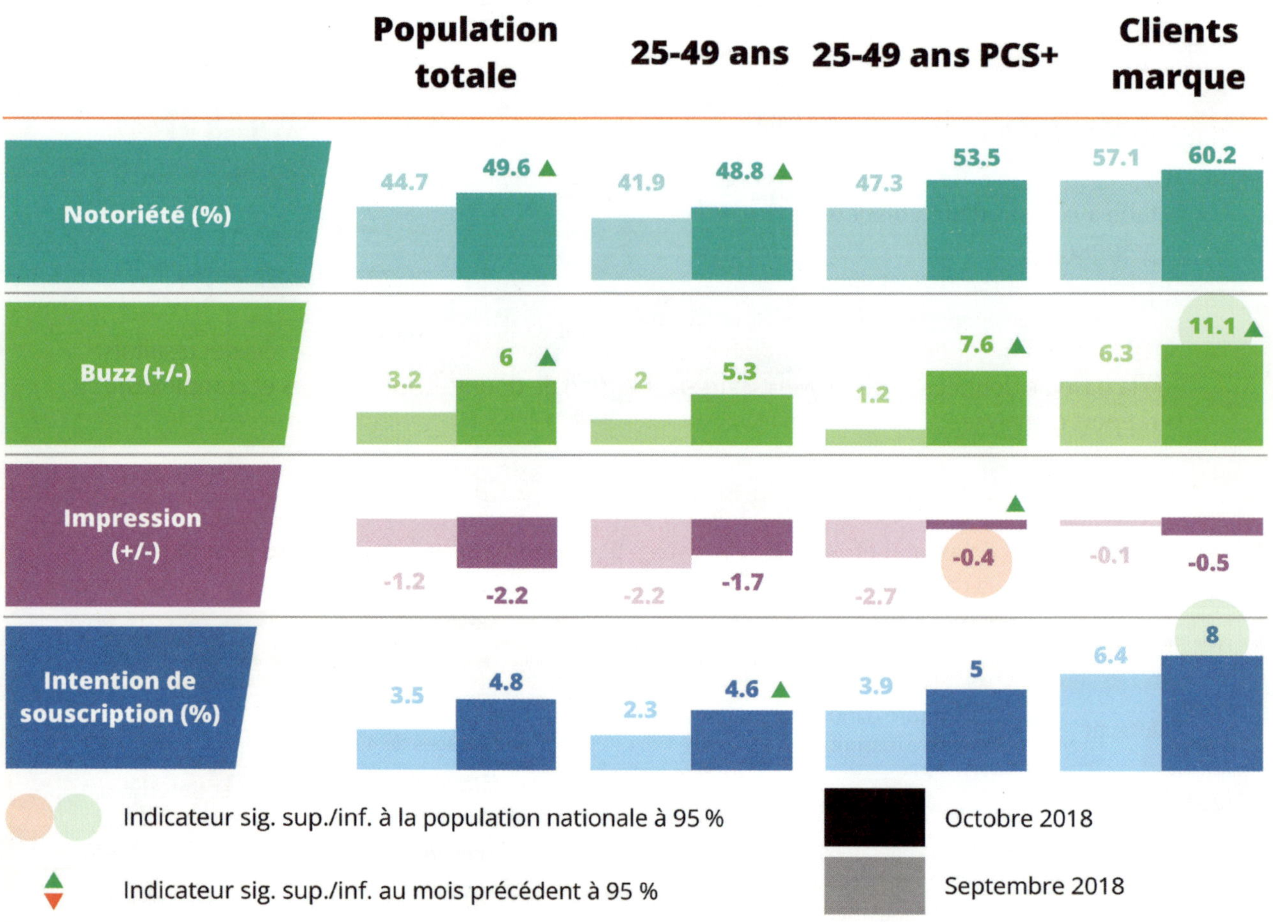

https://business.yougov.com

FICHE RESSOURCE

1

INTRODUCTION À L'ANALYSE DES DONNÉES

Le secteur de la communication est très friand d'études. Les résultats d'études permettent aux différents partenaires de la communication d'asseoir leur réflexion stratégique, de définir les cibles, de sélectionner les leviers les plus pertinents, de piloter les campagnes et de mesurer leur efficacité. Les données, qu'elles soient qualitatives ou quantitatives, permettent donc de prendre des décisions. Pour ce faire, les partenaires s'appuient sur de nombreux indicateurs qu'ils vont analyser. L'exploitation des données peut être envisagée sous l'angle de 3 grandes thématiques : les études consommateurs, les études d'audience, les études marché et marques.

I L'accès aux données

Les résultats d'études sont mis à disposition de différentes manières :

Dans le cas d'une étude en souscription (par exemple, TGI, études d'audience, données de la concurrence publicitaire)	Les données nécessaires au quotidien pour répondre à une problématique sont accessibles *via* une interface informatique. Un logiciel permet d'accéder directement à toute la base de données auxquelles on a souscrit. • L'utilisateur lance une requête (il précise ce dont il a besoin grâce à un menu). • Le logiciel interroge instantanément sa base de données. • Il produit des tableaux et/ou des graphiques avec les données demandées.
Dans le cas d'une étude *ad hoc*	Les résultats produits donnent souvent lieu à une présentation orale à l'issue de laquelle un dossier complet d'analyse est remis au client de l'étude. L'institut peut également fournir une synthèse des principaux résultats ainsi que la base de données détaillée, à partir de laquelle le commanditaire de l'étude peut faire de nouveaux traitements et procéder à des analyses complémentaires.

II La présentation des données afin qu'elles soient exploitables

La présentation des données peut prendre plusieurs formes :
- tableaux (issus d'un tableur tel qu'Excel…) ;
- graphiques ;
- schémas, diagrammes et *mapping* ;
- infographies (présentation synthétique, visuelle et « *storytellée* ») ;
- data visualisation (représentation graphique, simplifiée, dynamique et en temps réel des résultats de la base de données : facilite la lecture/l'exploitation de données nombreuses et complexes) ;
- rapport d'analyse.

III Le choix des indicateurs

Les indicateurs à traiter et étudier sont variables d'une thématique à l'autre, mais ils sont relativement simples à calculer (ils sont généralement informatisés) et à analyser.

Indicateurs exprimés en…	Définition	Exemple
Effectif	Nombre d'individus qui ont répondu au critère mesuré.	L'émission *X* rassemble 2 500 000 téléspectateurs âgés de 4 ans et +.
Pourcentages	% d'individus ayant répondu au critère $\frac{\text{Effectif de la population ayant répondu au critère}}{\text{Effectif total de la population}} \times 100$	16 % de la population des 4 ans et + et 25 % de la population des hommes de 15 à 34 ans ont regardé l'émission *X*. Ou : Parmi les spectateurs de l'émission *X*, 25 % sont des hommes âgés de 15 à 34 ans.
Indices	En particulier, des indices d'affinité qui permettent de mettre en évidence les spécificités d'une population particulière par rapport à une population de référence.	L'émission *X* a un indice d'affinité de 156 avec la population des hommes de 15 à 34 ans. $25/16 \times 100 = 156$

IV L'exploitation des données résultant des études quantitatives

Les traitements statistiques des données sont aujourd'hui automatisés dans les logiciels de sondage en ligne. Ce sont des chargés d'études qui lancent les requêtes permettant de produire les résultats et de contrôler leur fiabilité. Ainsi, les utilisateurs finaux des études disposent de résultats fiables, sans avoir à opérer de nouveaux calculs. Les traitements sont réalisés par les chargés d'études en plusieurs étapes :

Étape 1 Nettoyage des données collectées	Étape 2 Traitements statistiques proprement dits	Étape 3 Mesure de la fiabilité des résultats	Étape 4 Construction d'outils d'intelligibilité	Étape 5 Synthèse et analyse des résultats
Vérification de la qualité des réponses apportées, du bon remplissage des questionnaires.	• Comptage des réponses aux questions. • Calcul de moyennes ou de médianes, calcul de pourcentages, pourcentage de progression…	Elle se base sur des méthodes statistiques et permet d'asseoir les analyses sur des données statistiquement fiables.	Réalisation de tableaux et graphiques illustrant les principaux résultats.	Réalisation d'un rapport final présentant l'analyse des principaux résultats, enrichie par des graphiques et diagrammes facilitant la compréhension et assortie d'une synthèse avec des recommandations opérationnelles.

V L'exploitation des données résultant des études qualitatives

Les traitements des données recueillies lors d'études qualitatives consistent à faire de l'analyse de contenus. La donnée collectée étant constituée d'enregistrements vocaux ou de contributions écrites, il s'agit d'identifier les thèmes abordés dans les réponses des interviewés, de les classer et de comprendre comment ces thèmes sont reliés les uns aux autres. De nombreux logiciels d'analyse aident les chargés d'études dans cette exploration. Toutefois, le travail du chargé d'études et ses compétences sont primordiaux dans cette phase d'analyse de contenus. L'exploitation des données qualitatives se fait également en plusieurs étapes :

Étape 1 Retranscription	• Contenus enregistrés directement retranscrits en verbatim par des logiciels spécialisés • Contenus directement écrits par les interviewés (sur une plateforme dédiée) ou contenus obtenus *via* les réseaux sociaux collectés automatiquement et stockés
Étape 2 Classement et hiérarchisation	• Identification et classement des thèmes et sous-thèmes abordés par les interviewés • Hiérarchisation en fonction du nombre d'occurrences (nombre de fois où le thème est abordé) • Analyse de la syntaxe (structure du texte) et du vocabulaire. On va ainsi définir une grille d'analyse.
Étape 3 Analyse et structuration	Tous les contenus et chaque thème identifié préalablement sont analysés de façon détaillée, ce qui permettra de comprendre les modes de pensée et les comportements des interviewés. • Identification des points de convergence et de divergence • Étude des relations et niveaux d'association entre les différents thèmes
Étape 4 Synthèse et recommandations	Rédaction d'un rapport qui rassemble le détail des analyses, les éléments de compréhension et des recommandations opérationnelles. Ce rapport est généralement complété par une synthèse des principaux enseignements de l'étude.

FICHE RESSOURCE 2

EXPLOITATION DES DONNÉES D'AUDIENCE POUR RÉALISER UNE RECOMMANDATION MÉDIA

Les données d'audience sont exploitées et utilisées pour conseiller les annonceurs quant à l'achat de leurs insertions publicitaires :
- Quels médias (TV, audio, OOH...) ?
- Quels supports (TF1, France TV...) ?
- Quelle planification (mois, horaire, format...) ?

Les agences médias doivent orienter les investissements publicitaires en fonction des objectifs de communication de leurs clients. Présentes à toutes les étapes du travail, les données permettent de construire les **recommandations médias** (média principal et médias secondaires ou *owned, earned, paid*) qui déboucheront sur un calendrier de déploiement des campagnes sur les différents médias : le **plan média**.

I Mesurer et comparer l'audience des médias et des supports

Le niveau d'audience d'un support correspond au nombre de personnes (d´une population ou d´une cible spécifique) qui lisent, regardent, écoutent le support. Il s'exprime :
- en effectif (milliers d'individus qui ont un usage du support) ;
- en pourcentage (% de la population cible qui utilise le support sur une période donnée).

EXEMPLE :

Étude : OneNext 2022 S2 — Cible 1 : CSP+
Lectorat : LDP
Magazines : page Quadri — Référence : Ensemble

Titre	Périodicité	Audience LDP en %
20 Minutes Réseau National	Quotidien	5,0
AD (Architectural Digest)	Bimestriel	1,9
Alternatives Economiques	Mensuel	2,3
L´Ami des Jardins et de la Maison	Mensuel	1,3
Art et Décoration	Bimestriel	3,5
Auto Plus	Hebdomadaire	3,3
L´Auto-Journal	Bimensuel	2,1

Audience : LDP (lecture dernière période)

Le titre *20 Minutes* permet de toucher 5 % de la cible des PCS+ chaque jour, en moyenne.

L'Ami des Jardins et de la Maison permet de toucher 1,3 % de la cible.

II Décrire le profil de l'audience d'un média ou d'un support

Le profil d'un support ou d'un média consiste à décrire les caractéristiques de son audience selon des critères sociodémographiques en général (sexe, âge, PCS, habitat...). Ces informations sont primordiales dans le choix des supports pour réaliser un plan média. Elles permettent de vérifier que l'audience du support est en bonne adéquation avec la population que l'on souhaite toucher.

Bien représenté sur les agglomérations de + de 100 000 habitants et l'agglomération parisienne (65,8 % de l'audience)

Le magazine *M* a un profil d'audience un peu plus masculin (indice 114).

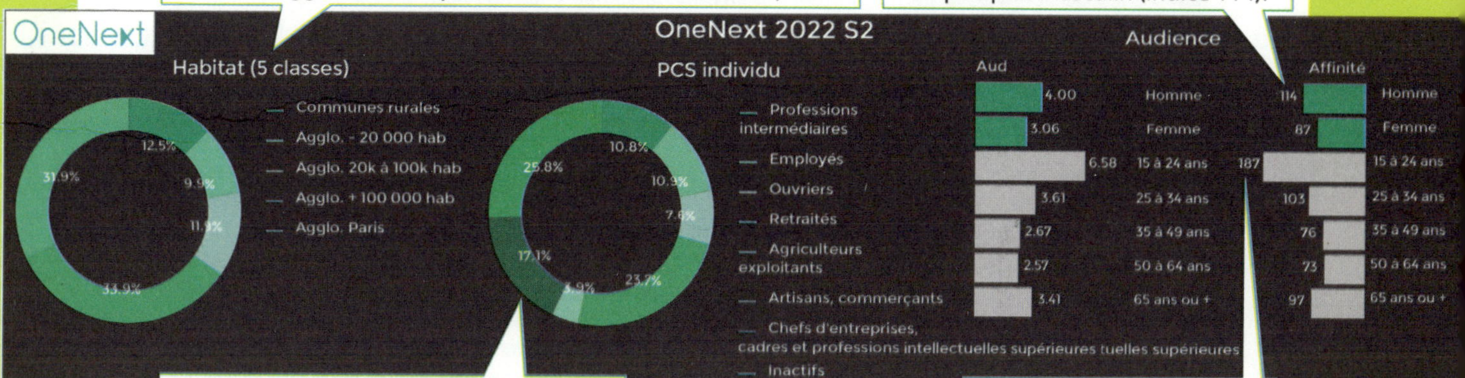

Plutôt PCS+ et inactifs (lié à sa forte affinité avec les 15-24 ans)

Plutôt 15-24 ans (indice 187)

Source : ACPM/OneNext S2.

FICHE RESSOURCE

3

SÉLECTIONNER LES SUPPORTS POUR CONSTRUIRE UN PLAN MÉDIA ET CALCULER SES PERFORMANCES

I Les échelles

La sélection des supports est réalisée à partir d'échelles qui hiérarchisent les supports en fonction de différents critères. L'analyse simultanée des échelles permet d'opérer la sélection des supports. Il s'agit de trouver une combinaison optimale entre la puissance, l'affinité et un coût raisonnable.

Échelle de puissance

Basée sur l'audience des supports, elle correspond à l'audience du support sur la cible.

Elle s'exprime en pourcentage dans les échelles.

➔ Elle classe les supports du plus puissant au moins puissant (de la plus forte audience sur la cible à la moins forte).

Exemple

Titres	Audience en %
Marmiton	15,4
Science & Vie	8,0
National Geographic France	6,8
Géo	6,4
L'Équipe Magazine	5,9
Cuisine Actuelle	5,1
20 Minutes Réseau National	5,0
Sciences et Avenir	5,0
Télé 7 jours	4,7
Ça m'intéresse	4,5
Télé Loisirs	4,2
M le magazine du Monde	4,0
Capital	3,7
Courrier International	3,7
Télérama	3,7

Marmiton est le titre ayant la plus forte audience sur la cible des PCS+ avec 15,4 %, suivi de *Sciences & Vie* avec 8 %.

Échelle d'économie

Le critère d'économie est calculé sur la base du tarif d'une insertion publicitaire dans le support divisé par le nombre de personnes que l'on va toucher avec le support.
Elle est basée :
– soit sur le coût/GRP (tarif d'une insertion dans le support / % d'audience du support) ;
– soit sur le coût pour 1 000 (CPM tarif d'une insertion dans le support / audience en milliers × 1 000).
Le nombre de personnes peut être exprimé :
– soit en milliers (coût / 1 000 = coût pour 1 000 personnes touchées) ;
– soit en % (coût pour 1 % de la cible touchée).
➔ Elle classe les supports du moins cher au plus cher.

Exemple

Titres	Tarifs (en €)	DFP ou Distribution	Coût/000 DFP ou distribution
Télérama	8 100	437 118	18,53
Auto Plus	5 100	216 941	23,51
Merci pour l´info	27 000	1 001 456	26,96
Version Fémina	77 700	2 069 041	37,55
Télé 7 jours	35 200	809 754	43,47
TV Grandes Chaînes	25 400	555 864	45,69
Télé Star	27 600	565 906	48,77
Télé Z	33 600	676 505	49,67
Télé Poche	14 000	279 270	50,13
Télé 2 Semaines	28 200	525 064	53,71
Télé Loisirs	29 000	503 022	57,65
Nous Deux	9 000	145 740	61,75
M le magazine du Monde	30 700	479 896	63,97
Maison Créative	15 900	232 741	68,32
Détente Jardin	15 000	211 075	71,06
Télé Magazine	7 000	98 213	71,27
Maxi	20 300	282 126	71,95
Télé 7 Jeux	7 000	92 619	75,58
Notre Temps Magazine	45 000	584 693	76,96
Paris Match	37 000	478 769	77,28

Dans cet exemple, on a calculé le coût pour 1 000 exemplaires diffusés en France (payés) pour chaque titre. Sur cette échelle partielle, *Télérama* est le support qui offre le coût pour 1 000 le plus avantageux, *Paris Match* ayant le coût pour 1 000 le plus élevé sur la sélection. Sur l'ensemble des titres (échelle complète), le support ayant le coût le plus élevé atteint 559 €.

FICHE RESSOURCE
3

Échelle d'affinité	Exemple
L'affinité est un critère qui mesure l'adéquation d'un support avec une cible donnée. Si l'indice est à 100, cela veut dire que le poids de la cible dans l'audience du titre est égal au poids de la cible dans la population totale. Elle est basée : – soit sur un pourcentage d'affinité qui correspond au pourcentage de la population cible dans la population totale des lecteurs, téléspectateurs, usagers du support référence. Plus le pourcentage est élevé, plus l'affinité est forte ; – soit sur un indice d'affinité (= pourcentage observé sur la population cible étudiée / pourcentage observé sur la population de référence × 100). ➔ Elle classe les supports de celui le plus en affinité avec la cible à celui le moins en affinité avec la cible. Au-dessus de 100, le poids de la cible dans l'audience du support est supérieur au poids de la cible dans la population totale. Plus l'indice d'affinité est élevé, plus le pourcentage de personnes appartenant à la cible dans l'audience du support est élevé.	voir tableau ci-dessous

Titres	Indice affinité
AD (Architectural Digest)	191
Alternatives Economiques	175
Maisons Côté Ouest	154
Les Inrockuptibles	152
Flow	149
Courrier International	147
Le Revenu Placements	147
Elle Décoration	145
Maisons Côté Sud	140
Biba	134
Challenges	133
Elle À Table	133
Vanity Fair	133
Famili Magic Maman	132
Rock & Folk	132
Capital	129

Dans le classement des titres en fonction de l'indice d'affinité, *AD, Alternatives Economiques* et *Maison Côté Ouest* sont les 3 titres le plus en affinité avec la cible.

Duplication d'audience des supports	Exemple
Cet indicateur joue un rôle important dans la sélection des titres en vue de construire un plan média mais aussi dans le calcul des performances d'un plan média. La duplication correspond au nombre de lecteurs, téléspectateurs, auditeurs ou usagers communs à deux supports.	voir schéma ci-dessous

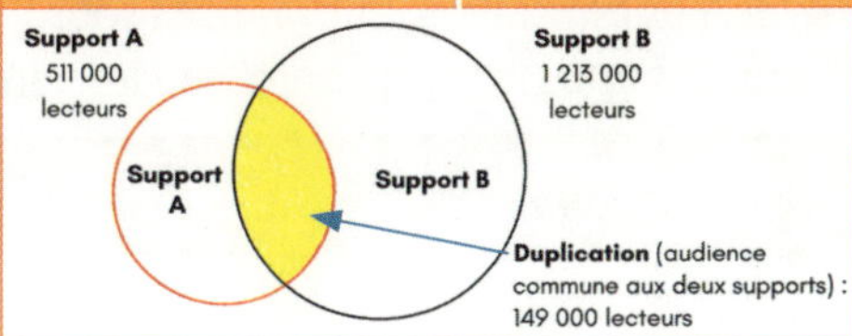

II Les performances du plan média

Le calcul des performances d'un plan média s'effectue à partir des données d'audience des médias grâce à des logiciels d'évaluation des performances. Il donne des indications sur la puissance du plan mis en œuvre auprès de la cible que l'on souhaite toucher. Les indicateurs principaux sont les suivants :

Indicateurs		Exemples
La couverture	Souvent exprimée en % de la cible touchée	Le plan a permis de toucher 43 % de la cible des PCS+ (soit 6 518 000 personnes).
La répétition moyenne	Nombre moyen de contacts par personne touchée	La répétition moyenne est de 4,4, c'est-à-dire qu'en moyenne, chaque personne a été touchée 4,4 fois par la campagne.
Le GRP	Nombre de contacts générés par le plan pour 100 personnes de la cible	Le plan a généré près de 190 GRP sur la cible (GRP = somme des audiences des insertions ou = Couverture × Répétition). Coût au GRP : le budget du plan est de 530 000 € ; le coût/GRP est de 2 796,40 € (530 000 €/190 GRP). Focus cible PCS+ : 26,2 % de la cible des PCS+ a reçu 2 contacts et + et 13,6 % de la cible a reçu 3 contacts et +.

Tableau 1 : plan média recommandé (détail des titres sélectionnés sur la base des échelles et le nombre d'insertions prévues)
Tableau 2 : performances du plan

SCÉNARIOS	
Titres	Plan 1
Psychologies	2
Sciences & Vie	2
Elle Décoration	1
Art et Décoration	1
Courrier International	3
L'Équipe Magazine	3
Sciences et Avenir	2
M le magazine du Monde	3
Télé 7 jours	2
Télé Loisirs	2
PERFORMANCES GLOBALES	
Indicateurs	Plan 1
GRP	189,7
Contacts (000)	28 775
Ct/GRP	2 796,4
Affinité	105
Couverture (%)	43,0
Couverture (000)	6 518
Répétition	4,4
Couverture 2 + (%)	26,2
Couverture 3 + (%)	13,6
Budget	530 400
Nombre d'insertions	21

Source des chiffres : ACPM / OneNext et Adwanted/Medialand.
Audience : LDP (lecture dernière période) / Cible : PCS+ / Échelle partielle

FICHE RESSOURCE

4

CONNAÎTRE ET COMPRENDRE LES ATTITUDES ET COMPORTEMENTS DES CONSOMMATEURS À L'AIDE DES ÉTUDES

Les études permettent de décrire, comprendre et mesurer les attitudes et comportements des consommateurs. La connaissance des consommateurs est la clé de voûte de la stratégie de communication. Ces études sont donc indispensables pour appréhender les problématiques de la communication et, en particulier, définir les cibles stratégiques pour les marques.

Les équipes de communication organisent leur travail autour de 3 problématiques majeures :

- décrire les consommateurs, leurs comportements et leurs attitudes ;
- identifier les cibles pertinentes pour la communication de la marque ;
- créer des personae.

I Décrire une population, ses attitudes et comportements

Dans le cadre d'une étude quantitative, cette étape consiste à analyser des données issues d'enquêtes. Les résultats sont proposés sous forme de tableaux comme celui proposé ci-dessous. Le descriptif s'appuie sur de nombreuses variables :

Les critères sociodémographiques	Les critères d'attitude et d'opinion	Les critères de comportement
Sexe, âge, CSP, habitat…	Valeurs, rapport à la catégorie de produits, attentes, freins et motivations…	Achat du produit ou du service, marques achetées, usages…

En général, pour chaque critère descriptif, on dispose :

- du **nombre de personnes** ayant répondu au critère (effectif, souvent exprimé en milliers d'individus) ;
- du **pourcentage correspondant** : c'est l'indicateur principalement utilisé, plus facile à manipuler que des nombres en milliers. Ce pourcentage permet de décrire la structure de la population ;
- d'un **indice d'affinité** permettant d'identifier rapidement les spécificités (caractéristiques) de la cible par rapport à une population de référence. Celui-ci est calculé en divisant le % de répondants au critère dans la cible par le % de répondants au critère dans la population de référence, multiplié par 100.

EXEMPLE : le tableau page suivante est issu des données de l'étude TGI* de Kantar Media. Il synthétise les principaux résultats de l'étude permettant de décrire une population.

Éléments de compréhension

Pour faciliter la compréhension, le choix a été fait de travailler sur une cible de consommateurs de sodas et de se concentrer sur les critères sociodémographiques permettant de décrire la cible. La description d'un profil se fait le plus fréquemment en comparant le profil de la population étudiée par rapport au profil de la population de référence. Il s'agit de voir en quoi le profil de la population étudiée est différent de celui de la population de référence. L'exploitation des données permet de définir le profil des consommateurs de sodas.

On observe ainsi que :

- le profil est mixte (hommes et femmes) ;
- les moins de 50 ans sont surreprésentés, surtout les 15-24 ans (indice 139) et les 25-34 ans (indice 126) ;
- les étudiants, même s'ils ne représentent que 14 % des consommateurs de sodas, sont surreprésentés (indice 143) ;
- les strates d'habitat sont représentées à hauteur de leur proportion dans la population française de référence (15 ans et +). Il n'y a pas d'aspérité par rapport au profil de la population de référence sur ce critère ;
- les foyers ayant des enfants de moins de 15 ans, qui pèsent 36 % de la cible, sont en forte affinité (indice 126).

* Données TGI : études média-marché délivrant des *insights* clés sur les comportements des consommateurs (profilage, opinions, centres d'intérêt…) et offrant une vision complète sur la consommation des marques, produits, services et médias à l'échelle locale et internationale.

Un échantillon de 15 020 personnes a été interrogé

Cet échantillon correspond à la population totale des 15 ans et +, 53 665 000 personnes

La population totale est constituée de 14 % de 15-24 ans

Indice 100 = les 14 % constituent la base de référence

5 354 personnes interrogées sont consommatrices de soda

Critères ou variables descriptives

19 387 000 personnes âgées de 15 ans et + consomment du soda en France

Parmi les consommateurs de Soda, 20 % sont âgés de 15 à 24 ans

Indice 139 = les 15-24 ans sont sur-représentés chez les consommateurs de soda (20 % / 14 % × 100 = 139)

	Total				Consommateurs de soda			
	Échantillon	*000*	*% vert*	*indice*	*Échantillon*	*000*	*% vert*	*indice*
Total	15 020	53 665	100 %	100	5 354	19 387	100 %	100
Homme	6 897	25 693	48 %	100	2 341	9 136	47 %	98
Femme	8 123	27 972	52 %	100	3 013	10 251	53 %	101
15 à 24 ans	1 202	7 652	14 %	100	580	3 841	20 %	139
25 à 34 ans	2 231	7 262	14 %	100	1 035	3 295	17 %	126
35 à 49 ans	3 839	12 147	23 %	100	1 640	5 116	26 %	117
> 50 ans	7 748	26 604	50 %	100	2 099	7 134	37 %	74
PCS+	4 712	15 086	28 %	100	1 887	5 964	31 %	109
Artisans, commerçants	361	1 725	3 %	100	144	680	4 %	109
Cadres, prof. intel. sup., chefs d´entrep.	2 035	5 969	11 %	100	802	2 294	12 %	106
Professions intermédiaires	2 316	7 392	14 %	100	941	2 989	15 %	112
PCS–	4 127	13 821	26 %	100	1 717	5 703	29 %	114
Agriculteurs, exploitants	45	362	0,68 %	100	16	110	0,57 %	84
Employés	2 931	7 582	14 %	100	1 220	3 149	16 %	115
Ouvriers	1 151	5 877	11 %	100	481	2 444	13 %	115
Inactifs	6 181	24 758	46 %	100	1 750	7 721	40 %	86
Retraités PCS+	2 440	6 446	12 %	100	567	1 453	7 %	62
Retraités PCS–	1 898	7 898	15 %	100	414	1 665	9 %	58
Étudiants	633	5 201	10 %	100	314	2 685	14 %	143
Sans activité prof.	1 210	5 212	10 %	100	455	1 918	10 %	102
Commune rurale	5 133	11 519	21 %	100	1 849	4 208	22 %	101
2 000 à 19 999 habitants	1 648	9 726	18 %	100	581	3 444	18 %	98
20 000 à 99 999 habitants	1 593	7 406	14 %	100	527	2 481	13 %	93
> 100 000 habitants	4 629	16 197	30 %	100	1 679	6 108	32 %	104
Paris / IDF	2 017	8 818	16 %	100	718	3 146	16 %	99
Présence d´enfants < 15 ans	4 071	15 503	29 %	100	1 831	7 076	36 %	126

Source des chiffres : TGI France 2023 R1 Avril – © Kantar Media SAS 2023

II Identifier une cible pertinente pour répondre aux objectifs marketing / communication

Pour atteindre cet objectif, 2 méthodes sont communément utilisées :

Étudier une population acheteuse ou consommatrice de la catégorie de produits ou du produit de la marque ou de produits proposés par des concurrents	Grâce aux variables descriptives, on peut identifier les critères qui caractérisent le plus cette population. En fonction des objectifs stratégiques de l'annonceur, on optera soit pour une cible d'individus déjà acheteurs ou consommateurs (objectif de fidélisation), soit pour une cible d'individus peu consommateurs ou pas du tout consommateurs de la marque (objectif de conquête).
Travailler à partir d'une segmentation ou d'une typologie	Ces traitements statistiques plus sophistiqués, réalisés souvent à partir de données collectées par une enquête, permettent de définir plusieurs groupes de population. Ces groupes sont constitués en rassemblant dans un même groupe les individus qui se ressemblent (ceux qui ont les mêmes caractéristiques en termes d'attitude et de comportement). Ainsi, par rapport à une offre de produit ou de service, on peut distinguer les groupes qui sont acquis à l'offre, ceux qui pourraient basculer et adopter l'offre et enfin, ceux qui y sont plutôt réfractaires. Autant d'informations indispensables pour bien définir les cibles de communication.

EXEMPLE : imaginons un annonceur A qui se lance sur le marché des sodas. Ce marché est dominé par quelques grandes marques. Son objectif premier est de définir une cible de communication qui orientera sa stratégie. Le tableau ci-contre présente les profils comparés des acheteurs de soda et d'une marque à laquelle l'annonceur se compare.

	Consommateurs de soda			Marques consommées : MARQUE 2		
	000	*% vert*	*indice*	*000*	*% vert*	*indice*
Total	19 387	100 %	100	8 442	100 %	100
Homme	9 136	47 %	98	4 414	52 %	109
Femme	10 251	53 %	101	4 028	48 %	92
15 à 25 ans	3 841	20 %	139	1 699	20 %	141
25 à 34 ans	3 295	17 %	126	1 412	17 %	124
35 à 49 ans	5 116	26 %	117	2 538	30 %	133
> 50 ans	7 134	37 %	74	2 793	33 %	67

Source des chiffres : TGI France 2023 R1 Avril (extrait)
© Kantar Media SAS 2023

L'analyse va permettre de définir la cible. → On voit par exemple que la cible a principalement entre 15 et 49 ans (63 % des consommateurs de soda).

FICHE RESSOURCE 5

CRÉER DES PERSONAE

I Le principe et les objectifs d'un persona

La réalisation de personae est la concrétisation d'une approche de ciblage. Les personae proposent une description synthétique et facile à comprendre des populations étudiées. Ils sont l'incarnation de ces populations ou cibles. Les personae ne résultent pas d'une intuition mais des données issues des études consommateurs. Les présentations de personae incluent donc systématiquement :
- l'effectif du persona (en milliers) et son poids par rapport à une population de référence (en %) ;
- des pourcentages et/ou indices sur les critères descriptifs qui les caractérisent.

II Réaliser un persona

Le persona se présente sous forme d'une synthèse du profil du groupe que l'on étudie. Le profil est illustré par une personne qui représente le groupe auquel elle appartient.
Le persona va mettre en avant les critères qui différencient le groupe des autres groupes de la segmentation ou des autres populations étudiées. Les chiffres sont exprimés en pourcentage et en indice.

EXEMPLE : s'il y a 13 % de 18-24 ans dans le groupe des passionnés de voyage au budget limité alors que sur l'ensemble de la population, les 18-24 ans sont 10 %, on a donc un indice 130 (13/10 × 100).

Exemple : segmentation des voyageurs

Les données qui ont permis de bâtir le persona ci-dessous sont issues d'une étude réalisée fin 2022 par l'institut YouGov. Une segmentation consiste à classer les personnes d'une population en plusieurs groupes. À l'intérieur d'un groupe, les individus ont les mêmes caractéristiques, ils se ressemblent.

Étude YouGov Segmentation des voyageurs
liennathan.fr/czvub1

Dans ce cas, la population a été triée en fonction de 2 critères : le goût pour les voyages et le respect d'un budget strict pour les vacances. On peut définir 4 groupes de personnes avec des effectifs relativement homogènes :
- des passionnés par les voyages et ayant un budget limité (13,6 millions / 26 % de la population) ;
- des passionnés par les voyages mais ayant un budget illimité (14,5 millions / 28 %) ;
- des non-passionnés avec un budget limité (11,9 millions / 23 %) ;
- des non-passionnés avec un budget illimité (12,5 millions / 24 %).

Passionnés au budget limité

13,6 millions de personnes
26 % de la population française
18 ans et +

Marin
22 ans
Habite à Lyon
Étudiant

- Adore voyager, mais ses revenus étant limités, son budget voyage est très contraint.
- Très curieux, il aime découvrir de nouvelles cultures et recherche des expériences hors des sentiers battus.
- L'Europe est sa destination de prédilection, en particulier l'Espagne.
- Il utilise largement les sites et les plateformes digitales pour organiser ses vacances.

Socio-démo
13 % ont entre 18 et 24 ans (indice 130)
50 % sont des hommes (indice 104)

Attitudes
83 % aiment garder un lien avec leurs proches et leur famille lorsqu'ils voyagent (indice 109).
71 % ont déjà une destination en tête ou en ont déjà choisi une lorsqu'ils préparent leurs prochaines vacances (indice 125).
62 % aiment exercer des activités physiques pendant leurs vacances (indice 132).
85 % pensent que l'on ne peut connaître un pays qu'en faisant l'expérience de sa culture (indice 116).
87 % aiment revenir de vacances en ayant appris quelque chose de nouveau (indice 123).
74 % aiment sortir des sentiers battus quand ils partent en vacances (indice 128).

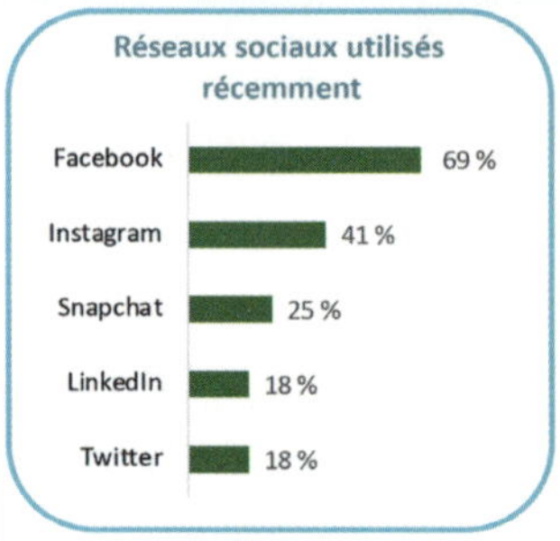

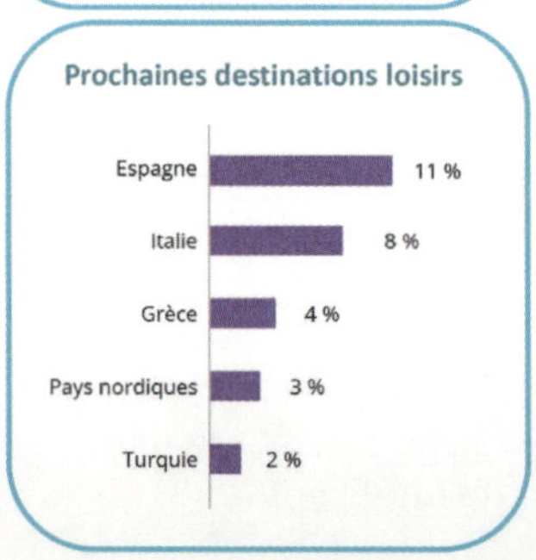

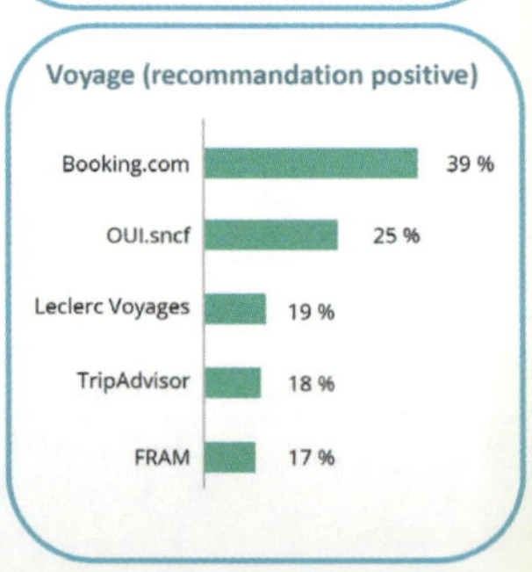

Source : Segmentation des voyageurs / YouGov / YouGov Profiles

FICHE RESSOURCE 6

EXPLOITER LES DONNÉES MARQUES ET MARCHÉ

I Les études utilisées pour analyser les marchés et les stratégies des marques

Deux types d'études sont couramment utilisés :
- l'exploitation de données marques et marché ;
- l'exploitation des données publicitaires fournies par Kantar Media, qui permettent aux divers acteurs du marché de réaliser des analyses de concurrence.

La connaissance et la compréhension des marchés des biens et services est indispensable pour orienter les stratégies de communication. Les informations sur les marchés sont accessibles :
- soit auprès d'instituts d'études (généralement en payant) ;
- soit auprès des associations ou regroupements professionnels sectoriels (souvent mises à disposition gracieusement).

II L'exploitation de données marques et marché

Dans ce type d'approche, on s'efforce de répondre à plusieurs questions :
- Quel est le volume du marché (chiffre d'affaires, nombre de produits vendus…) ?
- Quelle est la dynamique du marché ? Le marché est-il en hausse ? en baisse ? stable ?
- Comment se positionne l'annonceur sur son marché ? Est-il leader ? challenger ?
- Qui sont ses principaux concurrents ?

Répondre à ces questions va permettre d'orienter la stratégie de communication, notamment fixer un budget de communication adapté. Pour répondre à ce type de questions, on peut :

Se procurer des données auprès d'instituts d'études	Il s'agit souvent d'études partagées entre plusieurs clients et les données sont payantes.
Se référer à des études réalisées par les organisations professionnelles	Par exemple, les associations ou syndicats de fabricants, constructeurs, sociétés de services… Ces études sont parfois mises à disposition gratuitement.

EXEMPLE

Le volume du marché

Sur les 2 graphiques, on peut lire les années en abscisse (axe horizontal) et les nombres d'immatriculations en millions d'unités en ordonnée (axe vertical). Le schéma de gauche donne les résultats du marché européen total, celui de droite fournit les résultats ventilés par pays.

► **IMMATRICULATIONS DE VOITURES PARTICULIÈRES NEUVES EN EUROPE**

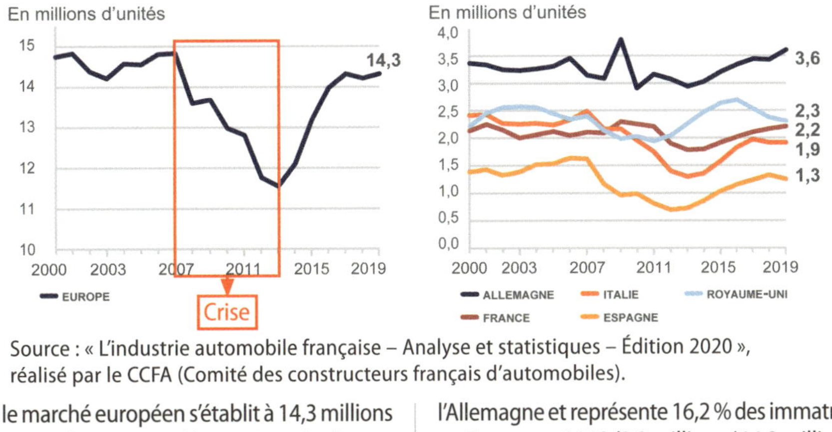

Source : « L'industrie automobile française – Analyse et statistiques – Édition 2020 », réalisé par le CCFA (Comité des constructeurs français d'automobiles).

Constats : le marché européen s'établit à 14,3 millions de véhicules neufs immatriculés en 2019. Après une crise observée entre 2007 et 2013, les ventes se stabilisent depuis 2017. Toutefois, le niveau d'immatriculations de 2007 n'a pas été rattrapé. Dans ce contexte, le marché français se place en troisième position derrière l'Allemagne et représente 16,2 % des immatriculations en Europe en 2019 (2,2 millions / 14,3 millions × 100). Il a également subi les effets de la crise, avec moins d'amplitude que certains pays. Mais la reprise est plus « molle » que celle de l'Allemagne, par exemple.

Les segments du marché (base : motorisation des véhicules neufs immatriculés)

	2018	2019	Variation 2019/2018 en %
IMMATRICULATIONS			
Essence			
En unités	1 191 145	1 290 268	+ 8,3
En % des immatriculations totales	55 %	58 %	-
Diesel			
En unités	844 878	755 583	– 10,6
En % des immatriculations totales	39 %	34 %	-
Électrique			
En unités	31 059	42 764	+ 37,7
En % des immatriculations totales	1,4 %	1,9 %	-
Hybride			
En unités	106 369	125 435	+ 17,9
En % des immatriculations totales	4,9 %	5,7 %	-
dont non rechargeables			
En unités	91 841	106 843	+ 16,3
En % des immatriculations totales	4,2 %	4,8 %	-
dont rechargeables			
En unités	14 528	18 592	+ 28,0
En % des immatriculations totales	0,7 %	0,8 %	-
PARC (1)			
Essence			
En milliers d'unités	14 756	15 354	+ 4,1
En % du parc total	38,5 %	40,2 %	-
Diesel			
En milliers d'unités	23 263	22 500	– 3,3
En % du parc total	60,7 %	58,9 %	-
Électrique et hybride rechargeable			
En milliers d'unités	162	214	+32,1
En % du parc total	0,4 %	0,6 %	–

Source des chiffres : CCFA, MTE/SDES (ministère de la Transition écologique).

Les marchés peuvent se structurer selon différents critères. L'automobile peut se segmenter selon la silhouette des modèles (berline, SUV, coupé, cabriolet, break…) ou selon la motorisation (essence, diesel, hybride – rechargeable ou non, électrique).

Constats : le tableau ci-contre propose des données sur les segments de marché basés sur la motorisation, avec les volumes d'unités immatriculés et la part de marché de chaque type de motorisation.

• En 2019, les immatriculations de voitures particulières essence sont majoritaires (58 % des immatriculations) et en progression de + 8,3 % par rapport à 2018. En revanche, le diesel, qui avait le vent en poupe, subit un revers et pèse aujourd'hui 34 % des immatriculations, en retrait de – 10,6 % par rapport à 2018.

• Ces dernières années ont vu la montée en puissance des motorisations hybrides, qui représentent 5,7 % des immatriculations en 2019 (+ 17,9 % *vs* 2018). Si la tendance sur les véhicules électriques est bien orientée (+ 37,7 %), celles-ci ne pèsent pas lourd sur le total, avec 1,9 % des immatriculations.

• Malgré le déclin du parc des immatriculations diesel et la montée en puissance de l'hybride et de l'électrique, le diesel est toujours prédominant en 2019 avec 58,9 % de part de marché. La part de marché de l'essence a passé le cap des 40 % et l'hybride et l'électrique sont encore marginaux (< 1 %).

La part de marché des marques

Le tableau ci-dessous présente l'évolution des parts de marché en France des 2 principaux constructeurs nationaux et un total « Voitures étrangères ». L'univers étudié est l'ensemble du parc automobile français.

En part de marché / en %	1990	1995	2000	2005	2010	2015	2019
Groupe Renault	33,3	33,3	33,3	30,2	28,6	28,3	27,6
Groupe PSA (1)	38,3	36,2	35,2	36,4	38,2	36,5	39,2
Voitures étrangères	28,4	30,5	31,4	33,2	33,2	35,2	33,2

Note : à partir de 2007, les années ne sont pas directement comparables aux années précédentes, le périmètre des véhicules utilitaires légers a été élargi.

(1) À partir de 2017, Opel est intégré au groupe PSA.

Sources : INSEE jusqu'en 1993, KANTAR MEDIA TNS PARC AUTO à partir de 1994

Base : parc détenu ou mis à disposition des ménages (voitures particulières ou véhicules légers)

Constats

• Les parts de marché sont exprimées en pourcentage.

• Pour chaque année, le total des parts de marché est égal à 100 %.

• Depuis 1990, on observe une baisse sensible de la part de marché en % du groupe Renault. L'érosion est progressive. Renault avait une part de marché de 33,3 % en 1990 et atteint 27,6 % en 2019, soit une baisse de 5,7 points en 30 ans environ.

• Sur la même période, on note la progression significative des marques de voitures étrangères, qui ont gagné 4,8 points, passant d'une part de marché de 28,4 % en 1990 à 33,2 % en 2019.

• Le groupe PSA a eu une évolution moins linéaire. Leader du marché en 1990 avec 38,3 % de part de marché, le groupe a perdu du terrain entre 1995 et 2005. Depuis, il regagne du terrain et conforte sa place de leader en 2019, avec une part de marché de 39,2 %.

FICHE RESSOURCE

7

EXPLOITER LES DONNÉES PUBLICITAIRES FOURNIES PAR KANTAR MEDIA

I L'intérêt des études Kantar Media

Les annonceurs qui investissent en communication doivent pouvoir comparer leurs investissements publicitaires à ceux de leurs concurrents. Pour réaliser cette analyse, bon nombre d'entre eux (tout comme les agences et les régies) souscrivent aux données de la veille de la publicité de Kantar Media.
La veille de la publicité contient des données sur :
- les budgets investis bruts par les principaux concurrents ;
- les évolutions de ces montants ;
- les parts de voix de chaque annonceur ;
- la part de voix de chaque média dans le mix média ;
- les montants investis bruts par tous les annonceurs d'un secteur, au total mais aussi dans chacun des médias utilisés.

II Les étapes d'une étude concurrentielle à l'aide de données Kantar Media

Cette partie s'appuie sur un exemple concret : l'annonceur A exerce une activité dans le secteur des boissons non alcoolisées.

Étape 1 : étudier la dynamique du marché publicitaire de ce secteur

Cette étude est réalisée à partir de l'observation de l'évolution des investissements publicitaires bruts depuis 2019 pour déterminer si le secteur est sur une bonne dynamique.

Périmètre plurimédia	Millions d'€uros bruts					
Janvier - Décembre	Année 2019	Année 2020	Année 2021	Année 2022	2022 *vs* 2021	2022 *vs* 2019
BOISSONS	**779,8**	**614,7**	**747,5**	**728,1**	**– 2,6%**	**– 6,6 %**
BOISSONS NON ALCOOLISÉES	**461,4**	**399,3**	**478,7**	**424,4**	**– 11,3%**	**– 8,0 %**
EAUX	109,5	109,0	92,4	72,4	– 21,7%	– 34,0%
SOFT DRINKS	278,9	206,4	295,2	272,6	– 7,7%	– 2,3 %
JUS DE FRUITS	43,1	35,2	30,0	16,9	– 43,6%	– 60,8 %
SIROPS	5,5	12,6	13,3	14,3	7,9 %	160,8 %
VINS BIÈRES MOUSSEUX APÉRITIFS SANS ALCOOL	24,3	36,1	47,8	48,3	1,0 %	98,5 %

Source : Kantar Media MEDIAL, mai 2023.

Résultats de l'observation

- Le marché publicitaire des boissons est sur une tendance à la baisse. Une baisse sensible depuis 2019 de : 728,10 M€ / 779,80 M€ × 100 = – 6,6 %, et une baisse de – 2,6 % entre 2021 et 2022.
- Le marché spécifique des boissons non alcoolisées a vu ses investissements publicitaires bruts diminuer dans de plus fortes proportions : – 8 % entre 2019 et 2022 et – 11,3 % entre 2021 et 2022. Les investissements publicitaires bruts de ce segment de marché sont moins bien orientés que ceux du marché total des boissons.
- Les eaux et les jus de fruits sont les segments qui ont le plus souffert. Les baisses d'investissements publicitaires bruts sont importantes : – 34 % pour les eaux entre 2019 et 2022 et – 60,8 % pour les jus de fruits.

Étape 2 : mesurer les parts de voix des différents segments et le poids de leurs investissements bruts publicitaires sur le marché

Constats

La part de voix (PDV) s'exprime en pourcentage. On calcule donc la PDV d'un segment de marché en divisant le montant investi par le segment par le montant investi par le total secteur/marché.

Périmètre plurimédia	2021		2022	
Janvier - Décembre	M€	PDV en %	M€	PDV en %
BOISSONS NON ALCOOLISÉES	**478,7**	**100**	**424,4**	**100**
EAUX	92,4	19,3	72,4	17,0
SOFT DRINKS	295,2	61,7	272,6	64,2
JUS DE FRUITS	30,0	6,3	16,9	4,0
SIROPS	13,3	2,8	14,3	3,4
VINS BIÈRES MOUSSEUX APÉRITIFS SANS ALCOOL	47,8	10,0	48,3	11,4

Source : Kantar Media MEDIAL, mai 2023

EXEMPLE : la PDV des eaux est égale en 2022 à : 72,40 M€ / 424,40 M€ × 100 = 17 %.
Entre 2021 et 2022, on constate que la PDV des eaux a diminué (17 % *vs* 19,3 % en 2021).

Étape 3 : mesurer la PDV des annonceurs

La PDV des annonceurs est un critère important dans l'analyse de la concurrence. Elle permet de mesurer le poids que représente un annonceur dans les investissements bruts publicitaires de son secteur. Elle se calcule en divisant le montant des investissements de l'annonceur par le total des investissements du secteur, multiplié par 100.

Périmètre plurimédia			Part de voix	
Janvier - Décembre	Année 2021	Année 2022	2021	2022
BOISSONS	**747,5**	**728,1**		
BOISSONS NON ALCOOLISÉES	**478,7**	**424,4**	**1**	**1**
ANNONCEUR 1	110,1	115,5	23 %	27 %
ANNONCEUR 2	114,8	115,2	24 %	27 %
ANNONCEUR 3	27,6	32,8	6 %	8 %
ANNONCEUR 4	36,3	27,2	8 %	6 %
ANNONCEUR 5	41,6	25,8	9 %	6 %

Source : Kantar Media MEDIAL, mai 2023

Constats

Les données Kantar Media nous montrent que l'annonceur 1 fait jeu égal avec l'annonceur 2 en 2022 puisque sa PDV est de : 115,50 M€ / 424,40 M€ × 100 = 27 %. Par rapport à 2021, on note une augmentation de la PDV de l'annonceur 1, qui est passée de 23 % à 27 %. Cet annonceur a donc consolidé sa position.

Étape 4 : étudier les médias utilisés par les annonceurs

Toujours à partir des données Kantar Media, on peut analyser plus en détail la répartition des investissements entre les médias. Ces données éclairent sur la stratégie média mise en place par l'annonceur et ses concurrents.

Les 2 principaux annonceurs (1 et 2) ont des niveaux d'investissements équivalents ; toutefois, leur utilisation des budgets de communication diffère quelque peu.

Constats

Les données ci-contre fournissent les montants des investissements bruts publicitaires réalisés par les 2 annonceurs en 2022, ainsi que les PDV des médias utilisés par chaque annonceur. On constate que la télévision est le principal média utilisé par les 2 annonceurs. Elle représente 83,3 % des investissements bruts de l'annonceur 1 (96,20 M€ / 115,50 M€ × 100) et 84,2 % des investissements bruts de l'annonceur 2. On peut donc considérer que dans ce secteur, la télévision est un média incontournable.

C'est dans les médias complémentaires que les stratégies des 2 annonceurs diffèrent. L'annonceur 1 a choisi d'investir 12 % dans la publicité extérieure alors que l'annonceur 2 a opté pour la presse avec 10,9 % de ses investissements bruts dans ce média.

La connaissance et la compréhension des marchés des biens et services est indispensable pour orienter les stratégies de communication.

	Année 2022	
Janvier - Décembre	M€	PDV en %
BOISSONS NON ALCOOLISÉES	**424,4**	
ANNONCEUR 1	115,5	100,0
PRESSE	2,3	2,0
RADIO	0,0	0,0
TÉLÉVISION	96,2	83,3
PUBLICITÉ EXTÉRIEURE	13,9	12,0
CINÉMA	0,9	0,8
INTERNET DISPLAY	2,2	1,9
ANNONCEUR 2	115,2	100,0
PRESSE	12,6	10,9
RADIO	0,1	0,1
TÉLÉVISION	97,0	84,2
PUBLICITÉ EXTÉRIEURE	2,5	2,1
CINÉMA	1,1	1,0
INTERNET DISPLAY	2,0	1,7

Source : Kantar Media MEDIAL, mai 2023.

Travailler dans une agence média en région

Vous avez conduit avec succès les missions d'accompagnement des équipes commerciales qui vous ont été confiées dans la régie Lagardère News Publicité. De retour à Lyon, votre ville de résidence, vous décidez de répondre à une offre d'emploi de l'agence Havas City. La direction des ressources humaines a présélectionné plusieurs CV. Pour estimer votre motivation et vos compétences, elle vous remet un dossier documentaire et vous soumet à 2 exercices qui permettront de départager les candidats.

Exercice 1 – Réfléchir aux enjeux du développement des agences médias en région

1. Identifier les raisons de l'accélération du développement des agences médias en région.
2. Préciser le positionnement du réseau Havas City.
3. Différencier les 2 types de missions des agences médias du réseau Repeat.
4. Expliquer pourquoi les secteurs de la distribution et de l'automobile sont liés au développement des agences médias en région.

Exercice 2 – Proposer une recommandation média à partir d'un brief client

Le responsable média de l'agence vous communique le tableau Excel issu du logiciel d'exploitation de Médiamétrie avec les données d'audience EAR > Local sur l'agglomération de Lyon.

5. Définir précisément les termes de part de voix, d'audience cumulée et de durée d'écoute en vous référant aux définitions du lexique.
6. Comparer les chiffres d'audience cumulée et de la durée d'écoute sur l'ensemble de la population et sur les 13-24 ans. Que peut-on en déduire ?
7. Calculer l'indice d'affinité de chaque station sur la cible des 13-24 ans, sur la base du critère de part d'audience.
8. Citer les 3 stations dont l'indice d'affinité est le plus élevé.
9. Choisir les 5 stations que vous recommanderiez d'utiliser après analyse des critères d'audience cumulée et de part d'audience. Justifier ce choix.

Document 1 L'agence Havas City Lyon

L'agence fait partie du réseau Havas City, qui comprend 6 agences implantées dans les villes de Lille, Nantes, Marseille, Puteaux, Paris, Toulouse et Lyon. Ces agences offrent de nombreux services : stratégie média et *media planning*, achat d'espaces, études, aussi bien sur le offline que le online. Havas City se définit comme le réseau qui accompagne les marques en croissance en faisant du média un levier contributeur majeur de leur performance commerciale et se revendique comme « *un ancrage au plus proche de la réalité des territoires et une connaissance unique de la spécificité des comportements consommateurs, comme des opportunités de ciblage et de points de contact propres à chaque bassin de vie* ». L'agence est chargée des recommandations aussi bien pour des clients locaux que pour des clients nationaux. Dans les deux cas, elle est en mesure d'apporter des solutions locales ou nationales.

https://themedialeader.fr

Document 2 Les agences médias locales du réseau Repeat (AAMI)

Groupe Repeat
INFLUENCE – MEDIA – CONTENUS

liennathan.fr/t5tgam

Document 3 Les réseaux d'agences à l'offensive en région

Après des années de stagnation, les réseaux publicitaires réinvestissent les régions. Il s'agit à la fois de se rapprocher des clients et de s'adapter à la révolution des modes de travail.

Croissance à deux chiffres, recrutements à la hausse, ouverture d'agences... En région, les voyants de l'activité des réseaux sont au vert. Leur implantation n'y est pas récente. Ces enseignes, à commencer par Havas et Publicis, ont franchi le périphérique pour accompagner leurs clients du secteur automobile, Peugeot et Renault. Cela les a amenées à développer des structures locales il y a déjà plus de trente ans [...]. Président d'Havas Factory, l'agence de créative production d'Havas France, François Barral assure que « *les clients nationaux à forte identité régionale ou régionaux sont très attachés à notre présence locale* ». Havas Factory est implantée à Lille, Reims et Rennes avec une centaine de collaborateurs, autant que sur ses sites parisiens. Pour lui, « *une implantation en région est un atout à l'heure de la relocalisation de la production en France* ». [...]

Au-delà du lien de proximité que les réseaux cherchent à établir avec leurs clients régionaux, leurs têtes de pont en province se développent sous l'effet d'un second phénomène : la révolution du travail. Accélérée par le Covid, elle débouche sur la possibilité, pour les collaborateurs des agences parisiennes, de travailler à distance en province. Dentsu, le troisième grand réseau après Publicis et Havas à opérer en région, a mis en place un accord qui permet à ses employés de choisir le nombre de jours qu'ils veulent passer au bureau et à la maison. Sur les 1 000 employés du groupe japonais en France, 80 % passent aujourd'hui la moitié de leur temps en télétravail. [...] « *Le nombre a presque doublé en deux ans et le mouvement n'est pas fini* », note le patron. Même constat chez Publicis : 600 de ses employés, soit près de 15 % des effectifs du groupe, sont désormais basés loin de Paris. « *Nous voulons donner la possibilité à nos collaborateurs de travailler pour Publicis partout en France* », plaide Nicolas Zunz.

La présence régionale permet aussi de résoudre une partie des difficultés de recrutement. « *Le marché parisien des talents est tellement disputé, et parfois même hors de tout contrôle, que cela nous permet de faire un pas de côté. À Lille aussi, il y a des écoles de digital ou de design et tout autant de talents qu'à Paris* », estime le vice-président de Publicis France [...]. Directrice générale adjointe d'Havas Media, Caroline Le Moal gère les bureaux déployés par son agence, sous la marque Havas City, à Toulouse, Lille, Lyon, Marseille et Nantes. Elle pointe une autre conséquence de cette révolution du travail. « *Élargir une zone d'activité ne passe plus forcément par des acquisitions immobilières. Nous pouvons très bien nous développer vers Bordeaux depuis notre bureau de Toulouse ou vers Nice depuis Marseille* », estime-t-elle. Chaque entité Havas City compte aujourd'hui entre dix et vingt employés. Ils partagent parfois leurs bureaux avec ceux d'Havas Factory, comme à Lille. Parmi ces collaborateurs de province, une dizaine d'« expatriés », des Parisiens installés depuis le Covid en région. « *On se sert aussi de nos bureaux locaux pour réinventer le rapport au travail* », ajoute-t-elle en faisant état d'une croissance de 10 % de l'activité d'Havas Media en région sur les deux dernières années grâce, notamment, à une « *dynamique* new biz *particulièrement marquée* ».

V-X Morvan, www.strategies.fr, 1er décembre 2022.

Document 4 Le brief du client

Secteur d'activité	Téléphonie
Période de déploiement	Week-end d'animation organisé par l'un de ses points de vente
Cible	Jeunes âgés de 13 à 24 ans
Média principal	Radio

Document 5 Les données fournies

Étude EAR > Local – Vague 2020-2022
liennathan.fr/udisd4

Étude EAR > Local sur Lyon
liennathan.fr/avh0pd

Attention : toutes les stations mesurées par Médiamétrie sur Lyon n'apparaissent pas dans le tableau téléchargeable ci-contre. Les stations dont les résultats d'audience sont trop faibles pour être significatifs ont été retirées.

CHAPITRE 4

Mener une veille sur l'écosystème innovation et ses acteurs

Contexte professionnel

Compétence professionnelle
- Assurer une veille permanente de l'écosystème média et digital

Savoirs associés
- Le panorama des médias, du digital et de l'écosystème innovation
- La veille automatisée et l'innovation

Prisma Media, groupe de presse français, regroupe de nombreuses marques en presse magazine. Engagé dans la digitalisation des médias, il est devenu en 5 ans l'un des premiers éditeurs de contenus éditoriaux multisupports et l'un des premiers créateurs de solutions digitales.

Prisma Media Solutions, sa régie publicitaire, propose des solutions de communication sur mesure. Pour cela, le groupe a beaucoup investi dans la R&D (recherche et développement), en quête de solutions innovantes par :
- le développement de nouvelles compétences en interne ;
- la création de laboratoires d'innovation ;
- des prises de participation et des acquisitions externes.

La régie structure son offre autour de 8 engagements : l'écoute, la simplicité, le service, la sécurité, la performance, la création, l'innovation et la responsabilité. En 2020, le groupe choisit de réunir toutes les structures dédiées à l'innovation au sein du Prisma Inno Lab. Sa mission : développer des services digitaux payants pour ses lecteurs en se positionnant sur de nouveaux secteurs cohérents avec les marques, les expertises et la puissance des audiences du groupe.

En tant que stagiaire au sein de Prisma Inno Lab, votre tuteur vous demande d'identifier les différents acteurs de l'innovation de votre écosystème, de repérer des propositions innovantes et d'analyser leur plus-value.

LES MARQUES

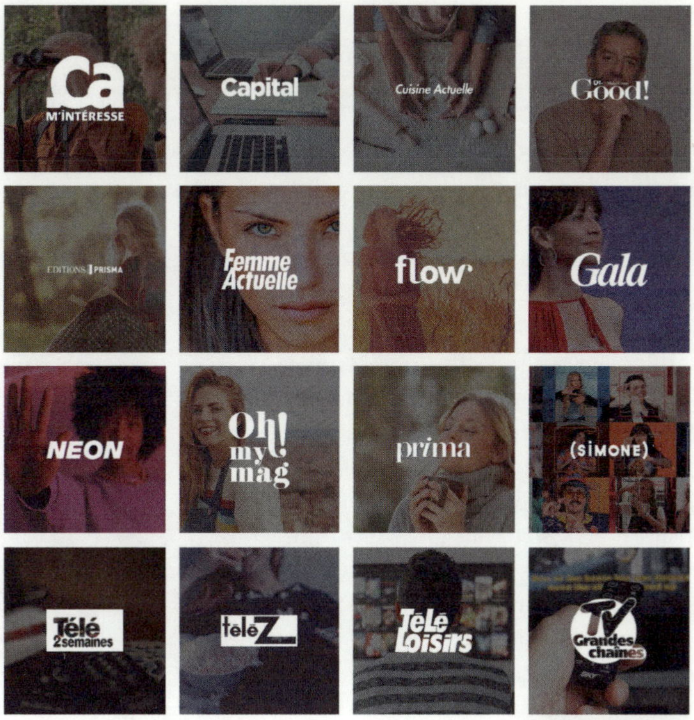

Les engagements de la régie PMS
liennathan.fr/zhwheo

PMS : formats digitaux
liennathan.fr/ghh3qc

Comprendre le contexte

1. Trouver, sur le site de la régie, des preuves concrètes des 8 engagements qu'elle revendique.
2. Préciser pourquoi une régie a intérêt à être à l'initiative des évolutions de l'écosystème média et digital.
3. Consulter la page de présentation des formats digitaux de la régie Prisma Media Solutions et repérer 2 formats innovants en précisant la nature de l'innovation.

1 Analyser la stratégie d'innovation d'un acteur de l'écosystème média et digital

Votre tuteur vous demande de vous familiariser avec la notion de « stratégie d'innovation » en cherchant à comprendre la façon dont Prisma Media Solutions, entreprise de l'écosystème communication, s'organise pour produire ou capter et structurer l'innovation.

- Documents 1 et 2
- Fiches ressources 1 à 3

1. Montrer que la stratégie d'innovation de Prisma Media Solutions concerne à la fois le BtoB et le BtoC, et préciser comment elle génère de la valeur.
2. Repérer les 2 acteurs qui ont collaboré pour développer la nouvelle offre « In Focus » de Prisma Media Solutions et préciser leur rôle respectif.
3. Expliquer en quoi le dispositif « In Focus » est une offre innovante.

Document 1 L'innovation comme moteur des évolutions de l'écosystème média et digital en BtoB

Prisma Media Solutions lance « In Focus », une offre commerciale inédite qui allie contexte et attention pour optimiser les campagnes vidéo des annonceurs.

Après l'évaluation de la qualité d'expérience publicitaire sur nos sites réalisée par notre partenaire Xpln.ai et forts des résultats de notre étude IN CONTEXT, qui démontre l'impact primordial du contextuel sur l'efficacité publicitaire, Prisma Media Solutions lance une offre inédite « In Focus ». Annonceurs et agences pourront désormais concentrer leurs investissements sur des environnements contextuels qui génèrent une attention au-delà des standards du marché.

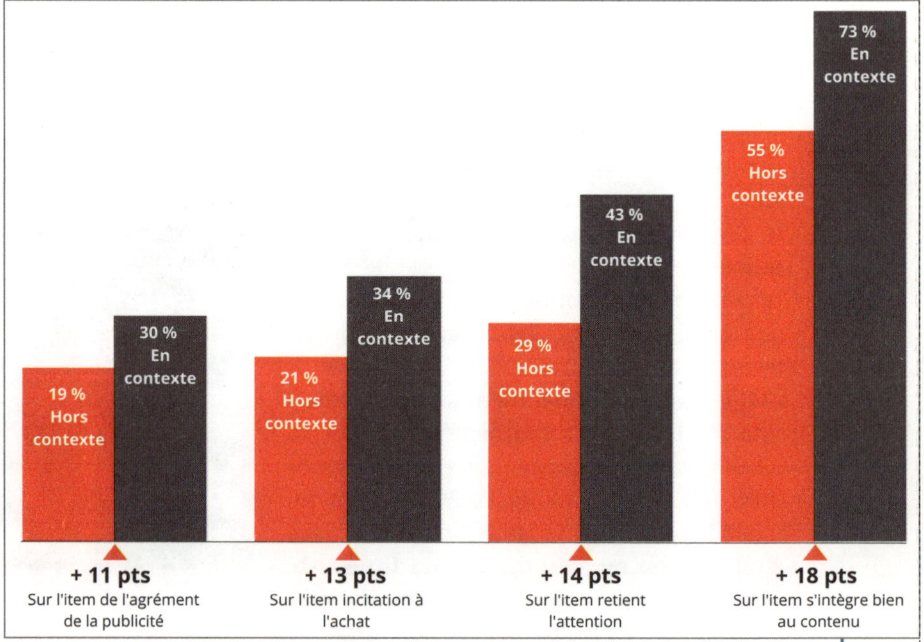

Cette offre repose sur **5 piliers essentiels** :
- du **contexte** : diffusion de la campagne en contexte beauté, *food* ou *travel* sur l'ensemble des sites médias Prisma Media (rubriques + articles) ;
- de l'**attention** : optimisation de la campagne média sur les emplacements générant le plus d'attention publicitaire ;
- de la **vidéo** : une campagne 100 % vidéo pré-roll ;
- de l'**efficacité** : garantie de taux de complétion et d'attention > 80 % ;
- un **budget maîtrisé** : campagne à partir de 30 K€. […]

www.prismamediasolutions.com

Document 2 Un lab interne pour être à l'initiative des évolutions en BtoC

Notre mission : monétiser nos audiences et trouver de nouveaux relais de croissance sur le digital
Opérer la transformation digitale du groupe en développant des nouveaux services B2C basés sur nos audiences, nos marques et nos *data* utilisateurs.

Les projets de monétisation :
- *press on demand* ;
- jeux payants (mots croisés, sudoku…) ;
- newsletters thématiques payantes ;
- conférences et formations.

https://prisma-inno-lab.webflow.io

Prisma Inno Lab
liennathan.fr/5m71lt

2 Identifier les acteurs de l'innovation et les stratégies d'incubation

Afin de mieux cerner la spécificité de Prisma Inno Lab, votre tuteur vous charge de construire un dossier de veille sur les différentes stratégies de repérage et de captation de l'innovation en vous centrant sur le programme d'incubation Media Lab de TF1. Le Media Lab TF1 est un écosystème complet d'accélération : il s'agit d'un programme de 6 mois pendant lesquels les start-up bénéficient d'un accompagnement intensif qui peut déboucher sur l'intégration de certaines innovations dans les solutions proposées par la régie. Les start-up sont incubées à Station F, le plus grand campus de start-up du monde, inauguré en juin 2017 en plein cœur de Paris (1 000 start-up, 26 programmes d'accompagnement).

Documents 3 à 5
Fiche ressource 3

1. Identifier les différentes structures dédiées à l'innovation du groupe TF1 et préciser leurs fonctions respectives.
2. Repérer, en parcourant les différentes « saisons » du programme d'accélération de TF1, 5 start-up emblématiques puis expliquer en quoi leurs activités sont directement liées aux besoins de la régie publicitaire.
3. Expliquer quel est l'intérêt pour le groupe TF1 d'intégrer son Media Lab à Station F, un campus de start-up.

Document 3 L'innovation dans le groupe TF1

NOS PRIORITÉS

DATA

Améliorer notre connaissance des consommateurs et opérer la convergence de nos data au service d'une meilleure expérience client.

IA

Accroître notre productivité, améliorer l'indexation de nos contenus et le speech to text, ou encore faciliter la lutte contre les fake news.

ADTECH

Développer de nouveaux outils pour optimiser nos offres et nos produits publicitaires au bénéfice des marques partenaires.

LE MEDIA LAB TF1

Avec le Media Lab TF1, notre cellule dédiée à la prospective et à l'innovation, nous accompagnons la transformation du Groupe et construisons ensemble le futur de nos métiers. La vocation du Media Lab TF1 est de décrypter les évolutions en cours, mais aussi et surtout de les impulser ; apprendre de ceux qui innovent, accompagner ceux qui ont des idées et toujours expérimenter pour bousculer les acquis. Le Media Lab TF1 a pour ambition de déployer, au sein de nos environnements et de nos métiers, des solutions technologiques et des services, en phase avec les nouveaux usages et les prochaines révolutions. L'innovation doit être une mobilisation collective. Et notre conviction est que nous pouvons accélérer ce processus en combinant les expertises et le savoir-faire du groupe TF1 à celui de cette nouvelle génération d'entrepreneurs. Pour cela, le Groupe a impulsé dès 2015 une dynamique d'open innovation avec l'écosystème start-up. Aujourd'hui, plus d'une trentaine de jeunes entreprises ont déjà été accompagnées par TF1 et l'aventure se poursuit au travers de notre programme d'accélération basé à Station F, le plus vaste campus de start-up en France et à l'international.

https://groupe-tf1.fr

Document 3 L'innovation dans le groupe TF1 (suite)

LE SHOWROOM

Le showroom innovation réunit sur près de 200 m² les équipements à la pointe au plan technologique, et nous permet de partager avec nos partenaires nos derniers prototypes.

LE FONDS D'INVESTISSEMENT

Créé en 2016, notre fonds d'investissement a la vocation d'accompagner financièrement les start-up dans les premières étapes de leur développement.

LA PROSPECTIVE

Intelligence artificielle, data, réalité virtuelle, e-sport... Nous anticipons les mutations de nos marchés et défrichons en permanence de nouveaux terrains de jeu.

LE PROGRAMME D'INTRAPRENEURIAT

Nos collaborateurs ont des idées, des envies d'entreprendre. Notre programme d'intrapreneuriat leur apporte un cadre, une méthodologie et un accompagnement de la formalisation de leur projet au prototypage.

LE PROGRAMME D'ACCÉLÉRATION

Représentant de la thématique Média à Station F, nous avons lancé en janvier 2018 notre programme d'accélération, avec pour objectif d'expérimenter et d'industrialiser des solutions et des services innovants au sein de nos écosystèmes.

LE STUDIO D'INNOVATION

Notre fab lab nous permet d'imaginer, concevoir et prototyper de nouveaux produits et des solutions innovantes.

https://groupe-tf1.fr

Document 4 Les start-up incubées par TF1

NOS LEVIERS D'ACTION

EXPERTISE

Nous mobilisons une équipe d'experts métiers chargés de faire avancer les collaborations : chaque start-up a un sponsor opérationnel engagé pour faire aboutir le projet. Des experts techniques assurent le relais pour permettre aux solutions d'être testées, intégrées puis industrialisées.

COACHING

Nous nous associons à Roland Berger Digital Ventures en mettant à disposition des coachs qui accompagnent les start-up sur leurs enjeux de développement (stratégie business, levée de fond, roadmap produit).

MOYENS

Nous déployons des moyens concrets afin de faciliter leur développement : hébergement gratuit pendant 6 mois, budgets dédiés, accès à nos ressources techniques et à nos datas, conseil sur leur stratégie média, accès à nos réseaux de clients et partenaires.

https://groupe-tf1.fr

WWW

TF1 Programme d'accélération
liennathan.fr/blgam7

Document 5 TF1 à Station F

CINQ NOUVELLES START-UP REJOIGNENT LE PROGRAMME D'ACCÉLÉRATION TF1 À STATION F

Cinq nouvelles start-up ont rejoint le programme d'accélération Media Lab TF1 à Station F, a annoncé la direction de l'innovation du groupe TF1, qui a déjà soutenu « plus de 40 start-up » depuis le lancement en 2018 de son programme dans le campus de Station F. Les nouvelles start-up du programme pourront, à l'aide de leur sponsor métier chez TF1, expérimenter et industrialiser leur concept au sein du groupe durant 6 mois. [...]

T. Moysan, www.cbnews.fr, 5 mai 2022.

3 Découvrir les différents types d'innovations

Dans une démarche prospective, votre tuteur vous demande de sélectionner des innovations qui pourraient aboutir à des applications concrètes développables pour la régie Prisma Media Solutions. En effet, d'après lui, l'innovation ne vient pas forcément d'un ailleurs lointain, mais peut surgir d'une connexion. Multiplier les rencontres et les allers-retours entre les activités et explorer les différentes facettes de chacune permet de générer de la nouveauté, à condition d'en faire une démarche systématique et consciente.

Documents 6 à 13
Fiches ressources 3 à 5

1. Expliquer le principe de l'*open innovation*.
2. Lister, à partir du document 6 et de votre réflexion personnelle, les problématiques publicitaires auxquelles l'*in-game advertising* permet d'apporter une solution.
3. Expliquer la dimension fortement servicielle des innovations des entreprises JCDecaux et Clear Channel.
4. Lister, à partir du document 10 et de votre réflexion personnelle, les problématiques publicitaires auxquelles l'IA (intelligence artificielle) générative permet d'apporter une solution.
5. Préciser le rôle des plateformes programmatiques et expliquer en quoi le SPO (*Supply Path Optimization*) constitue une innovation.
6. Lister les paramètres pris en compte par l'AdTech xpln.ai pour analyser l'efficacité publicitaire et indiquer l'intérêt de cette innovation.
7. (vers Pix 1.1) Définir des mots-clés afin d'approfondir votre veille sur les innovations liées à l'intelligence artificielle.

Document 6 — L'*in-game advertising*

POURQUOI S'INTÉRESSER À L'*IN-GAME ADVERTISING* POUR VOTRE MARQUE ?

C'est un fait : l'*in-game advertising* recèle un ensemble d'opportunités pour votre stratégie marketing ! D'une part, cette méthode publicitaire vous permet de générer une visibilité forte pour votre marque, sur des canaux publicitaires qui ne sont pas encore saturés par la concurrence.

D'autre part, en choisissant le bon format de publicité dans les jeux vidéo, vous vous différenciez de la concurrence, auprès d'une cible très spécifique.

Qui plus est, en investissant dans l'*in-game advertising* sur un jeu vidéo en ligne, vous pouvez adapter en temps réel votre publicité. Une véritable aubaine, au vu des capacités de personnalisation qui sont alors possibles ! Votre objectif devient alors de créer un message publicitaire sur mesure pour vos cibles.

Enfin, l'*in-game advertising* peut vous intéresser pour remonter des données granulaires afin d'enrichir la connaissance de votre audience. Vous pouvez notamment connaître le profil du joueur, ou encore son temps de connexion, pour encore mieux adapter vos messages au jour le jour.

www.gamned.com

Document 7 Le mobilier urbain serviciel

David Lisnard, maire de Cannes, et Jean-Charles Decaux ont inauguré vendredi 30 juin 2023 un dispositif inédit baptisé « L'escale numérique » [...] – ce mobilier urbain esthétique et connecté permet de travailler, se reposer et s'informer. En effet, il dispose d'une borne digitale interactive [...] proposant une multitude de contenus et abrite cinq sièges pivotants munis de plateaux pour ordinateurs portables avec des prises de recharge USB. Enfin, il s'intègre parfaitement à l'identité visuelle des Allées grâce à sa toiture végétalisée, sa structure composée de matériaux durables et son éclairage performant. « Cannes est la seule ville au monde à profiter de ce mobilier urbain de haute qualité [...]. Il est à la fois pratique pour les travailleurs et étudiants car il propose toute la connectivité nécessaire, utile pour les Cannois et touristes car il les aide à s'orienter ou trouver des idées de sortie, et enfin, agréable grâce à l'espace ombragé qu'il crée permettant ainsi d'admirer nos belles Allées de la Liberté », remarque David Lisnard.

Ce mobilier urbain, signé du designer Mathieu Lehanneur, est composé d'une toiture végétalisée de 9 m², d'un luminaire encastré offrant un éclairage performant et de cinq sièges individuels pivotants équipés d'un plateau pour ordinateur portable et d'une prise USB pour recharger ses appareils. L'escale numérique dispose aussi d'un large écran tactile proposant des contenus utiles pour se déplacer, s'orienter, s'informer et se cultiver. Conçue avec des matériaux durables et recyclables, L'escale numérique est également pensée pour faciliter l'accès des personnes handicapées. [...]

www.gfmag.fr, 7 juillet 2023.

Document 8 L'innovation technologique : mobilier urbain et Smart City

Dans le cadre de ses projets de « Smart City », d'amélioration des services à destination des usagers des transports en commun et d'intégration des modes de consommation de l'information en extérieur, la Principauté de Monaco confie à Clear Channel le remplacement des traditionnels abri-voyageurs pour les substituer par des structures connectées. Ces nouveaux abri-voyageurs « smart » constituent une forme originale de numérisation des villes et des rues : nouvel outil d'échange avec la population, ils sont aussi des lieux décisifs pour l'amélioration de l'expérience de mobilité, de la mesure de la qualité de vie et de la connectivité dans les rues. [...] Sur un total de 57 abri-voyageurs [...], 33 seront des abri-voyageurs « smart » (digitaux) entièrement connectés et pourvus de services développés avec Nearbuy Group et Brut. Ils offriront une nouvelle manière d'interagir avec l'usager, qu'il soit résident, touriste ou pendulaire grâce à :

- une expérience de mobilité enrichie avec une interface tactile numérique et l'accès à 3 niveaux de services pour les usagers avec des informations sur la mobilité et les transports, le cadre de vie (actualité de la Principauté, points d'intérêt...) et le divertissement (jeux) ;
- une accessibilité des services à tous, y compris aux personnes à mobilité réduite ;
- de l'information citoyenne avec la diffusion d'informations institutionnelles et d'informations en temps réel concernant l'arrivée des bus ;
- des contenus sociétaux avec la mise à disposition de 24 reportages de 30 secondes réalisés par Brut, avec une tonalité journalistique ;
- des services durables avec des capteurs permettant aux services du gouvernement d'améliorer leur mesure de l'environnement urbain, notamment sur la qualité de l'air et la qualité du réseau Internet sans fil et des connectiques adaptées (recharge de smartphones, hot spot wifi gratuit...).

L'offre retenue par la Principauté constitue l'illustration même de toute la richesse et le caractère unique de la proposition de valeur de Clear Channel, avec de nombreux services pionniers et inédits associés à des dispositifs digitaux pour développer une nouvelle forme d'expérience de mobilité et de connectivité des citoyens et des touristes dans les rues de la Principauté.

www.clearchannel.fr

Vidéo : Filtreo bus shelter by JCDecaux
liennathan.fr/u2wtr0

Document 9 La métropole de Lyon réduit le nombre de panneaux publicitaires dans le cadre de son 1er règlement local de publicité (RLP)

La « fin des panneaux numériques, l'extinction obligatoire des vitrines la nuit, la réduction entre 60 % et 90 % du nombre de panneaux publicitaires d'ici 2026… C'est voté ! », a tweeté […] le président écologiste Bruno Bernard. […] « Entre 1 200 à 2 200 messages publicitaires sont adressés chaque jour à chaque individu », a déploré le président de la métropole.

Le règlement prévoit l'extinction obligatoire des enseignes lumineuses à 19 h 00 pour les zones de faibles activités économiques et à 23 h 00 pour les zones d'activités économiques plus tardives. Elle interdit les publicités sur les bâches de chantier, « hors bâches sur monuments historiques gérés par l'État », la publicité « privée » autour de plus de 95 % des établissements scolaires ou encore la publicité numérique extérieure et celles qui sont lumineuses en toiture. « Les publicités et les dispositifs lumineux et numériques en vitrine disposent de deux ans pour être mis en conformité », a précisé la métropole. Ce délai est porté à six ans pour les enseignes « afin de laisser le temps aux professionnels et commerçants de prendre connaissance du règlement et s'y adapter », ajoute la collectivité. […]

AFP, 27 juin 2023.

Document 10 L'innovation dans les stratégies créatives : utilisation de l'IA générative

[…] Le groupe britannique WPP, le leader mondial des grandes agences publicitaires en volume d'affaires, vient de signer un partenariat avec Nvidia, le géant des puces qui vient de franchir le mur symbolique des 1 000 milliards de dollars de capitalisation boursière grâce à son avance dans l'IA.

Dans le détail, le duo va travailler sur un moteur de contenus s'appuyant sur une plateforme mettant à disposition des fonctionnalités de conception graphique 3D et destinée également aux métavers et sur des outils d'IA générative. Pour ce projet, les deux groupes vont aussi s'associer avec Getty Images, l'agence de photos américaine, en vue de s'assurer que les images sélectionnées ne contreviennent pas au droit d'auteur.

Avec cette technologie, les équipes créatives de WPP, ainsi que ses clients annonceurs, devraient pouvoir générer en un rien de temps – contre plusieurs jours ou semaines aujourd'hui – des contenus publicitaires adaptés aux écosystèmes ciblés (de la télévision à TikTok).

« Nous sommes désormais capables d'utiliser l'IA générative pour personnaliser la publicité dans chaque environnement du monde : vous pouvez créer 10 000 versions [d'une publicité] en quelques minutes », a déclaré au *Financial Times* Stephan Pretorius, responsable technologique chez WPP – qui n'est pas le seul géant du secteur à s'intéresser à ces outils d'IA.

Fin avril, Publicis, deuxième acteur mondial de la publicité en matière d'activité, avait révélé avoir lancé l'an passé un partenariat avec la société OpenAI, la start-up californienne derrière ChatGPT. « Chez nous, les IA génératives ne remplaceront pas les esprits créatifs, mais nous faisons en sorte que la machine leur permette d'aller plus vite et d'être plus inventifs », confiait alors aux *Echos* Arthur Sadoun, le président du directoire du groupe tricolore.

Début février, la firme américaine Omnicom avait fait savoir, par la voix de son PDG, John Wren, qu'elle comptait adopter cette technologie « aussi vite que possible », poursuivant les mêmes finalités que ses concurrents internationaux. La course à l'IA générative est bien lancée entre les grandes agences publicitaires.

Nicolas Richaud, « IA générative : le géant de la publicité WPP s'allie avec NVidia », *Les Echos*, 30 mai 2023.

Document 11 L'innovation dans les stratégies d'achat

Historiquement, les achats d'espaces publicitaires, quel que soit le support, se sont faits *de gré à gré* : les régies et leurs inventaires d'un côté, les agences médias et les objectifs de communication des annonceurs de l'autre négocient et s'entendent sur la planification de la campagne, la durée de la campagne, les formats et les emplacements. L'arrivée du digital, la multiplication des supports, la préoccupation du ciblage et de la mesure de la performance (faire parvenir le bon message à la bonne cible, sur le bon support, au bon moment) ont conduit à l'automatisation de l'achat d'espace : la programmatique. Les demandes des agences médias et les inventaires disponibles (offres) des régies sont mis en contact *via* des plateformes d'achat (DSP, *Demand Side Platform*) et de vente (SSP, *Supply Side Platform*), chacun des partenaires définissant ses critères de son côté. Le processus de vente est automatisé grâce à des algorithmes qui assurent la mise en relation entre l'offre et la demande. Le mode d'achat le plus courant en programmatique est le RTB (*Real-Time Bidding*) : vente aux enchères en temps réel automatisée.

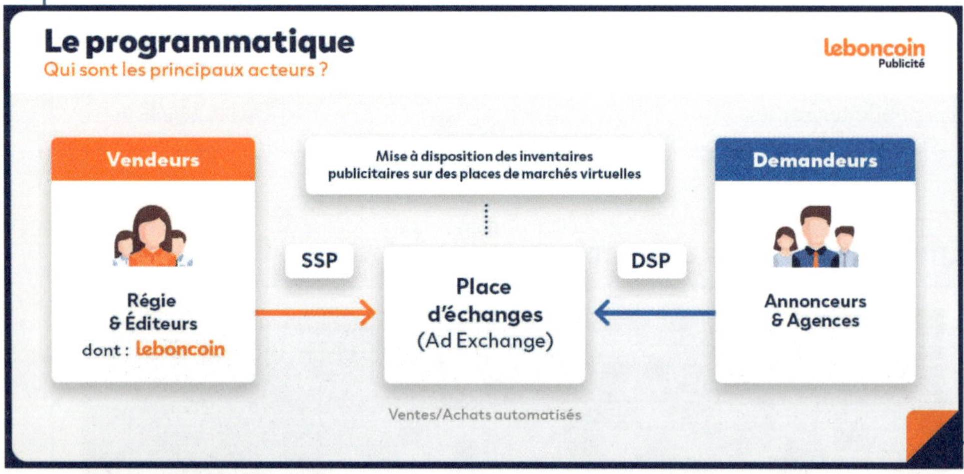

Vidéo : Le programmatique, c'est fantastique !
liennathan.fr/lttz04

Podcast : VCast : Publicité programmatique, make it clear !
liennathan.fr/501e2h

Document 12 Le SPO (*Supply Path Optimization*)

La programmatique se heurte aujourd'hui à un certain nombre de difficultés qui sont essentiellement de 3 ordres :

- la multiplication des intermédiaires qui augmentent les coûts et rendent le marché opaque ;
- la difficulté à assurer la *brand safety* afin que la marque ne soit pas associée à un contenu ou à un support qui pourrait nuire à son image ;
- les conséquences environnementales liées à la consommation d'énergie.

Ainsi est né le SPO (*Supply Path Optimization*), qui vise à trouver le chemin le plus court, le moins énergivore et le plus sécurisé entre la demande de l'agence média et l'inventaire de la régie, à l'intérieur même du système programmatique.

Par exemple, l'intérêt pour un éditeur comme Prisma de créer son propre SPO est donc de récupérer les marges prises par les intermédiaires, en rassurant les annonceurs sur la qualité du contexte de diffusion de leur campagne et en réduisant l'impact écologique. Prisma Media Solutions a été la première régie à lancer sa propre solution SPO. Les vidéos ci-contre détaillent comment la régie répond aux 3 préoccupations des annonceurs : la transparence, la sécurisation et la sobriété énergétique.

Vidéo : Qu'est-ce que le SPO ?
liennathan.fr/yc48f8

Vidéo : Les enjeux business et marketing du SPO
liennathan.fr/j34hsl

Document 13 L'innovation dans les études

Attention publicitaire : Les Echos Le Parisien Médias s'accorde avec xpln.ai

« Depuis 5 ans, les *publishers* ont optimisé en continu leurs inventaires pour atteindre des standards marché de visibilité élevés, mais qui plafonnent aujourd'hui. » Le constat implacable pointé par la régie Les Echos Le Parisien Médias l'amène aujourd'hui à conclure un accord avec l'AdTech cofondée par Fabien Magalon, xpln.ai, plateforme qui développe de nouvelles solutions de mesure et d'optimisation de l'efficacité publicitaire, soutenues par l'intelligence artificielle. Dans les faits, la régie ambitionne ainsi d'« auditer, objectiver et faire progresser la qualité d'exposition publicitaire de ses inventaires » en s'appuyant sur la technologie proposée par xpln.ai. […] Le « KPI d'attention » (en secondes d'attention) se construit autour d'une approche prédictive qui permet de probabiliser qu'une publicité a été vue par l'internaute avec, d'un côté, l'intégration et le *scoring* de critères d'affichage de la publicité (taille, position, encombrement, source du trafic, etc.) et, de l'autre, l'observation *in-vivo via* un panel d'*eyetracking**. […]

* Dispositif capable de suivre les mouvements oculaires sur l'écran.

T. Wojciak, www.cbnews.fr, 31 mai 2023.

FICHE RESSOURCE

1

ÉCOSYSTÈME COMMUNICATION, LA NÉCESSITÉ D'INNOVER

I L'innovation dans le domaine de la communication

1. Les types d'innovation

L'innovation en communication est le processus de création de nouveaux formats, de nouveaux services… qui permet aux régies, aux agences médias et aux agences conseils de construire leur avantage compétitif dans un contexte très concurrentiel et de s'adapter à la rapide modification des usages de consommation des médias. L'innovation peut être le résultat de :

	L'invention	L'amélioration	L'adaptation
Définition	Créer des offres ou des services qui n'existaient pas auparavant.	Optimiser une offre ou un service existant pour en simplifier l'usage et/ou en augmenter l'efficacité.	Modifier une offre ou un service pour répondre à l'évolution des attentes et des usages.
Exemple de process	Achat en programmatique	Offre packagée	Alliance stratégique de 3 régies pour créer l'offre Food Brand Trust.
Exemple de format	Le *podcast*	*Native advertising*	Adaptation automatique des formats vidéo aux différentes plateformes sociales grâce à l'IA
Exemple de service	La garantie d'efficacité	La mesure de l'efficacité de l'offre « In Focus » de Prisma Media Solutions	Produire avec des KPI écoenvironnementaux.

2. Les activités concernées par l'innovation

L'erreur la plus courante est de restreindre l'innovation à sa dimension technologique. Le digital notamment n'est qu'un outil permettant à une autre innovation d'usage, servicielle, commerciale, organisationnelle, de devenir opérationnelle. L'innovation est aussi, comme cela a été vu dans les chapitres précédents, fondamentale dans le secteur des études (quali-collaboratif, sémantique quantitative adossée à l'IA, méthodes hybrides…).

Pour un groupe d'envergure nationale ou internationale, innover est une quasi-obligation pour faire face aux mutations du marché en termes de concurrence et d'usages, ou pour les anticiper. Ces innovations peuvent concerner des aspects divers de l'activité de l'entreprise tels que :

- le contenu éditorial ou les créations (format, narration…) ;
- la diffusion (choix des supports et des plateformes) ;
- la mesure de l'efficacité et de la performance (outils de mesure, KPI, impact environnemental ou sociétal…) ;
- la diversification des activités (nouvelles offres et nouveaux segments de marché…) ;
- la monétisation (valorisation financière de l'audience).

II Les enjeux de l'innovation

L'innovation au service du business pour…	• se démarquer de la concurrence ; • stimuler la croissance du CA en étant force de proposition ; • protéger ses marges en augmentant la valeur perçue des offres.
L'innovation au service de l'image de marque et de la réputation pour…	• positionner la communication *corporate* de l'entreprise sur les valeurs attractives et positives liées à l'innovation à la fois pour les clients et pour les marchés financiers ; • créer de nouveaux emplois ; • nourrir une image RH et des valeurs de marque-employeur en phase avec leur époque.

L'innovation au service de la fonction conseil pour…	• décrypter et exploiter l'évolution de l'écosystème média et digital afin d'identifier les futurs axes de création de valeur pour les clients ; • accompagner les clients dans leur développement et leur transformation dans un univers qui s'est fortement complexifié (pédagogie client) ; • connaître les acteurs de l'écosystème pour proposer des partenariats stratégiques porteurs de sens et de valeurs pour les clients ; • maîtriser en avance de phase les nouveaux enjeux pour être un acteur de la pédagogie de marché.
L'innovation au service de l'efficacité publicitaire pour…	• imaginer de nouveaux leviers de créativité afin de permettre aux clients de se différencier et pallier l'encombrement publicitaire ; • inventer des formats publicitaires pour permettre aux campagnes de communication des clients d'émerger, de se démarquer et d'obtenir un avantage concurrentiel ; • participer à la réflexion sur l'évolution de la mesure de la performance et du choix des KPI de référence ; • répondre à la baisse de l'acceptabilité sociale de la publicité (inventer des formats publicitaires respectant davantage l'expérience utilisateur, proposer aux utilisateurs des expériences respectueuses de leurs données personnelles et porteuses de plus-value servicielle, construire des narrations soutenant de nouveaux imaginaires de consommation en phase avec les enjeux sociétaux et environnementaux).

L'innovation est également mise en œuvre dans le domaine marketing et au niveau organisationnel.

L'innovation marketing	Nouvelles façons de vendre et de valoriser les offres des régies ou des agences médias ou leurs services associés.	Packager les possibilités d'offres apparues avec le *retail media* (offre publicitaire proposée par les enseignes de distribution) : *data* transactionnelle, *display*, bons de réduction, DOOH, catalogues digitaux, liens sponsorisés, OPS, monétisation de l'audience…
L'innovation organisationnelle	Nouvelles façons de gérer ou de structurer le travail dans une entreprise.	Les agences « *in house* », qui internalisent tout ou partie des missions auparavant confiées aux agences de communication (Unilever, Club Med, Pernod-Ricard, Air France). Le recours, lors d'une compétition, à du conseil en choix d'agence (www.vtscan.fr ; https://pitchville.fr).

III Susciter l'innovation

L'innovation peut être le résultat d'une réflexion individuelle ou collective, de la recherche et du développement (R&D), de l'intrapreneuriat ou de la collaboration entre différents partenaires appartenant ou non à l'écosystème communication. Les innovations proviennent souvent :
- d'une veille permanente, notamment sur les nouvelles technologies ;
- de l'analyse des attentes et des besoins des clients que font remonter les équipes commerciales ;
- des idées des collaborateurs de l'entreprise ;
- des réflexions conduites au sein des organisations professionnelles ;
- de la participation à des salons et événements professionnels.

IV L'innovation vue par les acteurs

Les régies		
L'innovation par JCDecaux liennathan.fr/gewuwj	L'innovation par france•tvpublicité liennathan.fr/u0obf2	L'innovation par les régies presse liennathan.fr/kyn39o
Les agences médias		
L'innovation par l'agence média Mediaplus liennathan.fr/whxysu	L'innovation par l'agence média IProspect du groupe Dentsu liennathan.fr/0w6th2	L'innovation vue par Publicis Media liennathan.fr/uqkqp9

FICHE RESSOURCE

2

LES ACTEURS INTERNES DE L'INNOVATION DANS L'ÉCOSYSTÈME COMMUNICATION

Il serait illusoire pour une régie ou une agence de prétendre être en avance partout et tout le temps. Il lui faut accepter l'idée d'un écosystème complexe à l'intérieur duquel l'organisation doit construire sa propre stratégie à partir de 3 préoccupations : produire de l'innovation, capter l'innovation et intégrer l'innovation dans des offres génératrices de plus-value. Le premier pilier de l'écosystème est interne.

I L'innovation, sujet stratégique et opérationnel

Dans les entreprises du secteur de la communication et des médias, l'innovation est un sujet à la fois stratégique et opérationnel. Innover implique d'engager un nombre important de parties prenantes internes à l'entreprise allant de la direction aux salariés de l'entreprise. En tant que processus, l'innovation se doit de mobiliser plusieurs, voire la quasi-totalité des fonctions de l'entreprise (commerciales, marketing, *data*, IT, digital, finance…). Cette mobilisation conduit les acteurs à bâtir, en interne, de véritables écosystèmes qui permettront de faire émerger les nouvelles offres, les nouveaux services et les nouvelles fonctionnalités qui seront mis sur le marché. Les petites entreprises et les entreprises de taille intermédiaire sont, elles aussi, concernées par cette quête permanente d'innovation. Leur taille leur offre par ailleurs un avantage sur les grands groupes dans la mesure où elles peuvent se permettre d'être plus agiles, de prendre des décisions engageantes.

II Les conditions requises pour assurer le succès de l'innovation

L'innovation doit être portée par la direction de l'entreprise	Pour que l'innovation puisse émerger dans l'entreprise, elle doit être portée par une personne clé au sein de la direction pour les raisons suivantes : • l'innovation bouscule l'organisation et ses processus habituels, ce qui va générer de la résistance au changement ; • les vertus de l'innovation doivent être perceptibles à l'externe, mais aussi à l'interne ; • les transformations s'accélèrent. Certaines innovations ont mis des dizaines d'années à se généraliser. Aujourd'hui, tout va beaucoup plus vite, ce qui nécessite de développer l'agilité des collaborateurs ; • l'innovation devient un processus transversal et il faut mobiliser toutes les directions.
L'innovation nécessite une équipe dédiée	Une équipe dédiée peut gérer des écosystèmes innovation assez complexes, articulant *open* innovation, intrapreneuriat, start-up, *crowdsourcing*, challenges, hackathons, labs…
L'innovation doit être valorisée dans la culture d'organisation	Cette démarche doit fédérer un nombre important de collaborateurs car leur adhésion permet en effet de faire vivre au quotidien une certaine culture de l'innovation au sein de l'entreprise.

III L'intrapreneuriat, l'incubation interne propice à l'innovation

Vidéo : Découvrez l'intrapreneuriat chez Orange
liennathan.fr/gps02p

Le concept d'intrapreneuriat est né dans les années 1970. L'idée est de libérer provisoirement totalement ou partiellement des collaborateurs d'une entreprise de leurs fonctions habituelles pour leur confier le développement du projet innovant dont ils sont à l'initiative. Ces dispositifs cherchent à exploiter les potentialités d'innovation présentes en chaque collaborateur au lieu d'aller chercher de l'innovation à l'extérieur de l'entreprise, par des stratégies d'incubation ou de collaboration. La démarche n'est pas propre au domaine des médias ou de la communication : 3M, La Poste, Crédit Agricole, PepsiCo France, Alcatel-Lucent, SNECMA s'y sont essayés. L'intérêt de la démarche est aussi de recruter, de valoriser et de retenir les talents internes qui connaissent bien l'organisation et les valeurs de l'entreprise, plutôt que de chercher des ressources externes *a priori* plus chères à mobiliser et plus difficiles à intégrer.

La jeunesse ayant actuellement un réel attrait pour l'entrepreneuriat, ces programmes d'intrapreneuriat deviennent aussi des arguments importants lors des recrutements, car ils permettent aux salariés de bénéficier d'accompagnement et de diminuer les risques puisqu'ils conservent leur emploi et leur salaire.

FICHE RESSOURCE

3

LES ACTEURS EXTERNES DE L'INNOVATION DANS L'ÉCOSYSTÈME COMMUNICATION

Les innovations jouent un rôle essentiel pour permettre aux régies et aux agences médias de rester compétitives. Avant l'arrivée du digital, l'innovation était portée par les équipes internes, souvent pilotées par une direction de la stratégie et de l'innovation ; aujourd'hui, l'écosystème s'étend bien au-delà des équipes dédiées.

I L'*open* innovation

Le monde de la communication et des médias a connu des transformations majeures ces dernières années grâce aux avancées technologiques et à l'émergence du digital.
Le management de l'innovation a dû changer pour être plus réactif, plus agile et plus ouvert car les innovations digitales ont créé de nouvelles possibilités pour les annonceurs, les agences et les régies, et les champs d'expertise sont devenus très vastes et très complexes à maîtriser.

EXEMPLES D'INNOVATIONS DANS LE SECTEUR DE LA COMMUNICATION :

- ciblage et personnalisation de publicités grâce aux technologies numériques et aux données démographiques, comportementales et contextuelles ;
- modes d'achat automatisés avec le programmatique ;
- marketing d'influence, où les marques collaborent avec des influenceurs en ligne pour promouvoir leurs produits ou services ;
- expériences immersives grâce à la réalité augmentée et la réalité virtuelle.

L'innovation doit à présent être portée par un écosystème innovation plus ouvert, intégrant de nombreuses parties prenantes (universités, organisations professionnelles, start-up…) afin d'être en mesure de résoudre des problématiques plus complexes, de trouver des interlocuteurs experts et d'aboutir plus rapidement à des solutions plus innovantes, plus différenciantes et créant plus de valeur. Le fait de faire porter l'innovation par des collaborateurs extérieurs aux équipes dédiées, des entreprises expertes et d'autres partenaires se nomme l'*open* innovation.

EXEMPLES : des annonceurs comme Orange, Air liquide et des agences comme Ogilvy travaillent depuis longtemps avec des communautés externes.

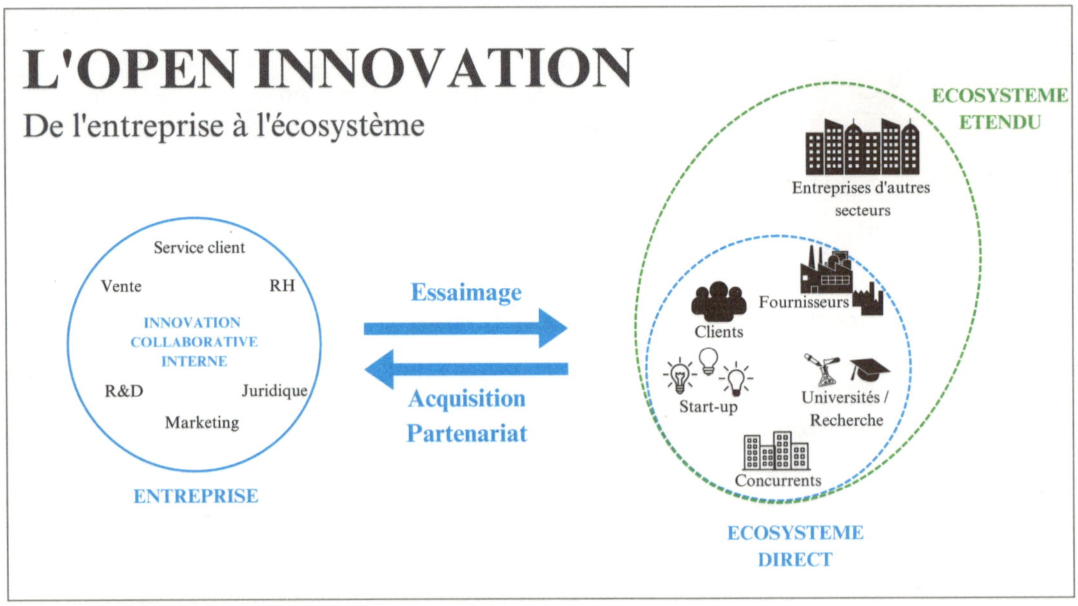

https://hubinstitute.com

II Les incubateurs & les labs d'agences

Afin de susciter des projets innovants, les acteurs de la publicité (régies, agences médias, agences conseils) ont construit des entreprises très structurées, engagées dans des processus rigoureux et itératifs. Ils ont donc souvent opté pour la création d'incubateurs. Un incubateur est une organisation qui permet d'accompagner un collaborateur ou une équipe porteuse d'une idée dans la structuration opérationnelle, économique et juridique de son projet. Dans la première phase d'incubation, il s'agit le plus souvent d'apporter gracieusement des conseils et des compétences, mais aussi de mettre à disposition des locaux et du matériel. Si le projet est validé, généralement à l'issue d'une présentation devant un jury d'experts et d'investisseurs potentiels, le mécénat de compétences peut se transformer en soutien financier contre une prise de participation dans le capital de la start-up incubée par l'incubateur.
Ces structures évolutives permettent une plus grande souplesse opérationnelle et la mise en place de dispositifs de « *test and learn* » à petite échelle. Voici quelques exemples…

1. L'Escalator

Lancé en 2020 par Maurice Lévy, directeur de Publicis pendant 30 ans, ce programme est structuré en 3 phases :

Phase 1

Mise à disposition gratuite, pendant les 3 premiers mois, d'équipements informatiques, de formations et de coaching pour élaborer le business plan et construire le pitch du projet. Si le projet est sélectionné parmi ses concurrents, il intègre la phase 2.

Phase 2

Le projet intègre une phase d'incubation de 12 mois qui va le structurer juridiquement et économiquement, et le mettre en relation avec les experts du secteur et les fonds d'investissement concernés. À ce stade, Publicis prend une participation au capital du projet.

Phase 3

Si le projet n'est pas complètement opérationnel à l'issue des 12 mois, il peut rester incubé par tranches de 6 mois avec des prises de participation complémentaires de Publicis.

Source : https://lescalator.com

2. Station F

Inaugurée en 2017 et plus grand incubateur au monde, Station F héberge 1 000 start-up et met à disposition 3 000 postes de travail dans ses locaux parisiens.
Station F repose sur un réseau de partenariats avec, d'une part, des Grandes Écoles (HEC, INSEAD, EDHEC, École nationale des Ponts et Chaussées…) et de l'autre, de grandes entreprises (Thalès, Microsoft, TF1, Meta, LVMH, Havas, L'Oréal…) qui pilotent les 26 programmes proposés par l'incubateur (Startup programs - STATION F). Parmi eux, on trouve les programmes suivants :

Programmes	Objectifs
Média Lab de TF1	Créer des solutions médias innovantes.
La Maison des Startups by LVMH	Piloter un programme destiné à développer les relations des maisons LVMH et des start-up qui inventent le futur du luxe.
Havas Group	Le programme comporte 40 places pour les start-up dans une zone entièrement dédiée à la technologie publicitaire (AdTech). • Présence d'un manager sur place et d'une équipe relais au siège du groupe • Accès privilégié aux dirigeants et spécialistes de Havas • Programme de conférences et de *workshops* d'accompagnement

Station F organise chaque année un comité de sélection composé de 100 entrepreneurs.

3. Des exemples de labs d'agence ou de régie publicitaire

Un lab est un lieu pour encourager l'innovation, un lieu où on observe et où on expérimente.

Le Future lab de Clear Channel	Il est rattaché à la direction Stratégie et Marketing, qui pilote les innovations autour des nouveaux canaux de vente, de la *data* et des contenus, pour être à la fois une plateforme pour les marques et pour l'utilité collective.
Le lab public	Un laboratoire d'innovation est un espace de travail et de socialisation qui peut répondre à diverses problématiques sociétales, organisationnelles, scientifiques et techniques.
L'Innolab	La nouvelle plateforme digitale collaborative de Bouygues Telecom associe les particuliers, les clients ou non de Bouygues Telecom, les start-up, les entreprises, les partenaires et les collaborateurs pour tester et évaluer différents concepts ou prototypes. Cinq grands thèmes d'innovation ont été identifiés : la montée en débit, l'intelligence artificielle générative, le développement des réseaux satellites, la responsabilité sociétale et la solidarité, le Web3 et l'identité digitale.

Vidéo : Qu'est-ce qu'un laboratoire d'innovation ?
liennathan.fr/2crxe4

III Les start-up et les nouvelles entreprises

Les start-up, qui sont de jeunes entreprises innovantes, et les nouvelles entreprises jouent un rôle majeur dans l'innovation publicitaire et médiatique.
Elles apportent souvent des idées disruptives qui remettent parfois en cause les modèles économiques des acteurs traditionnels.

Voici quelques exemples d'acteurs externes dans ce domaine :

Aive Artificial Intelligence for Video Experience www.aive.com	**Solution d'optimisation de postproduction et de diffusion de vidéos qui supprime les tâches répétitives** Solution d'intelligence artificielle créative intégrée à une plateforme collaborative qui génère en quelques minutes une dizaine de versions d'une vidéo. L'IA analyse les vidéos, automatise les étapes de postproduction des vidéos pour créer de multiples formats adaptés à toutes les plateformes, effectue le recadrage, adapte automatiquement l'audio, crée des résumés, automatise la diffusion du bon format vidéo à la bonne plateforme, permet de piloter la performance.
DK https://d-k.io	**Outil de mesure et de pilotage des émissions de carbone à destination des annonceurs, des agences et des régies publicitaires** Cette solution fonctionne avec une plateforme SaaS (*Software as a Service* = solution sur cloud et non téléchargée) Mesure d'impact carbone de la production et de la diffusion des campagnes.
Eli www.play-ads.com	**Développement de campagnes publicitaires digitales ou phygitales gamifiées** Jeu, *data* qualifiées, *drive to store*…

IV Les entreprises de l'AdTech (*Advertising Technology*)

Les grandes entreprises technologiques ont un impact significatif sur l'innovation dans le domaine de la publicité et des médias. Elles sont à l'origine de technologies révolutionnaires, qui deviennent incontournables et se voient souvent imitées. Leurs ressources et leur expertise technique leur permettent de développer et de mettre en œuvre de nouvelles technologies publicitaires que l'on regroupe sous le nom « AdTech ». Ce terme désigne les outils et les logiciels utilisés par les annonceurs pour acheter, gérer et analyser la publicité numérique. Il s'agit donc des technologies et innovations publicitaires au service de l'efficacité des campagnes publicitaires.

1. Les objectifs de l'AdTech

Les acteurs de l'AdTech, comme PMS AdTech, conçoivent de nombreuses solutions technologiques et signent de nombreux partenariats afin d'aider les annonceurs à être…

… plus agiles	• Gagner en réactivité en automatisant leurs campagnes • Optimiser l'achat et la vente d'espaces publicitaires en ligne • Accéder plus simplement à la publicité
… plus performants	• Atteindre des audiences rapidement et de manière ciblée • Augmenter la mesurabilité des performances
… plus créatifs	Développer les publicités conversationnelles
… plus responsables	• Diminuer l'impact environnemental des campagnes publicitaires et parvenir à la neutralité carbone • Mettre en conformité les données avec le respect de la vie privée (sécurisation des flux de données, pseudonymisation des éléments à caractère personnel et suppression des fichiers envoyés)

2. Quelques acteurs de l'AdTech

Les équipes AdTech sont gérées dans les régies publicitaires et les agences médias par :
- les directeurs des stratégies numériques et des innovations technologiques ;
- les directeurs du marketing digital, de la *data*, recherche, télévision segmentée et innovation…

PMS AdTech de Prisma Media Solutions www.prismamediasolutions.com	Pôle technologique de la régie Prisma Media Solutions composé d'experts digitaux sur une dizaine de métiers : commercial, *revenue management*, marketing, trafic, business intelligence, développeurs…
Régie M Publicité https://mpublicite.fr	Pôle Activités Programmatique, AdTech et Monétisation digitale qui a pour feuille de route d'accélérer la digitalisation des revenus de M Publicité que ce soit *via* les annonceurs, les agences ou les partenaires stratégiques.
Orange Advertising https://orangeadvertising.fr	Création d'Utiq, coentreprise d'AdTech fondée par Orange, Vodafone, Deutsche Telekom et Telefonica en février 2023, qui a pour ambition de favoriser un marketing digital plus responsable, et un modèle publicitaire respectueux des données et des choix des utilisateurs.

3. Quelques sujets de l'AdTech

Un des sujets centraux de l'AdTech est de trouver des solutions à la fin des cookies tiers qui étaient le fondement de l'économie publicitaire digitale, de la mesure et de l'optimisation de la performance. Ces technologies accompagnent également le développement de la TV segmentée en créant des outils pour croiser les plannings TV avec les capacités de ciblage et de remplacement de la télévision segmentée, ce qui revient à gérer des millions d'opérations digitales.

4. Les entreprises de l'AdTech françaises

Même si les GAFA (Google, Apple, Meta et Amazon) reçoivent 70 % des budgets médias en ligne selon les derniers chiffres de l'Observatoire de l'e-pub, de nombreux acteurs, notamment français, développent des solutions AdTech dans 11 spécialités.

Cartographie des AdTech 100 % made in France
liennathan.fr/rbluz8

FICHE RESSOURCE

4

MÉTIERS DU CONSEIL, MÉTIERS DE L'ANTICIPATION

En régie ou en agence média, les communicants sont généralement dans des fonctions de conseil. Dans des environnements en mutation rapide (technologique, d'usage, d'imaginaire de consommation…), conseiller suppose d'avoir « un coup d'avance » sur le marché et les attentes des consommateurs. Pour cela, il faut être en capacité de trouver et d'identifier les « signaux faibles ».

I La mise en œuvre d'une veille pour repérer les signaux faibles

1. Définition

Les signaux faibles sont des micro-modifications d'une situation qui peuvent potentiellement annoncer un changement ou une crise.

Ils ne s'imposent pas d'eux-mêmes, mais doivent plutôt être détectés : par une veille sur les tendances, les interactions et les commentaires sur les réseaux sociaux, une observation attentive des *hashtags*, les réactions des lecteurs aux articles de la PQR et de la PQN, les évolutions et les ruptures dans des données quantitatives ou statistiques, la fréquence des thématiques abordées dans les articles et contenus…

Dans le flux incessant d'informations et de contenus produits sur des canaux qui se multiplient, les signaux faibles sont difficiles à isoler et, le plus souvent, l'intuition n'y suffit pas. L'expertise humaine doit donc s'appuyer sur des outils technologiques de veille et de *social listening* adossés à des intelligences artificielles.

2. Repérer les signaux faibles

Isolé, un signal faible n'a qu'une valeur d'information. Il ne constitue véritablement un « signal », c'est-à-dire une opportunité ou une menace, qu'à partir du moment où il est mis en relation avec un ensemble plus large de phénomènes.

Il convient donc de mettre en place une veille ouverte qui :
- diversifie ses sources d'information ;
- cherche au-delà de l'écosystème communication ;
- scrute au-delà des contenus recommandés par les algorithmes.

II L'élaboration d'une méthode des scénarios à partir du repérage des signaux faibles

Face à une information susceptible de constituer un signal faible, on s'efforcera, pour l'interpréter :
- de recouper l'information en la croisant avec des sources différentes ;
- d'identifier des fréquences, des récurrences avec des outils de linguistique quantitative par exemple, ou par une veille manuelle ;
- d'identifier des points de tension entre le signal faible et les usages dominants ;
- de mettre en œuvre la méthode des scénarios (« Et si… alors… ») pour vérifier si l'organisation est en mesure de transformer ce signal en opportunité de chiffre d'affaires.

EXEMPLE : on peut se demander : « Et si l'expérience "Oui pub" se généralisait (possibilité pour les seuls foyers ayant apposé l'étiquette "Oui pub" sur leur boîte aux lettres de recevoir les imprimés publicitaires sans adresse) alors où se reporteraient les investissements des annonceurs ? »

III L'adaptation de la méthode des scénarios aux opportunités business

Le signal faible peut être à l'origine de la création d'une offre en suivant 3 étapes :

1	Valider ou infirmer le signal faible en se confrontant à d'autres départements de l'entreprise avec d'autres expertises (juridique, technologique…) pour avoir une vision à 360° des enjeux marché.
2	Diffuser, après validation, ce signal faible auprès des collaborateurs afin qu'ils s'en saisissent pour créer des offres et vérifier le potentiel business.
3	Diffuser ces offres auprès des clients « *early adopter* » pour entamer une phase dite « de *test and learn* » qui a pour objectif de se familiariser avec l'innovation, d'en tester le déploiement technique, financier et humain, et d'observer la réaction du marché.

FICHE RESSOURCE

5

LA MISE EN ŒUVRE D'UNE VEILLE DANS LE DOMAINE DE LA COMMUNICATION

Dans les métiers de l'anticipation et du conseil, la recherche de signaux faibles s'inscrit dans un processus plus global et permanent : la veille.

La veille est une activité continue qui établit une surveillance active de l'écosystème média pour en anticiper les évolutions. La démarche de veille s'inscrit dans la durée, et les domaines de veille doivent être mis à jour régulièrement.

La mise en place d'une veille nécessite de trouver un juste milieu dans la quantité des informations disponibles : elle a pour but de capter, de façon permanente, rapide et automatisée, les informations essentielles à la création de valeur.

Le temps véritablement important est celui qui doit être consacré à l'analyse et au partage dans les équipes d'une information hiérarchisée, analysée et synthétisée. Le travail de veille consiste à rédiger des écrits professionnels et opérationnels directement utilisables par les équipes, et ne consiste pas à passer du temps à collecter et à trier.

I Les différents types de veille

En régie, en agence média et en agence conseil, différents types de veille sont mis en place :

Types de veille	Objectifs
La veille sociétale	Repérer les évolutions des perceptions sociales qui peuvent avoir un impact sur l'écosystème publicitaire. **EXEMPLE :** suivre la progression de l'installation des *adblocker*, les axes de discours des associations anti-pub pour proposer des solutions adaptées à la diminution de l'acceptabilité de la publicité.
La veille stratégique	Réaliser un *benchmark* des concurrents jugés performants sur certains axes stratégiques afin d'analyser leurs bonnes pratiques, de les comparer, d'en tirer des éléments de compréhension et des axes d'optimisation.
La veille concurrentielle	Surveiller les entreprises concurrentes pour comprendre leur stratégie. **EXEMPLE :** comment elles prennent en compte la diminution de l'acceptabilité de la publicité et comment elles y répondent : par les formats, des labels, l'éco-conception, l'éco-production, l'éco-diffusion…
La veille juridique et réglementaire	Collecter l'information sur les évolutions de la réglementation actuelle et à venir. **EXEMPLE :** l'affichage extérieur par média, très réglementé parce que proposé dans l'espace public, doit veiller aux évolutions de la réglementation nationale mais aussi être attentif aux particularités du RLP (règlement local de publicité), qui peut avoir une influence, à court ou moyen terme, sur la réglementation nationale.
La veille technologique	Être attentif aux technologies émergentes et aux possibilités nouvelles qu'elles ouvrent dans le domaine de la communication. **EXEMPLES :** les développements du métavers sur les solutions *cockieless* ou encore l'évolution des assistants vocaux comme solution de recommandation.
La veille réputationnelle	Suivre, à partir de sources variées (*newsletters*, réseaux sociaux, avis clients, commentaires, articles…), la perception de la régie ou de l'agence à partir de ce qui en est dit afin d'entreprendre les actions appropriées.

II Les étapes d'une veille efficace

1. Délimiter les domaines de veille

Plus les domaines de veille sont précis, plus les informations collectées seront pertinentes pour l'annonceur.

EXEMPLE : « abri-voyageurs connectés » sera une requête plus précise que « mobilier urbain ».

On peut mettre en place plusieurs axes de veille distincts.

EXEMPLE : l'un large (« mobilier urbain ») et quelques axes très précis (« abri-voyageurs connectés », « smart city », « mobilier urbain serviciel »…).

On identifie les mots-clés utilisés sur Internet afin de formuler des requêtes efficaces.

EXEMPLE : « abribus pour recharger son téléphone » risque de rapatrier des contenus générés par des utilisateurs, qui seraient plus utiles pour une recherche ponctuelle de signaux faibles que pour une veille technologique.

Google Trends est aussi intéressant à utiliser pour identifier les mots-clés.

Dans la mesure où il est impossible de suivre l'ensemble des sources d'information sur un sujet, la qualité de la veille et son caractère opérationnel dépendront donc de la pertinence du choix des domaines de veille et de la sélection des sources d'information.

2. Sélectionner les sources

À la différence de la recherche de signaux faibles, où toutes les sources d'information, y compris les contenus générés par des utilisateurs (UGC), peuvent avoir leur légitimité, la mise en place du cadre d'une veille professionnelle demande de sélectionner des sources pertinentes, fiables et récentes.

La **pertinence** d'une source repose sur le degré d'expertise dans le domaine du producteur de l'information. La **fiabilité** d'une source repose sur l'intention dans laquelle est produite l'information : les sites institutionnels, interprofessionnels, universitaires, les rubriques spécialisées des sites d'actualité produisent généralement une information vérifiée et objective. La **récence** des sources à sélectionner dépend du domaine et des objectifs de la veille : la veille sociétale peut chercher des informations sur le temps long (signaux longs) ; la veille technologique dans le domaine de la communication privilégie les sources les plus récentes (mois, trimestre).

Une fois ce « cadre informationnel » établi, on se sert des mots-clés définis pour élargir les sources de l'information et identifier les sites Internet, blogs, forums, *newsletters*… traitant du sujet.

Il est pertinent de suivre sur LinkedIn et Twitter les experts et les professionnels influents dans le domaine sur lequel on conduit la veille, ainsi que, sur Scoop.it!, les « curateurs » qui filtrent déjà l'information sur les mêmes sujets. On élargira enfin les sources aux sites, blogs, *newsletters* des concurrents.

3. Choisir des outils de veille automatisée

Pour automatiser le processus de veille et regrouper l'ensemble de ses sources au même endroit, on peut utiliser un agrégateur de flux RSS comme Netvibes, Feedly, Inoreader ou Scoop.it!.

Ces sites permettent de paramétrer un tableau de bord dans lequel il est possible de créer autant d'onglets que d'axes de veille. La veille doit se faire manuellement pour les sites sans flux RSS et qui ne permettent donc pas de rapatrier automatiquement les nouveaux contenus.

4. Exploiter la veille

La veille est exploitée en interne pour rester informé sur les sujets métiers et l'écosystème communication, et faire monter en compétences les collaborateurs. Il s'agit d'une **veille permanente et automatisée.**

Elle peut aussi être exploitée en externe, comme outil de communication et de démonstration d'expertise. La veille, analysée et mise en forme, peut être diffusée sous forme de *newsletter*. Cela permet à l'agence ou à la régie de se maintenir présente à l'esprit de ses clients et de se positionner comme en avance de phase par rapport au marché.

EXEMPLE : la Cortex Newsletter de Havas (https://cortexnewsletter.substack.com/) est diffusée gratuitement et sur abonnement auprès de plusieurs milliers de destinataires extérieurs à l'entreprise.

1 Repérer les enjeux du métavers pour le secteur de la communication

En stage chez Prisma Media, votre tuteur vous demande de mettre en place une veille sur le métavers, cette innovation technologique qui va initier de nouveaux usages. Le métavers se développe avec des réussites et des déconvenues, mais les exemples se multiplient. En mai 2023, le groupe France Télévisions s'est lancé dans le développement d'un métavers sous la forme d'un espace social immersif qui permettra notamment à des passionnés de sport de visiter des lieux emblématiques comme des stades et de participer à des activités sportives virtuelles et ludiques.

1. Repérer, à l'aide des documents 1, 2 et 3, les étapes de développement potentielles des métavers et les nouvelles possibilités publicitaires.
2. Répertorier et décrire, à partir de vos recherches personnelles, 2 expériences de marques dans le métavers.
3. Proposer des possibilités de présence publicitaire dans le cadre du métavers de France Télévisions (achats d'espaces, parrainages…).

Document 1 france•tvpublicité imagine l'univers média dans le métavers

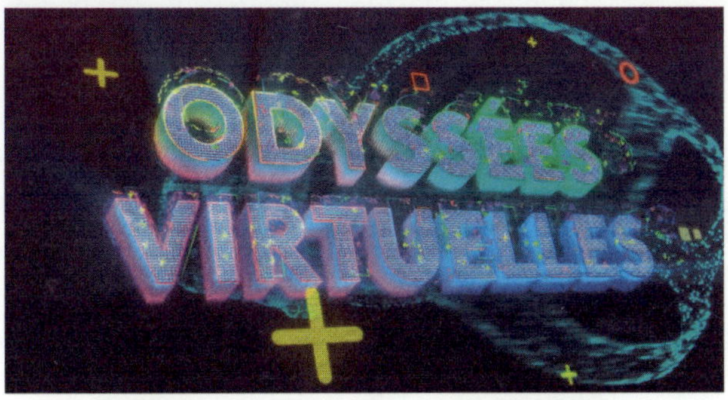

Odyssées virtuelles - épisode 1
liennathan.fr/ddontz

Avec sa web-série *Odyssées virtuelles*, le groupe d'audiovisuel public France Télévisions se positionne dans le métavers afin d'imaginer l'univers média et publicitaire à l'horizon 2035. La régie france•tvpublicité explique l'intérêt de sa nouvelle plateforme, ses nouveaux usages et ses nouveaux formats. La web-série projette le spectateur en 2035 pour suivre les aventures de Rvé et Kiria, 2 Vtubeurs qui présentent un vlog dédié au métavers. Le premier épisode défend le rôle de la publicité et son mode de diffusion et de mesure chez france•tvpublicité. La série est entièrement tournée dans VRChat, une plateforme de mondes virtuels sur Internet déjà utilisée par France Télévisions.

Document 2 Manifeste « Le virtuel, plus qu'une réalité »

france•tvpublicité publie un manifeste, « Le virtuel, plus qu'une réalité ». La régie publicitaire affirme ses convictions quant à la puissance du Web3 décrit comme « un mouvement social immersif et de confiance » et à la place prépondérante de la publicité dans les métavers : « Dans le métavers, le monde publicitaire ne sera pas dupliqué. Intégré, il s'augmente d'une "valeur d'attention immersive". Qu'au service des médias et des marques, l'enjeu sera de mesurer. Afin qu'une nouvelle économie du lien émerge, qu'elle soit durable et de qualité », peut-on lire dans le manifeste.

www.francetvpub.fr

« Il est essentiel pour france•tvpublicité d'anticiper les usages de demain. Nouveau territoire d'expression, de lien social et d'innovation pour les marques, les expériences immersives nous permettent d'amener nos contenus dans les usages des nouvelles générations pour cultiver leur attention, interagir et engager le dialogue. En tant que régie du service public, il est de notre devoir de faire de la pédagogie autour de ces nouveaux usages. C'est l'objectif principal de cette web-série : éclairer nos partenaires sur le rôle qu'ils seront amenés à jouer demain, à nos côtés. Parce que le monde change. La pub aussi. »

Marianne Siproudhis, directrice générale de france•tvpublicité.

Document 3 Comment le monde de la publicité se positionne dans le métavers ?

Depuis plusieurs mois, les initiatives des annonceurs se démultiplient dans les mondes virtuels que sont Minecraft, Roblox ou encore Fortnite. Une ruée qu'accompagnent aussi les agences publicitaires.

Pour le monde de la publicité aussi, le métavers est la nouvelle frontière. Ces derniers mois, les agences et les annonceurs ont mis le cap sur ces mondes virtuels, lieux à la fois de passage et de forte audience, constituant naturellement un terreau très fertile pour les campagnes publicitaires.

Roblox, Minecraft, Fortnite, GTA V... : pour l'heure, les grandes marques sont essentiellement présentes dans les métavers en état qui sont des jeux vidéo très populaires ayant progressivement mué ces dernières années en monde virtuel. Mais les annonceurs se ruent aussi de plus en plus sur Decentraland et The Sandbox, deux « purs » métavers Web3.

Comment les grandes marques choisissent-elles l'un plutôt que l'autre au milieu de toutes ces offres ?

« Il y a une logique d'audience comme avec les médias classiques, mais aussi de communauté. Sur GTA V, vous aurez un public plus urbain. Sur Roblox, ce sera plus des enfants et des pré-adolescents tandis que sur Minecraft, il y a la palette la plus large, des enfants aux quadragénaires », souligne Stéphane Guerry, président de Havas Sports & Entertainment et fondateur de Metaverse by Havas, qui précise que le sujet du métavers est de plus en plus présent dans les appels d'offres des annonceurs remettant en jeu leurs budgets marketing.

Données personnelles : pour l'heure, le format d'affichage publicitaire à la JCDecaux est celui qui prédomine dans les divers métavers. Ce qui pourrait évoluer. « Dans des environnements construits dans le Web2 comme Fortnite ou Roblox, où les joueurs se connectent avec un compte personnel, ces plateformes recueillent des données personnelles, ce qui ouvre la voie aux publicités ciblées », note Thibault Genouville, consultant chez le Boston Consulting Group (BCG).

Selon le *Financial Times*, Meta a déposé une flopée de brevets concernant des technologies devant lui permettre de cibler les utilisateurs de son métavers Horizon Worlds. Le géant s'appuierait notamment sur les données personnelles récoltées *via* ses casques de réalité virtuelle, les Meta Quest, permettant d'accéder à son monde virtuel. Ce qui engloberait le suivi du regard (oculométrie) dont les datas seraient plus précises encore que celles utilisées lorsqu'un mobinaute se sert de son smartphone. De quoi potentiellement permettre au groupe de personnaliser plus finement encore ses réclames.

Pas de Times Square en vue dans The Sandbox :
[...] « L'idée pour nous n'est pas de reproduire un Times Square avec des immenses publicités de partout dans notre métavers. Et nous n'avons pas non plus l'intention de monétiser quelques centimes par impression publicitaire, souligne Sébastien Borget, directeur opérationnel et cofondateur de The Sandbox, dont le modèle économique repose sur les transactions de ses NFT entre les utilisateurs sur lesquelles il prélève une dîme de 5 %. L'objectif dans The Sandbox est que les utilisateurs passent du temps au sein d'expériences immersives. » [...]

« Les formats publicitaires ne sont que la partie immergée de l'iceberg dans le métavers, avance Stéphane Guerry. Pour les annonceurs, le plus intéressant va être de parvenir à y créer des expériences à même de générer des revenus supplémentaires. » [...]

Nicolas Richaud, *Les Echos*, 2 mai 2022.

2 Mettre en place une *newsletter* sur les innovations

Votre stage au sein de Prisma Media touche à sa fin. Votre tuteur vous confie une dernière mission : la mise en place d'une *newsletter* mensuelle sur les innovations impactant l'écosystème régie publicitaire à destination des collaborateurs.

Fiche ressource 5

vers Pix 1.1

1. Identifier les domaines de veille pertinents.
2. Proposer d'autres solutions de diffusion des résultats de cette veille.
3. Préconiser, afin d'actualiser en permanence les connaissances des équipes sur le sujet et de collecter du contenu, des outils qui vous permettront de mettre en place une veille automatisée.
4. Expliquer en quoi il serait pertinent pour la régie de diffuser cette *newsletter* plus largement à des publics externes.

CHAPITRE 5

Repérer les évolutions culturelles, sociétales et réglementaires

Contexte professionnel

Compétences professionnelles

- Repérer les nouvelles tendances sociologiques, culturelles et réglementaires
- Assurer une veille permanente de l'écosystème média et digital
- Produire et diffuser des synthèses opérationnelles

Savoirs associés

- Les évolutions sociologiques et réglementaires

Vous effectuez un stage chez Havas Edition qui propose, au sein de Havas Group, une large collection de publications analysant en profondeur l'actualité des médias, des consommateurs et des marques. Ces publications nourrissent la vision prospective et stratégique proposée par Havas Group, en favorisant la compréhension des changements culturels et sociaux.

Pour proposer ces éclairages sur la société et les marques, Havas Edition publie les résultats de ses études dans différents formats : le *Media Poche*, le bulletin « Stratégie et Innovation », *MP Best of*, la *newsletter* du Cortex, des podcasts… L'agence est dotée d'une équipe dédiée à la collecte, l'analyse et l'interprétation des données relatives aux évolutions sociétales et tendances émergentes.

Dans le cadre d'une étude portant sur l'émergence d'une sensibilité éthique chez le consommateur, votre tuteur vous demande d'étudier les impacts du changement climatique sur les modes de consommation des produits exotiques. Vous avez la responsabilité de produire à ce sujet une synthèse qui sera diffusée en interne puis publiée dans *MP Best of*. Pour cela, il vous charge de suivre les évolutions réglementaires portant sur les produits alimentaires exotiques et vous confie une mission de repérage des nouvelles tendances du *fooding* et de la consommation responsable. Votre synthèse débouchera sur une exploitation opérationnelle, prenant pour exemple l'évolution des modes de consommation du café : vous proposerez pour cela un repérage des nouvelles tendances sociétales par une activité de *social listening* et une présentation de *persona*.

MP Best of 2022
liennathan.fr/ud244a

www.havasedition.com

Comprendre le contexte

1. Havas Edition publie le *Media Poche*. Expliquer la nature et le rôle de cette publication.
2. Identifier les raisons pour lesquelles le repérage des évolutions et tendances sociétales est utile aux professionnels de la communication.
3. Sur le site de Havas Edition, identifier dans le *MP Best of 2022* deux évolutions pertinentes pour votre sujet.

1 Identifier l'impact d'une évolution réglementaire pour les annonceurs

Dans le cadre de votre mission, votre tuteur vous demande d'évaluer les opportunités offertes aux annonceurs dans le secteur du café éthique (équitable, bio...) par le durcissement de la réglementation européenne en matière de déforestation en lien avec l'importation de produits d'origine exotique.

Documents 1 à 3
Fiche ressource 1

1. Repérer les différentes dimensions définissant le commerce équitable et expliquer l'expression « situation de désavantage économique ».
2. Préciser les conditions permettant :
   – aux producteurs de s'engager dans une démarche de commerce équitable ;
   – aux acheteurs de s'engager dans une démarche de commerce équitable.
3. Synthétiser la nouvelle contrainte réglementaire (pacte vert) et expliquer en quoi elle peut constituer une opportunité pour les annonceurs du secteur.
4. Expliquez dans quelle mesure l'éco-anxiété peut-elle constituer un frein à la communication des annonceurs dans le secteur du café, même s'ils sont engagés dans une démarche éthique.

Document 1 La notion de commerce équitable

Le commerce équitable a pour objet d'assurer le progrès économique et social des travailleurs en situation de désavantage économique du fait de leur précarité, de leur rémunération et de leur qualification, organisés au sein de structures à la gouvernance démocratique, au moyen de relations commerciales avec un acheteur, qui satisfont aux conditions suivantes :

1. un engagement entre les parties au contrat sur une durée permettant de limiter l'impact des aléas économiques subis par ces travailleurs, qui ne peut être inférieure à trois ans ;
2. le paiement par l'acheteur d'un prix rémunérateur pour les travailleurs, établi sur la base d'une identification des coûts de production et d'une négociation équilibrée entre les parties au contrat ;
3. l'octroi par l'acheteur d'un montant supplémentaire obligatoire destiné aux projets collectifs, en complément du prix d'achat ou intégré dans le prix, visant à renforcer les capacités et l'autonomisation des travailleurs et de leur organisation.

Chaque entreprise intervenant dans ces filières est en mesure de produire des informations relatives à la traçabilité des produits. Les entreprises faisant publiquement état de leur appartenance au commerce équitable participent à des actions de sensibilisation et d'éducation à des modes de production et de consommation socialement et écologiquement durables.

Image : www.bioalaune.com

Document 2 Le pacte vert de l'Union européenne « zéro déforestation »

La Commission se félicite de l'accord politique provisoire qui [a été] conclu entre le Parlement européen et le Conseil sur un règlement de l'UE relatif aux chaînes d'approvisionnement « zéro déforestation ».
Une fois adoptée et appliquée, la nouvelle législation garantira que certains biens essentiels placés sur le marché de l'UE ne contribueront plus à la déforestation et à la dégradation des forêts dans l'UE ni ailleurs dans le monde. [...]

Toutes les entreprises concernées devront faire preuve d'une vigilance stricte si elles mettent sur le marché de l'UE ou exportent à partir de celui-ci les produits suivants : huile de palme, bovins, soja, café, cacao, bois et caoutchouc, ainsi que les produits dérivés (tels que viande de bœuf, mobilier ou chocolat). [...]
Les opérateurs et les négociants devront prouver que les produits sont à la fois « zéro déforestation » (produits sur des terres qui n'ont pas fait l'objet de déforestation après le 31 décembre 2020) et légaux (conformes à toutes les lois applicables en vigueur dans le pays de production).
Les entreprises seront également tenues de collecter des informations géographiques précises sur les terres agricoles où les produits qu'elles fournissent ont été cultivés, de manière à pouvoir vérifier la conformité de ces produits.

https://ec.europa.eu, 6 décembre 2022.

Document 3 Éco-anxiété et solastalgie

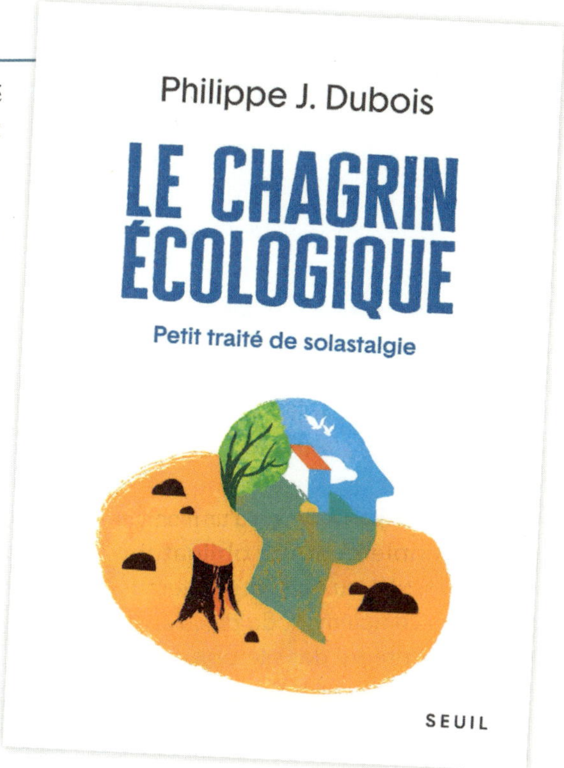

Popularisée par la presse française lors des épisodes caniculaires de l'été 2019, l'expression « éco-anxiété » est la contraction des deux mots : *écologie* et *anxiété*.

Un « éco-anxieux » ou une « éco-anxieuse » développe une inquiétude face aux catastrophes écologiques annoncées : dérèglement climatique, perte de la biodiversité, pollution, déforestation…
Cette anxiété est une anxiété par anticipation, née de la prise de conscience des impacts à court et à long terme du changement climatique, nourrie par les différents scénarios établis par des scientifiques […] et par le constat que des événements liés à ce dérèglement climatique sont déjà observables. […]

La solastalgie est un néologisme utilisé en 2003 par le philosophe de l'environnement Glenn Albrecht. Il combine deux mots : le verbe ***sōlor*, *sōlārī***, qui signifie atténuer une détresse, apporter un réconfort dans une situation difficile, et le suffixe *algia*. Issu du grec *algia*, il signifie une douleur, qu'elle soit physique ou morale.

La solastalgie traduit donc une anxiété, un malaise face à ce qui est déjà perdu. L'éco-anxiété, elle, est un mal-être lié à ce qui va advenir. Et bien sûr, l'un n'empêche pas l'autre : ceux qui ont vu leur espace de vie se dégrader nourrissent aussi des inquiétudes quant aux dégradations encore à venir.

Isabelle do O'Gomes, « Qu'est-ce que l'éco-anxiété et sœur jumelle la solastalgie ? », *Sciences et Avenir*, 24 mai 2022.

2 Repérer les tendances sociologiques

Afin de prendre en compte ces nouvelles contraintes réglementaires dans la communication des produits exotiques, votre tuteur vous demande de vous renseigner sur les évolutions de l'alimentation et des modes de consommation. Pour cela, vous analysez la « transition alimentaire », phénomène général qui désigne le processus par lequel une société et des individus tendent à modifier leur manière de produire, consommer et s'alimenter.

- Documents 4 à 7
- Fiche ressource 2

1. Définir le « bien manger » et repérer les conditions sociales et économiques qui permettent aux Français de s'engager dans cette tendance.
2. Les régimes sans viande se développent. Formuler les arguments qui permettent d'en faire la promotion.
3. Évaluer dans quelle mesure les préoccupations nutritionnelles peuvent déboucher sur un désir quasi mystique de pureté.
4. Expliquer les motivations et freins de la transition alimentaire selon les différents profils de consommateurs. Quelles sont les limites de cette typologie des Français face à l'alimentation ?

Document 4 Observatoire alimentation & familles

Fondation Nestlé France – Ipsos, Édition 3, 2022.

Document 5 Des arguments en faveur du végétarisme

***Welfare*, en anglais, c'est le bien-être.** De nombreux végétariens le sont devenus parce qu'ils abhorrent* la maltraitance des animaux dans les élevages industriels et leur abattage à la chaîne. Cette position a des racines profondes, puisque Ovide […] brosse un vibrant éloge du végétarisme de Pythagore […] : « Hélas ! combien il est criminel d'engloutir des entrailles dans des entrailles, d'engraisser un corps vorace en le bourrant de la chair d'un corps et, dans un être vivant, entretenir la vie par la mort d'un autre être vivant ! » Au-delà de l'horreur et du dégoût, un autre argument des végétariens welfaristes est que la consommation de viande rendrait agressif, qu'elle entretiendrait en nous des pulsions prédatrices. C'est pourquoi Jean-Jacques Rousseau, dans l'*Émile* […], a des prescriptions diététiques : « Une des preuves que le goût de la viande n'est pas naturel à l'homme, est l'indifférence que les enfants ont pour ces mets-là, et la préférence qu'ils donnent tous à des nourritures végétales, telles que le laitage, la pâtisserie, les fruits, etc. Il importe surtout de ne pas dénaturer ce goût primitif, et de ne point rendre les enfants carnassiers ; si ce n'est pour leur santé, c'est pour leur caractère ; car, de quelque manière qu'on explique l'expérience, il est certain que les grands mangeurs de viande sont en général cruels et féroces plus que les autres hommes ; cette observation est de tous les lieux et de tous les temps. »

Alexandre Lacroix, « Quel "diététhicien" êtes-vous ? », *Philosophie Magazine*, n° 117, mars 2018.

* Abhorrer : avoir quelque chose en horreur.

Document 6 L'application Yuka

Voilà des siècles qu'on s'interroge sur l'étrangeté des interdits alimentaires du Lévitique*, respectés aujourd'hui encore par les juifs pieux. La liste, comme on le sait, en est très précise. […] Signe des temps, aujourd'hui plus de Lévitique ni de commentaires savants des philosophes, mais des applis sur Android et iOS. La plus prisée parce que son usage est le plus simple : Yuka. Il suffit de scanner le code-barres qui figure sur l'emballage du produit pour qu'apparaisse aussitôt une note sur cent et une pastille de couleur. […] Il est possible d'entrer dans le détail de l'analyse qui décline le pourcentage de pièges pour le goût : les graisses saturées, le sel, le sucre, les calories… S'ajoute encore ce que l'on ne soupçonne pas, les pièges imperceptibles : les additifs nocifs. Yuka est en train de révolutionner la façon de faire son marché. On déambule désormais dans les grandes surfaces, armé de son smartphone, éliminant ce qui est bon au goût mais nocif à la santé. Plus encore, Yuka pénètre nos sensations. […] Yuka est en train de construire les répulsions de l'homme nouveau. Verra-t-on bientôt des obsessions de pureté se manifestant par la chasse à la pastille verte et des compulsions de vérification du produit ?

Tobie Nathan, « Yuka. Scanner les abominations de l'assiette », *Ethnomythologiques. Petits objets du quotidien*, Stock, 2022.

* Lévitique : 3e livre de la Bible.

Document 7 La typologie des Français face à la transition alimentaire

- Les hédologistes : une démarche visant à (ré)concilier plaisir et responsabilité
- Les mangeurs « sans » : une démarche « santé » synonyme de « moins » et de « sans »
- Les militants : un engagement pour défendre la Transition Alimentaire
- Les solutionnistes : une démarche technophile confiante dans les innovations alimentaires

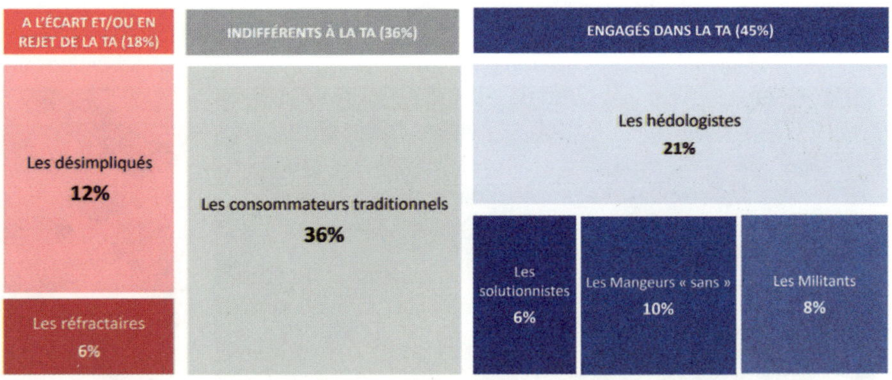

- Les consommateurs traditionnels : indifférence face à la Transition Alimentaire
- Les réfractaires : un rejet critique de la Transition Alimentaire sur fond de précarité
- Les désimpliqués : mise à distance de la Transition Alimentaire, valorisation de la convivialité et attention au prix

Fondation Jean-Jaurès, *La France à Table. Alimentation et fragmentations*, août 2022.

3 Repérer une tendance grâce au *social listening*

Au fil des ans, la publicité a fait du café un marqueur fort de la façon dont les Français s'affirment par leur consommation alimentaire : des campagnes folkloriques des années 1980 dans lesquelles le consommateur était quasi absent aux publicités plus récentes dans lesquelles l'origine du café, ses conditions de production, son conditionnement, la technologie employée pour le consommer, les modes de vie associés sont autant de paramètres dessinant la personnalité et le rapport au monde du consommateur final. Votre tuteur vous demande de construire une démarche de *social listening* pour décrypter les tendances associées à d'autres produits d'origine exotique, comme l'avocat, et susceptibles d'impacter la consommation du café.

Documents 8 à 11
Fiche ressource 3

1. Analyser les tensions autour de la consommation de l'avocat et les traduire en termes de tendances, puis proposer un classement de celles-ci.
2. Comparer les deux produits exotiques « avocat » et « café », et en tirer des conséquences concernant la communication sur le café.
3. Expliquer pourquoi le terme « anthropocène » s'inscrit dans une démarche militante qui vise à remettre en question les modes de consommation de l'homme.
4. Montrer comment Grain de Sail a pris en compte les différentes tendances dans sa stratégie d'entreprise.
5. (vers Pix 1.1) Construire une liste de mots-clés pertinents pour une veille en *social listening* sur la perception des conditionnements du café comme producteurs de déchets. À partir de cette liste, choisir quatre *hashtags* pertinents pour approfondir votre *social listening*.
6. (vers Pix 3.1) Mettre en forme les résultats de la veille sous forme d'une infographie intégrant des éléments qualitatifs et quantitatifs pour formuler une hypothèse consommateur à l'aide d'un logiciel de présentation.

Document 8 Consommation de produits « exotiques » et cas de conscience

Prenons l'exemple de l'avocat, « superaliment », mis en avant pour ses nombreux bénéfices nutritionnels et santé, et porté par la vogue de l'*avocado toast* ou du *poke bowl* : *healthy* et *trendy*, parfait pour qui veut végétaliser ses repas. Sa consommation ne cesse de progresser, en France comme dans la plupart des pays occidentaux, friands d'aliments « magiques » (on pourrait aussi citer le quinoa, le kale, etc.). Mais l'avocat, fût-il bio, est fort consommateur d'eau (1 000 litres par kilo), a un bilan carbone catastrophique, et la réponse au boom de la demande mondiale provoque sécheresse et déforestation en Amérique centrale. Avocat bon pour moi et pas pour la planète et les paysans mexicains : stop ou encore ?

« L'assiette militante », *Françaises, Français, etc. : le Kaléidoscope*, Kantar Media, 366, 2022.

Document 9 Le poids de l'histoire dans l'alimentation

Aujourd'hui, les sucriers passent totalement inaperçus ; ils sont la norme, et on ne les remarque même plus dans les maisons, les cafés et les restaurants. [...] Cependant, ceux qui convoitaient et se procuraient un sucrier décoratif n'avaient aucune idée du prix payé par les esclaves qui faisaient tourner cette industrie, et qui cultivaient la canne à sucre sur les terres tropicales. Le sucre avait gagné la partie en rendant appétissants les plats les plus fades ; mais, avant tout, il est l'agent qui a rendu les boissons chaudes amères savoureuses au palais des Occidentaux. [...] Les chiffres de consommation de café dans le monde moderne ont quelque chose d'ahurissant. On estime qu'en 1991, chacun [...] – homme, femme ou enfant – en a bu en moyenne soixante-seize tasses dans le monde. Pourtant, la popularité du café à l'échelle planétaire n'a que trois siècles. Bien plus, elle tient beaucoup à celle du sucre. Ou peut-être devrions-nous imaginer les choses dans l'autre sens ? Le sucre est devenu populaire en tant que partenaire naturel des boissons chaudes [...] – café et thé (et dans une moindre mesure chocolat). On les boit amères dans leurs pays d'origine. Tout cela a changé quand le thé et le café sont devenus en Europe et en Amérique du Nord les boissons quotidiennes de millions de personnes.

James Walvin, *Histoire du sucre, Histoire du monde*, La Découverte, 2020.

Document 10 L'ère de l'anthropocène

Nous nous intéressons à l'histoire sociale et environnementale de l'industrialisation, [...] à l'origine de ce qu'on appelle désormais l'« anthropocène », c'est-à-dire cette nouvelle ère géologique où les sociétés humaines et leur agir technique débridé deviennent la source de grands déséquilibres écologiques. [...] Si certains déchets tendent à diminuer dans certains endroits – ainsi la consommation de sacs plastiques est de plus en plus contrôlée en Europe –, ils s'accroissent fortement ailleurs. [...] D'autant que la mondialisation et les nouvelles possibilités de transport permettent de repousser toujours plus loin les déchets produits, [...] inaugurant même pour certains un véritable « colonialisme toxique ». Les autorités et les acteurs qui interviennent dans la filière du recyclage et de la gestion des déchets insistent souvent sur les progrès réalisés et font miroiter l'horizon d'une « économie circulaire » vertueuse et peu productrice de déchets. Mais en tant qu'historiens, ce type de discours nous semble surtout s'inscrire dans la continuité d'une infinité de discours équivalents énoncés dans le passé : [...] le mythe de l'« économie circulaire » et de la résorption des déchets par l'innovation fonctionne à plein et empêche de penser la réduction réelle des consommations et des empreintes matérielles, seules à même de diminuer réellement l'ampleur des pollutions et des déchets.

« Le rôle des déchets dans l'histoire », entretien avec François Jarrige et Thomas Le Roux, dans *Mouvements*, 2016/3 (n° 87), pages 59 à 68.

Document 11 Grain de Sail, une marque qui innove

GRAIN
— DE —
SAIL

SUIVEZ NOTRE NAVIRE

Une aventure de chocolats, cafés et vins bio

L'aventure Grain de Sail est née en 2010, les pieds dans l'eau à Morlaix (Finistère), avec cette idée d'aller chercher du café et du chocolat à l'autre bout du monde, en limitant au maximum l'émission de CO_2, grâce à un moyen de transport unique : le voilier-cargo.

https://graindesail.com

4 Créer un persona prenant en compte les évolutions repérées

Afin de rendre plus opérationnelle votre synthèse sur le *fooding* et la consommation responsable et de matérialiser ses enjeux, votre tuteur vous demande de créer un persona incarnant le profil du consommateur de café responsable. À partir des informations données, il souhaite que cet archétype permette de mieux percevoir les attentes et les freins du consommateur, en personnalisant la cible.

▶ Documents 12 et 13
▶ Fiches ressources 4 et 5

vers Pix 3.1

1. Rédiger une synthèse de votre recherche sur la consommation du café sous forme d'un article dans un carnet de tendances ayant pour thème la transition alimentaire.
2. Rédiger la fiche de présentation d'un persona construit à partir des documents fournis.
3. Formuler un *insight* consommateur correspondant à ce persona afin de définir son attente concernant le café et la solution que les marques peuvent proposer.
4. Identifier les éléments de langage à mettre en œuvre.

Document 12 Les stratégies d'adaptation des Français

Qu'il s'agisse de voter, de choisir un travail ou un lieu de vie, un mode de transport, un loisir ou un aliment, voire simplement d'exprimer une opinion, tout peut désormais exposer à [d]es dilemmes. Et, tous, nous développons des stratégies plus ou moins sophistiquées pour équilibrer notre balance jouissance/conscience. [...] Ainsi, une étude internationale (Groupe BVA pour le BCG[1], octobre 2021), réalisée en amont de la COP26 de Glasgow, mettait clairement en exergue un certain nombre de paradoxes. Si la majorité des Français se dit concernée par le changement climatique, seuls 23 % d'entre eux se déclarent « motivés » à agir. Et si le surcoût des actions proposées est parfois un frein, c'est surtout l'absence d'impact perçu (52 %) des initiatives individuelles et le sentiment (78 %) que c'est d'abord aux grandes entreprises et aux grandes nations de faire l'effort qui semblent décourager l'adoption de certaines pratiques. Les colibris – pour reprendre la métaphore chère à Pierre Rabhi[2] – sont fatigués. Ils ont de plus en plus de mal à se convaincre de l'effet de leurs efforts.

1. Boston Consulting Group.
2. Pierre Rabhi (1938-2021), essayiste et romancier, est considéré comme l'un des pionniers de l'agroécologie en France. Il a cofondé le mouvement Colibris, qui appelle aux actions locales comme les circuits courts d'approvisionnement et les jardins partagés.

Françaises, Français, etc. : le Kaléidoscope, Kantar Media, 366, 2022.

Cartographie des stratégies d'adaptation

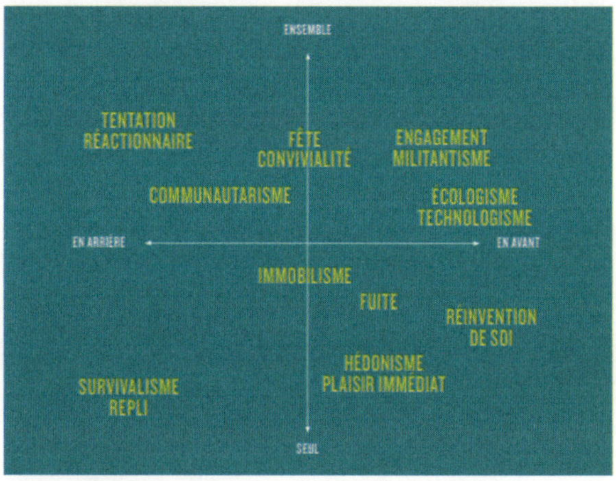

Document 13 Extrait d'une étude sur les habitudes de consommation de café

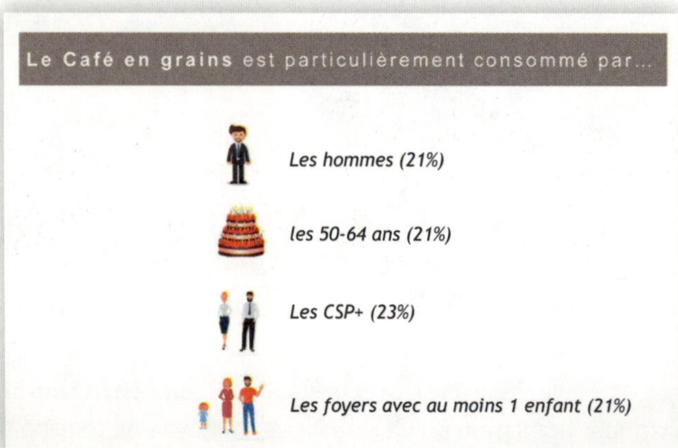

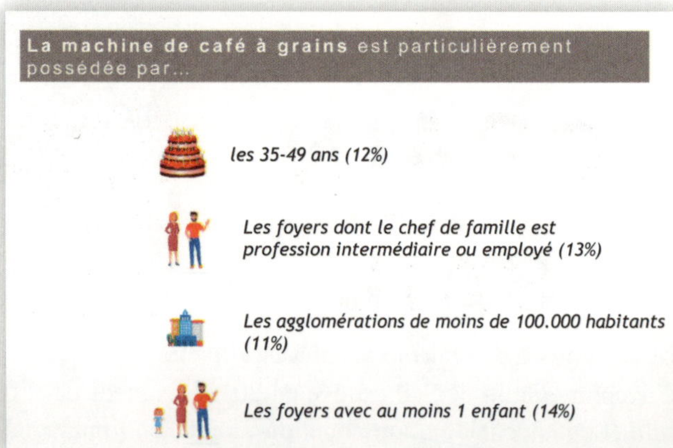

www.ifop.com, 2022.

FICHE RESSOURCE

1

CONDUIRE UNE VEILLE RÉGLEMENTAIRE AU SERVICE DE L'INNOVATION

Ce serait une erreur de croire que seules les évolutions réglementaires portant sur le strict domaine des pratiques de communication sont pertinentes pour le professionnel :
- d'une part, parce qu'une grande partie des normes qui encadrent la profession relèvent de l'**autorégulation** ;
- d'autre part, parce que ce sont les contraintes s'imposant ou susceptibles de s'imposer aux **annonceurs** qui génèrent des opportunités.

Le professionnel doit donc connaître/s'appuyer sur les contraintes réglementaires du présent pour les transformer en opportunités dans ses pratiques à venir.

I Les contraintes réglementaires en vigueur

Les contraintes réglementaires dans la pratique professionnelle	• Conformité légale : s'assurer que les activités de communication respectent les réglementations en vigueur. • Construire une connaissance solide des bases juridiques et déontologiques de la profession. La veille réglementaire ne peut être pertinente et ouvrir à des opportunités que si elle est contextualisée. **EXEMPLE :** la labellisation. • Segmenter la veille par champs d'application et s'abonner à des sources professionnelles fiables, la principale d'entre elles étant l'ARPP.
Les contraintes réglementaires chez les annonceurs	• S'approprier les contraintes réglementaires ayant un impact sur leur communication. • Transformer les contraintes en garanties : ce qui s'impose au producteur est censé définir un bienfait pour le consommateur.

II Les promesses du futur

Les contraintes réglementaires dans la pratique professionnelle	• Penser les contraintes réglementaires comme des vertus et donc communiquer sur la communication. Intégrer la dimension déontologique en montrant une adhésion aux principes éthiques et moraux de la profession. • Poser que toute réglementation a vocation à étendre son champ d'application et anticiper cette extension afin d'éviter les contretemps, se positionner en tant qu'acteur responsable et maintenir une réputation positive.
Les contraintes réglementaires chez les annonceurs	• Appréhender les contraintes réglementaires comme des éléments constitutifs de l'image de l'annonceur. • S'abonner à des sources de l'Union européenne, principale pourvoyeuse de contraintes juridiques en France. Le temps de latence entre une directive européenne et son application par un gouvernement est celui pendant lequel la stratégie de communication *ad hoc* doit se construire.

FICHE RESSOURCE

2

IDENTIFIER LES ÉVOLUTIONS ET TENDANCES SOCIÉTALES

Repérer des tendances sociologiques et culturelles est nécessaire pour comprendre les évolutions de la société et anticiper les attentes des consommateurs.

I Les différents types d'évolutions et de tendances

- Les **évolutions** renvoient à des changements progressifs dans les pratiques et les comportements. Elles peuvent être le résultat d'un changement démographique, d'une avancée technologique ou d'une transformation économique ; elles traduisent souvent la combinaison de plusieurs facteurs. Ce type de changement peut prendre du temps pour se manifester pleinement, mais il a un impact à long terme et sur tout ou partie du corps social.
- Les **tendances** sont souvent les manifestations, dans le court terme, d'évolutions plus larges, mais elles peuvent aussi les anticiper. La difficulté est de mesurer si elles constituent des signaux faibles, éventuellement éphémères, ou si elles prendront de l'ampleur. Le but est de sélectionner celles qui auront un impact sur les pratiques de communication, dans un contexte donné.

L'identification des évolutions et tendances sociétales nécessite le recours à un vocabulaire précis pour désigner exactement de quoi on parle.

Les tendances structurelles	Ce sont des orientations profondes qui influencent durablement la société, donc les pratiques de communication. Profondément ancrées dans la société, elles peuvent avoir des implications à long terme. **EXEMPLE** **Le Web 2.0 a développé la sociabilité de l'internaute, qui s'attend désormais à interagir, commenter et aimer les publications sur Internet.**
Les tendances émergentes	S'inscrivant dans des orientations nouvelles qui commencent à se développer et à attirer l'attention, elles peuvent être liées à des évolutions des technologies, des comportements des consommateurs, des valeurs sociales ou des attentes du public. Leur éventuelle surexposition médiatique peut conduire à en surévaluer l'impact réel. **EXEMPLES** **Le végétarisme, le retour des citadins à la terre, la cryptomonnaie.**
Les signaux faibles	Ces signes, interprétés comme précurseurs d'une tendance émergente, sont de petites indications ou des signes discrets qui montrent des changements potentiels dans les pratiques. Leur détection peut engendrer des processus de prédiction autoréalisatrice, comme des effets de mode. **EXEMPLE** **La popularité de certaines expressions, musiques ou chorégraphies crée des engouements ou modes parfois éphémères.**
Les effets conjoncturels	Le terme désigne des tendances temporaires et spécifiques à une période donnée, liées à des événements ponctuels, des tendances saisonnières ou des mouvements sociaux. **EXEMPLE** **La crise sanitaire de la Covid 19 a engendré des phénomènes spécifiques : port de masques chirurgicaux, pains faits maison…**
Les ruptures	Elles représentent des changements radicaux qui transforment en profondeur les pratiques. Liées à des avancées technologiques, des changements sociétaux majeurs ou des innovations conceptuelles, elles remettent en question les normes établies. **EXEMPLE** **Le smartphone.**

II Les sources d'information ou « comment mener l'enquête ? »

Le repérage des tendances sociologiques et culturelles nécessite souvent de mener une enquête auprès de différentes sources, à croiser, pour en vérifier la validité.

Les réseaux sociaux	Ils jouent un rôle majeur dans la diffusion rapide des tendances. En surveillant les discussions, les *hashtags* et les comportements des utilisateurs, il est possible d'identifier les signaux faibles et les émergences de tendances. Attention toutefois à distinguer une tendance de ce qui « est tendance » à un moment donné et disparaîtra aussi vite qu'il est venu ! Ne pas oublier que, par les effets d'emballement qu'ils produisent, les réseaux sociaux sont toujours des miroirs grossissants. **EXEMPLE** **Sur les réseaux sociaux, apparaissent des *hashtags* et des émoticônes qui montrent une volonté de redéfinir le genre.**
Les médias traditionnels	Les magazines, les journaux, la télévision et la radio, qui diffusent des informations à grande échelle, permettent d'observer l'émergence progressive d'une tendance et son adoption par le grand public. Puisque le lectorat ou les types d'audience des médias traditionnels sont relativement stables sociologiquement et culturellement, ils sont pertinents pour évaluer le degré de pénétration d'une tendance dans tel ou tel segment de la population. **EXEMPLE** **Le journal télévisé de 20 h consacre un reportage pour décrypter ce phénomène qualifié de « wokisme ».**
Les études	Elles fournissent une base pour suivre l'évolution des tendances en communication. Les enquêtes, les sondages et les études de marché offrent des données quantitatives et qualitatives. Garder toutefois à l'esprit qu'elles se situent elles-mêmes dans un environnement concurrentiel et qu'elles visent plus ou moins à imposer leurs grilles de lecture afin de devenir des références incontournables. **EXEMPLE** **Les études répertorient le nombre d'occurrences de « iels » pour quantifier le phénomène.**
Les travaux universitaires	Ils viennent *a posteriori* analyser le phénomène, le nommer, lui donner une légitimité sur le temps long et formuler des explications. En fonction du degré de vulgarisation (thèse, ouvrage publié, reprise par d'autres spécialistes, polémiques créées, dans la presse spécialisée ou grand public), ils sont un bon support pour évaluer le degré de pénétration d'une évolution dans la société et son taux d'acceptation. Ils sont donc utiles pour construire des cadres de pensée et des catégories d'analyse, mais peu sur le repérage de ce qui émerge. **EXEMPLE** **Des thèses sont consacrées à la définition du « non-binaire » et ses différentes modalités d'expression selon les groupes sociaux.**

FICHE RESSOURCE

3

IDENTIFIER LES TENDANCES SOCIÉTALES À L'AIDE D'UNE ÉCOUTE ACTIVE (*SOCIAL LISTENING*)

I La notion de *social listening*

Le *social listening* désigne une méthode d'écoute active des conversations sur les médias sociaux, blogs, forums et plateformes en ligne. Ce suivi permet de saisir les tendances émergentes, les opinions et les comportements des consommateurs. Il implique une analyse approfondie des conversations pour obtenir des *insights* sur les évolutions sociologiques et culturelles.

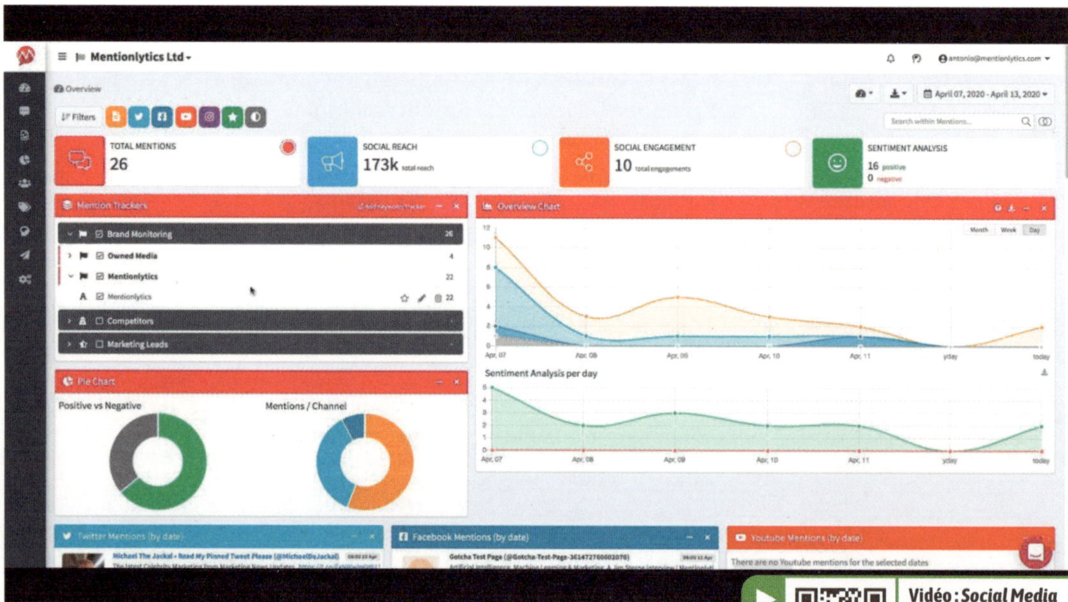

Vidéo : *Social Media Monitoring & Listening with Mentionlytics*
liennathan.fr/us3u52

II Les étapes de la démarche de mise en œuvre du *social listening*

1. Construire une hypothèse de départ	Afin d'éviter les biais et de produire des mots-clés, il est essentiel de définir une hypothèse de départ claire, spécifique et testable, qui servira de fil directeur. Celle-ci repose sur une compréhension préliminaire des sujets et des domaines susceptibles de générer une tendance émergente. Elle se base sur des recherches, des observations du marché ou des études.
2. Utiliser l'analyse sémantique	Pour identifier les thèmes récurrents, les sentiments exprimés, les tendances émergentes et les idées clés, il convient de s'appuyer sur l'identification des locutions remarquables et des *hashtags* pertinents. On peut effectuer une séance de *brainstorming* pour générer une liste initiale. **EXEMPLES :** mots et expressions directement liés à la tendance, termes connexes, synonymes, acronymes, *hashtags* associés.
3. Tester et affiner les mots-clés	Ils permettront de filtrer les conversations pertinentes. Des allers-retours sont nécessaires entre l'analyse sémantique initiale et des outils de recherche de mots-clés tels que Google Keyword Planner, SEMrush ou Ahrefs pour découvrir d'autres termes pertinents et leur niveau de popularité.
4. Formuler une requête	Elle est à réaliser manuellement sur chaque réseau ou en utilisant des outils professionnels (Brandwatch, Talkwalker, Mention). Constituer une requête implique de sélectionner des mots-clés, d'utiliser des opérateurs booléens, des filtres de langue, d'exclusions et d'autres paramètres. Cela rendra la requête précise et spécifique afin de recueillir des données pertinentes.
5. Analyser les retours	Une fois les données collectées, l'analyse des retours est essentielle pour extraire des *insights* significatifs. Cela implique d'identifier les schémas de pensée, les prises de parole, les sentiments exprimés et les opinions recensées. Les outils professionnels de *social listening* offrent des fonctionnalités telles que la visualisation des données, l'identification des influenceurs clés, l'analyse des sentiments et des thèmes, la génération de rapports détaillés.

FICHE RESSOURCE 4

APPRÉCIER LA PERTINENCE ET LA LIMITE DES PERSONAE

I La notion de persona

Un persona est une personne fictive qui doit incarner de façon réaliste une catégorie d'utilisateurs au contact d'évolutions sociétales et culturelles. Le rôle d'un persona représentant une tendance nouvelle est de donner du sens au changement en incarnant les données prospectives dans un personnage qui suscite l'empathie.

II Les éléments clés pour définir un persona

- L'objectif est de rendre le personnage vraisemblable et aisément manipulable en lui donnant une identité (nom et photo).

  EXEMPLES : données démographiques et socio-économiques, âge et genre, situation géographique, revenus, classes sociales, niveau d'études, traits psychologiques.
- Ses caractéristiques débouchent sur des comportements et habitudes.

  EXEMPLES : style de vie, préférences de consommation, centres d'intérêt, marques appréciées, environnement médiatique et technologique.
- Ses motivations et valeurs donnent au persona sa dimension prospective : ses désirs, convictions et aspirations définissent et définiront ses choix.
- Ses expressions favorites, les termes et le ton utilisés par le persona permettent de définir les discours à lui tenir en s'appuyant sur ses motivations et valeurs.

Exemple de modèle de persona :

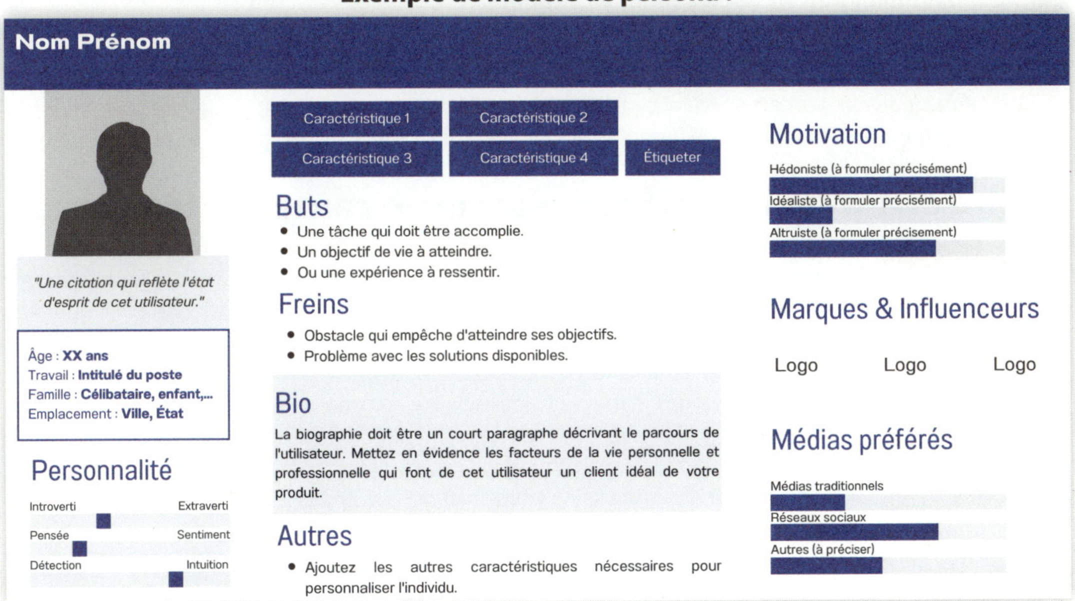

III L'utilisation des données et des tendances pour créer un persona

Un persona n'est pas un ensemble de stéréotypes : il doit s'appuyer sur des données objectives et des recherches approfondies, et non sur des représentations *a priori*.

Il requiert donc une collecte d'informations précises issues de différentes sources.

EXEMPLES : sondages, données démographiques, études comportementales, entretiens qualitatifs, observations directes.

Le persona doit être constamment actualisé en fonction de l'évolution des comportements, des attitudes et des tendances. Il est possible de créer des profils de persona selon la variable clé choisie.

EXEMPLES : motivations, modèles comportementaux, variables économiques.

FICHE RESSOURCE

5

CONCEVOIR UNE SYNTHÈSE PROFESSIONNELLE

La synthèse rassemble de manière organisée les nouvelles idées, les pratiques émergentes et les innovations. Elle peut prendre plusieurs formes, dont celle d'un « carnet de tendances », qui vise à informer les personnes intéressées (membres du personnel, professionnels…) sur les évolutions du secteur et à anticiper les tendances à venir. Il a une forme textuelle et analytique, en vue de fournir des informations complètes aux lecteurs.

I Construire méthodologiquement la synthèse

Une méthodologie de la **mise en tension** : les individus font sans cesse des arbitrages conscients ou inconscients, agis ou subis. Savoir identifier des évolutions, c'est repérer des phénomènes émergents qui ne sont jamais seuls mais articulés à d'autres, qui leur sont souvent contradictoires. Une synthèse professionnelle utilise des couples d'opposés pour expliciter et démontrer les tensions structurant un champ d'investigation.

EXEMPLES

Surface-profondeur, court terme-long terme, quantitatif-qualitatif, réalité-représentation, individuel-collectif, centre-périphérie.

Toutefois, il se peut qu'une trilogie s'impose parfois.

EXEMPLE

À propos du changement climatique : savoir-pouvoir-vouloir.

Une synthèse recherche les motivations derrière les faits.

EXEMPLE

Un individu peut être végétarien pour des raisons de santé, d'économie, de rejet de la souffrance animale ou par conviction écologique.

Toutes les combinaisons de ces paramètres étant possibles…

Une synthèse n'analyse pas des individus mais des comportements.

EXEMPLE

Un même individu peut être hédoniste dans ses loisirs, écologiste au travail, libéral politiquement, normatif dans sa vie familiale, technophile devant un ordinateur et technophobe devant une voiture.

II Mettre en forme la synthèse comme un carnet de tendances

Adopter une grille de lecture claire	Chaque paragraphe repère une caractéristique et explicite les tensions dans le champ d'analyse délimité. EXEMPLES La mobilité périurbaine entre temps de transport et prix de l'immobilier, l'éco-anxiété des jeunes entre conscience mondialisée et paupérisation étudiante.
Procéder à une analyse approfondie	Elle met en avant une formulation emblématique puis en décline les nuances. EXEMPLES La fin du monde contre la fin du mois, bodybuilding ou Ayurvéda. Chaque évolution identifiée s'appuie sur des explications détaillées, des statistiques pertinentes et des exemples précis.
Proposer une visualisation synthétique des données	Infographies, mapping, graphiques et diagrammes…
Préconiser un débouché opérationnel	Identification de tendances, *insight*s pertinents, création de persona… afin que le lecteur comprenne les implications et les opportunités générées.

1 Rédiger une synthèse sur les évolutions réglementaires, sociologiques et culturelles

En stage chez Havas Edition, vous êtes chargé(e) de proposer une synthèse sur les évolutions réglementaires, sociologiques et culturelles portant sur les modalités de traçage en ligne et la réglementation des *cookies* en France. Votre synthèse doit répondre aux nombreuses demandes de professionnels souhaitant se mettre en conformité avec la réglementation relative à la protection des données et au traçage en ligne, et anticiper les évolutions à venir.

1 Recenser les évolutions récentes de la loi concernant le *cookie* ou traceur sur le site de la CNIL afin de définir le cadre juridique applicable.

vers Pix 4.2 **2** Analyser les changements dans les pratiques qui permettent aux professionnels de se mettre en conformité avec la réglementation relative à la protection des données et au pistage en ligne.

vers Pix 1.1 **3** Proposer une méthodologie d'étude en *social listening* afin d'analyser l'évolution des comportements des consommateurs concernant la protection de leurs données personnelles et le consentement des utilisateurs. Identifier des publications ou blogs utiles, proposer des mots-clés pertinents, analyser les retours et les données collectées pour identifier les changements de perception et les évolutions dans l'opinion publique.

4 Proposer des persona représentant les différents types de consommateurs dans leur rapport à leur vie privée.

5 Identifier des exemples de valorisation du respect des données personnelles chez des annonceurs en vous appuyant sur le document 2.

vers Pix 3.1 **6** Synthétiser les résultats de la veille réglementaire et du *social listening* dans un article concernant la défense de la vie privée, destiné à être publié dans *Havas MP Actualités*.

Document 1 L'évolution des pratiques du Web en matière de *cookies*

Une bien meilleure connaissance de la réglementation

En juin 2022, 95 % des personnes interrogées déclarent savoir ce que sont les *cookies* et 52 % d'entre elles connaître précisément les évolutions réglementaires récentes sur le sujet (contre 44 % seulement en novembre 2020). Les personnes sont également bien au fait des différents usages des cookies : publicité personnalisée (81 %), mesure d'audience (78 %), ou publicité géolocalisée (78 %) et affichage de vidéos externes (64 %). Le recueil du consentement et une information suffisamment précise ont incontestablement permis aux internautes de comprendre l'usage qui est fait de leurs données.

Pour autant, malgré ces chiffres, les internautes français ont encore une **impression** d'opacité : ils considèrent très majoritairement que l'information sur les entreprises de l'écosystème publicitaire est insuffisante ou inexistante (68 %) et sont seulement 32 % à considérer qu'elle est suffisante (+ 8 points *vs* 2019). […]

Un taux de refus des *cookies* en hausse

L'évolution du taux de refus dans le temps accrédite globalement l'existence d'un consommateur-citoyen informé et actif. Si le taux de refus global atteint 39 % en juin 2022, il n'est pas pour autant devenu majoritaire, ce qui n'accrédite pas la thèse d'une « fatigue du consentement » en ligne. Le taux de personnes déclarant paramétrer les *cookies* passe d'ailleurs de 43 % en novembre 2020 à 49 % en juin 2022 (à l'inverse, les personnes utilisant moins Internet ont tendance à moins paramétrer : plus de 65 ans, personnes passant moins d'1 h par jour à naviguer). […]

www.cnil.fr

Document 2 Programme de contrôle de suivi publicitaire

Vidéo : *App Tracking Transparency*
liennathan.fr/3dw9k6

Vidéo : La confidentialité avec l'iPhone | Vente de données
liennathan.fr/vrr445

Vidéo : Confidentialité sur iPhone | La salle d'attente
liennathan.fr/k6k86w

2 Anticiper les changements législatifs

La disparition annoncée du *cookie* tiers bouleverse profondément l'écosystème des régies et des agences, qui doivent proposer de nouvelles mesures, notamment pour ce qui concerne l'efficacité de leurs campagnes. Votre tuteur de stage vous demande de mettre à jour le podcast Kicékikoné, qui propose des solutions innovantes pour anticiper le changement.

1 Consulter la dernière édition disponible du *Guide de la nouvelle publicité digitale* « *Cookieless & Consentless* », publié par Alliance Digitale (document 1). Dans une démarche prospective, identifier les outils et démarches permettant aux marques de s'adapter aux changements législatifs présents et à venir concernant les *cookies* tiers. Approfondir notamment les enjeux du ciblage contextuel.

vers Pix 3.2 **2** Écouter le podcast « La fin des *cookies* tiers » sur Havas Edition, Kicékikoné (document 2). Concevoir l'épisode suivant « La fin des *cookies* tiers, épisode 3 » détaillant les dernières actualités concernant les enjeux du traçage en ligne. Donner le thème, le sommaire et les questions proposées ainsi que les éléments de réponse.

Document 1 Guide de la nouvelle publicité digitale « *Cookieless & Consentless* »

alliance digitale iab. MMA

liennathan.fr/a93i5u

www.iabfrance.com

Document 2 Podcast « La fin des *cookies* tiers » sur Havas Edition, Kicékikoné

liennathan.fr/v8k6m8

LA FIN DES COOKIES TIERS
ÉPISODE 2 (MARS 2023)

www.havasedition.com

CHAPITRE 6 — Analyser l'univers concurrentiel, les offres existantes et les attentes du marché

Compétences professionnelles
- Analyser le modèle économique des régies publicitaires
- Identifier les attentes du marché
- Apprécier la pertinence des solutions innovantes repérées

Savoirs associés
- L'écosystème média
- Les organisations professionnelles dans les médias et le digital
- Le modèle économique des régies
- L'offre des régies
- Les enjeux RSE (des régies)
- La typologie des acteurs conseillant l'annonceur sur les problématiques médias et digitales

Contexte professionnel

Vous allez participer, dans le cadre de votre stage au sein de l'Union des marques, à l'organisation des Rencontres Médias, qui ont lieu chaque année. Pendant 3 jours, les régies publicitaires des grands médias français et les plateformes présentent leurs innovations et leur vision des enjeux du marché publicitaire. Votre tuteur vous remet une synthèse, éditée par la presse professionnelle (The Media Leader), des prises de parole des régies publicitaires des années précédentes.

Ces journées vont être l'occasion pour vous d'approfondir vos connaissances afin de mieux comprendre la logique de travail des régies et la notion d'offres publicitaires.

Vidéo : Les rencontres médias
liennathan.fr/4mflp0

Synthèses des présentations des régies
liennathan.fr/01b55z

https://uniondesmarques.fr

Comprendre le contexte

1. Rappeler le rôle de l'Union des marques (UDM).
2. Préciser pourquoi ces journées sont organisées non pas par l'une des organisations professionnelles des régies, mais par l'organisation professionnelle représentant les annonceurs.
3. Expliquer la notion d'offre publicitaire à partir de votre lecture des synthèses.
4. Identifier, pour chacune des régies, les principaux axes de travail présentés aux annonceurs.

Activités

1 Connaître les chiffres qui structurent le marché publicitaire

Lors des Rencontres Médias, tous les médias sont représentés. Afin de situer les différents médias sur le marché publicitaire, vous consultez le Baromètre unifié du marché publicitaire (BUMP), l'indicateur de référence du marché publicitaire français réalisé par Kantar Media, l'IREP et France Pub. Le BUMP est le résultat du rapprochement :
- **des volumes publicitaires de l'ensemble des médias offline et online en durée, en nombre de spots, en pages, en nombre d'annonceurs et en impression sur les leviers digitaux de l'institut d'études Kantar Media ;**
- **des dépenses en net des annonceurs déclarées à France Pub ;**
- **des recettes publicitaires des régies recueillies par l'IREP.**

Documents 1 et 2
Fiche ressource 1

1 Hiérarchiser les médias en fonction de leurs investissements publicitaires.

2 Identifier le premier secteur d'activité investissant en publicité média et expliquer cette première place.

3 Présenter les 3 acteurs en charge de la conception du BUMP.

4 Expliquer comment le média TV a réussi à faire progresser les investissements publicitaires des annonceurs entre 1973 et 2021.

Document 1 Extrait du BUMP 2023

INVESTISSEMENTS EN COMMUNICATION DES ANNONCEURS PAR MÉDIA

	Valeur 2022	Part de marché	Évol. 2022/2021	Évol. 2022/2019
	en M€	en %	en %	en %
Presse	1 727	5,3 %	–0,4 %	–17,5 %
Télévision	4 189	12,8 %	–0,5 %	3,2 %
Radio	808	2,5 %	2,0 %	–3,3 %
Publicité extérieure	1 317	4,0 %	16,2 %	–5,6 %
Cinéma	113	0,3%	57,7 %	–28,0 %
Sous-total 5 MÉDIAS	**8 154**	**24,9 %**	**2,7 %**	**–4,5 %**
Marketing direct	5 645	17,2 %	–4,8 %	–21,7 %
Courrier publicitaire	1 930	5,9 %	–6,7 %	–22,4 %
ISA	2 169	6,6 %	–6,0 %	–22,9 %
Autre marketing direct	1 546	4,7 %	–0,6 %	–18,9 %
Annuaires	471	1,4%	–6,0 %	–22,6 %
Promotions	5 531	16,9%	4,5 %	–4,2 %
dont Cadeau par l'objet	*1 111*	*3,4 %*	*4,1 %*	*–3,6 %*
Parrainage	803	2,5 %	16,0 %	–17,2 %
Mécénat	246	0,7 %	14,0 %	–11,1 %
Foires, Expositions	1 132	3,5 %	65,0 %	–27,8 %
Relations publiques	1 742	5,3 %	16,0 %	–15,2 %
Sous-total AUTRES MÉDIAS	**15 569**	**47,5 %**	**5,1 %**	**–15,7 %**
Digital	**9 024**	**27,6 %**	**9,7 %**	**32,5 %**
MARCHÉ DE LA COMMUNICATION	**32 747**	**100,0 %**	**5,7 %**	**–3,1 %**

Source : FRANCE PUB

www.irep.asso.fr

Document 1 Extrait du BUMP 2023 (suite)

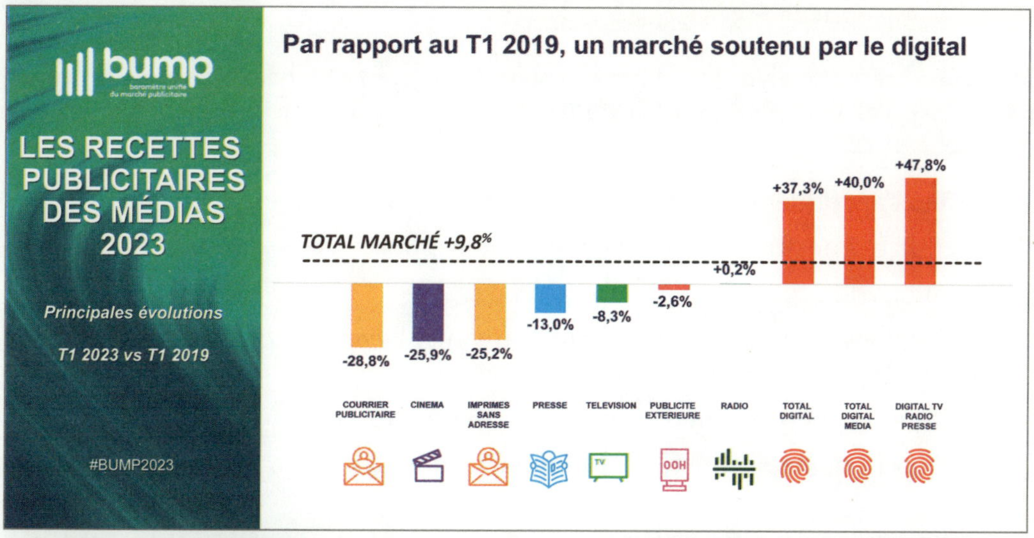

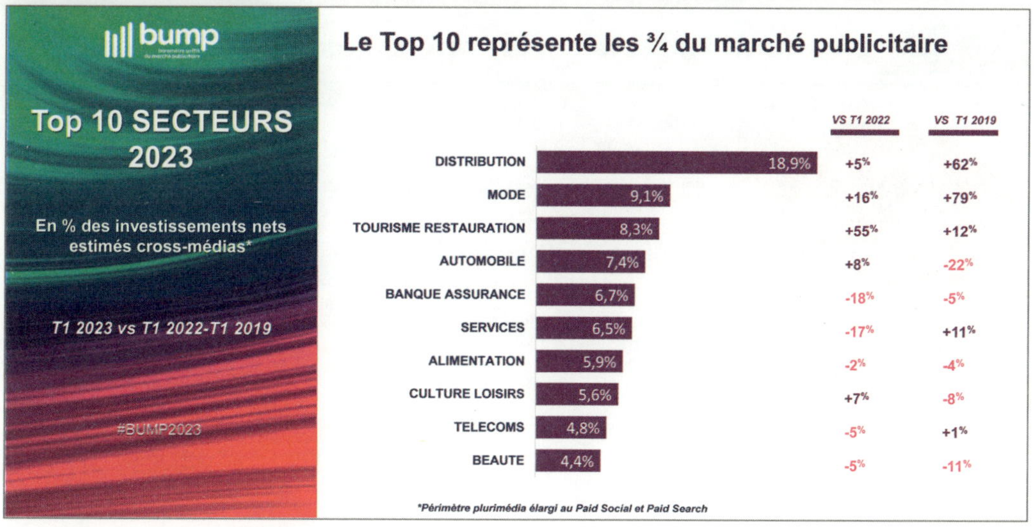

www.irep.asso.fr

Document 2 Vision historique de l'évolution du poids des médias dans le mix publicitaire de 1973 à 2021

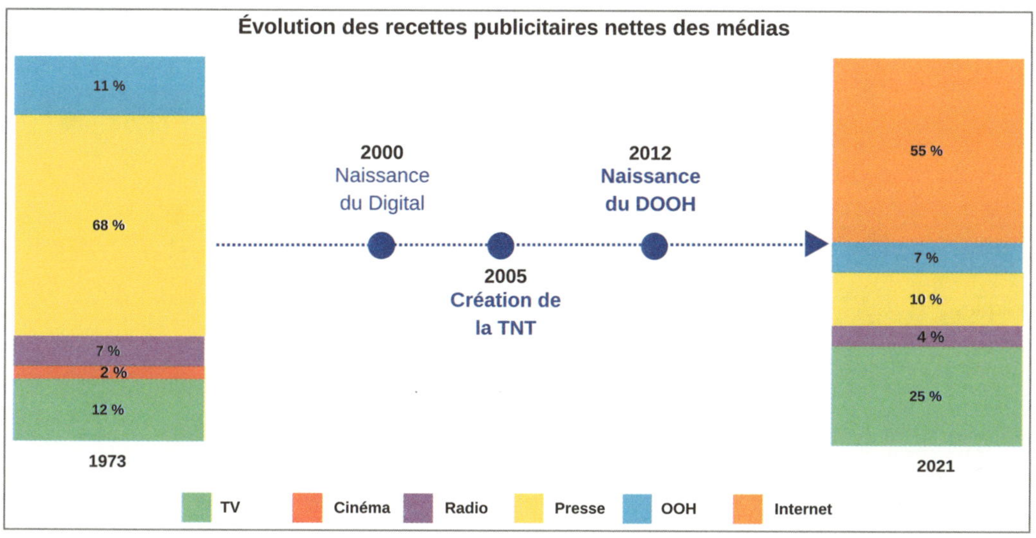

Source des chiffres : IREP.

2 Identifier le rôle des outils présentant les offres publicitaires

Vous assistez à une présentation de M Publicité, la régie du groupe Le Monde. Vous vous intéressez à l'offre qu'elle propose pour le titre *Télérama* et téléchargez le kit média, la grille des tarifs et les CGV.

Document 3
Fiches ressources 2 à 4

1. Expliquer les rôles spécifiques du kit média, de la grille des tarifs et des CGV.
2. Préciser l'intérêt du calendrier rédactionnel pour la régie publicitaire.
3. Expliquer les notions de dégressif volume et de droit d'asile.
4. Préciser les obligations relatives aux lois Sapin, Toubon et Evin, ainsi qu'au décret de 2017 sur les photographies retouchées.
5. Recenser les critères qui permettent de fixer la tarification publicitaire.
6. Expliquer pourquoi le kit média insiste sur la notion de marque média.

Document 3 La régie M Publicité pour le titre *Télérama*

Kit Media 2022 Télérama
liennathan.fr/8kdjyl

Télérama'

L'ambition de Télérama

Du magazine culturel papier référent avec sa déclinaison numérique à la

1ère marque média culturelle globale
(numérique, print)

qui s'appuie sur
l'identité et les forces
de Télérama tout en développant
les nouveaux usages
en matière d'audiovisuel et de culture

M publicité

Tarifs Télérama
liennathan.fr/6ymmfz

Les calendriers rédactionnels Télérama
liennathan.fr/5k61m5

CGV M Publicité / Télérama
liennathan.fr/kjuotl

3 Construire une offre publicitaire packagée ou composite

La régie MEDIA FIGARO est également présente lors des Rencontres Médias. Vous découvrez ses offres packagées pour les jeux Olympiques et Paralympiques 2024.

Document 4
Fiches ressources 3 à 6

1. Expliquer pourquoi les offres proposées par la régie MEDIA FIGARO peuvent être qualifiées d'offres « composites ».
2. Expliquer pourquoi cette régie package ses offres.
3. Répertorier dans un tableau les forces et les faiblesses de chacun des formats publicitaires inclus dans l'offre « Pack Or » et préciser en quoi ils sont complémentaires.

Document 4 Les offres packagées de la régie MEDIA FIGARO

PARIS 2024 x MEDIA FIGARO CULTIVER L'INTÉRÊT

Jeux Olympiques (du 26.07 au 11.08) & Paralympiques (du 28.08 au 08.09)

PACK OR

Print
Fil rouge Le Figaro : 4e cahier JO 2024
15 insertions
Fil rouge TV Magazine
3 insertions
Fil rouge Le Figaro : cahier actu contexte Jeux Paralympiques
10 insertions

Digital
Le Figaro : Home Page + Home Page Sport
100% PDV - 2 journées
Linternaute : Home Page + Entrée de site
100% PDV - 2 journées
Appli Le Figaro : Ouverture
3 journées en exclusivité

Sponsoring Dossier JO 2024 : Le Figaro & Linternaute & Madame Figaro
50% PDV

Rotation générale Rubriques Sport Le Figaro & Linternaute
Rotation générale Data segments affinitaires

Social
Figaro story social context
10 journées

Le Figaro TV & Le Figaro Radio
Sponsoring emission "Le Dessous des JO"

121 MILLIONS DE CONTACTS

Jeux Olympiques (du 26.07 au 11.08) & Paralympiques (du 28.08 au 08.09)

PACK ARGENT

Print
Fil rouge Le Figaro : 4e cahier JO 2024
15 insertions
Fil rouge TV Magazine
2 insertions
Fil rouge Le Figaro : cahier actu contexte Jeux Paralympiques
10 insertions

Digital
Le Figaro : Home Page
100% PDV - 2 journées
Le Figaro : Home Page Sport
100% PDV 4 journées

Sponsoring Dossier JO 2024 :
Le Figaro & Linternaute & Madame Figaro
30% PDV

Rotation générale Rubriques Sport
Le Figaro & Linternaute

Social
Figaro story social context - ***10 journées***

98 MILLIONS DE CONTACTS

Jeux Olympiques (du 26.07 au 11.08) & Paralympiques (du 28.08 au 08.09)

PACK BRONZE

Digital
Sponsoring Dossier JO 2024 : Le Figaro & Linternaute & Madame Figaro
20% PDV
Rotation générale Rubriques Sport Le Figaro & Linternaute

Print
Fil rouge Le Figaro : 4e cahier JO 2024
7 insertions
Fil rouge TV Magazine
1 insertion
Fil rouge Le Figaro : cahier actu contexte Jeux Paralympiques
5 insertions

Digital
Appli Le Figaro : Ouverture
3 journées en exclusivité
OU
Social
Figaro story social context
10 journées

53 MILLIONS DE CONTACTS

https://media.figaro.fr

4 Repérer la diversité des formats publicitaires en *print* et en digital, et leurs tarifs

Au cours des différentes présentations des régies publicitaires, vous vous familiarisez avec la multitude de formats publicitaires en *print* et en digital, et vous intéressez à leurs tarifs.

Documents 5 à 7
Fiches ressources 3, 5 et 6

1. Identifier l'organisation professionnelle qui normalise les formats digitaux et expliquer en quoi ce travail de standardisation est une nécessité à la fois pour les agences de communication, les régies et les annonceurs.
2. Expliquer le fonctionnement de la remise volume et de la remise mandataire qui sont mentionnées sur les brochures tarifaires des médias *Le Monde* et *Les Echos*.
3. Repérer les différentes majorations tarifaires.
4. Indiquer les avantages et les inconvénients de cette multiplication des formats pour la régie et pour l'annonceur.

Document 5 Les formats, tarifs et remises publicitaires en *print*

Le Monde **– Formats et tarifs**
liennathan.fr/l50ozp

Les Echos **– Formats et tarifs**
liennathan.fr/ddq7cz

Document 6 Alliance digitale : normes et bonnes pratiques du secteur digital

alliance digitale : iab. france MMA

Alliance Digitale est la principale association professionnelle. Elle regroupe les acteurs du marketing digital en France, soit plus de 250 entreprises (annonceurs, régies, agences et partenaires technologiques).

Ses missions :

- structurer le marché du marketing digital, notamment en créant des standards pour les formats publicitaires. Ces formats normés sont respectés par tous les acteurs du marché publicitaire afin que les solutions publicitaires soient compatibles entre elles ;
- être un interlocuteur privilégié des pouvoirs publics et des autres organisations professionnelles, notamment pour généraliser les bonnes pratiques du secteur.

Les nombreux formats publicitaires se caractérisent par :

- leur taille exprimée en pixels ;
- leur place sur l'écran.

www.iabfrance.com

Document 7 Les formats publicitaires en digital

MEGABANNER

728 × 90

Cette bannière de 728 × 90 pixels est un format simple mais efficace. Elle se place dans la partie supérieure de votre site web. Compatible desktop & mobile

PAVÉ HAUT

300 × 250

Ce format de 300 × 250 pixels est à la fois essentiel et efficace. Il se positionne sur la partie supérieure de votre site web. Compatible desktop & mobile

GRAND ANGLE

300 × 600

L'une des stars de la nouvelle sélection IAB, ce format de 300 × 600 pixels est très populaire auprès des annonceurs premium grâce à sa taille impactante et uniforme. Compatible desktop & mobile

SKYSCRAPER

120 × 600

L'un des premiers formats digitaux utilisés, de 120 × 600 pixels. Il est placé sur le côté droit de votre contenu. Compatible desktop & mobile

PAVÉ BAS

300 × 250

Ce format de 300 × 250 pixels fait partie de la famille des Pavés. Il se place sur la partie inférieure droite de votre site web. Compatible desktop & mobile

MEGASKYSCRAPER

160 × 600

La version « mega » du skyscraper, 160 × 600 pixels. Plus utilisée actuellement. À placer à droite de vos textes.

MEGABANNER BAS

728 × 90

Ce format de 728 × 90 pixels, similaire au format Megabanner Top, se place dans la partie inférieure de votre site web. Compatible desktop & mobile

IN-IMAGE

Ce nouveau format, pas intrusif, est assez rémunérateur. Il ne fonctionne que si vous avez des images sur votre site. Placez le script sur la page et le script détectera automatiquement l'image adéquate.

BILLBOARD

970 × 250

Ce format "widescreen" de 970 × 250 pixels est de plus en plus plébiscité par les annonceurs. Il se positionne sur la partie supérieure de votre site web. Compatible desktop & mobile

FOOTER ou SLIDE-IN

Innovant, non-intrusif et simple d'installation. Ce format innovant et plug and play se positionne automatiquement en bas ou sur le côté de votre écran sans couvrir de contenu. Compatible desktop & mobile

RECO CONTENUS

Situé idéalement en dessous de votre contenu, ce format crée un lien avec des articles similaires disponibles sur d'autres sites internets de particuliers ou d'annonceurs. Compatible desktop & mobile

INTERSTITIEL

Image qui s'ouvre au centre de l'écran. Il est activé à l'ouverture de la page et peut être fermé après 5 secondes

POP

Ce format assez intrusif redirige directement l'utilisateur sur la page d'un annonceur. Compatible desktop & mobile

M Publicité – Spécifications techniques
liennathan.fr/g3c9c7

www.themoneytizer.com

5 Distinguer les différents formats TV et leurs spécificités

Vous avez l'occasion, lors des Rencontres Médias, d'étudier de plus près certaines formes de communication commerciale. Vous vous intéressez à différentes offres de placement de produit proposées par france•tvpublicité.

Documents 8 et 9
Fiches ressources 7 et 8

1. Rappeler le principe du placement de produit et celui du parrainage.
2. Présenter dans un tableau les avantages et les inconvénients de ces 2 formats.
3. Expliquer les différences entre un placement de produit figuratif et un placement de produit scénarisé.
4. Préciser le rôle de l'ARCOM.
5. Expliquer pourquoi les régies travaillent sur les noms des offres qu'elles commercialisent.

Document 8 L'ARCOM rappelle les règles relatives au placement de produit

Le placement de produit est une forme de communication commerciale audiovisuelle consistant à inclure un produit, un service ou une marque, ou à y faire référence, en insérant ces éléments dans un programme, moyennant paiement ou autre contrepartie. [...] Cette pratique est autorisée depuis 2009 dans les œuvres cinématographiques, les fictions audiovisuelles et les vidéomusiques (sauf lorsqu'elles sont destinées aux enfants), dans les conditions définies par la délibération du Conseil du 16 février 2010 (modifiée le 24 juillet 2012). Le placement de produit a permis d'apporter plus de réalisme aux œuvres et de liberté de création aux auteurs.

Les situations présentées ci-dessous sont susceptibles de comporter un placement de produit :

« Dans une fiction, la marque d'un transat pour bébé apparaît. Cela contrevient-il aux règles concernant la protection de l'enfance ? »

Une marque de transat pour bébé peut recourir au placement de produit dans une fiction audiovisuelle, sauf s'il s'agit d'un programme destiné aux enfants. Dans ce cas, il faudra veiller au respect des règles fixées dans la délibération du Conseil relative au placement de produit. S'il n'y a pas de contrat de placement de produit, la vigilance demeure concernant **les risques de publicité clandestine en faveur de cette marque. Ainsi, le nom de la marque et/ou son logo ne pourraient apparaître que de façon discrète, brève et non répétée.** [...]

« Un tueur en fuite achète un journal dans un kiosque. Le temps d'un plan, on voit à l'écran la une du *Parisien* avec la photo de l'homme et les gros titres. » Une telle mise en scène de ce titre de presse, sans qu'il soit mis en avant de façon injustifiée, pourrait être acceptable dans le cadre d'un placement de produit, sous réserve du respect des conditions fixées dans la délibération du Conseil du 16 février 2010 modifiée. **En dehors d'un placement de produit, cette scène serait le cas échéant susceptible d'être qualifiée de publicité clandestine.**

Arcom
Le régulateur de la communication audiovisuelle et numérique

« Dans une fiction, dans le cas d'une scène de filature après un braquage. Un policier donne un signalement par radio à ses collègues : "Le suspect a changé de voiture, il conduit désormais une Citroën de couleur noire, immatriculée 92." »

Le fait de remplacer un nom de marque par une désignation générique du produit (par exemple, « *une berline de couleur noire* » à la place de « *Citroën* ») n'est pas une obligation, et doit être apprécié au cas par cas par le réalisateur de la fiction, afin de trouver le bon équilibre **entre précaution vis-à-vis du risque de publicité clandestine et souci de ne pas rendre la scène artificielle**. Mais il est également possible que cette fiction comporte un placement de produit en faveur du constructeur automobile Citroën, sous réserve du respect des règles de la délibération du Conseil en la matière.

Document 8 — L'ARCOM, rappelle les règles relatives au placement de produit (suite)

« Un lycéen amoureux cherche à retrouver une fille rencontrée en soirée. Il la trouve enfin sur Internet et le profil Facebook de la jeune femme est, le temps d'un plan, visible à l'écran. » Dans la situation présentée, si le mur de la page Facebook est simplement reconnaissable, cela semble acceptable dans un souci de réalisme de la fiction et ne contrevient pas à l'interdiction de la publicité clandestine. **En revanche, la visualisation appuyée, durant plusieurs secondes, de la page Facebook** (qui comporte le nom de la marque et/ou les signes distinctifs qui lui sont habituellement associés tels que le logo, la charte graphique du site Internet, etc.) pourrait être regardée comme constitutive de publicité clandestine. Il est également possible de recourir au placement de produit.

www.csa.fr

Document 9 — Offre france•tvpublicité : exemples de placements de produits classiques

Vidéo : BACK MARKET X PBLV
liennathan.fr/7z61bo

- **Objectifs :** communiquer sur les points forts de la marque : vente de produits reconditionnés, large choix de produits, prix attractifs et rapidité de livraison, en période de forte consommation : avant Noël
- **Cible :** 25-49 ans
- **Dispositif :** 3 placements scénarisés autour de personnes jeunes, cible privilégiée de la marque
- **Résultats :** 89 % des téléspectateurs estiment que ce placement de produit est une façon de communiquer originale et différenciante.

Cette communication influence fortement l'image de la marque : + 24 pts en moyenne (exposés *vs* non-exposés).
Une attractivité de la marque renforcée : + 17 pts d'intention de se renseigner et + 21 pts d'intention d'achat (exposés *vs* non-exposés)

Vidéo : « Agissons avec Jamy » – MAIF
liennathan.fr/ro6p9c

OFFRE PLACEMENT DE PRODUIT « Un si grand soleil »
liennathan.fr/geqe3s

- **Objectifs :** aider les Français à bâtir un « mieux commun » en leur donnant des conseils pratiques sur des thématiques chères à la MAIF : santé, prévoyance, écologie et consommation.
- **Cible :** tout public
- **Dispositif :**
  - Un programme court TV et Digital imaginé autour de l'animateur Jamy, pionnier de la vulgarisation scientifique et passeur de savoir. Comment reconnaître les signes d'un AVC ? Les avantages du vélo ? Autant de questions auxquelles Jamy répond avec sa patte pédagogique ainsi que des illustrations détaillées.
  - Un dispositif TV sur France 2 et France 3
  - France 2 : case samedi-dimanche vers 13 h 40 et 14 h 10 / Du 9 janvier 2021 au 2 janvier 2022 (soit 52 semaines) – 104 diffusions
  - France 3 :
    – Case lundi-mardi-mercredi vers 18 h 50 / Du 4 janvier au 17 mars 2021 (soit 11 semaines) – 33 diffusions
    – Case samedi-dimanche vers 18 h 50 / Du 27 mars 2021 au 2 janvier 2022 (soit 41 semaines) – 82 diffusions
  - Diffusé sur France 2, France 3, France 4 et sur France•TV
  - Une diffusion en digital *via* l'IPTV, l'écran le plus premium
- **Résultats :** GRP : 15+ CSP+ : 564 ; GRP : 15+ GREEN SPITIR : 1 270

www.francetvpub.fr

6 Comprendre les enjeux réglementaires de la publicité extérieure

Vous vous intéressez à la régie Mediatransports, spécialisée en publicité extérieure. Cette régie exploite des dispositifs publicitaires présents dans les transports collectifs en France (bus, métro et RER) avec 27 réseaux de transport bus, métro, tramway (dont Paris, Marseille, Lille, Toulouse, Rennes, Strasbourg) et plus de 560 gares SNCF réparties sur l'ensemble du territoire et l'ensemble des TGV, pour un total de près de 1 000 communes desservies en France et plus de 26,5 millions d'individus couverts sur l'ensemble du territoire.

Documents 10 à 14
Fiche ressource 9

1. Citer 4 régies publicitaires en OOH-DOOH.
2. Présenter 2 offres différentes commercialisées par les régies du média publicité extérieure.
3. Citer les 3 grandes familles de formats publicitaires en publicité extérieure.
4. Préciser qui est à l'initiative de l'implantation de dispositifs OOH-DOOH dans les villes ou dans les gares.
5. Repérer les différents formats publicitaires que Clear Channel propose à la ville de Lille dans sa réponse à l'appel d'offres public.
6. Expliquer le modèle économique de la publicité extérieure en France en précisant pourquoi Clear Channel va reverser 55 % du CA à la ville de Lille.
7. Identifier les 2 niveaux de réglementation encadrant la publicité extérieure et indiquer le ministère chargé de ce média.

Document 10 Publicité extérieure : les enjeux des appels d'offres publics

media transports
Pour une publicité utile

450 COLLABORATEURS

+ DE 100 000 FACES PUBLICITAIRES AU TOTAL

27 RÉSEAUX DE TRANSPORT BUS, MÉTRO, TRAMWAY

560 GARES

4 RÉSEAUX DE MÉTROS (PARIS, MARSEILLE, LILLE & RENNES)

MEDIATRANSPORTS RENOUVELLE SES CONTRATS AVEC LA RATP ET LA SNCF.

Le groupe Mediatransports a remporté les deux procédures de sélection lancées par la RATP et SNCF Gares & Connexions et renouvelle ainsi sa collaboration pour l'exploitation de la publicité, sur le réseau RATP et dans les gares SNCF françaises. La RATP a lancé une consultation avec pour objectif principal de maximiser l'efficacité publicitaire, tout en assurant un développement maîtrisé des supports numériques dans le respect des normes RSE. Ce nouveau contrat démarrera au 1er janvier 2022 et pour une durée de 5 ans. La réorganisation de l'offre papier (OOH), au sein du métro / RER, couplée à la poursuite d'un développement optimisé du DOOH, se traduira par une diminution (– 17 %) de l'empreinte carbone du parc publicitaire sur les cinq prochaines années.

www.strategies.fr, 17 novembre 2021.

Document 11 Les offres OOH et DOOH de la régie Mediatransports

L'OFFRE NATIONALE, UN TERRITOIRE DE COMMUNICATION PROPRE

Une présence sur les quais

- Des réseaux qui sont :
  - 100% sur les quais
  - 100% duos pour une surface d'expression de 4m²
- Une couverture géographique plus resserrée pour une présence sur les gares à fort trafic

→ *Impression sur du papier recyclé avec des encres végétales sur demande*

media gares

VERS UNE OFFRE 100% DIGITALE EN 3 ANS

+ 106 gares couvertes d'ici la fin de l'année 2022

- 167 gares équipées fin 2022 avec 1 757 écrans
- 20 gares à PARIS avec 856 écrans
- 15 gares en BANLIEUE avec 71 écrans
  + 11 gares
- 132 gares en REGION avec 830 écrans
  + 95 gares en région

→ Une offre entièrement digitalisée en 2025

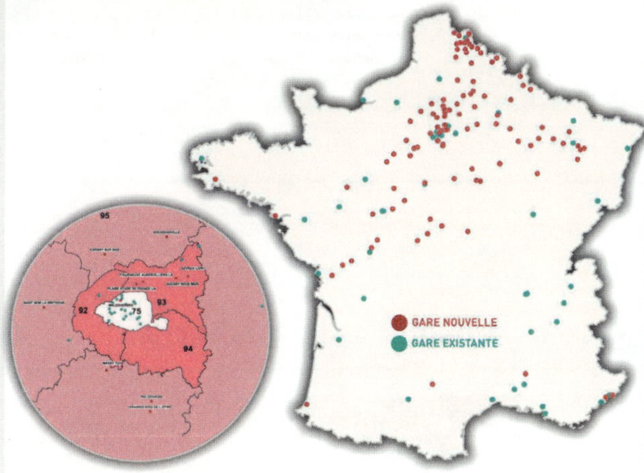

media gares

www.mediatransports.com

Document 12 Clear Channel France reconduit le marché du mobilier urbain de Lille

Lille renouvelle sa confiance à Clear Channel France pour l'exploitation des mobiliers urbains publicitaires de son territoire et des communes associées, de Lomme et Hellemmes, pour une durée de 12 ans, à compter du 1er juillet 2023.

Clear Channel avait remporté une première fois, à compter du 1er janvier 2017, la concession lilloise. La mission portera sur la mise à disposition, la maintenance et l'exploitation des mobiliers urbains publicitaires et d'information municipale sur le territoire de Lille et de ses communes associées, Lomme et Hellemmes, soit : 240 MUPI de 2 m², 25 MUPI de 8 m² et 7 colonnes porte-affiches.

Les mobiliers urbains de 2 m² seront mieux répartis sur le territoire, avec une face pour chacun d'entre eux consacrée à l'information municipale. La face publicitaire disposera d'un déroulement de 4 affiches maximum et ouverte à 52 campagnes par/an (212 faces pour Lille, 11 faces pour Hellemmes et 17 pour Lomme).

Les colonnes porte-affiches accueilleront 20 campagnes/an et permettront, *via* 2 faces de 4 m² dédiées à la ville de Lille, de disposer d'espaces pour la communication des spectacles ou autres manifestations culturelles.

Les mobiliers d'affichage de 8 m² prendront en charge 24 campagnes/an, la face fixe réservée à la communication institutionnelle offrira ainsi 25 possibilités d'affichage supplémentaires dans l'année dédiée aux trois villes.

Ce nouveau contrat va permettre également à la ville de toucher un reversement de plus de 55 % du chiffre d'affaires projeté, soit la garantie d'au moins 1,47 million d'euros par an (18 millions d'euros sur toute la durée du contrat).

https://themedialeader.fr, 11 mai 2023.

Document 13 La base réglementaire

GOUVERNEMENT
Liberté
Égalité
Fraternité

Ministère de la Transition écologique et de la Cohésion des territoires
Ministère de la Transition énergétique

FRANCE NATION VERTE
Agir · Mobiliser · Accélérer

Actualités | Politiques publiques | Démarches | Ministères

Actualités
Base réglementaire
Règlement local de publicité (RLP)

Accueil → Politiques publiques / de A à Z → Biodiversité et paysages → Réglementation de la publicité, enseignes et préenseignes

Réglementation de la publicité, enseignes et préenseignes

Partager | Tweeter | Publier | Imprimer

Le Lundi 22 mai 2023

La réglementation relative à la publicité, aux enseignes et pré-enseignes s'inscrit directement dans un objectif de protection du cadre de vie, dans le but de concilier la liberté d'affichage avec la protection du cadre de vie et notamment du paysage, qu'il soit naturel ou bâti, urbain, péri-urbain ou rural.

www.ecologie.gouv.fr

Document 14 Le règlement local de publicité

Le premier règlement local de publicité intercommunal (RLPi) de Rennes Métropole a été approuvé le 30 juin 2022 par le conseil métropolitain. Il s'agit de réglementer les supports des publicités, pré-enseignes et enseignes sur le territoire.
Le règlement local de publicité est un document qui établit des règles pour encadrer les dispositifs d'affichage extérieur sur le territoire : il réglemente notamment, selon la localisation, les possibilités d'installation des supports et leurs formats, mais pas le contenu du message affiché.

Des dispositions nationales régissent déjà ces dispositifs, dans l'objectif de préserver le paysage et le cadre de vie. Le règlement local, quant à lui, permet d'adapter au mieux ces dispositions aux spécificités du territoire concerné.
Rennes Métropole a lancé en novembre 2020 l'élaboration de son premier règlement local de publicité intercommunal (RLPi). Il s'agit d'un règlement collectif qui a été pensé avec les communes en fonction de leurs ambiances urbaines et paysagères (centres bourgs et centres-villes, zones d'activité…), dans la continuité de l'élaboration du plan local d'urbanisme intercommunal (le PLUi), applicable depuis février 2020.
Après un an et demi d'élaboration, le RLPi a été approuvé jeudi 30 juin 2022 par le conseil de Rennes Métropole. Il entend réduire la place de la publicité et encadrer les enseignes sur l'ensemble du territoire, pour concilier cadre de vie et dynamisme économique.

https://metropole.rennes.fr

Vidéo : Quels affichages publicitaires voulons-nous ?
liennathan.fr/awi7yz

Vidéo : Un règlement pour encadrer la publicité à Rennes Métropole
liennathan.fr/g08p88

FICHE RESSOURCE

1

L'ÉCOSYSTÈME MÉDIA EN FRANCE

I Le modèle économique des médias

1. La notion d'écosystème média

Infographie : Médias français, qui possède quoi ?
liennathan.fr/f9oud7

On distingue 6 médias : la presse, l'affichage, la radio, la télévision, le cinéma et Internet. Par un emprunt au vocabulaire des sciences naturelles, on utilise fréquemment l'expression « écosystème média » pour évoquer les multiples relations, directes ou indirectes, que les acteurs du monde des médias entretiennent entre eux, avec leurs partenaires ou prestataires et avec les publics et les institutions.

2. Deux modèles de financement qui coexistent non sans mal.

a. Les médias publics

Infographies : ce que représentait la redevance audiovisuelle des médias publics français
liennathan.fr/turvgi

Le financement de l'audiovisuel public est un enjeu démocratique à travers la possibilité pour les citoyens d'accéder à une information neutre et pluraliste.
Avant sa suppression, les médias publics tiraient leurs revenus de la redevance audiovisuelle, taxe liée à la possession d'un poste de télévision. La loi du 16 août 2022 a remplacé le produit de cette imposition par l'affectation, au secteur public de l'audiovisuel, d'une fraction du produit de la taxe sur la valeur ajoutée (TVA), principale ressource de l'État.
Les médias privés craignent qu'un désengagement de l'État dans le financement de l'audiovisuel public ne le contraigne à devoir chercher à capter davantage de recettes publicitaires.

b. Les médias privés

Tableau des titres de presse aidés
liennathan.fr/sxsx8e

Ils financent leur activité exclusivement par la publicité (vente d'espaces, partenariats, vente de *data*…) et leurs abonnés ou lecteurs payants. La presse constitue une exception dans la mesure où, élément essentiel dans la défense du pluralisme des opinions, mais fragilisée par l'arrivée du digital, elle bénéficie du dispositif général des aides publiques à la presse. Les aides à la presse répondent aujourd'hui à l'un ou l'autre des 3 objectifs majeurs qui ont pu se dégager des évolutions législatives ou réglementaires pour constituer le régime économique de la presse : le développement de la diffusion, la défense du pluralisme, la modernisation et la diversification vers le multimédia des entreprises de presse.
On peut consulter la liste des titres de presse aidés ci-dessus pour mieux comprendre les 3 enjeux évoqués.

II Les fondements démocratiques de l'écosystème média

Le contrôle de la presse, principal média et vecteur d'opinion jusqu'à la première moitié du XXe siècle, a été au cœur de luttes de pouvoir entre les gouvernements, les partis politiques et le monde des affaires. Le roman *Bel-Ami*, de Guy de Maupassant, publié en 1885, donne un bon aperçu de l'utilisation de la presse comme levier d'influence. Cette lutte pour l'influence se poursuit de nos jours, démontrant bien le pouvoir que donne le contrôle d'un média sur la formation des opinions nationales ou internationales, au-delà de l'enjeu de captation des investissements publicitaires des annonceurs.
Deux grandes étapes jalonnent la difficile conquête de la liberté de la presse et des médias :

L'article 11 de la Déclaration des droits de l'homme et du citoyen de 1789	« La libre communication des pensées et des opinions est un des droits les plus précieux de l'homme ; tout citoyen peut donc parler, écrire, imprimer librement, sauf à répondre de l'abus de cette liberté dans les cas déterminés par la loi. »
La loi du 29 juillet 1881 sur la liberté de la presse	Texte de référence en matière de liberté de l'information, qui précise, dans son article 1 : « L'imprimerie et la librairie sont libres » et, dans son article 5, que « tout journal ou écrit périodique peut être publié sans autorisation préalable et sans dépôt de cautionnement ».

III Les ordonnances de 1944 : les bases de l'écosystème média

Au cours de la Seconde Guerre mondiale, de nombreux titres de presse français et la station Radio-Paris ont collaboré avec l'occupant allemand en relayant sa propagande de guerre. Les ordonnances de 1944 sur la liberté de la presse édictées à la Libération visent alors à organiser un nouveau système médiatique permettant de garantir la liberté d'expression et le pluralisme de la presse, de lutter contre la concentration des entreprises de presse et de limiter à 20 % la part du capital d'un média détenu par un investisseur étranger.

IV La fin de l'ORTF et du monopole d'État

1. Un paysage audiovisuel libéré et libéralisé

Dans un contexte où l'État exerce, en conséquence des ordonnances de 1944, un quasi-monopole sur les médias radio et télévision à travers l'ORTF (Office de radiodiffusion-télévision française), une première révolution a lieu en 1981 avec l'élection de François Mitterrand et l'arrivée des partis de gauche au pouvoir après 25 ans sans alternance politique. À l'été 1981, le gouvernement libère les ondes et autorise les « radios libres » (ou « radios pirates ») à émettre légalement. En 1984, apparaît la première chaîne de télévision privée par abonnement, CANAL+. En 1985, 2 nouvelles chaînes privées gratuites (et donc financées par la publicité) voient le jour, La Cinq et TV6.

2. L'accélération des privatisations

Avec le retour d'un gouvernement de droite en 1986, le processus de basculement des médias vers des capitaux privés va s'accélérer. De très grands groupes industriels vont dominer le paysage radiophonique et télévisuel (Bouygues, Compagnie générale des eaux…). L'État ne conserve plus que la tutelle du secteur public et délègue les fonctions de régulation à une autorité administrative indépendante : l'ARCOM. L'Autorité de régulation de la communication audiovisuelle et numérique a été créée le 1er janvier 2022 pour répondre aux importantes évolutions dans le paysage audiovisuel et numérique. Elle remplace le Conseil supérieur de l'audiovisuel (CSA) et la Haute autorité pour la diffusion des œuvres et la protection des droits sur l'Internet (Hadopi). Jouant le rôle de régulateur, elle a pour mission de « veiller aux responsabilités démocratiques et sociétales des médias audiovisuels et des plateformes en ligne et de garantir le pluralisme des médias audiovisuels d'information et l'indépendance de l'audiovisuel public.

V De la révolution Internet à aujourd'hui

À la fin des années 1990, l'apparition du Web 2.0 s'accompagne d'une rapide transformation du comportement des publics et des annonceurs. D'un côté, les médias traditionnels (presse écrite, radio, télévision) doivent faire face à l'arrivée de nouveaux concurrents, de l'autre, de nouvelles offres de contenus, de nouveaux médias se multiplient sur plusieurs supports, et de nouveaux acteurs technologiques s'imposent dans le rôle d'intermédiaires (fournisseurs d'accès, moteurs de recherche, réseaux sociaux…), captant la part la plus importante des revenus publicitaires engendrés par les nouveaux supports. Dès 1995, *Le Monde* et *Libération*, suivis par *Le Figaro* en 1996, investissent dans leur digitalisation, mais le basculement massif des médias français vers le numérique du point de vue des investissements date du début des années 2000. Moteurs de recherche, plateformes de partage et réseaux sociaux sont alors déjà bien installés sur le marché des médias, tant en termes d'offre de contenus que de solutions publicitaires.

La révolution digitale est en partie achevée et il faut à présent se mettre en ordre de bataille pour affronter les nouveaux enjeux de la révolution environnementale.

À l'heure actuelle, 4 problématiques principales continuent de fragiliser le modèle économique des médias de masse en France : la profusion de l'offre de contenus et son internationalisation ; la spécialisation des contenus, qui entraîne une fragmentation des audiences ; le modèle économique de la gratuité ; les préoccupations environnementales, qui diminuent l'acceptabilité de la publicité, notamment en raison de son rôle, réel ou supposé, dans l'incitation à la surconsommation.

FICHE RESSOURCE 2

L'ÉCOSYSTÈME RÉGIE PUBLICITAIRE

I La régie publicitaire : définition et rôle

Les éditeurs ou *publishers* confient aux régies publicitaires la commercialisation de leur espace publicitaire auprès des annonceurs et des agences médias. Elles sont aussi chargées de la mise en place des campagnes de publicité de leurs clients.

Vidéo : Bienvenue chez FranceTV Publicité ! liennathan.fr/ztqjna

Les régies sont des intermédiaires, elles doivent maîtriser à la fois le contexte éditorial de leurs supports médias mais aussi les problématiques de communication des annonceurs. Elles font partie des acteurs de l'offre dans l'écosystème de communication. Voici les missions assurées par les régies :

1	• Création et valorisation des offres publicitaires auprès des agences médias et des annonceurs • Création des outils de communication de valorisation et d'intelligibilité de l'offre
2	• Suivi de la contractualisation (CGV) • Suivi des réservations d'espaces publicitaires matérialisées par la réception d'un ordre d'insertion • Vente de l'espace publicitaire sous toutes ses formes (en TV par exemple : spot classique, opération spéciale-OPS ou parrainage) • Mise à disposition des inventaires en programmatique • Relation client en gré à gré
3	Réception et vérification de conformité déontologique, réglementaire et technique des contenus créatifs
4	Diffusion des campagnes
5	Envoi des justificatifs de parution, suivi de la facturation
6	Pilotage et optimisation des campagnes (réaliser les adaptations nécessaires en cours de campagne)
7	Analyse des performances et rédaction des bilans de campagne (*reporting* client)

II Régie publicitaire : des inventaires à commercialiser et des offres publicitaires performantes à construire

La régie interne	La régie externe
Une régie interne ou intégrée (elle appartient à l'éditeur) commercialise directement son patrimoine ou inventaire publicitaire. **EXEMPLE :** Le patrimoine publicitaire de la régie JCDecaux en France liennathan.fr/r7i4sd	C'est une entreprise indépendante, qui commercialise l'inventaire d'autres médias. **EXEMPLE :** Offre couplée Very good food/MEDIAOBS liennathan.fr/rbe136

La régie mixte

Elle commercialise à la fois ses espaces publicitaires propres et l'inventaire publicitaire d'autres médias.

TF1 PUB	CANAL+ Brand Solutions	france•tvpublicité
La régie commercialise : – l'inventaire des chaînes du groupe TF1, dont TF1, LCI, TMC, TFX, Ushuaia TV, TV Breizh, Histoire TV… ; – l'offre des « Indés Radios » (offre unique sur le marché radio français composée par 129 stations locales et régionales). liennathan.fr/6no1mn	C'est la régie publicitaire : – de 36 marques médias, dont CANAL+, C8, CSTAR, CNEWS, les marques Eurosport & Discovery, RTL9, myCANAL… ; – du réseau de salles de cinéma UGC. liennathan.fr/7t3iz2	La régie commercialise : – l'inventaire des chaînes de France Télévisions (spots classiques, *billboards* parrainage, dotations, placements de produit) ; – depuis début 2023, l'espace publicitaire de LCP-Assemblée nationale et Public Sénat. liennathan.fr/wudhph

Le cas particulier de la régie 366#Communities

Cette régie commune à tous les éditeurs de la presse quotidienne régionale a la charge de commercialiser auprès du marché national (agences et annonceurs) toutes les solutions publicitaires de la PQR, *print*, Web et mobile, qu'il s'agisse de dispositifs nationaux, multilocaux ou locaux. Le marché publicitaire régional restant sous la responsabilité des régies internes des titres.

FICHE RESSOURCE 3

LES OFFRES ET LES MÉTIERS DES RÉGIES PUBLICITAIRES

I Régie publicitaire, des offres performantes à construire

Quelle stratégie ?	• Offre affinitaire • Offre puissante		
Quel périmètre de diffusion ?	Offre locale	Offre régionale	Offre nationale
Quelles performances escomptées ?	• Quelle audience ? • Quel nombre de contacts (ODV ou ODE) ?	• Quel pourcentage de la cible touchée ? • Quel niveau de répétition ?	Quelles performances garanties ?
Quelle tarification ?	• Le **tarif brut** est le prix de référence affiché pour une offre. Il est toujours le même : il ne varie pas en fonction des annonceurs qui se positionnent sur l'offre. • Le **tarif net** est le prix réel que va payer le client. Il se base sur le tarif brut auquel s'ajoute un certain nombre de remises commerciales, comme : – la **remise mandataire** : remise de 15 % sur le prix des espaces publicitaires accordée par une régie à l'annonceur lorsqu'il dispose d'un mandataire (une agence média par exemple). – le **cumul de mandats** : remise accordée à une agence média s'occupant de plusieurs annonceurs en même temps ; – la **remise volume** : remise croissante accordée en fonction du volume d'investissements réalisés par un annonceur. Elle se débloque par paliers définis par chaque régie. **Tarif net = Tarif brut – (Remise 1 + Remise 2 + Remise 3…)**		
Quelle plus-value face aux offres concurrentes ?	• Simplification de l'achat d'espace • Attractivité tarifaire	• Innovation technologique, d'usage, éditoriale… • Performance	• Partenariats stratégiques • Capacité à s'appuyer sur la *data* en amont et en aval

II La régie publicitaire et ses métiers

Marketing	Commerce	Communication
• Construire des argumentaires • Analyser les pratiques concurrentielles et les évolutions du marché • Collaborer avec le service études • Bâtir de nouvelles offres en intégrant les innovations • Réaliser des bilans de campagne • Développer des opérations spéciales en travaillant en synergie avec le service commercial • Connaître les actualités sectorielles des clients	• Commercialiser l'inventaire • Connaître les attentes et l'actualité des clients • Collaborer avec le service financier pour effectuer le suivi de la facturation • Assurer le suivi de la relation client • Prospecter de nouveaux clients	• Construire les outils d'aide à la vente • Concevoir des outils de communication de valorisation de la régie • Promouvoir la marque média, ses contenus et ses audiences

Il y a aussi le service planning qui gère les réservations, la direction administrative et financière (DAF), le service diffusion…

Vidéos : Les métiers de la régie publicitaire

Les métiers chez france•tvpublicité
liennathan.fr/7u32u6

Les métiers chez M6 Publicité
liennathan.fr/qev6r4

III La régie publicitaire et le cadre de la loi Sapin

Le marché publicitaire est soumis à l'application de la loi Sapin du 29 janvier 1993, qui réglemente les procédures d'achat publicitaires. Cette loi a ainsi pour mission d'apporter de la transparence dans les transactions publicitaires.

https://uniondesmarques.fr

• La **transparence des tarifs des espaces publicitaires** permet que ceux-ci soient identiques quels que soient les annonceurs voulant en bénéficier. L'annonceur doit connaître toutes les remises ou tous les avantages accordés par le vendeur. Les régies publicitaires doivent ainsi lui fournir un justificatif de diffusion de campagne dans lequel est identifié avec précision l'ensemble des éléments de diffusion (Annonceur / Support / Campagne / Jour / Tranche / Format / Montant brut / TVA / Autres taxes / Net à payer). L'agence média ne perçoit qu'une seule rémunération : celle de l'annonceur.

• **Les annonceurs représentés par des agences médias doivent avoir signé au préalable un contrat de mandataire** – aussi appelé « attestation de mandat » – afin qu'elles puissent acheter de l'espace publicitaire pour leur compte.

• **Il est obligatoire pour une régie de facturer directement l'annonceur et non l'agence média qui le représente.** L'intermédiaire est mandaté par l'annonceur : rien ne lie l'agence média et la régie publicitaire.

IV La notion d'offre publicitaire

Le rôle principal des régies publicitaires est de commercialiser des espaces publicitaires mais au fil du temps, leurs missions se sont diversifiées. Elles proposent aujourd'hui des offres très complètes à leurs clients (annonceurs et agences médias).

Exemple : offres et solutions M6 Publicité
liennathan.fr/27t8xr

Les offres « cross-régies », des partenariats au service de la performance : certaines régies peuvent s'associer, dans le cadre de partenariats, afin de créer des offres publicitaires communes (souvent événementielles). Elles mêlent alors leurs propres espaces publicitaires afin de faire rayonner un annonceur et de multiplier les points de contact avec sa cible.

Les régies partenaires	L'objectif du partenariat
La régie M6 Publicité + La régie de publicité extérieure digitale Smartmedia	Cette offre propose de prolonger une opération spéciale TV/radio/digital gérée par la régie M6 Publicité en affichage digital et diffusée dans les allées des galeries commerciales par la régie Smartmedia. Elle permet à l'annonceur d'obtenir des extensions d'audiences « clés en main » et de passer sur un 5e écran proche des lieux d'achat.
Prisma Media Solutions + 366#Communities + MEDIA FIGARO	Cette offre conjointe d'inventaires vidéo de 3 des plus importants éditeurs français garantit aux marques une offre alliant puissance de couverture, qualité d'exposition et performances publicitaires.

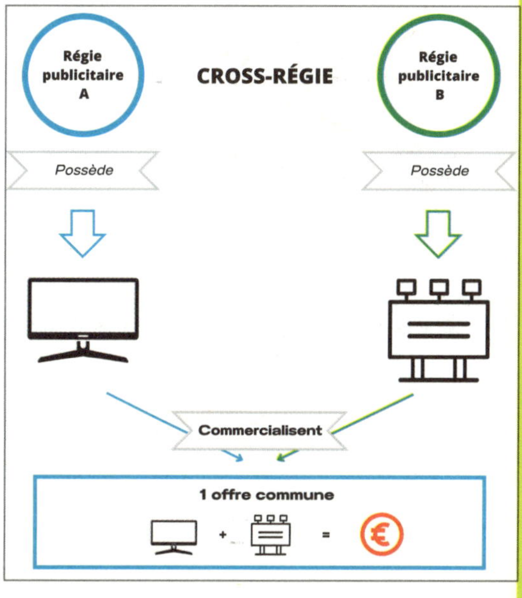

FICHE RESSOURCE

4

L'ÉCOSYSTÈME AGENCE MÉDIA

En France, Publicis Media Luxe arrive en tête du classement des agences médias grâce au gain de LVMH. Havas Media arrive en deuxième position, suivie par Carat (Dentsu). L'agence Repeat est la première agence indépendante.

New Business Ranking FY 2022
liennathan.fr/tg5kpl

I Le rôle de l'agence média

Le rôle d'une agence média, selon l'Union des entreprises de conseil et d'achat média (UDECAM), est d'accompagner les annonceurs et leurs marques dans la conception et la mise en place de leurs stratégies de moyens (matériels et financiers), dans un rôle de conseil en médiaplanning. Initialement appelées « centrales d'achat d'espace », ces agences ont fait évoluer la terminologie vers « agences médias » pour intégrer l'élargissement des missions qui leur sont confiées (conseils, études, *data*, création...).

Rôle stratégique	Rôles tactiques
En accompagnant ses clients dans le choix d'un mix média et de sa répartition budgétaire.	• En sélectionnant les supports et formats publicitaires. • En effectuant le suivi des campagnes et en optimisant leur performance. • En négociant avec les régies.

II Les expertises de l'agence média

Le panel des expertises nécessaires en agence média est très large. Il explique la forte concentration historique du marché et la prédominance des grands groupes capables à la fois d'intégrer et de mutualiser toutes les compétences utiles et de faire jouer leur taille dans les négociations commerciales (et donc leur volume d'achat) avec les régies publicitaires.

Les expertises stratégiques et commerciales	Ces experts plurimédias assurent l'interface avec les clients et sont chargés de vendre et de coordonner toutes les expertises que l'agence média met à leur disposition. Ils sont chargés de conseiller les annonceurs dans l'orchestration de leur campagne média et de coordonner le suivi des campagnes (planification, *reporting*). Les agences mettent aussi à disposition de leurs clients des services d'études chargés de décrypter les grandes tendances et d'analyser la perception des marques ou des produits par les consommateurs, ou de mesurer l'efficacité des campagnes menées.
Les expertises liées aux médias et à leurs spécificités	Les agences disposent d'experts pour chaque média, chargés de proposer des campagnes sur le média en question et de faire l'interface avec les régies publicitaires. Ils conseillent les experts plurimédias. De nouvelles expertises verticales ont émergé ces dernières années en influence, en *social media* ou en audio digital, tout comme de nouveaux profils de collaborateurs plus techniques en *data* et Web analyse (mise en place des outils permettant de capter les données d'audience, de les traiter et de les transformer en indicateurs) et en *trafficking* (mise en place d'un service opérationnel de paramétrage des campagnes web et de contrôle technique des formats diffusés pour la campagne).
Les expertises sectorielles	Pour conseiller ses clients de manière optimale, le premier des prérequis est de connaître parfaitement leur secteur d'activité, leur marché. Des équipes d'experts sont chargées des clients d'un même secteur d'activité. Ces pôles se spécialisent dans les formats et supports intégrant les codes spécifiques du secteur (mécaniques d'achat en ligne / génération et rétention de trafic, conversion d'achats, fidélisation). Ses pôles intègrent des spécialistes de chaque outil : e-mailing, *display*, SEA, *Web Analytics*...

III La rémunération des agences médias

La rémunération des agences médias se fait sur 2 modèles différents.

Forfaitairement (selon le temps passé)	Selon le volume d'achat média
Les honoraires de conseil sont souvent calculés forfaitairement en fonction du temps nécessaire à la constitution des différents modules de cette prestation (études, création, restitution...).	Les honoraires d'achat d'espace sont calculés en pourcentage du budget média acheté. Les honoraires des campagnes sont calculés selon le volume de formats diffusés lors des campagnes digitales.

FICHE RESSOURCE

5

LE MÉDIA PRESSE

I La presse, un média qui se réinvente

Plus ancien média de masse et essentiel dans la formation de l'opinion jusqu'au milieu du XXe siècle, la presse était en 2022 le 3e média pour les investissements publicitaires, en recul de 11,3 % sur 3 ans. Face à la diversification des sources d'information et à la modification des usages de consommation des médias, la presse conserve cependant son attractivité en tant que média publicitaire en raison :

- de la richesse et de l'adaptabilité de son offre (en termes de thématiques, de zones de diffusion, de formats, de périodicité) ;
- de la fiabilité de la mesure du nombre et du profil de ses lecteurs grâce aux chiffres fournis par l'ACPM ;
- de son adaptation au modèle économique de l'accès gratuit aux contenus, dont elle a su faire un avantage en générant de la puissance et de l'affinité grâce aux données loguées (connexions identifiées) ;
- de la progression de son lectorat numérique.

II Les grandes familles de presse

On distingue, schématiquement, 7 grandes familles de presse : la presse quotidienne régionale (PQR), la presse magazine, la presse quotidienne nationale (PQN), la presse quotidienne du 7e jour, la presse quotidienne gratuite d'info - diffusion, la presse hebdomadaire régionale et la presse professionnelle.

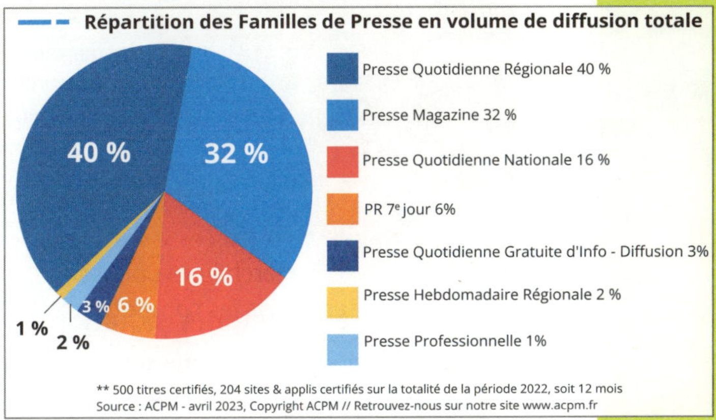

www.acpm.fr

III Les chiffres clés

Hors commercialisation de solutions publicitaires et partenariats, les titres de presse tirent leurs revenus, en moyenne :

- pour 50 % des abonnements individuels et portage ;
- pour 23 % des ventes au numéro ;
- pour 21 % des versions numériques individuelles ;
- pour 6 % de la diffusion par tiers et différée.

Si le média presse voit certains secteurs d'activité augmenter leurs investissements (services, culture et loisirs), la part de budget publicitaire que lui consacrent les annonceurs est en diminution constante depuis 2016, au profit du digital.

Pour maintenir l'attractivité du média auprès des annonceurs et des agences médias, les régies presse sont passées progressivement de la vente d'espaces publicitaires à la commercialisation de solutions de communication de plus en plus complexes (solutions composites). Condamnées à innover pour prouver aux annonceurs l'efficacité du média et simplifier les modes d'achat des solutions composites, elles se sont également adaptées aux nouveaux usages de lecture, à la digitalisation et aux mesures qu'elle permet.

Chiffres clés Mediapoche
liennathan.fr/fm5yp6

IV Les défis du média presse

Aujourd'hui, la presse doit continuer à s'adapter à :

- la mutation des usages de lecture, la fragmentation des audiences et la concurrence des *pure players* ;
- la concurrence de nouvelles catégories de producteurs de contenu ;
- la montée des préoccupations environnementales des lecteurs et la très forte augmentation du prix du papier ;
- la concurrence de l'immédiateté des réseaux sociaux, parfois vecteurs de *fake news*, qui obligent la presse à se positionner sur un autre modèle d'information et un autre contrat de lecture ;
- la crise du système de diffusion (– 30 % de lieux de diffusion de la presse écrite en 10 ans) et de distribution (disparition de l'opérateur historique Prestalis, qui distribuait 75 % de la presse française, et difficultés structurelles de France Messagerie, qui lui succède).

FICHE RESSOURCE

6

LE MÉDIA DIGITAL

I Présentation

Le média digital inclut l'ensemble des supports numériques de communication publicitaire ou éditoriale.

1. Un panorama complexe

Les outils d'accès aux contenus et services	Ordinateurs, tablettes, smartphones, TV connectée, montres connectées, GPS
Les canaux de communication	Sites Internet, applications, mails
Les différentes marques médias	Deux grandes catégories de marques médias : • les **marques des supports médias traditionnels** (TV, presse, radio), qui ont fait évoluer leur activité afin de proposer leur offre de contenus sur les supports numériques ; • les **marques dites « *pure players* »**, qui sont nées avec les nouveaux modes de consommation de contenus ou de services numériques (Facebook, Google bien sûr, mais aussi Deezer, Mediapart ou les « marques influenceurs », par exemple).
Les formats de prise de parole	Image, texte, vidéo, audio
Les formats publicitaires	*Display*, liens sponsorisés, éditorial / *native*, vidéo, *podcast*

2. Un média en constante mutation

Le panorama évolue en fonction des avancées technologiques de ses différentes composantes. Il existe aujourd'hui des dizaines de régies digitales sur le marché publicitaire français. Les plus connues d'entre elles ne sont autres que Google et Meta, qui enregistrent près de 70 % des dépenses nettes des annonceurs en digital en 2021 selon l'observatoire de l'e-pub menée par le SRI (syndicat professionnel fédérant la plus grande partie des régies digitales) et l'UDECAM (association des agences médias représentant 90 % des investissements médias réalisés en France).

Les régies digitales donnent accès aux annonceurs à différents formats publicitaires répartis sur un ou un ensemble de sites Internet et applications mobiles qu'elles possèdent ou sur lesquelles elles ont la possibilité d'associer leur technologie.

II Les différents formats publicitaires

Les 4 formats publicitaires de la publicité digitale			
Le *Search* (ou SEA : *Search Engine Advertising*)	Le *Social* (ou SOME : *SOcial MEdia*)	Le *display*	Les autres formats
42 %*	26 %	20 %	12 %
Achat de mots-clés sur les moteurs de recherche pour faire émerger son site Internet dans les premiers résultats liés à la requête.	Formats publicitaires disponibles sur l'ensemble des réseaux sociaux comme les *posts* sponsorisés, les *stories*, les carrousels, la vidéo…	Formats publicitaires disponibles sur les sites Internet et les applications mobiles : pavés et bannières statiques ou animées, *native advertising*, vidéos *pre-roll* ou *in-read*, interstitiels…	– Le *retargeting* (fait d'adresser une publicité ciblée à un internaute ayant déjà visité le site Internet d'une marque). – L'affiliation (technique qui consiste à promouvoir ses produits/services sur d'autres sites Internet rémunérés pour cette action).

* Chiffres 2021

III Les technologies de ciblage et l'enjeu *data*

Le ciblage publicitaire est au cœur des modèles d'affaires des régies de médias en ligne. Géolocalisation, ciblage comportemental, mail, réseaux sociaux, CRM…, les nouvelles technologies facilitent le ciblage des internautes par la récolte et l'analyse de toujours plus de données personnelles et permettent aux régies de valoriser leur inventaire publicitaire.

Le ciblage contextuel	Effectué *via* les catégories de contenus ou de rubriques que les internautes consomment.
Le ciblage comportemental	Effectué d'après le comportement de navigation des internautes sur un site web ou face à une publicité.
Le ciblage géographique	Effectué *via* les données de géolocalisation récupérées en fonction des situations et appareils utilisés par les internautes (GPS, applications mobiles, adresse IP, wifi…).
Le ciblage *via* l'adresse IP	Effectué d'après la localisation de l'adresse IP utilisée pour se connecter à Internet et dont la précision peut aller jusqu'à la ville de localisation.
Le *retargeting*	Effectué *via* un marqueur déposé par un annonceur ou par une régie publicitaire sur l'ordinateur de l'internaute (*cookie*), permettant ainsi de mener des actions en fonction des services ou produits consultés.

Le digital donne accès à une multitude de données consommateurs que les annonceurs peuvent utiliser dans leurs stratégies de ciblage car ce média facilite le *tracking* des internautes. Cependant, le *tracking* et l'utilisation de ces données sont régulés, en Europe, par le RGPD. 44 % des Français utilisaient un *adblocker* selon la plateforme Hootsuit et l'agence WeAreSocial en 2020. Ce chiffre tend à démontrer qu'une partie importante des internautes n'est pas touchée par la publicité digitale, mais aussi que le degré d'acceptabilité des formats digitaux est préoccupant.

IV Les modèles tarifaires

Que ce soit du côté de la régie, de l'agence média ou de l'annonceur, il est essentiel de bien comprendre les modèles tarifaires disponibles lorsque l'on souhaite mettre en place des campagnes publicitaires.

Ils répondent à des stratégies de présence différentes car ils sont très souvent fixés en fonction de l'environnement éditorial dans lequel l'espace est proposé et des objectifs assignés à la campagne.

L'achat au CPM	Le CPM (coût pour mille) consiste à acheter des impressions mesurables dont le standard de facturation est fixé pour 1 000 impressions diffusées. Cela signifie que le paiement vaut réellement le nombre d'impressions exactes qu'une bannière ou une annonce textuelle a sur une page spécifique. L'avantage de cette mécanique tarifaire est que l'environnement de diffusion et les emplacements sont parfaitement maîtrisés et fixés dès l'élaboration du plan média (ce qui n'est pas toujours le cas des autres modes d'achat).
L'achat forfaitaire	Il consiste à acheter un emplacement ou un format qui sera affiché de manière permanente pendant une période donnée. C'est souvent le cas de formats événementiels qui ont besoin d'être intégrés à l'architecture technique du site et dont l'affichage ne peut pas être conditionné ou limité. La facturation ne tiendra pas compte de l'audience (et donc du nombre d'impressions) pendant la durée de la campagne.
L'achat à la performance (CPC, CPL, CPA)	Cette mécanique tarifaire consiste à ne payer que pour une action précisée. Dans ce cas, le média s'engage à diffuser autant d'impressions publicitaires que nécessaire afin de pouvoir générer les actions décidées dans l'accord avec l'annonceur. • **CPC (coût par clic) :** l'annonceur ne paie que le nombre de clics que les internautes ont faits sur les formats publicitaires. Ce mode d'achat est utilisé par les moteurs de recherche pour commercialiser leurs liens sponsorisés proposés en réponse aux recherches des internautes. • **CPL (coût par *lead*) :** le média s'engage à diffuser des formats publicitaires renvoyant vers un formulaire de contact et l'annonceur paie un prix fixé par formulaire rempli. Cette méthode est souvent utilisée pour les formulaires de prise de rendez-vous ou demande de rappel. • **CPA (coût par acquisition) :** le média s'engage à diffuser des formats publicitaires renvoyant vers des promotions ou des pages produits et l'annonceur paie un prix fixé par vente effectuée en ligne.

FICHE RESSOURCE

7

LE MÉDIA TÉLÉVISION ET SA RÉGLEMENTATION

La télévision reste un média incontournable de la consommation médiatique des Français, avec un taux d'équipement élevé et une durée d'écoute quotidienne moyenne très importante, malgré une différence de consommation importante des différentes tranches d'âge de la population. Les régies publicitaires TV jouent un rôle essentiel dans la monétisation de ce média et la diffusion de publicités ciblées. La réglementation de la publicité à la télévision garantit un équilibre entre les intérêts des annonceurs et des téléspectateurs, en veillant à ce que les publicités respectent certaines limites et règles établies par l'autorité française publique de régulation, l'ARCOM.

I Les chiffres clés du média

Chiffres clés Mediapoche
liennathan.fr/fm5yp6

Équipement	6,5 écrans en moyenne par foyer 90,9 % des foyers équipés en téléviseur 45 % des foyers français équipés de 2 postes TV ou plus 68 % de télévision connectée
Usage	3 h 26 par jour : durée d'écoute individuelle de la télévision 77 % de la population est présente devant le téléviseur chaque jour.
Audience	L'*access* et le *prime time* représentent presque la moitié de l'audience quotidienne. Pic d'audience atteint à 21 h 30
Publicité	Durée moyenne d'un spot TV : 21 secondes Budget moyen par annonceur : 6,2 millions d'euros 2 modes de diffusion : • la diffusion *broadcast* intégrant un spot identique dans la diffusion linéaire d'une chaîne. Même spot pour tous les publics ; • la diffusion segmentée qui diffuse des spots différents et ciblés en s'appuyant sur la technologie des box ou des smart TV.

II Les régies publicitaires du média TV

Les 4 régies ci-dessous concentrent la majorité des dépenses publicitaires des annonceurs en TV.

Groupe TF1	Groupe M6	Groupe France Télévisions	Groupe CANAL+
TF1 propose des espaces publicitaires sur ses différentes chaînes de télévision nationales avec leurs déclinaisons digitales, en complément d'espaces publicitaires dans les « Indés Radios » (stations radio locales).	Le groupe M6 propose des espaces publicitaires sur ses différentes chaînes nationales avec leurs déclinaisons digitales, en complément d'espaces publicitaires sur les radios RTL, RTL2 et Fun Radio, ainsi que sur un écosystème digital varié (Déco.fr, CuisineAZ...).	Le groupe France Télévisions gère les activités de la télévision publique en France. Il possède plus d'une vingtaine de marques médias fortes destinées à tous les publics (France 2, France 3, France 5, TV5 Monde...).	Comme ses principaux concurrents, le groupe CANAL+ propose un écosystème plurimédia à travers l'ensemble des chaînes et déclinaisons (sport, cinéma, séries...). La régie présente la particularité de commercialiser les solutions publicitaires soit sur l'offre payante (abonnés) soit sur les émissions « en clair » et en accès gratuit.

Les régies suivantes complètent le panorama des solutions publicitaires proposées par le marché et se partagent le reste des investissements.

Altice media ads&connect	Amaury MEDIA	BEIN REGIE	Paramount

Cependant, la multitude des chaînes de télévision a engendré une fragmentation des audiences, plus volatiles qu'à l'apogée du média.

III Un média très réglementé

La publicité en télévision se traduit par la diffusion de spots publicitaires plus ou moins longs (en moyenne, 21 secondes en 2021) dans des écrans publicitaires positionnés entre 2 programmes. 2 976 annonceurs ont été présents en TV en 2021.

La réglementation limite le temps de publicité	
Pour les chaînes privées	**Pour les chaînes publiques**
• Le temps de publicité ne doit pas dépasser 9 minutes par heure en moyenne quotidienne. • Introduction d'une seconde coupure publicitaire possible dans les films et les œuvres. • Les coupures dans les œuvres cinématographiques ne peuvent pas excéder 6 minutes chacune et doivent être espacées de 20 minutes.	• Le temps de publicité ne doit pas dépasser 6 minutes par heure en moyenne quotidienne. • Elles ne doivent plus diffuser de publicités commerciales après 20 h et jusqu'à 6 h le lendemain matin. • Après 20 h, elles ont le droit de diffuser de la publicité collective et d'intérêt général (écrans limités à 4 minutes).
• L'accès aux spots TV est interdit ou restreint pour certains secteurs d'activité (boissons de plus de 1,2°, tabac, dispositifs électroniques de vapotage, médicaments sur prescription médicale, préparations alimentaires pour nourrissons, produits phytopharmaceutiques, distribution pour des opérations commerciales de promotion, armes à feu). • Respect des règles déontologiques de l'ARPP et obtention obligatoire d'un avis avant diffusion (particularité du média TV). • Respect des obligations légales et réglementaires dont la définition de la publicité (*cf.* décret de 1992).	

1. La TV, version spot publicitaire

Un écran publicitaire est obligatoirement annoncé en entrée et en sortie par un jingle et se compose d'un certain nombre de spots publicitaires plus ou moins longs, devant remplir l'intégralité du temps accordé à l'écran. Certains emplacements au sein d'un écran sont plus prisés que d'autres, notamment ceux situés juste après le jingle d'entrée et juste avant le jingle de sortie. Ceux-ci sont appelés « emplacements préférentiels », car ils sont généralement plus visibles et mémorisables que les autres spots qui composent le tunnel de publicité.

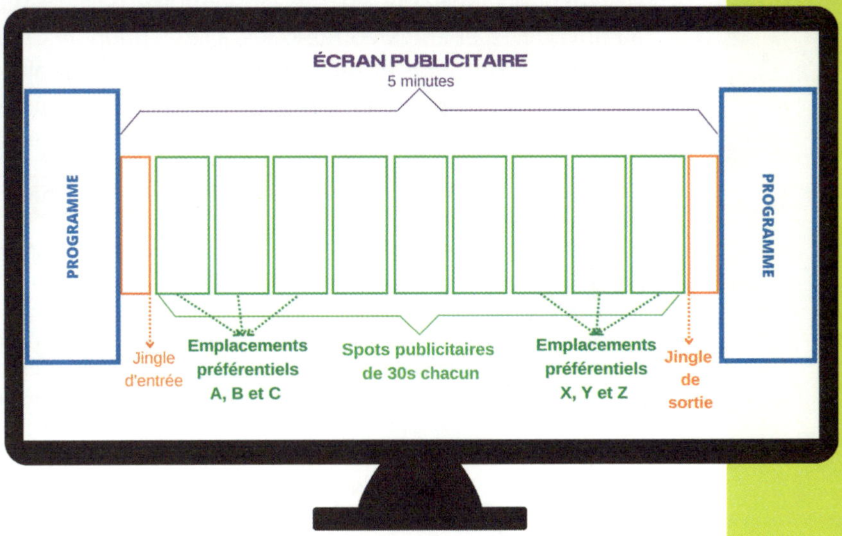

2. Le calcul du prix d'un spot TV

Il existe une segmentation des diffusions des écrans publicitaires en fonction des moments de la journée. En effet, les audiences n'étant pas équivalentes tout au long d'une journée, les régies publicitaires se sont accordées, sous l'égide du SNPTV (Syndicat national de la publicité télévisée) qui les représente, pour découper celle-ci en tranches horaires (*cf.* tableau ci-contre). L'*access* et le *prime time* représentent près de la moitié de l'audience quotidienne.

Day time	Entre 6 h et 18 h
Access time	Entre 18 h et 20 h
Peak time	Entre 20 h et 22 h
Night time	Entre 22 h et 6 h

Le tarif de vente d'un emplacement publicitaire en télévision est complexe et va dépendre :
- de la tranche horaire de diffusion ;
- de l'audience de l'écran publicitaire choisi ;
- de la cible (plus la cible est spécifique, plus celle-ci est onéreuse) ;
- de la durée du spot (plus un spot est long, plus il coûte cher) ;
- des programmes autour desquels l'écran est positionné ;
- de la position du spot au sein de l'écran.

FICHE RESSOURCE

8

FORMATS PUBLICITAIRES ET MODES D'ACHAT DU MÉDIA TÉLÉVISION

I Les formats publicitaires

1. Le partenariat avec un programme court

Il consiste à associer l'image d'une marque à celle d'un programme phare d'une chaîne à travers des *billboards* positionnés en amont et en aval des écrans publicitaires.

Le but pour la marque est de bénéficier du carrefour d'audience régulier ainsi proposé, généralement sur une longue période, afin de booster la mémorisation de son message publicitaire.

EXEMPLE : en 2021, l'annonceur Paylib devient partenaire de *Koh-Lanta* sur TF1 pour promouvoir son système de paiement entre amis à travers un certain nombre de spots très courts (6 secondes en moyenne) reprenant les codes du programme, et diffusés juste avant ou juste après le jingle annonçant la publicité. On parle de « fil rouge » car l'émission *Koh-Lanta* dure environ 12 semaines.

2. Le placement de produit

Exemple : Les atouts du placement de produit dans une fiction de TF1...
liennathan.fr/toaspx

Le placement de produit est une forme de communication consistant à intégrer, dans la logique de la narration, ou simplement en y faisant référence, un produit, un service ou une marque dans un programme audiovisuel ou des publications sur les réseaux sociaux moyennant paiement ou autre contrepartie. Il est autorisé dans les œuvres cinématographiques, les fictions audiovisuelles et les vidéomusiques, à l'exception de celles destinées aux enfants. Il existe aussi des secteurs interdits et un certain nombre de contraintes déontologiques et réglementaires. Le placement de produit est signalé par un pictogramme pendant une minute au début d'une émission, après chaque interruption publicitaire et pendant toute la durée du générique.

Avantages pour l'annonceur	Avantages pour le réalisateur/producteur
• Modèle non interruptif • Présentation contextualisée du produit et du service dans un contexte éditorialisé • Association du produit ou de la marque aux valeurs et à l'univers de l'émission • Profiter de la puissance de certaines audiences télévisées • Plusieurs possibilités : placement de produit statique (on voit le produit) ou dynamique (produit utilisé ou cité)	• Financement complémentaire du budget de réalisation • Accroissement du réalisme de l'émission ou du film • Choix des marques qui figureront dans son œuvre • Possibilité de ne pas intégrer au montage les plans tournés avec un placement de produit (*final cut* du réalisateur en France, contrairement aux États-Unis) • Qualifier les personnages, leur donner une personnalité et un style de vie propre

3. La dotation

La dotation est un autre moyen de faire connaître son produit ou sa marque en proposant un produit en tant que lot qu'un ou plusieurs candidats pourront remporter dans une émission de télévision ou *via* un jeu-concours. Ainsi, 72 % des téléspectateurs exposés aux dispositifs de dotation souhaitent se renseigner sur les produits présentés (source : Iligo pour FTP 2020).

II Un média, deux modes d'achat

L'achat spot à spot	L'achat au coût GRP garanti (indicateur de référence en publicité TV)
L'agence média choisit chaque espace publicitaire en fonction de certains critères, notamment liés au volume et à la structure de l'audience. • Quel média ? • Quel support ? • Quelle heure de diffusion ? • Quelle place pour le spot dans le tunnel ?	L'agence média fixe un budget et un objectif en termes de GRP. La régie a la responsabilité de sélectionner les espaces publicitaires afin d'atteindre les objectifs fixés par l'agence.

FICHE RESSOURCE

9

LA PUBLICITÉ EXTÉRIEURE

I Un média particulier

La publicité extérieure est un média particulier pour plusieurs raisons :

Chiffres clés Mediapoche
liennathan.fr/fm5yp6

- il est souvent implanté sur le domaine public ;
- les sociétés de communication extérieure reversent localement près de la moitié de leurs recettes sous forme de taxes aux collectivités, de loyers à des dizaines de milliers de particuliers pour la location d'emplacements et de redevances aux régies de transport public ;
- il est le seul média soumis au Code de l'environnement ;
- il créait seul son audience jusqu'à une période récente ;
- l'entreprise JCDecaux est le leader mondial de la communication extérieure.

II Le modèle économique de la publicité extérieure

Un appel d'offres public	• Mise en concurrence • Avant de pouvoir proposer de l'espace publicitaire aux annonceurs, les régies OOH (*Out of Home*) doivent pouvoir implanter leurs panneaux sur les territoires en répondant à des appels d'offres émis par les collectivités. • À l'issue de ceux-ci, des contrats sont établis entre les collectivités et les régies de publicité extérieure.
Une redevance versée à la commune	• Les emplacements sur lesquels les mobiliers sont positionnés sont loués par les collectivités aux régies en échange d'une redevance. Celle-ci peut être fixe ou correspondre à un pourcentage du chiffre d'affaires généré par ces panneaux. • Cette redevance est ensuite réinjectée par les collectivités dans la modernisation de leurs communes (mobiliers urbains, places en crèche, gestion des déchets, construction ou rénovation de terrains de sport…).
Des espaces à disposition pour la communication publique	Ces panneaux servent de moyens de communication : – pour les marques qui y achètent de l'espace publicitaire ; – pour les mairies qui communiquent auprès de leurs administrés.
Le Code de l'environnement	Le cadre légal a pour but de concilier, au niveau national, la liberté d'affichage avec la protection du cadre de vie, et notamment du paysage.
Le règlement local de publicité (RLP)	Ce document d'urbanisme est rédigé sous l'autorité du maire et approuvé par le conseil municipal. Il permet d'adapter la réglementation nationale à une situation locale.

1. D'une logique d'implantation de panneau à une logique de construction de réseau

Une fois les panneaux publicitaires disposés au sein des collectivités, ceux-ci sont regroupés au sein de réseaux pour faciliter leur commercialisation. Ces réseaux peuvent être constitués selon différentes logiques :

Une stratification de communes	> à 100 000 habitants, < à 50 000 habitants…
Une situation géographique	Commune, département, région En fonction de la topographie (département maritime, montagnard…)
Les univers qu'ils couvrent	La rue, les transports, les centres commerciaux…
La typologie de population qu'ils touchent	PCS+, familles avec enfants, actifs…
Leurs formats	1 m², 2 m², 4 m², 8 m², 12 m², DOOH…

On parle d'un média « d'interception » dont chaque format possède ses propres caractéristiques.

2. Les différents formats

Il existe différents types de formats de publicité extérieure :
- l'affichage grand format ;
- l'affichage transport ;
- le mobilier urbain ;
- le DOOH.

Tous ces formats (excepté le DOOH) peuvent être fixes ou déroulants sur plusieurs faces et être affichés de chaque côté du panneau (lorsqu'ils ne sont pas muraux) :

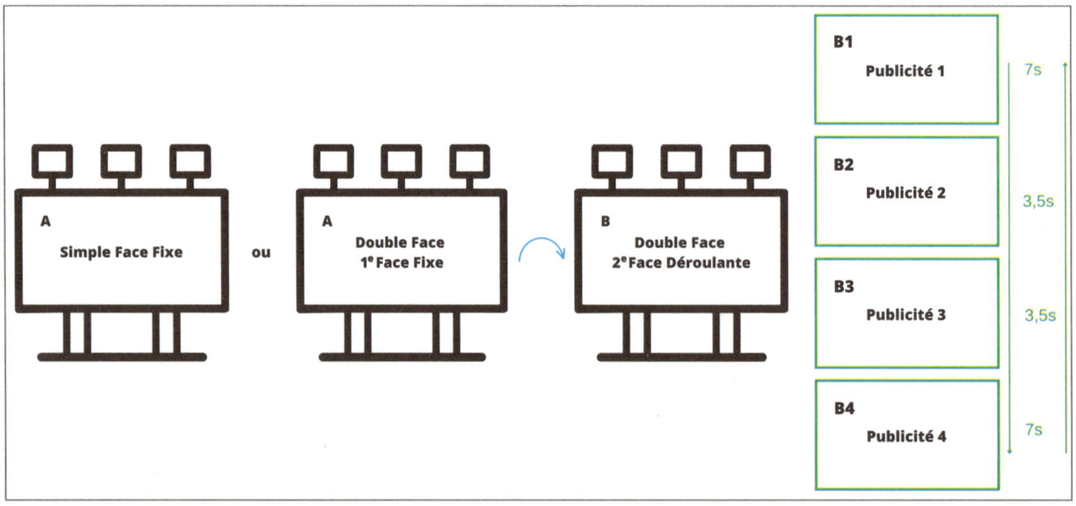

3. Les régies spécialisées en publicité extérieure

4 régies historiques se répartissent la majorité des recettes publicitaires en communication extérieure :

JCDecaux	Inventeur du mobilier urbain et notamment de l'abribus, numéro un mondial
Giraudy	Spécialisé dans les grands formats et depuis peu dans les commerces de proximité
Mediatransports	Spécialisé dans les transports en commun parisiens et en région, possédé par JCDecaux et le groupe Publicis
Clear Channel	Présent dans 23 pays à travers le monde, numéro 2 mondial

L'arrivée du DOOH a généré une multitude de nouveaux acteurs qui se sont implantés dans différents lieux de vie :

Dans les centres commerciaux et les galeries marchandes		Dans les transports en commun	Dans les commerces de proximité	
Clear Channel Smartmedia	Instore Media Imediacenter	Mediatransports Clear Channel JCDecaux	JCDecaux Clear Channel DoohYouLike	Futuramedia Retailink Phenix Groupe

4. Les instances qui représentent ces régies

Toutes ces régies sont représentées par 2 instances :

L'UPE (Union de la publicité extérieure)	Le SNPE (Syndicat national de publicité extérieure)
Leur mission est de défendre leurs intérêts et d'opérer les transformations des fondamentaux du média (mesure d'audience, responsabilité environnementale…) au regard des besoins des marques et des attentes des citoyens.	

FICHE RESSOURCE 10

LE MÉDIA AUDIO ET LE MÉDIA CINÉMA

I Le média audio

1. Un média fragmenté mais qui reste puissant

La radio est un média puissant, qui rassemble 40 millions d'auditeurs chaque jour. L'étude EAR de Médiamétrie montre que 71 % de la population écoute chaque jour la radio en moyenne 2 h 36 par jour.

En France, les radios sont financées soit sur fonds publics (groupe Radio France), soit exclusivement par la publicité (RTL, Europe 1…) ou par des associations (Fréquence Plus RTS au Creusot, par exemple). L'offre de radios en France est très diverse. Plus de 1 000 opérateurs privés et publics émettent dans l'Hexagone et l'outre-mer, dont plus de 20 % sont issus d'associations.

Les Indés Radios, le couplage de 129 radios locales ou régionales commercialisé par la régie TF1 Pub

https://tf1pub.fr

Les autorisations d'émettre et le contrôle des contenus des radios françaises sont 2 missions que les pouvoirs publics délèguent à l'ARCOM. Une convention fixe leurs obligations, notamment en matière de contenu de programme, de publicité et de proportion de chansons françaises, convention mise au point dans un cadre législatif dont les derniers ajustements structurants datent de 1986, 1994 et 2016.

La radio a longtemps été considérée comme un média d'accompagnement, c'est-à-dire qu'à la différence des autres médias, elle était la seule à être majoritairement écoutée en accompagnement d'une autre activité (trajets automobiles, occupations domestiques…). L'essor du *multitasking* (faire plusieurs choses en même temps) conduit cependant régies et annonceurs à reconsidérer plus globalement l'« économie de l'attention ».

Chiffres clés Mediapoche
liennathan.fr/fm5yp6

2. Le taux d'équipement et la modification des usages d'écoute

L'audio se digitalise à grande vitesse, à l'instar des autres médias. Les supports digitaux (smartphones…) constituent plus de la moitié de la consommation quotidienne de contenus audio et atteint même 71 % du volume d'écoute après 21 h. Au-delà de la modification des modes d'écoute, la digitalisation a eu un impact sur les contenus radiophoniques. On parle d'ailleurs aujourd'hui plutôt de média « audio » ou « audio digital » que de « radio ». Ce terme désigne :

- les écoutes radio effectuées depuis Internet ;
- les *podcasts* (*replay* d'émissions ou contenus spécifiques nommés « *podcasts* natifs », qu'ils soient produits par des radios ou produits et monétisés par des plateformes indépendantes telles que Majelan, Ausha, Acast…) ;
- les autres diffusions de contenus ou musiques effectuées sous forme exclusivement audio par le biais d'un canal de diffusion digital (par exemple, Deezer ou Spotify).

De la même façon qu'en *display* Internet, l'audio digital permet de cibler, de diffuser et de personnaliser les messages, et la commercialisation des espaces peut se faire sous forme programmatique. La crise sanitaire de 2020-2021 a accéléré la mutation des modes d'écoute de la radio. Une étude de 2020 du CSA (à présent ARCOM) montrait que 99 % des foyers étaient équipés de supports permettant d'écouter la radio. Les supports cités sont l'autoradio (49 %), le téléphone mobile (37 %) et la chaîne Hi-Fi (28 %).

3. « La bande-son de votre vie »

Selon l'étude Médiamétrie Global Audio 2023, 84 % des 15-80 ans, soit 42 millions d'individus, écoutent au moins un contenu audio chaque jour et près de la totalité des Français en écoutent un au moins une fois par mois (97 % des 15-80 ans). Les Français écoutent particulièrement des contenus audio le matin avant midi (40 % du volume d'écoute total de la journée) et les jeunes (15-24 ans) en soirée (39 % de leur consommation audio totale est réalisée entre 18 h et minuit). La musique constitue les deux tiers des contenus audio écoutés chaque jour (67 %), contre un tiers pour les contenus « parlés ». La radio, écoutée en direct ou en *podcast*, représente 58 % du volume total de la consommation audio chaque jour.

4. L'audio digital prend de l'ampleur, particulièrement auprès des jeunes

L'audio digital est particulièrement apprécié des Français de moins de 35 ans. Selon l'étude Médiamétrie Global Audio 2023, le recours au *streaming* musical sur les plateformes audio et vidéo représente 59 % du volume d'écoute audio quotidien de cette tranche d'âge. Les jeunes apprécient également particulièrement les *podcasts*, qui fédèrent près de 20 millions d'auditeurs mensuels. Ils utilisent aussi maintenant l'audio pour les assister, à travers les assistants vocaux mais aussi des technologies de synthèse vocale.

II Le média cinéma

1. Retrouver les salles obscures

Dans sa dernière enquête sur la fréquentation des salles de cinéma, le Centre national du cinéma et de l'image animée (CNC) comptabilise 19,01 millions de spectateurs en salle en France pour le mois d'avril 2023, contre 18,22 millions en avril 2019. La fréquentation du média cinéma a donc rattrapé et dépassé ce qu'elle était avant la pandémie, portée par l'innovation technologique (notamment les systèmes 4DX et ICE) et la « premiumisation » des salles.

Chiffres clés Mediapoche
liennathan.fr/fm5yp6

Baromètre du public des salles de cinéma
liennathan.fr/4rg7it

2. Les régies : des offres packagées nationales et locales

4 principales régies se partagent le territoire français :

	% des entrées nationales[1]	Nombre de salles et multiplex[2]	Nombre d'écrans[2]	Nombre de villes[2]
Médiavision (cinémas Pathé, Gaumont, MK2…)	80	315	1 807	251
CANAL+ Brand Solutions (cinémas UGC)	15	50	521	1er réseau d'Île-de-France, 2nd réseau urbain de France. Pas de caractérisation quantitative
Censier Publicinex Principalement salles d'« Art et Essai »	5	560	2 049	620
SEP	Données non disponibles	Données non disponibles	2 000	Données non disponibles

1. Données Statista – 2. Données régies

3. Le cinéma, un média qui offre des conditions d'attention optimales

Au cinéma, le taux de mémorisation publicitaire est évalué à 75 %. La France a le niveau de fréquentation des salles le plus haut d'Europe.
Parce que leur capacité de ciblage géolocalisé intéresse les annonceurs locaux, les régies se sont adaptées pour proposer des opérations spéciales événementielles et des studios de création intégrés. Hors opération spéciale ou autopromotion du réseau, la durée moyenne d'un film publicitaire au cinéma est de 20 secondes. Les annonceurs peuvent choisir des offres packagées en fonction de critères géographiques ou sociodémographiques.

Identifier les spécificités de la commercialisation de l'espace publicitaire d'un média public

Dans le cadre de votre stage à l'Union des marques, vous avez entendu la présentation de la régie Radio France Publicité et avez été particulièrement intéressé(e) par l'offre de *podcast*. Afin de mettre toutes les chances de votre côté pour obtenir votre prochain stage dans cette régie, vous décidez d'approfondir vos connaissances sur les spécificités de l'offre publicitaire d'un média public.

Fiche ressource 10

1. Expliquer la signature de la régie Radio France : « L'espace préservé » dans son kit média.
2. Identifier les principales contraintes réglementaires qui encadrent l'activité publicitaire sur les ondes publiques.
3. Expliquer pourquoi les radios privées se mobilisent, par la voix de leurs organisations professionnelles, et se préoccupent du financement de l'audiovisuel public.
4. Préciser en quoi les études sont des outils indispensables au service marketing de la régie pour construire ses offres.
5. Démontrer que ces offres ne sont pas uniquement packagées autour d'une logique d'affinité.
6. Expliquer avec quel argument principal le service marketing peut valoriser le mode d'écoute en *replay*.

Document 1 Présentation de la régie Radio France et de son offre

Radio France diffuse de la publicité sur ses ondes dans le respect d'un cadre réglementaire qui vise à préserver la qualité d'écoute des antennes.

Le financement de Radio France	83,11 % de dotation publique en 2022. Les 16,9 % restants proviennent de ressources propres, principalement issus de la publicité et des activités de diversification développées par Radio France (billetterie, location d'espaces…).
Les antennes sur lesquelles la publicité est diffusée	Seules les antennes de France Inter, Franceinfo et France Bleu sont concernées. La diffusion de messages publicitaires n'est pas autorisée sur les antennes de France Musique, France Culture, FIP et Mouv'. Le parrainage est cependant autorisé sur ces antennes. Ces stations offrent un contexte éditorial de qualité et un faible encombrement publicitaire.
L'offre de *podcast*	Certaines stations comme France Culture n'ont pas accès, de par leur cahier des charges, à la publicité classique mais ont développé des offres de parrainage de *podcast* (citation du parrain + *pre-roll*).
Le volume de publicité autorisé	Sur la tranche 7 h/9 h, la publicité ne peut pas excéder 3 minutes en moyenne annuelle par jour.
Les secteurs interdits	Les messages relatifs aux boissons alcoolisées et aux opérations commerciales de promotion du secteur de la distribution sont interdits.
La durée moyenne maximale par jour et par chaîne	La durée motenne maximale par jour et par chaîne est limitée à 17 minutes, calculée pour chaque trimestre.
Les formes de la communication publicitaire	La publicité classique est ouverte à tous les annonceurs (décret de 2016). En matière de parrainage, la citation peut comporter le nom, la raison sociale de l'entreprise et/ou ses noms commerciaux et/ou ses enseignes et/ou ses noms de domaine, ainsi qu'une définition de l'activité. Hors tabac, alcool et médicaments.

Document 2 Audio digital, tensions entre les acteurs publics et privés sur le marché publicitaire

[…] Rappelons que depuis le décret du 5 avril 2016 (et l'accès de Radio France à la publicité commerciale), la part du groupe public sur le marché publicitaire ne cesse de croître, passant de 6 % en 2016 à 9,1 % en 2020 dans un marché publicitaire de la radio en baisse. […]

La réforme de la contribution à l'audiovisuel public est une opportunité pour redéfinir les missions de l'audiovisuel public et son mode de financement. Les radios commerciales privées représentées par le BDR[1] et le SIRTI[2] demandent que la solution mise en œuvre finance Radio France dans son intégralité sans aucun recours à la publicité commerciale. Il est en effet essentiel de bien différencier les acteurs publics et privés. […]

Média de confiance pour les auditeurs, la radio est un vecteur majeur de découverte musicale, d'information, des compétitions sportives, du divertissement, ou encore de l'actualité locale et de la vie associative dans les territoires. Il faut maintenir l'équilibre et la complémentarité entre les médias publics et privés, pour que la radio séduise toujours plus les Français, et préserver le pluralisme du paysage audiovisuel.

1. À propos du Bureau de la radio (BDR) : le BDR représente les 4 grands groupes radiophoniques privés M6 (RTL, RTL2, Fun Radio), NRJ (NRJ, Nostalgie, Chérie FM, Rire et Chansons), Altice Media (RMC, BFM Business), Lagardère News (Europe 1, RFM, Virgin Radio).

2. À propos du SIRTI : le SIRTI est le syndicat des radios indépendantes. […]

https://sirti.info, 10 mai 2023.

Document 3 Extrait de la présentation : L'espace préservé – Radio France

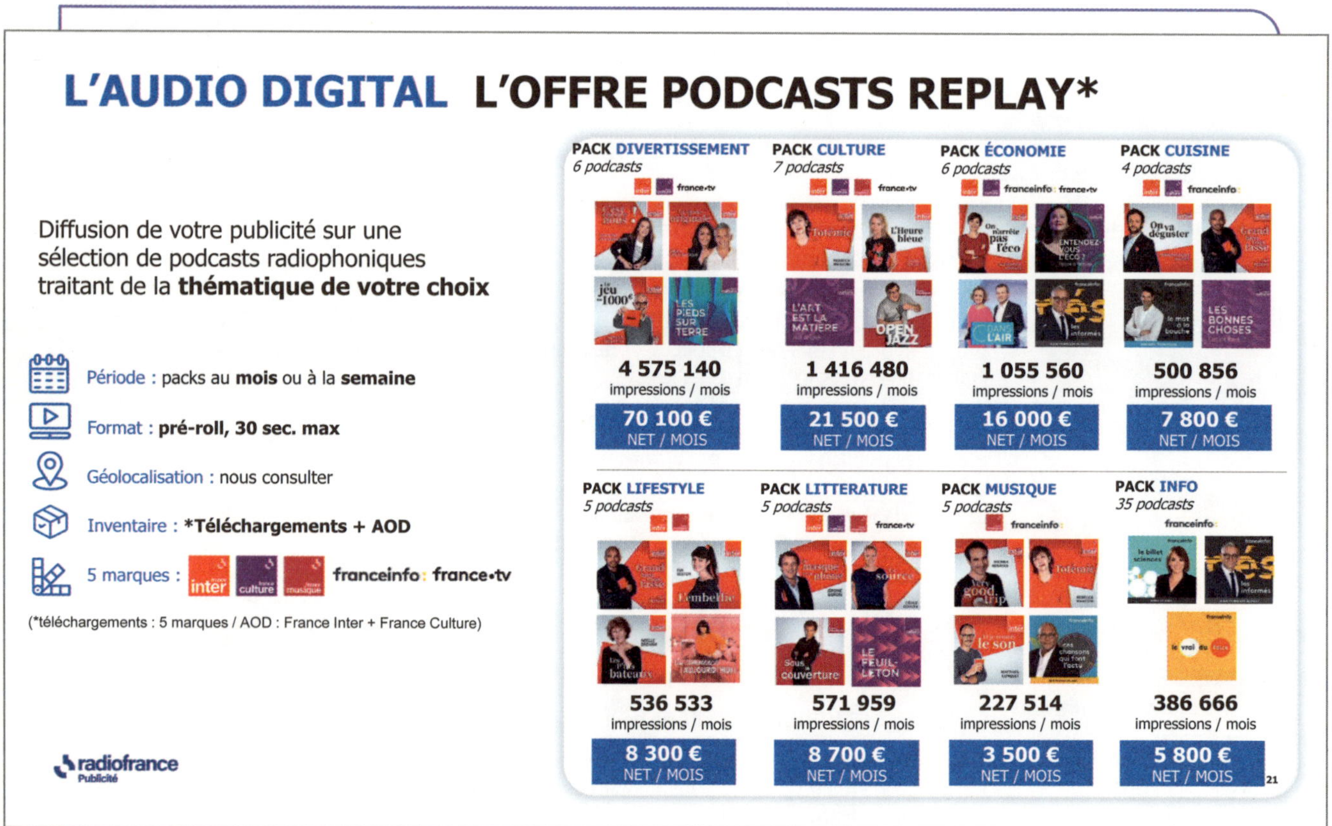

www.radiofrance.com

L'espace préservé – Radio France
liennathan.fr/9vj06y

CHAPITRE 7

Prendre appui sur la démarche marketing pour construire des offres médias innovantes

Compétences professionnelles
- Apprécier la pertinence des solutions innovantes repérées
- Adapter ces innovations et construire l'offre
- Mettre en œuvre une démarche marketing pour positionner l'offre

Savoirs associés
- Le SIM (Système d'Information Marketing)
- L'innovation et son intégration à l'offre
- L'offre des régies publicitaires
- La relation avec les prestataires et les partenaires
- La démarche marketing des régies, des agences médias ou des agences digitales
- Le positionnement de l'offre

Contexte professionnel

Vous effectuez un stage au sein du service marketing de Retailink, régie publicitaire omnicanale commercialisant les inventaires publicitaires du groupe Fnac-Darty. Le groupe compte 750 magasins et se situe à la 2e place du e-commerce en France.

Cette régie, composée de 35 collaborateurs, propose différents types de solutions publicitaires (digital, *data* CRM, *content*, affichage, social).

Elle a aussi lancé la plateforme MyRetailink en 2021, solution intégrée de partage de données omnicanales et d'activation média. Ce stage sera pour vous l'occasion :
- de découvrir le *retail media* et ses enjeux *data*, un marché très innovant qui connaît une forte dynamique avec le lancement de nombreuses offres publicitaires ;
- de cerner les modalités de l'intégration des innovations dans les offres médias et digitales ;
- de comprendre les enjeux de la plateformisation de l'offre ;
- d'analyser les démarches marketing mobilisées pour lancer des offres innovantes ;
- de comprendre les enjeux des partenariats stratégiques.

RETAILINK BY FNAC DARTY

https://retailink.fr

Fnac Darty crée Retailink
liennathan.fr/07hg7j

Sonos Era : l'omnicanalité hypnotisante
liennathan.fr/m1w16b

Vidéo : Les ambitions de Retailink by Fnac Darty
liennathan.fr/7n7ppq

Comprendre le contexte

1. À partir du lexique, retrouver les définitions de « *retail media* », « régie omnicanale », « monétisation » et « stratégie 360° ».
2. Expliquer pourquoi les marques (fabricants) sont souvent en difficulté pour collecter des données de leurs propres clients.
3. Préciser les ambitions de la régie Retaillink.
4. Lister les formats commercialisés par la régie Retailink en les catégorisant.
5. Identifier pour le client Sonos 3 formats activés par la régie et préciser à quels objectifs de communication ils répondent.

1 Analyser l'intégration des innovations dans les offres médias et digitales des régies publicitaires

Votre tuteur vous demande de prendre connaissance des modalités utilisées par les régies publicitaires pour intégrer des innovations dans leurs offres médias et digitales. Il vous conseille de vous intéresser particulièrement au *brand content*, à l'offre 6Scan, au *content commerce* et à quelques opérations spéciales (OPS).

Documents 1 à 7
Fiche ressource 1

1. Préciser en quoi la gamification et la géolocalisation sont des innovations intéressantes pour les annonceurs.
2. Expliquer les différentes utilisations publicitaires de l'offre 6Scan.
3. Indiquer pourquoi les régies présentent leurs innovations devant les annonceurs et les agences médias.
4. Indiquer les atouts d'une stratégie de *content commerce*.
5. Lister des exemples d'opérations spéciales (OPS) et expliquer en quoi elles sont innovantes.
6. Préciser pourquoi les agences médias sont souvent à l'initiative des campagnes innovantes.
7. Expliquer pourquoi les partenariats stratégiques se multiplient dès qu'il est question d'offres innovantes ou de *data*.

Document 1 Panorama des innovations intégrées dans les offres des principales régies TV adhérentes du SNPTV en 2023

Innovation de format	**france•tvpublicité :** format gamifié phygital (terrain, digital, média) développé avec la start-up Play'Ads et testé lors du dernier Tour de France avec E.Leclerc. **Altice Media Ads & Connect :** l'offre Morning Reach permet aux annonceurs d'accéder aux 13 matinales d'information (BFMTV, RMC Découverte, RMC Story, les 10 BFM Régions) en un écran publicitaire unique.	
Innovation de ciblage	**Régie TF1PUB :** Météoflex pour les marques météo-sensibles et une adaptation possible des messages en géolocalisation.	
Innovation RSE	**Régie TF1PUB :** • extension du dispositif Ecofunding aux campagnes de parrainage, 100 % financés par le groupe TF1, pour réaliser et diffuser des campagnes de sensibilisation sur les labels et les critères d'impacts environnementaux recommandés par l'ADEME (Agence de la transition écologique) sur les chaînes du groupe ; • My[Screen] Made in France pour mettre en valeur les produits et services fabriqués en France. Les spots sont diffusés dans les conditions d'un écran exclusif et encadré par un jingle pub thématique « Made in France » de 3 secondes. **CANAL+ Brand Solutions :** écran pour les produits et services qui prolongent la durée de vie des objets et création d'une étiquette carbone pour les campagnes créées par Canal Brand Factory afin de sensibiliser les annonceurs à l'impact écologique de leurs dispositifs publicitaires et de proposer des pistes de création décarbonée.	
Innovation technologique	**Régie TF1PUB :** Metaroom TF1, espace virtuel mis au service des clients. **CANAL+ Brand Solutions :** Meta-Première, avant-première dans le métavers qui permet à l'utilisateur d'entrer dans l'univers de l'annonceur.	
Innovation Opérations spéciales (OPS)	**TF1 PUB :** innovations dans les opérations spéciales grâce au partenariat avec les centres commerciaux Unibail-Rodamco-Westfield.	**M6 Publicité :** • création de synergies TV/social en signant des partenariats avec les réseaux sociaux ; • offre 6Scan : permet d'afficher un QR Code qui peut rediriger vers un site e-commerce, un filtre de réalité augmentée ou un *chatbot*.

Document 2 — Pour chaque régie, de multiples axes d'innovation

Aurore Domont, présidente de MEDIA FIGARO, a [explicité lors des Rencontres Médias 2022] la promesse de la régie : déployer des dispositifs de communication à forte valeur ajoutée, à même de créer l'engagement et l'attention, grâce au médiaplanning citoyen. Ceci autour de 4 axes d'actions :

- construire ensemble une communication plus responsable. La régie a ainsi détaillé sa feuille de route RSE conçue et déployée en lien étroit avec ses clients et les interprofessions (Union des marques, AACC, UDECAM...) ;
- diffuser les messages de nos clients dans des contextes de sens et d'engagement, indissociables des grands médias. Des contextes qui permettent aux marques de parler aux consommateurs citoyens, là où ils sont les plus à même d'écouter. En témoignent les enseignements du Baromètre de la communication responsable, lancé par la régie en septembre 2020 et fort de près de 200 campagnes et de nombreux *insights* sectoriels ;
- utiliser une *data* [...] propriétaire et respectueuse. S'appuyant sur sa *first party data* (39 millions de profils), MEDIA FIGARO a notamment fait le choix d'une nouvelle DMP [...] permettant d'optimiser les stratégies de ciblages sémantiques et *cookieless* ;
- imaginer des expériences publicitaires créatives et engagées.

https://themedialeader.fr, 23 septembre 2022.

Document 3 — Intégrer des solutions innovantes de *brand content*

Les régies montent en puissance sur la production de contenus, vue comme une parade à la crise de l'attention publicitaire. Elles l'intègrent comme levier de performance, et même parfois comme générateur de ventes [...]. Reworld Media Connect, la régie du groupe Reworld : [sur] 90 personnes, 15 [personnes] s'y consacrent à temps plein. « Le *brand content* représente 30 % de nos revenus », souligne Élodie Bretaudeau-Fonteilles, directrice générale de la régie. À Prisma, Karl Pilotte dirige désormais le département PMS Creative, une cellule de 30 personnes qui regroupe l'intégralité des expertises *brand content*. [...] Au *Figaro*, Alexandre Faure, ex-Edelman, a pris la tête [...] de 14H, l'agence éditoriale et créative de la régie MEDIA FIGARO. [...]

Le *brand content* offre aux annonceurs une approche complémentaire de celle de la publicité classique. « On prend le temps de raconter une histoire, avec des arguments, des détails. On est capable de développer une opinion et de créer de l'émotion », revendique Alexandre Faure. Ces vertus, en ces temps de « crise de l'attention », sont recherchées. « Plus de la moitié des Français souffrent de fatigue informationnelle. Nous, en tant que service public, nous nous devons de cultiver l'attention au niveau éditorial mais aussi en matière de publicité. Nous devons travailler sur notre proposition, en privilégiant l'expérience utilisateur », pointe Virginie Sappey, directrice marketing et études de france•tvpublicité. [...]

Conquérir de nouvelles cibles

Le *brand content* est ainsi devenu un élément central de l'offre des régies. [...] Pour Karl Pilotte, « un tournant s'opère ». « Le *brand content* a très longtemps été considéré pour faire joli dans une vitrine ou monter sur la scène du Grand Prix Stratégies. Aujourd'hui, il a pris une dimension

de performance. Il s'agit de le rendre efficace sur les notions de préférence de marque et d'engagement », argumente-t-il. L'opération menée chez Prisma pour Hyundai, qui associe le constructeur au magazine *GEO via* un générateur d'itinéraires de courses à pied baptisé « *Run to explore* », est validée par des temps d'attention moyens allant jusqu'à 8 minutes. Des post-tests *ad hoc* permettent aussi de vérifier la pertinence du recours au *brand content*. [...]

Du *brand content* au *content* du commerce

L'attrait des annonceurs pour la notion de performance se lit aussi dans la montée en puissance du *content to commerce*. Il ne s'agit plus de contenu de marque, mais d'un contenu commercial permettant à un internaute d'être mis en relation avec le site de l'annonceur ou une *marketplace*. Les contenus prennent la forme de bons plans, de comparatifs ou de guides d'achat. Les éditeurs les plus en pointe sont Ouest-France, Le Parisien, 20 Minutes, Reworld ou encore, pour la tech, Frandroid. [...]

V-X Morvan, www.strategies.fr, 10 juillet 2023.

Document 4 Intégrer des solutions innovantes de format publicitaire

TF1 Live, la cellule OPS et Entertainment de TF1PUB, poursuit sa politique d'innovation publicitaire avec le lancement du My[Screen] Made in France : un nouveau format TV premium pour mettre en lumière les produits dont la fabrication a été réalisée en France.

La régie du groupe TF1 enrichit sa gamme de Creative Screens, pensée pour proposer des expériences publicitaires impactantes [...]. Avec cette offre spéciale Made in France, les marques ont la possibilité de valoriser la provenance française de leurs produits grâce à un écrin publicitaire unique. Le principe ? Leur spot est diffusé dans les conditions d'un écran exclusif et encadré par un jingle pub thématisé « Made in France » de 3 secondes. Une opportunité unique de se démarquer des autres annonceurs présents dans l'écran publicitaire et de favoriser la mémorisation du message. [...] À l'heure où les Français sont de plus en plus sensibles à l'origine des produits et services qu'ils consomment, le My[Screen] Made in France est une solution clé en main pour les annonceurs qui souhaitent communiquer sur la dimension locale de leur production avec une prise de parole puissante et engageante qui suscite particulièrement l'attention des téléspectateurs. [...]

https://tf1pub.fr, 14 décembre 2022.

Document 5 Ces partenariats qui nourrissent l'innovation

TF1 Live, la cellule OPS et *brand content* de TF1PUB, et Unibail-Rodamco-Westfield (URW), leader de l'immobilier commercial avec 82 centres de shopping dans le monde, [ont mis en place] un **partenariat inédit autour de la commercialisation conjointe d'offres publicitaires cross-média.**

L'objectif : proposer aux marques d'activer des opérations spéciales créatives et expérientielles – combinant la force de frappe d'URW sur le terrain et la puissance de couverture média du groupe TF1 – afin d'accompagner les consommateurs sur tout leur parcours d'achat. Ce partenariat inédit permet ainsi à un annonceur d'opérer un mix média 360° en développant une expérience terrain événementielle dans un centre commercial Westfield, conjuguée à une médiatisation innovante et multi-touch points sur les supports plurimédias des groupes TF1 et URW. [...]

1. Un **événement hybride** pour vivre une expérience immersive, en physique comme en digital.

Exemples	
• Organisation d'un jeu-concours pour offrir des accès exclusifs à un événement de marque • Mise en place d'un plan média pour promouvoir l'événement	• Réalisation d'un événement comme un showcase ou défilé, diffusé sur les assets de TF1 et URW • *Replay* de l'événement

2. Des ***pop-up stores*** et du ***Live Shopping*** pour valoriser et tester de manière ludique un produit ou service.

Exemples		
Diffusion d'une vidéo d'annonce de l'événement [...] sur les supports de TF1 et URW	Opération de *Live Shopping* depuis un stand de marque ou *pop-up store* installé dans un centre Westfield	Retransmission en *live* et *replay* en capsules vidéo

3. De l'**échantillonnage** pour générer de l'essai, de la recommandation et de la conversion.

Exemples	
• Diffusion d'un spot cliquable invitant à remplir un formulaire de demande d'échantillon • Déploiement de stands dans plusieurs centres commerciaux Westfield pour faire tester un produit	• Distribution de bons de réduction pour générer immédiatement du *drive-to-store* • *Retargeting* avec offre promotionnelle

4. Une **activation sous licence** pour jouer avec les codes d'une émission ou marque du groupe TF1.

Exemples	
• Création d'un *happening* ou activation d'une animation interactive pour engager le public autour d'un programme TF1 • Mécanique de jeu-concours avec dotations à la clé	• Captation vidéo pour revivre l'événement et le faire rayonner • Au-delà du potentiel créatif de cette alliance, la complémentarité des médias des groupes TF1 et URW permet de créer une synergie unique au service de l'efficacité des campagnes des marques [...].

https://tf1pub.fr, 31 août 2022.

Document 6 Intégrer des solutions technologiques innovantes

6Scan – Réalité augmentée : le téléspectateur peut démarrer une expérience en réalité augmentée. *Via* l'appareil photo du smartphone, le produit est projeté dans l'environnement du téléspectateur. Il a la possibilité de modifier la taille de l'objet et de le déplacer dans l'espace.

PUBLICITÉ

Vidéo : 6Scan réalité augmentée et Camif - M6 Publicité
liennathan.fr/8vc6g7

Vidéo : Spotted! - Formats, usages : la publicité TV accélère sa mutation
liennathan.fr/5wwbll

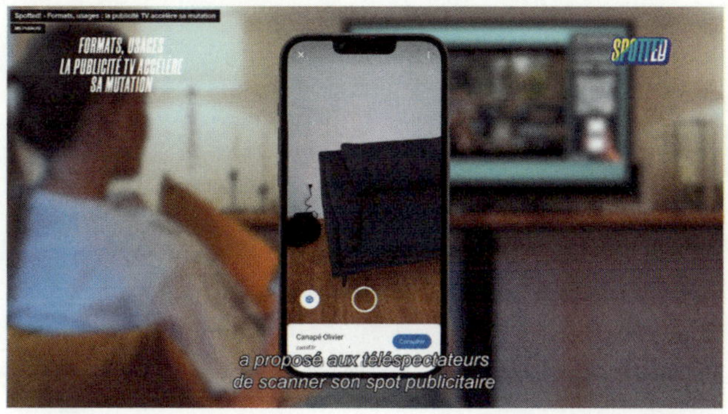

https://m6pub.fr

Le déploiement de 6Scan sur les écrans de M6 Publicité marque une nouvelle étape dans le développement de l'interactivité avec le téléspectateur. Facilité par son déploiement massif dans le quotidien des Français [...], le QR Code est un levier de transformation puissant pour les marques : l'ajout de ce dernier sur une copy TV augmenterait de 50 % le trafic sur le site de l'annonceur.

Enfin, grâce à l'utilisation de la réalité augmentée, les items de mémorisation et d'engagement bénéficieraient d'une hausse remarquable avec des taux respectivement multipliés par 2 et par 5.

Document 7 Intégrer des solutions innovantes RSE

Dans le cadre de l'attribution du marché de Mobilier urbain d'information (MUI), la Ville de Paris a confié à Clear Channel l'exploitation des 1 630 MUI à caractère général ou local supportant de la publicité dans la capitale.

Au niveau de l'offre publicitaire	La nouvelle offre de Clear Channel à Paris permet de toucher hebdomadairement 85 % des Franciliens et confère à Clear Channel, en 2 m² à Paris, 53 % de part de marché. Ces mobiliers seront à la fois accessibles dans une offre parisienne et dans une offre nationale permettant de couvrir plus de 20 millions de Français. Ces solutions de communication permettront de répondre à 3 objectifs de communication des marques : couverture et puissance, proximité, ciblage socio-comportemental.
Au niveau du patrimoine	3 types de mobiliers ont été ainsi spécialement conçus par l'architecte designer français Christian Biecher : 1 080 mobiliers au sol, 350 mobiliers mâts, 200 mobiliers plan ville.
Au niveau des engagements RSE	Un principe innovant de reboisement avec « 1 mobilier urbain implanté = 1 arbre planté dans une forêt d'Île-de-France » grâce à un partenariat stratégique avec la société EcoTree. Les 1 630 mobiliers sont également composés de matériaux recyclables avec une consommation énergétique optimisée grâce à un dispositif d'éclairage LED et un gradateur de lumière. Un système de télégestion des mobiliers réduira l'empreinte carbone. Un nettoyage à l'eau pure et des produits d'entretien bio seront utilisés.

D'après www.clearchannel.fr

2 Comprendre les enjeux du *retail media* et de ses partenariats stratégiques

L'importance croissante du *retail media* vous invite à comprendre non seulement ses enjeux mais aussi comment et pourquoi il pousse les acteurs de l'écosystème média à nouer des partenariats stratégiques.

Documents 8 à 12
Fiches ressources 1 à 3

1. Expliquer quels sont les enjeux du *retail media*.
2. Expliquer pourquoi les accords passés avec france•tvpublicité et M6 Publicité permettent aux régies de *retail media* de créer des extensions d'audience.
3. Définir les notions de « *first party data* », « *cookieless* », « consentement » et « données loguées ».
4. Expliquer pourquoi la fin des cookies pousse le marché publicitaire à se réinventer.

Document 8 Les acteurs du *retail media* et leurs objectifs

Si le *retail media* connaît une telle croissance, c'est qu'il se trouve exactement à la croisée des chemins des axes de travail de 3 acteurs de l'écosystème métier de la communication :

Les annonceurs	Les agences médias	Les distributeurs
Ils sont à la recherche de *data* pour mieux comprendre le comportement des consommateurs et lancer des campagnes performantes.	Elles doivent construire des campagnes émergentes dans un monde publicitaire fortement encombré, sans cookies tiers, et avec des audiences fragmentées.	Ils veulent saisir cette opportunité pour développer leur chiffre d'affaires. Les enseignes possèdent un trésor constitué par leur *data* transactionnelle mais aussi par l'audience importante de leur site Internet qu'ils monétisent en construisant et commercialisant des offres publicitaires 360° centrées aussi bien sur la *data* que sur les espaces publicitaires en magasin ou *online*.

Document 9 Publicis et Carrefour s'associent

Les groupes Carrefour et Publicis unissent leurs forces pour « créer un leader dans le *retail media* […] ». Le *retail media* connaît une croissance exponentielle […]. L'acteur principal sur ce format publicitaire est Amazon, qui commercialise les publicités de sa plateforme et concurrence Google et Facebook dans la publicité en ligne.

[…] La combinaison des technologies avancées de Publicis – CitrusAd powered by Epsilon – avec la puissance des données et l'expertise *retail media* de Carrefour Links permet de créer une plateforme globale dans le domaine du *retail media* : création d'espaces publicitaires et accès à la *data* pour les *retailers*, commercialisation auprès des annonceurs de solutions médias et *data* s'appuyant directement sur les transactions.

La nouvelle alliance lance un appel à toutes les entreprises disposant de données sur le profil de ses consommateurs (achats clients, services de fidélisation, etc.) de rejoindre la plateforme pour « aider les marques à être plus efficaces dans leur stratégie marketing ». […] Détenue à 51 % par Carrefour et à 49 % par Publicis, la coentreprise « devrait débuter ses activités au cours du premier semestre 2023 ».

A. Nebia avec l'AFP, www.cbnews.fr, 8 novembre 2022.

Document 10 — *Retail media* : M6 Publicité et france•tvpublicité signent un partenariat avec Unlimitail

Du côté de **M6**, cet accord [...] vient renforcer la stratégie *data* du groupe M6, qui repose sur 3 piliers clés : la qualité de la *data*, la mesure d'efficacité et la collaboration avec les marques. Ce partenariat permet à M6 Publicité d'enrichir ses capacités de ciblage en TV segmentée et sur 6play. « Cette nouvelle offre *data retail* TV a été inaugurée en mai 2023 par Charal, accompagné par son agence Heroiks », a expliqué Hortense Thomine-Desmazures, DGA marketing et digital chez M6 Publicité dans le *podcast Le Talk Cannes*. Une vingtaine d'autres campagnes sont déjà planifiées.

De son côté, **france•tvpublicité** annonce également la signature d'un partenariat stratégique avec Unlimitail permettant aux marques des secteurs Food, Beauté, Bébé, Petfood, Jeux & Jouets..., de toucher les consommateurs Carrefour dans les environnements digitaux de la régie du groupe public.

F. Quairel, https://themedialeader.fr, 20 juin 2023.

Document 11 — De nouvelles offres portées par des partenariats entre enseignes

[...] Infinity Advertising revendique fournir l'offre *retail media* la plus puissante du marché. Fruit d'une joint-venture entre le groupe Casino et Intermarché, cette régie propose aux agences et aux annonceurs de booster leur business grâce à ses solutions basées sur le maillage de *data* le plus complet du territoire français et sur l'ensemble de la chaîne business, du comportement jusqu'à l'achat. [...]

INFINITY ADVERTISING

INfluencia : Comment est née l'idée de créer Infinity Advertising ?

Alban Schleuniger [directeur général d'Infinity] : Cette joint-venture a été créée, à l'origine, pour répondre aux demandes des agences et de leurs annonceurs qui souhaitaient une simplification de l'offre en matière de *retail media*. [...] Il y a actuellement plus d'une vingtaine d'acteurs sur ce marché. [...] Notre idée était donc de proposer une offre concentrée en regroupant plusieurs enseignes.

IN : Pourquoi Casino et Intermarché ont choisi de s'allier au lieu de s'unir avec une autre enseigne ?

A. S. : Les deux groupes sont parfaitement complémentaires. Groupe Casino avec ses supermarchés et ses enseignes Franprix et Monoprix est leader sur le segment du commerce de proximité en ville et Intermarché est très présent en province. Leur maillage du territoire est donc complet et ces deux distributeurs servent une variété de profils représentatifs de la société française. L'un est davantage spécialisé sur le segment urbain premium et l'autre dans les classes moyennes rurales.

IN : Infinity Advertising a soufflé, au mois de janvier, sa première bougie. Quel est le bilan de ce premier exercice ?

A. S. : [...] Nous avons dû bâtir une offre complète et mettre en place une équipe de 42 collaborateurs dans des métiers où le recrutement est très tendu. Le chiffre qui résume bien notre première année est... 100. Sur les 100 premiers annonceurs dans le secteur des biens de grande consommation (FMCG), tous ont travaillé l'an dernier avec Infinity Advertising. [...]

IN : Certaines choses vous ont-elles surpris durant ces douze premiers mois ?

A. S. : J'ai [...] été étonné de constater le niveau d'expertise de certains annonceurs en *retail media*. Les plus gros comme Danone, Nestlé et P&G ont bâti en interne des équipes de spécialistes [...].

IN : Cela ne représente-t-il pas un danger pour vous ?

A. S. : Bien au contraire. Le *retail media* permet de mesurer très précisément et presque en temps réel l'impact d'une campagne sur des KPIs de vente ou des parts de marché. Aujourd'hui, les annonceurs doivent faire des arbitrages et ils favorisent des leviers qui leur permettent de connaître leurs retours sur investissement. Nous sommes capables de leur fournir ces données. [...]

IN : La fin annoncée des prospectus papier représente-t-elle une autre menace pour vous ?

A. S. : C'est un enjeu auquel nous devons répondre et pour lequel nous nous sommes déjà adaptés. Monoprix a cessé d'imprimer des prospectus papier il y a trois ans déjà. Leurs versions digitales sont celles qui sont le plus consultées par les consommateurs. [...]

www.influencia.net, 19 février 2023.

Document 12 Fin des cookies tiers, vive les données loguées

Le monde de la publicité digitale vit une période de transition avant la disparition des cookies tiers. Chez TF1, au fur et à mesure que ses canaux de diffusion se digitalisent, le groupe construit ses propres données *first party*. Cette stratégie est portée par la montée en puissance de son portail MyTF1 pour visionner la télévision en replay et la TV segmentée.

Compléter les données *first party* avec des données partenaires

Cette donnée *first party* est stratégique et doit être complétée par des données de partenaires. […]

« Il faut se doter de sa propre *data*, travailler le recueil du consentement auprès de ses utilisateurs, et travailler ses propres identifiants », résume Philippe Bosher. Une grosse partie du digital chez TF1 PUB est déjà sans cookie, annonce-t-il. « Plus de 70 % de nos inventaires sont déjà *cookieless* », dit-il. « Si vous regardez *Koh-Lanta* sur votre box en replay, le vendredi, vous allez avoir de la publicité. Cette publicité est ciblée, trackée, "dataisée", elle est géolocalisée potentiellement, elle est sans cookies », décrit-il. […]

Le portail MyTF1 revendique 27 millions de comptes d'utilisateurs

Le portail TV en replay MyTF1 est également apporteur de données. « Nous avons la chance sur MyTF1 d'avoir pu créer le fait de devoir se loguer pour regarder nos contenus en replay. Nous avons 27 millions de comptes sur MyTF1 », revendique-t-il. « Nous ne sommes pas Facebook, ni Google ni Amazon, mais nous avons au moins cette *data first party*, propriété de TF1 qui nous crée un identifiant. Cet identifiant est à nous, nous pouvons l'exploiter et nous pouvons voir venir plus sereinement la disparition du cookie tiers sur le marché », affirme-t-il.

www.larevuedudigital.com, 26 octobre 2021.

3 Créer une régie publicitaire dédiée pour construire une offre média et digitale innovante

Votre découverte de plus en plus précise de l'univers du *retail media* vous conduit à constater que certains acteurs tels qu'Air France ou Uber créent des régies spécifiques afin de développer et structurer leur offre.

Documents 13 et 14
Fiche ressource 4

Uber

1. Lister les éléments de contexte qui expliquent le lancement de ces 2 régies.
2. Faire l'état des lieux des inventaires commercialisés par ces 2 régies.
3. Expliquer pourquoi la mobilité a toujours été un élément important lors de la construction d'offres publicitaires.
4. Définir la notion d'audience captive.
5. Expliquer pourquoi la création de ces offres est pilotée par l'entité Uber Technologies.

Air France

6. Expliquer les notions de point de contact et de distribution de contact.
7. Expliquer pourquoi les formats publicitaires natifs sont plus premium et en cohérence avec le positionnement d'Air France.
8. Expliquer pourquoi Air France a choisi d'externaliser la construction et la mise en œuvre de son offre publicitaire.
9. Expliquer le choix de ces 2 partenaires aux expertises très différentes.

Document 13 Uber lance sa propre régie publicitaire et vise « 1 milliard de revenu d'ici 2024 »

Le marché publicitaire compte un nouveau mastodonte dans ses rangs. [...] Uber Technologies a [lancé] sa propre régie publicitaire afin de capitaliser sur son audience gargantuesque, à savoir 122 millions d'utilisateurs actifs mensuels. [...]

Uber Technologies [a créé] une nouvelle division dédiée à la vente d'espace publicitaire dans le but de profiter de son audience captive car, comme le précise l'entreprise dans un communiqué : « *Le temps d'exposition des utilisateurs de VTC à nos spots audio a été, durant les premiers essais, de l'ordre de deux minutes en moyenne, soit deux à six fois plus longtemps que pour d'autres types de contenus.* » La nouvelle entité englobera les offres publicitaires sur ses services de livraison et de VTC. Sur Uber Eats, par exemple, les marques pourront s'offrir des annonces sponsorisées ou des contenus sur la page d'accueil et au moment du paiement. Uber en a également profité pour lancer Journey Ads, un service qui diffusera des spots publicitaires pour les utilisateurs de covoiturage pendant qu'ils attendent leur chauffeur et pendant leur trajet. Plus de 40 marques se sont déjà associées à Uber pour diffuser ces programmes, telles que NBCUniversal, United Artists ou Heineken. [...]

La course est lancée : cette initiative symbolise la volonté du géant des VTC et de la livraison rapide de maximiser la monétisation de son audience de quelque 122 millions d'utilisateurs actifs mensuels. En 2020, Uber a commencé à placer des écrans publicitaires sur les voitures des conducteurs et [en 2021], elle a commencé à tester des publicités dans son application de transport en commun. [...] L'entreprise a également précisé que les passagers auraient un « contrôle total » sur les spots publicitaires diffusés. [...]

www.influencia.net, 19 octobre 2022.

Document 14 Lancement de la régie publicitaire Air France Media Solutions

À l'issue d'un appel d'offres lancé par Air France, Reworld Media et Michelin Éditions ont été choisis pour concevoir et mettre en œuvre la nouvelle offre éditoriale innovante et multicanale (*print*, digitale et audiovisuelle) de la compagnie.

Reworld Media coordonnera la production des contenus éditoriaux, le développement des différents supports et la régie publicitaire de ce nouveau dispositif. Air France s'appuiera sur leur expertise, notamment en matière d'innovation technologique, de digital, de magazine de marque et de commercialisation d'espaces publicitaires. Michelin, acteur de référence dans les domaines de la gastronomie, du voyage et de l'art de vivre, apportera son savoir-faire mondialement reconnu. Sa filiale Michelin Éditions produira tous les contenus liés aux voyages dans le nouveau dispositif. [...]

Une régie pour accompagner le lancement éditorial

Pour le lancement de la nouvelle offre, Reworld Media Connect annonce la constitution de la régie publicitaire Air France Media Solutions, dédiée à la commercialisation de l'écosystème média et hors-média d'Air France.

Air France Media Solutions se positionne ainsi comme un véritable business partner pour adresser les cibles hautement qualifiées que sont les voyageurs Air France tout au long de leur parcours jalonné de nombreux points de contact, au sol comme en vol. Les partenaires de cette nouvelle régie publicitaire pourront ainsi toucher leurs cibles à plusieurs moments du voyage, mais également s'adresser à des non-voyageurs. Les dispositifs de communication seront totalement intégrés à l'expérience voyageur Air France, dans une logique de respect du caractère premium du voyage proposé par Air France. Les formats seront pour la plupart natifs et dotés d'une charte graphique épurée, afin de renforcer leur impact et l'expérience voyageur. [...]

www.e-marketing.fr, 27 janvier 2022.

4 Mettre l'innovation au service des offres existantes

Votre observation du fonctionnement de la régie Retailink vous conduit à prendre conscience du rôle du marketing dans le lancement des offres innovantes.

Documents 15 à 17
Fiche ressource 4

1. Préciser quel service a la responsabilité de déterminer la structure de l'offre, son nom, son prix…
2. Expliquer si construire l'offre « Roland-Garros » relève plutôt de missions de marketing, études, marketing stratégique ou marketing opérationnel.
3. Repérer dans l'offre « Roland-Garros » les propositions les plus innovantes et expliquer leur plus-value.
4. Expliquer les différentes briques de l'offre ACE et en quoi elles sont complémentaires.

Document 15 Placement de produit nouvelle génération

Le placement de produit nécessitait de lire les scénarios, d'échanger avec les producteurs et une présence sur les plateaux de tournage pour déterminer le nombre de séquences possibles au sein d'une fiction, en fonction de la marque. La loi est claire sur le sujet : le placement de produit est autorisé au cinéma, dans les vidéoclips et les fictions. La loi précise aussi que le placement de produit doit être subtil, léger et s'inscrire dans le scénario. […]
[La start-up] Mirriad a développé une technologie basée sur de l'intelligence artificielle qui permet de placer dans un environnement favorable et de manière adaptée et subtile le produit au cœur du contenu des fictions préférées des Français. Les placements de produits peuvent apparaître dans des éléments de décor, des affichages, sur des écrans ou des journaux.
Comme la loi l'exige, france•tvpublicité exclut bien sûr de mettre en avant des produits interdits comme l'alcool, le tabac ou les médicaments, les paris, etc. Et il reste impossible de reprendre un message promotionnel ou de prix dans les éléments insérés.

La mise en place d'une opération de placement de produit avec Mirriad nécessite un brief annonceur. Puis france•tvpublicité valide avec Mirriad la faisabilité de l'opération, détermine la période et sur quels contenus de France Télévisions les placements de produit seront intégrés. L'annonceur ou l'agence fait suivre à Mirriad le produit et les éléments nécessaires aux intégrations dans les fictions. La régie fait un retour sur les séquences validées par l'antenne et la production et qui seront diffusées. Enfin, france•tvpublicité informe l'annonceur de la diffusion des épisodes avec les placements Mirriad. […] À la différence de l'ancien système, france•tvpublicité ne vend plus un nombre de séquences mais un volume de secondes qu'il est possible d'ajuster en fonction du planning de communication de la marque demandeuse et c'est le volume qui détermine le prix. L'offre est plus claire, plus souple et rapide. […]

www.francetvlab.fr

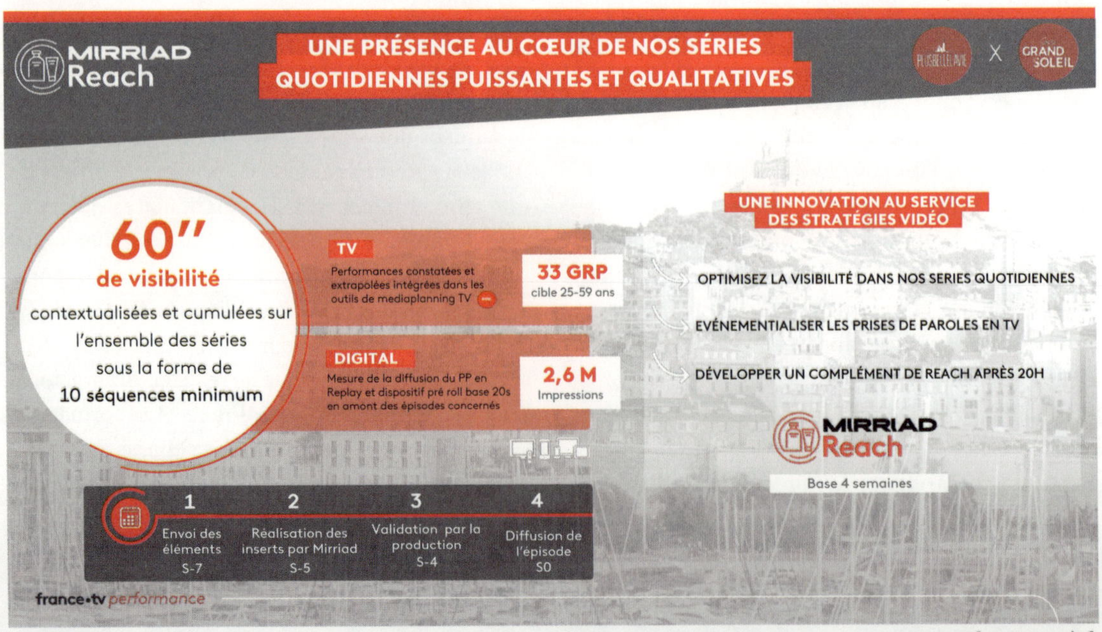

www.francetvpub.fr

Document 16 Vidéo Impact for brand, nouvelle génération

Video Impact for brands, offre commune de vidéos en ligne lancée par les régies 366#communities, Media.Figaro et Prisma Media Solutions, est rapidement devenue une solution de référence pour les campagnes vidéo, avec déjà une quinzaine de campagnes menées et un chiffre d'affaires d'environ 1 million d'euros.

Afin de réduire l'impact environnemental de la diffusion vidéo, l'alliance a noué un partenariat stratégique avec la start-up française GreenTech Vidmizer. Sa solution permet de compresser le poids des vidéos d'environ 70 % par rapport aux encodeurs standards du marché tout en préservant leur qualité, et cela, grâce à la technologie Green Encoder. Les annonceurs pourront bénéficier de cette solution intégrée à toutes les campagnes (VI, VI Access et VI Plus), qu'elles soient opérées en gré à gré ou en programmatique. Les surcoûts associés à cette solution seront intégralement financés par les 3 régies, et les annonceurs recevront un bilan détaillé des réductions d'émissions de CO_2 et des économies d'énergie générées à la fin de leur campagne.

https://static1.squarespace.com, 27 mars 2023.

Document 17 10 heures de tennis par jour et une offre publicitaire 360°

À l'occasion du tournoi de Roland-Garros, qui se déroulera du 22 mai au 11 juin 2023, France Télévisions diffusera 10 heures de tennis par jour.

Pour cette nouvelle édition, france•tvpublicité va proposer des dispositifs 360° variés, comme le format Coverlook pour une immersion complète dans l'univers de la marque. La régie va aussi proposer l'habillage éditorialisé Skin Edito ainsi que le ciblage exclusif sport avec Adressable.tv.

Outre ces innovations, france•tvpublicité proposera aussi plusieurs opérations spéciales : le sponsoring d'une web-série digitale autour de l'univers du tournoi ; un web programme sur Twitter ; une opération sociale également sur Twitter.

L'ensemble des offres liées à cet événement sportif sont à retrouver auprès de la régie.

[…] Pour rappel, en 2022, 42 millions de téléspectateurs ont regardé Roland-Garros sur France Télévisions (source : Médiamétrie – Restit'TV – 60 secondes non consécutives) et 20 millions de vidéos ont été vues sur les plateformes du groupe (source : Médiamétrie – estat).

https://themedialeader.fr, 20 février 2023.

Offre Roland-Garros 2023
liennathan.fr/oeez6c

www.francetvpub.fr

5 Analyser la construction d'une offre publicitaire brique par brique

Votre tuteur vous demande de faire une analyse de l'offre innovante développée par Prisma Media Solutions « Vidéo Full track ». Vous avez trouvé la présentation de l'offre sur le site de Prisma Media Solutions.

Document 18
Fiche ressource 4

1. Rappeler la notion d'offre publicitaire et indiquer pourquoi cette offre pourrait être qualifiée d'offre composite.
2. Repérer les différentes briques de l'offre et préciser leur apport dans la chaîne de valeur de la régie.
3. Expliquer la notion de coût garanti.
4. Indiquer l'importance de la labellisation Digital Ad Trust.

Document 18 Les différentes briques de l'offre de Full Track de Prisma Media Solutions

1 offre et 3 niveaux d'expertise métier, la création, la diffusion, la mesure de la performance

1. CRÉATION	2. LIVRAISON	3. MESURE
60% de l'efficacité vient de la création*	**100%** visibles & complétées	Bilan d'efficacité branding **INTÉGRÉ**
PMS AdTech vous propose d'**enrichir votre format preroll** pour maximiser l'efficacité de votre campagne vidéo.	PMS AdTech pilote pour vous les indicateurs de délivrabilité : vous ne payez que **les vidéos visibles** et complétées**.	PMS AdTech intègre un bilan pour **mesurer l'efficacité branding** de votre campagne et vous fournir des insights quali.

Tous compris pour **30 000€**

EXEMPLE POUR UN ANNONCEUR BEAUTÉ

ENRICHISSEMENT AVEC UN CALL TO ACTION

Afin de générer du trafic sur son site, l'annonceur a choisi d'enrichir son preroll avec un call to action.

100%

LES VIDÉOS FACTURÉES SONT VISIBLES ET COMPLÉTÉES

Un pilotage de la visibilité et de la complétion géré par les équipes PMS AdTech pour un coût garanti de 0,02€ la vidéo visible et complétée.

« Les teintes utilisées sont cohérentes et l'information est claire et précise pour cibler l'essentiel ! »

UNE EFFICACITÉ SUPÉRIEURE À LA MOYENNE

+15 points sur l'incitation à en savoir plus et +9 points sur l'incitation à l'achat par rapport aux normes PMS et un plébiscite pour la création.

www.prismamediasolutions.fr

Offre Vidéo Full Track
liennathan.fr/d110ns

FICHE RESSOURCE 1

LES MÉDIAS ET LA *DATA*

I Quels enjeux *data* pour les acteurs médias ?

Les métiers en agence média et en régie publicitaire s'orientent de plus en plus vers la technologie et le conseil, et la *data* est au cœur de la transformation de l'offre publicitaire mais aussi au cœur de nouveaux enjeux réglementaires (RGPD), techniques (blocage des traceurs par des navigateurs) ou de transparence (restaurer un climat de confiance avec les consommateurs).

Les principaux enjeux de l'intégration de la *data* dans les offres publicitaires sont :

- cibler ;
- adresser (livrer) les campagnes au bon moment et dans le bon contexte ;
- comprendre les consommateurs ;
- optimiser l'achat média, notamment en alimentant les plateformes programmatiques ;
- piloter des campagnes ;
- mesurer les performances.

Exemple de construction d'une offre DATA – MEDIA FIGARO
liennathan.fr/kjl7oc

II Les 3 cercles de la *data*

First party data
Données collectées après avoir reçu le consentement des utilisateurs et issues de l'écosystème d'une marque (programmes de CRM, site web, application, données transactionnelles…).

Second party data
Données issues de partenariat avec d'autres marques
Échange de données *first party*

Third party data
Données acquises auprès d'une entreprise tierce, qui ne les collecte pas elle-même mais qui les a achetées auprès de plateformes de sites web.

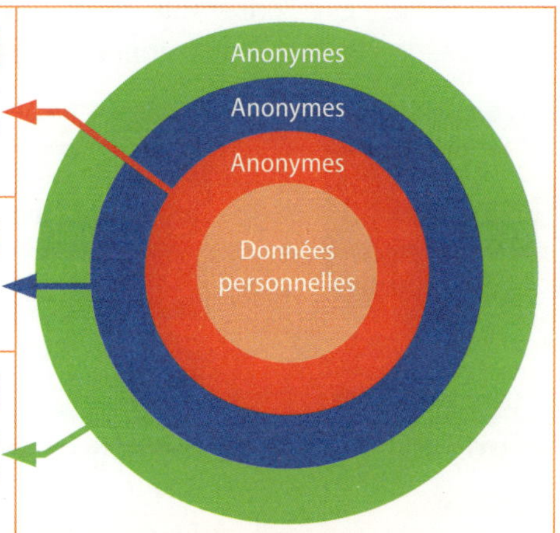

Caractéristiques		
First party data ou données propriétaires	*Second party data*	*Third party data*
Les données collectées sont la propriété de l'éditeur du site. Elles sont le reflet direct du comportement et des attentes du lecteur/consommateur sur Internet. Elles permettent aux équipes marketing des régies d'obtenir, notamment, des réponses aux questions suivantes : • Quel est le profil du visiteur ? • Combien de temps reste-t-il sur le site ? Quel est son parcours d'utilisation ?… Les *first party data* peuvent être obtenues à travers : • la création d'un compte (*data* loguée) ; • l'inscription à une *newsletter*…	Ces données viennent enrichir et compléter les données propriétaires dont dispose l'éditeur d'un site. Elles peuvent être collectées et échangées gratuitement dans le cadre d'un partenariat ou achetées. **Exemple :** en croisant sa *first party data* avec la *second party data* d'un retailer, une régie est capable de fournir aux annonceurs des cibles « intentionnistes », c'est-à-dire qui ont l'intention de passer à l'acte d'achat. Dans le cadre du RGPD, les données sont anonymisées : on peut savoir que le visiteur d'un site a l'intention d'assurer un véhicule automobile, mais on ne peut pas savoir qui il est.	Les entreprises tierces sont des intermédiaires qui achètent la *data* des éditeurs et des propriétaires de sites pour l'agréger et la revendre aux annonceurs qui en ont besoin afin d'améliorer le ciblage de leurs campagnes publicitaires. La collecte et l'agrégation de ces données se font le plus souvent à travers le dépôt de cookies tiers par les sociétés de collecte de données, qui permettent de suivre l'utilisateur dans sa navigation de site en site afin de collecter des informations.

III Le cadre juridique de la *data*

Le RGPD encadre le traitement des données personnelles sur le territoire de l'Union européenne. Le contexte juridique s'adapte pour suivre les évolutions des technologies et de nos sociétés (usages accrus du numérique, développement du commerce en ligne…). […] Il harmonise les règles en Europe en offrant un cadre juridique unique aux professionnels. Il permet de développer leurs activités numériques au sein de l'UE en se fondant sur la confiance des utilisateurs.

La CNIL (Commission nationale de l'informatique et des libertés) est chargée en France de réguler l'utilisation des données personnelles. Elle aide :

- les entreprises dans la mise en conformité de leurs pratiques professionnelles ;
- les particuliers à maîtriser leurs données personnelles et à exercer leurs droits.

Le MOOC de la CNIL
liennathan.fr/9mcgy9

L'une de ses missions est de contrôler et de sanctionner les organismes non conformes au RGPD et à la loi Informatique et libertés.

www.cnil.fr

IV Le principe et l'enjeu des cookies

1. Les différents types de cookies

Un cookie est défini par la CNIL comme « un petit fichier stocké par un serveur dans le terminal (ordinateur, téléphone, etc.) d'un utilisateur et associé à un domaine web (c'est-à-dire dans la majorité des cas à l'ensemble des pages d'un même site web). Ce fichier est automatiquement renvoyé lors de contacts ultérieurs avec le même domaine ».

On distingue 2 types de cookies :

Les cookies « internes » ou « *first party* »	Ils sont déposés par le site consulté par l'internaute. Ils peuvent être utilisés pour le bon fonctionnement du site ou pour collecter des données personnelles afin de suivre le comportement de l'utilisateur et servir à des finalités publicitaires.
Les cookies « tiers » ou « *third party* »	Ils sont déposés sur des domaines différents de celui du site principal, généralement gérés par des tiers qui ont été interrogés par le site visité et non par l'internaute lui-même : ces cookies peuvent aussi être nécessaires au bon fonctionnement du site mais ils servent majoritairement à permettre au tiers de voir quelles pages ont été visitées sur le site en question par un utilisateur et de collecter des informations sur lui, notamment à des fins publicitaires.

www.cnil.fr

2. Le refus des cookies par les internautes

L'écosystème publicitaire digital s'est construit autour des cookies qui permettent :

- de connaître les audiences ;
- de cibler ;
- de personnaliser les messages ;
- de mesurer les performances ;
- de monétiser les audiences des sites.

Les cookies, permettant une connaissance fine des cibles, ont rapidement été perçus comme intrusifs par les consommateurs, désireux de préserver leur vie privée. Ils ont donc trouvé, dans un premier temps, des solutions avec les *adblockers*. Les navigateurs web, conscients de la défiance des consommateurs, ont ensuite également réagi.

Il s'agit à présent pour les acteurs du marketing digital de s'adapter au nouveau monde « *cookieless* », dans lequel l'internaute peut refuser d'être suivi dans sa navigation.

Dans le cadre du RGPD, les utilisateurs doivent à présent donner leur consentement à l'utilisation de leurs données lorsqu'ils visitent un site (y compris pour les cookies propriétaires). Ils ont la possibilité d'accepter, de personnaliser ou de tout refuser. On distingue 2 types de refus :

« *Consentless* »	Refus par l'internaute des cookies propriétaires, permettant de collecter la *first party data*.
« *Cookieless* »	Refus des *third party cookies*, ceux que des tiers ont encore le droit de placer sur les sites jusqu'en 2024.

FICHE RESSOURCE 2

LES INNOVATIONS POUR PALLIER LA FIN DES COOKIES

I La fin d'un modèle de ciblage et de mesure de la performance

En août 2019, Google, dont le navigateur Chrome représente 65 % des parts de marché, a annoncé la fin de la possibilité de déposer des cookies tiers sur son navigateur. Prévue pour 2022, cette disparition des cookies tiers a été reportée en 2024 car il s'agit, pour le marché publicitaire, d'un véritable Big Bang.

www.iabfrance.com

II Les innovations pour organiser un monde sans cookies

Il aura fallu une forte mobilisation des acteurs de la publicité digitale, notamment dans le cadre de groupe de travail de l'organisation professionnelle « Alliance digitale », pour réinventer des outils de travail (ciblage et mesure de la performance) car il a fallu passer d'un traceur unique à une palette de solutions dont voici quelques exemples :

- mieux exploiter les données *first party* ;
- mettre en place de solutions de ciblage contextuel ;
- développer des solutions loguées ;
- développer des *clean rooms* (coffres-forts virtuels de *data*) entre partenaires pour mettre en correspondance des données propriétaires (aucun des partenaires n'a accès directement aux données des autres) ;
- travailler avec des modèles de *Marketing Mix Modeling* et avec des panels pour mesurer les performances des campagnes.

III Focus sur le ciblage contextuel

Le ciblage contextuel se concentre sur le contenu des pages consultées et sur l'environnement dans lequel la publicité est affichée. L'idée n'est plus ici de cibler une catégorie de personnes mais de créer du contenu qui intéresse ces personnes. Différentes méthodes fonctionnent actuellement :

Thématique	Les pages sont classées en fonction de leur thématique.
Analyse de l'image	Les techniques […] permettent d'identifier des images (logo, objet, lieu, célébrité, etc.) pour préciser l'information et compléter l'analyse du contexte.
Reconnaissance audio	Les techniques permettent d'analyser du texte issu du son.
Par mots-clés	Les mots-clés les plus fréquemment employés dans le contenu servent à le catégoriser.
Panels	Des panels […] peuvent être utilisés pour modéliser des cibles selon leur profil sociodémographique, leur comportement ou leurs centres d'intérêt. Ces personae marketing peuvent alors être activés sous forme de segments contextuels.
Sémantique	C'est la méthode la plus précise d'analyse sémantique et des contenus. Elle met les mots en relation les uns avec les autres pour affiner leur sens et s'approcher au plus près de la compréhension humaine. Cela permet d'éviter tout contresens sur un mot employé dans un contexte précis et d'associer au contenu des attributs sociodémographiques, émotionnels ou d'intention d'achat. […]

www.iabfrance.com

FICHE RESSOURCE

3

LE *RETAIL MEDIA* : UNE DES SOLUTIONS LES PLUS INNOVANTES DU MARCHÉ

I Définition et fonctionnement du *retail media*

Le *retail media* désigne l'ensemble des offres publicitaires proposées par les enseignes de distribution. Les distributeurs connaissent une véritable mutation de leurs activités. Ils vendaient des produits, ils vendent aujourd'hui aussi de l'espace publicitaire (leur inventaire) et l'audience de leur site.

Le *retail media* est considéré comme le troisième moteur de la croissance du marketing digital. Le premier ayant été le *search* dans les années 2000 et le *social* dans les années 2010. Plusieurs facteurs ont contribué au très grand succès de cette innovation :
- le développement du e-commerce qui a modifié les usages ;
- le développement de solutions technologiques par les entreprises AdTech (plateforme, *clean room*) ;
- la fin des cookies tiers qui a poussé les annonceurs à chercher d'autres solutions d'accès à la *data*.

Beaucoup d'annonceurs ne possèdent effectivement pas de magasin et ne sont jamais en contact direct avec leurs clients. Ils se trouvent sur un marché intermédié où seules les enseignes de distribution peuvent leur donner la possibilité d'être au plus proche de l'acte d'achat et de bénéficier de données transactionnelles pour mieux comprendre le comportement de leurs clients.

II Les termes clés du *retail media*

Les données transactionnelles	Les données transactionnelles sont les informations collectées sur le point de vente ou le site e-commerce par les enseignes de distribution. Elles enregistrent : • l'heure de la transaction ; • le lieu où elle s'est déroulée ; • les articles achetés et leur prix ; • le mode de paiement utilisé ; • les remises éventuelles dont le consommateur a bénéficié ; • le moment de vie.
La régie omnicanale	Les régies *retail media* offrent la possibilité d'adresser des messages publicitaires sur l'intégralité du parcours d'achat des consommateurs. Elles sont omnicanales car elles utilisent l'ensemble des canaux de communication *on* et *offline* dont elles peuvent commercialiser l'espace (publicité sur le lieu de vente, OOH/DOOH, OPS, sites web, supports *print*, audio, *search*…).
L'extension d'audience	C'est la possibilité offerte aux annonceurs par les distributeurs, dans le cadre d'offres *retail media*, d'aller toucher leur audience *first party* sur un réseau de sites ou d'applications partenaires hors écosystème propriétaire (**partenariats *second party data***).
Les données encartées	Ce sont les données provenant de programmes de fidélisation des clients des enseignes. Elles permettent notamment de connaître : • la proportion des transactions réalisées par des clients possesseurs d'une carte de fidélité par rapport à l'ensemble des transactions enregistrées ; • la fréquence des visites en point de vente ; • le panier moyen ; • les moments d'achat et les variations dans les jours et heures de la semaine… Les données encartées permettent également de connaître les caractéristiques de consommation des clients à partir de leurs achats et de **segmenter par moments de vie** (produits pour jeunes enfants) ou par choix de consommation d'un ménage (bio, *fairtrade*…).

ROPO *(Research Online, Purchase Offline)*	Processus d'achat où le consommateur commence sa recherche sur Internet et effectue l'achat physiquement en magasin. L'analyse des recherches sur Internet et de leurs éventuelles transformations en achat en point de vente permet de déterminer l'influence du marketing digital sur le consommateur et d'optimiser les futures campagnes.
Retargeting	Le *retargeting* (ou reciblage) est une pratique rendue possible par l'utilisation des **cookies tiers**. Un consommateur qui a visité un site marchand et consulté une fiche produit sans être passé à l'acte d'achat se verra proposer, sur les sites qu'il visitera ensuite, des créations publicitaires pour ce même produit.

III Les acteurs du *retail media*

Cartographie générale des acteurs du *retail media*
liennathan.fr/lhg39y

1. Les enseignes

Les enseignes de la grande distribution alimentaire	Les *marketplaces*	Les enseignes spécialisées
Carrefour, Auchan, E.Leclerc, Intermarché, groupe Casino, Cora, Système U…	Cdiscount, Amazon, Rakuten…	Fnac Darty, Boulanger, But, Brico Dépôt, La Redoute, Sephora…

EXEMPLES de régies de *retail media* : Carrefour Links (Carrefour) ; Infinity Advertising (groupe Casino – Monoprix, Géant Casino, Franprix, notamment – et Intermarché) ; Imediacenter (Auchan) ; ConsoRégie (E. Leclerc) ; Retailink (Groupe Fnac Darty).

2. Les agences média

Les briefs annonceurs intégrant des volets *retail media* se multiplient, les agences innovent pour accompagner efficacement leurs clients.

Publicis Groupe	Carrefour et le groupe Publicis ont créé une coentreprise, Unlimitail, qui s'appuie, d'une part, sur des technologies de Publicis (CitrusAd) et, d'autre part, sur les inventaires publicitaires et la *data* de Carrefour Links.
Havas Group	Le pôle performance de Havas, Havas Market, a créé une nouvelle entité, Ad to Basket, spécialisée sur les sujets de e-commerce et de *retail media*.

3. Les acteurs technologiques

Ils fournissent des solutions technologiques aux enseignes pour monétiser leurs données et leurs espaces publicitaires.

EXEMPLES : Criteo, CitrusAd, RelevanC.

La commercialisation en *retail media* s'appuie de plus en plus sur des plateformes qui facilitent la gestion opérationnelle des campagnes et l'internalisation du pilotage des campagnes médias.

4. Les annonceurs

Les budgets *retail media* peuvent être gérés par 3 départements différents chez les annonceurs (marque, e-commerce et *trade marketing*). Cette gestion peut complexifier le travail des régies et des agences qui doivent répondre à des demandes très différentes.

IV Les formats *on* et *offline* commercialisés en *retail media*

Ils sont de plusieurs types :

On site	*Off site*
• *Search* • Liens sponsorisés • Vidéo • SEA • *Display* format IAB • *Display* en extension d'audience • Création de contenu (par exemple : fiche produit enrichi) • *Social* : Post et jeux concours Influence	• OOH • DOOH • Vitrine • Affichage mobile • PLV magasin • Marketing direct dont asilage • Évènements en magasin

V *Retail media*, des offres *full funnel*

Les régies *retail* ont créé des offres publicitaires qui permettent aujourd'hui aux annonceurs de travailler toutes les étapes du *funnel* (stratégies *full funnel*). Leurs propositions s'adaptent au niveau d'engagement de la cible (de la prospection à la fidélisation).
Il s'agit alors :

Pour les annonceurs	Pour les distributeurs
• de mieux comprendre le comportement des consommateurs ; • de mieux connaître le profil ; • de mieux cibler les campagnes *on* et *off* site ; • d'évaluer l'impact d'une campagne sur les ventes (notamment l'effet ROPO).	• de générer des revenus additionnels ; • de transformer les relations marques distributeurs ; • de mettre en place des opérations pour animer les magasins.

VI L'impact du *retail media* sur la construction d'un plan média

Médiaplanning	Les choix médias sont réalisés à partir d'études qui permettent : • d'identifier les cibles ; • de connaître leur consommation média ; • d'acheter de l'espace publicitaire dans les médias générateurs de *touch points* (points de rencontre entre le message publicitaire d'une marque et ses consommateurs).
Commerce planning	Les choix médias sont réalisés en fonction des données des cibles. Ces *data* vont permettre de toucher les internautes tout au long de leur parcours média. Cette méthode repose sur de la donnée transactionnelle et sur des données intentionnistes.

FICHE RESSOURCE

4

LA DÉMARCHE MARKETING DANS LA CONSTRUCTION D'UNE OFFRE INNOVANTE

I Un secteur et des métiers en transformation

L'univers média est en pleine mutation. Il se caractérise par :
• une forte capacité à innover : construction d'offres qui créent une situation d'hyper choix ;
• la complexification des offres qui intègrent de nombreuses expertises différentes ;
• une digitalisation qui crée des opportunités mais aussi de la complexité (gestion de la *data*…) ;
• la multiplication des acteurs, avec notamment l'arrivée des entreprises AdTech ;
• la nécessité de créer de nouveaux outils pour faire face aux enjeux environnementaux.

Ces mutations ont conduit à la nécessité d'une réflexion sur la simplification et l'intelligibilité des offres, sur la visibilité des acteurs et sur l'évolution des relations entre les partenaires agences médias et annonceurs, mais aussi régies publicitaires.

Face à ces évolutions, les métiers du secteur de la communication font face à de nouveaux enjeux :
• leur impact sociétal et environnemental ;
• les approches éthiques et de confiance (stratégies d'influence ou de stratégie *data*) ;
• l'équilibre entre la personnalisation des messages et le côté intrusif de certains formats ;
• la gestion des droits (droit d'auteur, propriété intellectuelle, droit à l'image…) dans une époque de démocratisation des outils liés à l'intelligence artificielle (IA) ;
• les problématiques RH : formation des collaborateurs sur les différentes transformations du secteur.

II Le système d'information marketing (SIM)

Plus une période et une société connaissent d'importants changements, plus l'accès rapide à des données, internes et externes, organisées et à jour, devient un enjeu essentiel pour les entreprises. Les annonceurs mettent en œuvre une gestion informatisée et des procédures rigoureuses qui permettent d'optimiser et de sécuriser la collecte, le stockage, le classement, la mise à jour et la distribution des informations aux collaborateurs. Le SIM est mis au service de la construction d'offres pertinentes en phase avec les besoins du marché et les aspirations d'une époque. C'est un outil important pour lutter contre les silos informationnels.

III Les compétences marketing

Des métiers qui se situent souvent au service marketing	Un service marketing est en charge d'un ensemble d'actions qui permet de connaître, prévoir et stimuler les besoins des consommateurs pour pouvoir adapter la production et la commercialisation en fonction.
Des métiers du marketing BtoB	Le fait de travailler entre professionnels, entre entreprises souvent du même écosystème média nécessite de maîtriser le vocabulaire et les démarches de travail. Les principaux interlocuteurs sont les annonceurs, les régies publicitaires, les agences, les instituts d'études ou les entreprises AdTech.
Des métiers en régie et en agence média au cœur du marketing digital	Ces métiers évoluent dans un environnement fortement digitalisé. Il est donc essentiel de mobiliser des compétences en marketing digital pour savoir utiliser avec efficacité tous les leviers digitaux (site web, publicité digitale, application, marketing mobile, réseaux sociaux, *search*, affiliation, influence…) et pouvoir collaborer avec les équipes en charge des solutions *data*…
Des métiers au cœur du marketing de l'innovation	Ces métiers participent à la création d'une culture d'entreprise propice à l'innovation et à la transformation. Ils identifient les mutations de la société afin d'en anticiper les orientations et les besoins, repèrent les innovations à intégrer aux offres grâce à leur connaissance des marchés et des acteurs. Ils testent les offres innovantes pour limiter les risques et intégrer les partenaires à l'optimisation de l'offre (co-création) puis assurent la pédagogie de l'offre auprès des collaborateurs et des clients. Enfin, ils mesurent les performances de l'offre et proposent des optimisations.

Des métiers au cœur de l'activation de leviers médias et digitaux avec une gestion automatique	Le digital permet de rendre automatique un certain nombre de missions afin d'améliorer les campagnes d'acquisition et de fidélisation : campagne de SMS-mailing, campagne d'e-mailing, envoi de contenu après inscription… Il est donc essentiel de se former à ces différents outils d'automatisation des campagnes (marketing automation).

IV La démarche marketing

1. La démarche en schéma

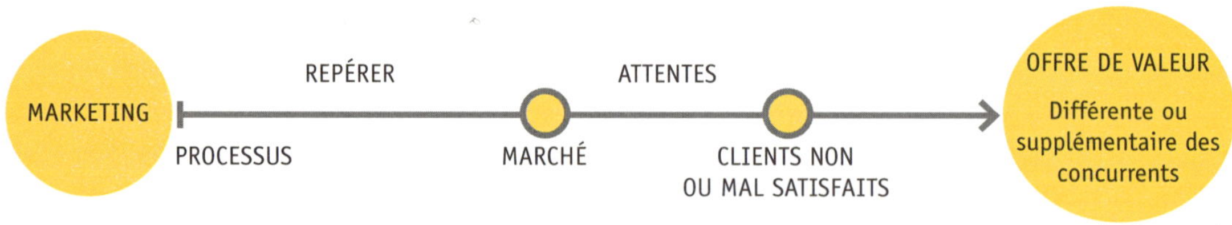

www.bpifrance.fr

2. La démarche en tableau

En amont de la conception de l'offre	Le temps de l'analyse	Le marketing étude	Comprendre la société, le marché, les consommateurs, les concurrents	
	Le temps de la décision	Le marketing stratégique	Il remplit les fonctions suivantes : • segmenter ; • cibler ; • positionner.	
En aval de la conception de l'offre	Le temps du déploiement	Le marketing opérationnel	• Structurer l'offre • Fixer son prix	• Choisir les modalités de sa distribution • Concevoir sa communication

3. La démarche en 3 mots-clés

Segmenter	Un marché n'est pas homogène. Une entreprise peut rarement adresser la même offre à l'ensemble des annonceurs du marché. La segmentation marketing permet de diviser un marché en groupes ayant des caractéristiques communes. Il convient, pour être efficace, d'identifier les critères adaptés à la situation qui permettront de constituer une segmentation pertinente.
Cibler	Le marché ayant été segmenté, il convient ensuite au service marketing de choisir à quels segments l'offre peut s'adresser.
Positionner	Il est ensuite nécessaire de définir la place que devra occuper l'offre dans l'esprit des annonceurs. Le positionnement permet de construire une sorte d'« étiquette mentale » de l'offre composée de quelques mots qui permettent à l'annonceur de différencier rapidement les offres et donc de simplifier sa prise de décisions. On peut distinguer 3 types de positionnement : le positionnement fonctionnel, le positionnement psychologique et le positionnement symbolique.

V Les missions du service marketing

Identifier une opportunité	• Qui correspond aux besoins du marché ? • Qui apporte une plus-value par rapport aux offres existantes ?
Construire une nouvelle offre	• Quelles caractéristiques pour cette offre ? • Quelle brique servicielle ? • Quelle brique conseil ? • Quelle brique format ? • Quelle brique d'étude ? • Quelle brique partenariat ? • Quelle brique technologique ? • Quelle brique performance ?
Positionner cette offre pour qu'elle soit identifiée et comprise par les acteurs du marché	• Quel sera son prix ? • Qui sera chargé de sa commercialisation ? • Sous quel nom ? • Avec quels éléments de langage ? • Quelle promesse ? Cette phase est complexe car il va s'agir de choisir l'***Unique Selling Proposition*** (USP), soit une promesse unique et claire de plus-value. Ce choix est particulièrement important dans le cadre du lancement d'offres innovantes qui peuvent générer de l'appréhension de la part : • des **commerciaux**, qui doivent apprendre à vendre des offres de plus en plus complexes ; • des **clients**, qui voient arriver régulièrement sur le marché des offres difficiles à cerner, surtout depuis l'intégration des solutions AdTech et de leur « boîte noire » technologique (technologie difficile à appréhender par les non-spécialistes).

Comprendre le principe et les enjeux de la plateformisation de l'offre

Afin de préparer votre prochain stage, vous vous documentez sur des plateformes comme ADspace entreprise, La Box Entreprises ou MyRetailink, développées par certaines régies publicitaires.
Ces plateformes innovantes répondent aux besoins de simplification, de pédagogie client et de mise en place d'outils communs.

1. Préciser les objectifs des régies publicitaires lorsqu'elles développent ce type de plateforme.
2. Expliquer le fonctionnement des 2 types de plateformes.
3. Préciser les notions d'annonceurs captifs et non captifs.
4. Trouver, dans ce livre ou à l'aide d'une recherche Internet, des exemples d'offres publicitaires qui ont intégré les enjeux de simplification.
5. Expliquer en quoi la multiplication des calculettes carbone pourrait être problématique.

Document 1 ADspace, plateforme de france•tvpublicité

La publicité TV est enfin accessible à toutes les TPE/PME, grâce à une double révolution : celle de l'offre avec l'avènement de la TV segmentée et celle de l'outil avec le lancement d'ADspace entreprises.
1re régie publicitaire française à avoir déployé son offre pour la TV segmentée, « adressable.tv » en novembre 2020, et déjà programmé plus de 50 campagnes, france•tvpublicité franchit une nouvelle étape et lance ADspace entreprises.
La régie continue ainsi de capitaliser sur son implantation territoriale et son savoir-faire local d'une part, sur sa stratégie d'innovation axée depuis plusieurs années autour de la simplification de la relation client grâce à la **plateforme ADspace** d'autre part.
ADspace entreprises permet aux annonceurs peu familiarisés avec le média TV de créer une campagne ciblée de A à Z, de manière simple, rapide et autonome, en seulement 3 étapes.
1/ Construction d'une campagne ciblée à partir de 5 000 € en fonction de la zone de diffusion (locale ou nationale) en TV segmentée sur les chaînes linéaires de France Télévisions et/ou sur France 3 Régions. L'annonceur peut par ailleurs activer des critères de ciblage de qualification foyers.
2/ Création d'un spot publicitaire, pour les annonceurs n'en disposant pas, à travers 4 niveaux de prestations et la mise en relation avec des agences créatives partenaires locales.
3/ Paiement en ligne grâce à un service sécurisé. […]

www.francetvpub.fr, 25 mai 2021.

Vidéo : ADspace entreprises – Et si vous faisiez de la publicité en TV ?
liennathan.fr/iudbwa

Document 2 La Box Entreprises de TF1PUB

Plateforme à destination des entreprises, cet outil permet aux annonceurs de construire des campagnes en toute autonomie.

La Box TF1 Pub
liennathan.fr/19yekb

Document 3 MyRetailink, plateforme de la régie Retailink

[…] Au sein d'une interface unique, la régie publicitaire du groupe Fnac Darty (Retailink by Fnac Darty), a imaginé deux services distincts, mais complémentaires, pour les fournisseurs et les annonceurs.

D'une part, « Insights », une solution de partage de données omnicanales de vente, de stock, de distribution et de profiling client, dédiée aux fournisseurs. Cette dernière offre une vue exhaustive sur leurs activités et sur les tendances de leur catégorie pour favoriser le pilotage du business et la prise de décision.

D'autre part, la régie propose à ses clients une solution d'activation média digital : les marques ont la possibilité de cibler, de programmer et de mesurer leurs campagnes digitales sur les sites e-commerce de Fnac (fnac.com) et de Darty (darty.com), ainsi que partout sur le Web. Et peuvent, ainsi, améliorer l'expérience proposée à leurs clients. La plateforme est accessible en « self-service » (de façon autonome) par les partenaires captifs (qui vendent sur les sites de Fnac et/ou Darty), par les annonceurs hors captifs (intéressés seulement par l'activation) et leurs agences médias. Les équipes de la régie de Fnac Darty viennent en soutien, selon les besoins. Trois types de levier sont proposés : du *display on site*, du *retail search* et l'activation de segments *data online*. […]

F. Salgues, www.e-marketing.fr, 21 septembre 2021.

Document 4 Empreinte carbone de la publicité : le trop-plein dans les méthodes de mesure

L'impact environnemental de la publicité est dans la ligne de mire de l'opinion publique. L'Union des marques en a bien conscience et propose un guide très intéressant, « Réduire l'empreinte carbone des campagnes de communication », afin de comprendre les impacts environnementaux des campagnes de publicité et les pistes pour les réduire. […]

Le guide proposé par l'Union des marques montre le trop-plein actuel en matière d'évaluation de l'impact environnemental des campagnes publicitaires. Ce trop-plein suscite la confusion et sème le doute sur la pertinence des indicateurs calculés par les différentes méthodes. […]

Les acteurs de la publicité proposent de plus en plus de solutions de mesure. Le guide cite ainsi la méthodologie Glimpact de l'UDECAM, les solutions de mesure de l'empreinte carbone de la publicité, digitale ou multicanale proposées par Aktio, Axionable, BL Evolution, Digital4Better, EcoAct by Atos, Ekodev, EY […].

Il y a également les calculateurs d'empreinte carbone des diffuseurs, des régies et des agences médias tels que M6 Publicité, Prisma Media Solutions, CANAL+ Brand Solutions, Havas, Groupe M, Publicis, Mediaplus et Hémisphère Sud. On trouve enfin un panorama des acteurs et des méthodologies de mesure de l'empreinte carbone de la publicité digitale publié par l'IAB France et la Mobile Marketing Association en 2021. Il répertorie un certain nombre d'acteurs présents dans la mesure d'impact de la publicité digitale, en précisant les méthodologies de référence utilisées et les périmètres.

L'Union des marques […] a pour objectif de rassembler les travaux menés par l'interprofession depuis 2 ans afin de proposer un outil simple de calcul de l'empreinte carbone d'une campagne multisupport opérée en France ou à l'international. L'ambition est de proposer un référentiel unifié, faisant consensus et qui permette aux marques de dessiner des trajectoires de baisse de leurs émissions de gaz à effet de serre et de pouvoir les piloter dans le temps long. […]

www.larevuedudigital.com, 2 septembre 2022.

CHAPITRE 8

Analyser un portefeuille d'annonceurs et proposer son développement commercial

Contexte professionnel

Compétences professionnelles
- Analyser le portefeuille annonceurs
- Proposer des axes de développement commercial

Savoirs associés
- La fonction marketing et la fonction commerciale
- Le développement commercial et l'optimisation du portefeuille clients

Corse Actu[1], média 100 % digital d'information locale corse, est dédié à l'actualité politique, sociale, sportive et culturelle. Ses contenus sont accessibles gratuitement sur son site Internet, desktop et mobile, ainsi que sur son application mobile. Ce média publie des articles sur l'actualité locale, nationale et internationale sous forme de brèves issues du fil d'informations de l'Agence France Presse (AFP). Il propose également un service de petites annonces et un carnet de décès. L'audience mensuelle moyenne est de 430 000 visites pour 110 000 visiteurs uniques par mois (255 000 sur la version mobile du site Web pour 490 000 pages vues, 80 000 sur la version desktop du site Web pour 400 000 pages vues et 95 000 sur l'application mobile pour 580 000 pages vues). Corse Actu compte 16 000 abonnés à ses trois *newsletters* hebdomadaires (« Actu locale », « Sports », « Culture et Loisirs »). Sa page Facebook compte 64 000 abonnés, son compte Instagram 37 000 abonnés et son compte Twitter 26 000 abonnés. Ses revenus proviennent :
- de la publicité des clients nationaux et des clients locaux ;
- des opérations spéciales proposées aux annonceurs : rubrique sponsorisée, référencement de restaurants et de commerces/loisirs dans le guide de l'été, *newsletters* spéciales avec relais sur les réseaux sociaux du média ;
- des prestations de services : offres complètes pour répondre à l'ensemble des besoins liés au lancement de campagnes médias.

Vous venez d'être recruté(e) au service marketing de la régie publicitaire, où vous êtes chargé(e) d'assister le responsable commercial dans ses différentes missions.

1. Pour des raisons pédagogiques, ce contexte est fictif.

Comprendre le contexte

1. Présenter les caractéristiques et le rôle de la régie publicitaire *pure player* d'un média local comme Corse Actu.
2. Expliquer l'intérêt de la diversité des sources de revenus de la régie publicitaire *pure player* d'un média local.
3. Identifier les raisons pour lesquelles le service marketing de la régie Corse Actu doit travailler avec le service commercial à la diversification de son offre et de son portefeuille annonceurs.

1 Explorer les différentes fonctions au sein d'une régie publicitaire

La direction de Corse Actu estime que la collaboration entre les différents acteurs au sein de la régie est essentielle pour gagner en efficacité et garantir une coordination efficace des équipes, toutes au service de l'optimisation de la relation client. Au cours de votre semaine d'intégration, votre responsable vous invite à prendre contact avec la directrice marketing et le planneur stratégique pour que vous puissiez vous appuyer sur leurs expertises afin de mener à bien vos différentes missions.

Documents 1 à 3
Fiche ressource 1

1 Identifier les ressources mises à disposition par le planneur stratégique.

2 Expliquer le rôle et les missions du service marketing de la régie publicitaire Corse Actu.

3 Compléter la trame de tableau croisé présentant les axes de collaboration entre vos trois entités (planning et marketing, marketing et commercial, planning stratégique et commercial à l'aide d'un logiciel de traitement de texte).

Trame du tableau croisé
liennathan.fr/y5r65h

	Planning et marketing	Marketing et commercial	Planning stratégique et commercial
Type de ressources			
Type de livrables			
Type de collaboration			

Document 1 L'organisation interne de Corse Actu

L'organisation interne de la régie publicitaire est structurée autour de 2 équipes :

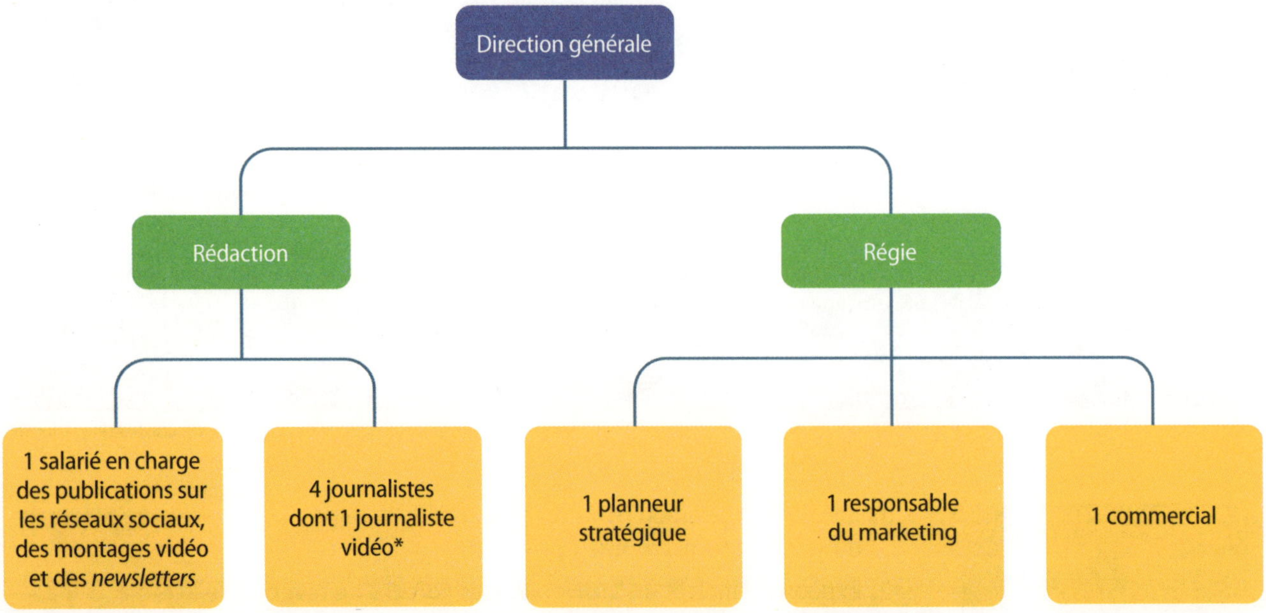

* La rédaction fait ponctuellement appel à des rédacteurs et journalistes indépendants ou *free-lance* en fonction de l'actualité.

La partie technique du site et de l'application mobile (maintenance et évolutions) est assurée par un prestataire extérieur. La fonction administrative et comptable est assurée par un journaliste qui occupe le poste de directeur général.

Document 2 Le rôle de la direction marketing

La direction marketing de la régie joue un rôle très important dans la valorisation des marques médias et des offres proposées aux annonceurs. Les équipes marketing travaillent en étroite collaboration avec différents services en interne et anticipent les usages des audiences ainsi que les besoins des annonceurs.

Vidéo : Entretien avec Dorothée Alabeurthe, Directrice Marketing, Canal+ Brand Solutions
liennathan.fr/8jh3i9

Vidéo : Entretien avec Sébastien Granet, Responsable Marketing Innovation, TF1 Publicité
liennathan.fr/tw243i

Document 3 Mail de Paul, planneur stratégique

De : paul@corseactu.com
À : vous@corseactu.com
Objet : Introduction planning stratégique

Salut,

Bienvenue chez nous ! J'espère que tes premiers jours se passent bien. On est tous très contents de ton arrivée et on a hâte de commencer à travailler avec toi. Dora m'a dit que tu souhaitais en savoir davantage sur le planning stratégique…

Pour faire simple, je travaille sur deux types de sujets :

• En collaboration avec le service marketing : je participe à l'identification et l'analyse des tendances.
Exemples : tendances créatives, tendances de consommation et investissements dans les médias. Pour cela, je m'appuie sur les ressources internes ou externes comme des études, des rapports ou des outils de veille. Nous essayons de comprendre ce que les consommateurs attendent et nous analysons les stratégies des annonceurs.
Le mois dernier, nous avons ainsi réalisé un observatoire sur le secteur immobilier. Nous avons étudié les investissements médias du secteur sur les différentes familles médias. Si tu le souhaites, je peux faire une sortie des chiffres sur Kantar Media pour te donner une estimation des investissements des annonceurs de ton portefeuille. Nous avons aussi recueilli les *insights* sur les comportements d'achat des Français. Je te recommande d'ailleurs de lire le baromètre IFOP/CAFPI sur les Français et l'accession à la propriété.

• En collaboration avec le service commercial : une fois que nous avons compris les grandes tendances d'un secteur, nous travaillons avec les équipes commerciales. Parfois, les commerciaux nous briefent et nous demandent de les aider à mieux comprendre les problématiques d'un annonceur.
Exemple : suite à notre observatoire sur le secteur immobilier, Dora a souhaité en savoir plus sur Nexity. Ce client faisant partie de son portefeuille, elle voulait lui proposer une offre spéciale, en digital, pour cibler les primo-accédants à la propriété.
Il arrive aussi que nous réfléchissions à des offres sectorielles. Je sais que Dora aimerait bien sortir une offre à destination de tout le secteur immobilier. Si tu le souhaites, on peut se voir dans le courant de la semaine et je te présenterai les chiffres et les tendances du secteur.

À très vite,

Paul

Baromètre IFOP/CAFPI sur les Français et l'accession à la propriété
liennathan.fr/479bqw

2 Analyser le portefeuille annonceurs

Pour la régie Corse Actu, la gestion et l'analyse du portefeuille clients sont des éléments clés de sa stratégie commerciale. Son portefeuille regroupe l'ensemble des acteurs de l'écosystème avec lequel elle travaille et les données commerciales utiles à l'analyse de leur activité (chiffre d'affaires, prestations proposées, secteur d'activité...).
La direction marketing vous charge d'accompagner les équipes commerciales dans l'analyse de la composition de son portefeuille clients et d'identifier les segments intéressants.

- Documents 4 et 5
- Fiche ressource 2

1. Expliquer, à partir de vos recherches sur Internet, pourquoi la régie publicitaire Corse Actu doit utiliser des méthodes spécifiques d'analyse de son portefeuille annonceurs.
2. Analyser le portefeuille annonceurs en tenant compte :
   – du type de client, de l'origine, des objectifs et des investissements ;
   – des critères de la méthode de segmentation RFM ;
   – de l'offre commerciale de Corse Actu.
3. Identifier les segments de marché porteurs pour la régie Corse Actu. (vers Pix 3.1)
4. Préparer une présentation professionnelle à destination de votre manager afin d'exposer votre analyse du portefeuille et vos recommandations à l'aide d'un logiciel de présentation.

Document 4 — Explications de la directrice marketing concernant la méthode de segmentation employée chez Corse Actu

Nous utilisons la segmentation RFM pour connaître les comportements d'achat de notre clientèle et éventuellement prédire son comportement ainsi que celui des prospects.

Ce qui nous intéresse :
- À quand remonte le dernier achat ? (Récence[1])
- Le client achète-t-il régulièrement ? Combien de fois a-t-il acheté le produit ? (Fréquence[2])
- Quel est le montant du panier moyen du client ? (Montant[3])

Selon la récence, la fréquence et le montant, on calcule un score RFM pour chaque client. Ce *scoring* RFM déterminera une typologie par la valeur de chaque client.

1. **Récence :** date de la dernière commande
   – Inférieure à 3 mois = 12 points
   – Entre 3 et 6 mois = 9 points
   – Entre 6 et 9 mois = 6 points
   – Supérieure ou égale à 9 mois = 0 point
2. **Fréquence :** nombre de commandes des 12 derniers mois × 3
3. **Montant :** chiffre d'affaires du secteur d'activité × 0,0015 % (arrondir au point inférieur)

Document 5 Extrait de la BDD du portefeuille clients de Corse Actu[1]

Origine	Annonceurs	Secteur d'activité	Local / National	Prestation	Objectif business	Nombre	CA	CA global	Date de la dernière commande
En direct	**Annonceur 1 L'Île rousse**	Restauration	Local	Display	–	–	–	45 k€	Septembre
				O.S. / e-mailing	Génération de trafic en restaurant	2	25 k€		
				Services	Fidélisation / Animation réseaux sociaux	4	20 k€		
Agence média Y	**Annonceur 2 Groupe GD**	Grande distribution	National	Display	Visibilité	4	400 k€	400 k€	Avril
				O.S. / e-mailing	–	–	–		
				Services	–	–	–		
En direct	**Annonceur 3 VetClub**	Commerce	Local	Display	–	–	–	50 k€	Novembre
				O.S. / e-mailing	Promotion / génération de trafic en magasin	4	30 k€		
				Services	Visibilité / Animation réseaux sociaux / référencement SEA	2	20 k€		
Agence média Y	**Annonceur 4 Clicshop**	E-commerce	National	Display	Visibilité / vente en ligne	6	600 k€	620 k€	Juin
				O.S. / e-mailing	Promotion / vente en ligne	1	20 k€		
				Services	–	–	–		
Agence média X	**Annonceur 5 BlueBeach**	Tourisme / loisirs	Local	Display	–	–	–	65 k€	Février
				O.S. / e-mailing	Visibilité / génération de trafic sur site	3	45 k€		
				Services	Référencement SEA / SEO	–	20 k€		
Agence média X	**Annonceur 6 Tani**	Transport	Local	Display	–	–	–	100 k€	Octobre
				O.S. / e-mailing	Visibilité	2	65 k€		
				Services	Fidélisation / Animation réseaux sociaux	2	35 k€		

1. Pour sa gestion, la régie prend comme référence l'année civile (du 1er juillet au 31 décembre).

3 Répondre à un appel d'offres émis par un annonceur

Vous êtes amené(e) à travailler dans le cadre d'une compétition entre régies. Il s'agit d'apporter une réponse à un appel d'offres émis par le directeur de communication de Circul'eat, une chaîne écoresponsable nationale possédant cinq restaurants franchisés en Corse. Vous devez structurer la réponse à l'appel d'offres.

Documents 6 à 9
Fiche ressource 3

1. Identifier les différents objectifs de communication de votre client à travers son appel d'offres et son brief.
2. Réaliser un *benchmark* sur les différentes offres proposées par d'autres régies à l'aide d'un logiciel de présentation. (vers Pix 3.1)
3. Identifier en quoi ces régies concurrentes seraient en mesure de concurrencer votre proposition.
4. Indiquer, pour chacun des objectifs de communication identifiés, les offres les plus adaptées à votre annonceur.

Document 6 — L'appel d'offres de Circul'eat sur le site marchesonline.com

L'appel d'offres consiste à référencer pour notre service achats les régies capables de soutenir les objectifs publicitaires de la chaîne de restaurants, tout en intégrant une dimension éthique. Le référencement des régies sélectionnées doit se faire à deux niveaux :

- **au niveau national :** auprès de la direction média du siège de l'enseigne, qui pilote les campagnes nationales (notoriété, considération, *branding*, innovations, lancements…) ;
- **au niveau local :** auprès des directeurs de restaurants, qui pilotent les campagnes ciblées sur certaines zones de chalandise (nouveautés, offres, trafic, conversion, fidélisation…).

Document 7 — Le brief de l'annonceur à destination des régies

Contexte

Circul'eat est une chaîne de restauration rapide fondée en 2012, spécialisée dans les cuisines française et italienne. En plus de composer l'ensemble de nos menus à partir de produits frais et issus de l'agriculture biologique et locale, nous accordons un soin tout particulier à la dimension circulaire de nos activités en revalorisant les déchets issus de l'exploitation de nos restaurants (déchets alimentaires, reconditionnement des contenants…). Au niveau national, Circul'eat vient récemment d'obtenir le label B Corp.

En plus de ces engagements environnementaux, nous agissons également en faveur de l'emploi et de l'insertion des jeunes en reversant une partie de nos bénéfices à des associations qui œuvrent pour cette cause sur les territoires où nous nous implantons. Au mois de juillet prochain, Circul'eat ouvrira 5 nouveaux restaurants en franchise en Corse (Bastia, Ajaccio, Rogliano, Calvi et Porto Vecchio).

Objectifs

Nous avons établi une liste d'objectifs pour soutenir le lancement de Circul'eat en Corse.

- **Notoriété :** faire connaître la marque Circul'eat en Corse et sur nos zones de chalandise.
- **Considération :** faire connaître les engagements de la marque auprès du grand public.
- **Intention d'achat :** donner envie au grand public de venir goûter nos recettes.
- **Trafic :** faire venir un maximum de personnes sur les 5 premières semaines d'activité.

•••

Document 7 Le brief de l'annonceur à destination des régies (suite)

- Fidélisation : mettre en place des activations ciblées pour fidéliser les client(e)s identifié(e)s comme cibles, à savoir :
  - une cible principale : les 15-24 ans (jeunes étudiants et/ou actifs) ;
  - deux cibles secondaires :
  - les 34-49 ans et familles avec enfants ;
  - les touristes et tous publics présents sur l'île lors de la saison touristique.

Médias et supports

Pour atteindre nos objectifs, nous souhaitons communiquer sur les familles médias suivantes pour réaliser des campagnes qui répondront à nos objectifs :

- presse quotidienne et régionale ;
- presse magazine ;
- SEA/SEO (référencement) ;
- réseaux sociaux.

Budget

Pour ce lancement, nous disposons d'une enveloppe totale de 850 k€ à répartir sur les 5 zones de chalandise et au niveau régional.

Document 8 Le tunnel marketing des objectifs annonceur

Notoriété & visibilité
Faire connaître vos produits et/ou services à ceux qui ne vous connaissent pas ou peu.

Découverte & considération
Inciter les personnes à aller sur votre site et optimiser l'expérience client.

Conversion
Concrétiser l'achat (ou toute conversion) grâce à des messages clairs et cohérents.

Fidélisation
Inciter les personnes à laisser un avis et les pousser à revenir.

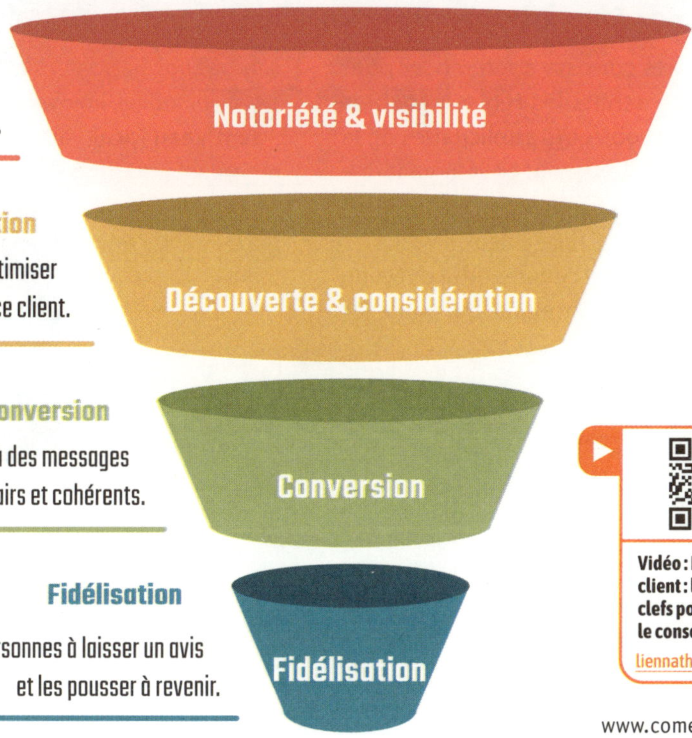

Vidéo : Le parcours client : les étapes clefs pour enchanter le consommateur !
liennathan.fr/y2tg63

www.comexplorer.com

Document 9 Compétitions entre agences : le guide d'expériences réussies

L'AACC (Association des agences conseils en communication) a publié un guide permettant de lister les bonnes pratiques à prendre en compte dans le cadre d'une compétition d'agences. Ce guide permet, tant aux annonceurs qu'aux agences, de s'appuyer sur un ensemble de règles de bonne conduite pour favoriser la sélection des agences. Il fait en quelque sorte la promotion de certaines règles déontologiques propres au secteur de la communication et de la publicité. Si ce document traite spécifiquement de la relation agence-annonceur, sa logique et son cadre déontologique s'appliquent également à la relation régie-annonceur dans le cadre d'un appel d'offres.

Guide d'expériences réussies
liennathan.fr/k3q9j7

4 Améliorer le processus de développement des affaires

Suite à l'analyse du portefeuille clients, la direction de Corse Actu souhaite fidéliser les annonceurs du secteur e-commerce et conquérir de nouveaux clients (PME et TPE) et commerçants locaux.
Pour conquérir ces nouveaux clients, il faut générer des appels entrants.
La directrice marketing vous charge de mettre en place un plan d'action pour toucher ces cibles annonceurs en collaboration avec le service commercial.

Documents 10 et 11
Fiche ressource 3

1 Sélectionner les offres qui permettront de fidéliser les clients du secteur e-commerce.

2 Identifier, à partir des documents et de vos recherches sur Internet, les leviers qui vous permettront de générer des appels entrants.

3 Analyser le bilan des actions menées par le service marketing en identifiant les leviers les plus efficaces et ceux qui doivent être optimisés.

Document 10 Différentes offres

Une offre pour les petits budgets : La Box Entreprises par TF1 PUB

liennathan.fr/4a2ja6

LA · BOX ENTREPRISES

Une offre digitale efficace pour générer du trafic : Shopping roll M6 Publicité

liennathan.fr/y89wx3

Shopping roll

Une solution pour générer des *leads* et des appels entrants : formulaires de génération de *leads* LinkedIn

liennathan.fr/a598ye

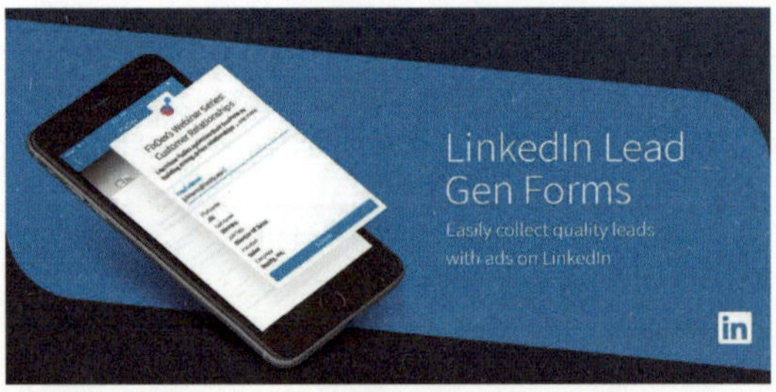

Document 11 Bilan des actions menées par le service marketing

	Événement	E-mailing	LinkedIn	Instagram
Coût total	10 000 €	800 €	200 €	1 000 €
Nombre de contacts touchés	**500**	**2 000**	**300**	**1 000**
Nombre de rendez-vous pris	3	50	10	3
Nombre de clients signés	1	10	6	1
Secteurs d'activité	E-commerce	PME / TPE, e-commerce	PME / TPE, e-commerce Tech, éducation	Restauration
Panier moyen des clients signés	350 k€	100 k€	275 k€	25 k€
Période de campagne	Octobre	Début novembre	Tout le mois de novembre	Début novembre

FICHE RESSOURCE

1

COMPRENDRE LE RÔLE DES DIFFÉRENTS SERVICES EN AGENCE OU EN RÉGIE

Au sein d'une agence de communication ou d'une régie publicitaire, chaque service remplit un rôle spécifique. Ces services doivent cependant travailler en étroite collaboration afin de répondre aux besoins des annonceurs en leur proposant des offres innovantes et performantes.

I Le service commercial

1. Son rôle

Premier acteur au contact du client, annonceur potentiel, il prend connaissance du brief des annonceurs et est responsable de la vente de l'offre aux agences ou de l'espace publicitaire aux régies. Il établit des relations avec les annonceurs : il identifie leurs besoins, leur propose des solutions adaptées, négocie les contrats et gère les budgets.

EXEMPLES de métiers : directeur(trice) commercial(e), *Business Developper*, chef(fe) de publicité, *Account Manager*.

2. Les enjeux particuliers liés au rôle du service commercial

Le service commercial est une fonction importante dans une agence de communication ou une régie publicitaire. Ses principales tâches sont les suivantes :

II Le service marketing-étude

1. Son rôle

Il est responsable de la recherche de marché, de l'analyse de données et de la collecte d'informations pour comprendre les tendances du marché et les comportements des consommateurs. Il fournit des informations essentielles au service commercial pour l'aider à cibler les bons clients et élaborer des offres adaptées à leurs besoins.

EXEMPLES de métiers : directeur(trice) marketing, chargé(e) d'étude.

2. Les enjeux particuliers liés au rôle du service marketing

Les enjeux immédiats du service marketing reposent sur la connaissance approfondie et précise des clients. Ses principales tâches sont les suivantes :

Tâches du service marketing d'une régie ou d'une agence

Donner du sens à l'information
Cela est possible grâce à la mise en perspective des données clients et des objectifs de l'entreprise.

Pérenniser, c'est-à-dire **inscrire dans la durée les valeurs partagées par les marques et les clients.**

Satisfaire et fidéliser les clients
Il est essentiel de fidéliser particulièrement ceux à plus forte valeur pour l'entreprise.

Gagner du temps et dégager plus rapidement de nouvelles marges supplémentaires.

Piloter l'action marketing
Ce pilotage doit être effectué dans une logique économique précise et fiable.

III Le service planning stratégique

Il travaille en étroite collaboration avec les services commercial et marketing-étude afin d'élaborer des stratégies de communication pour les clients de la régie ou de l'agence. Il est responsable de l'identification des enjeux et des objectifs de communication à atteindre pour les marques. Il définit ainsi les canaux et messages clés à prioriser pour atteindre ces objectifs.

EXEMPLE de métier : planneur stratégique.

IV Le service conseil

Responsable de la gestion de la relation client, il travaille en étroite collaboration avec les autres services pour s'assurer que les clients sont satisfaits des services de l'agence ou de la régie publicitaire et que leurs besoins sont bien compris.

EXEMPLES de métiers : consultant(e), directeur(trice) de projet.

V Le service achats

La régie ou l'agence est également en contact avec le service achats de l'annonceur. En effet, son propre service achat est responsable :
– de la sélection des prestataires au rapport prix/qualité de services le plus avantageux ;
– du bon déroulement des compétitions quand il doit sélectionner le mieux-disant en réponse à ses appels d'offres ;
– de la sécurisation juridique de la relation annonceur-prestataire ;
– de la négociation des espaces publicitaires avec l'agence média et parfois avec les régies télévision, radio, presse…

EXEMPLE de métier : directeur(trice) des achats.

FICHE RESSOURCE

2

CARACTÉRISER UN PORTEFEUILLE ANNONCEURS

I La notion de portefeuille clients

Le terme « portefeuille annonceurs » désigne l'ensemble des clients qu'une agence média ou qu'une régie accompagne dans le développement de leur communication.
Il peut être composé de différents types d'entreprises et d'organisations.

EXEMPLES
Entreprises privées nationales ou internationales, entreprises privées locales de petite et moyenne taille, organisations à but non lucratif, organismes gouvernementaux…

Plusieurs raisons peuvent pousser une agence média ou une régie à diversifier son portefeuille :
- avoir une source de revenus diversifiée pour ne pas dépendre d'un seul annonceur ou d'un seul secteur économique ;
- acquérir une expertise dans différents secteurs d'activité et être en mesure de fournir des solutions adaptées à chaque problématique client ;
- développer le chiffre d'affaires de l'agence ou de la régie ;
- établir une réputation solide en étant capable de satisfaire les besoins de différents clients. L'agence ou la régie pourra ainsi gagner en crédibilité et en notoriété sur le marché ;
- respecter certaines clauses du contrat agence-annonceur qui impose l'absence de budgets concurrents chez le même prestataire.

II La classification du portefeuille annonceurs

Le portefeuille annonceurs d'une agence de communication ou d'une régie publicitaire peut être organisé en fonction de différents critères.

EXEMPLES
- **Par secteur d'activité : grande distribution, santé, industrie, technologie.**
- **Par type d'entreprise : grande entreprise, ETI, PME, TPE.**
- **Par type de prestations fournies : services de création publicitaire, stratégie de marque, relations publiques, communication digitale…**
- **Par localisation géographique : clients nationaux, internationaux, régionaux ou locaux.**
- **Par durée de la relation client : nouveaux clients, clients réguliers, clients historiques.**
- **Par budget : clients ayant un budget communication élevé, moyen ou faible.**

III L'analyse du portefeuille annonceurs

L'analyse des comptes clients peut être effectuée d'un point de vue vertical et sectoriel.

1. L'analyse verticale des comptes clients

Elle permet à l'agence média ou à la régie de mieux comprendre la situation financière de chaque client, notamment en termes de chiffre d'affaires, de coûts et de marge bénéficiaire.
L'agence ou la régie peut ainsi prendre des décisions éclairées quant à la manière de gérer la relation avec chaque client et de déterminer si une stratégie d'optimisation de la rentabilité est nécessaire, voire indispensable.

EXEMPLES
Identifier les clients les plus rentables et les moins rentables, évaluer les risques associés à chaque client.

2. L'analyse sectorielle du marché

Elle permet à l'agence ou à la régie de mieux comprendre les tendances et les défis spécifiques à chaque secteur d'activité et de s'adapter en conséquence.

EXEMPLE
Une agence de communication travaillant avec des clients dans le secteur de la santé doit être au fait des réglementations et des exigences spécifiques à ce secteur.

IV La segmentation du portefeuille annonceurs

1. Le principe de la segmentation et son intérêt

Le principe de la segmentation annonceurs est de différencier les clients afin d'attirer et de développer des relations avec les clients les plus rentables.
Elle permet à un média de proposer une offre pertinente à un maximum d'annonceurs en identifiant les secteurs d'activité les plus opportuns, car les plus porteurs en termes de chiffre d'affaires.
L'objectif est de leur proposer des offres *ad hoc* et de mettre en place des process internes d'accompagnement adaptés.
Pour le service marketing, la connaissance du portefeuille clients permet de mieux identifier les leviers à activer pour promouvoir les offres.

2. La méthode RFM pour segmenter

On distingue plusieurs manières de différencier ses clients en fonction de leurs caractéristiques et comportements d'achat.
Dans cette approche, nous proposons spécifiquement la méthode RFM (Récence, Fréquence, Montant) pour segmenter et comprendre les clients.

La méthode RFM sert à connaître les comportements d'achat de la clientèle et éventuellement à prédire son comportement ainsi que celui des prospects.
Elle a pour objectif de segmenter la clientèle actuelle d'une entreprise pour affecter les moyens marketing aux clients les plus intéressants.

Le principe de la segmentation RFM est de calculer un score pour chaque client en fonction de trois critères (on parle de technique de *scoring*). Les clients qui obtiennent le score le plus élevé constituent une cible à privilégier et/ou à fidéliser.

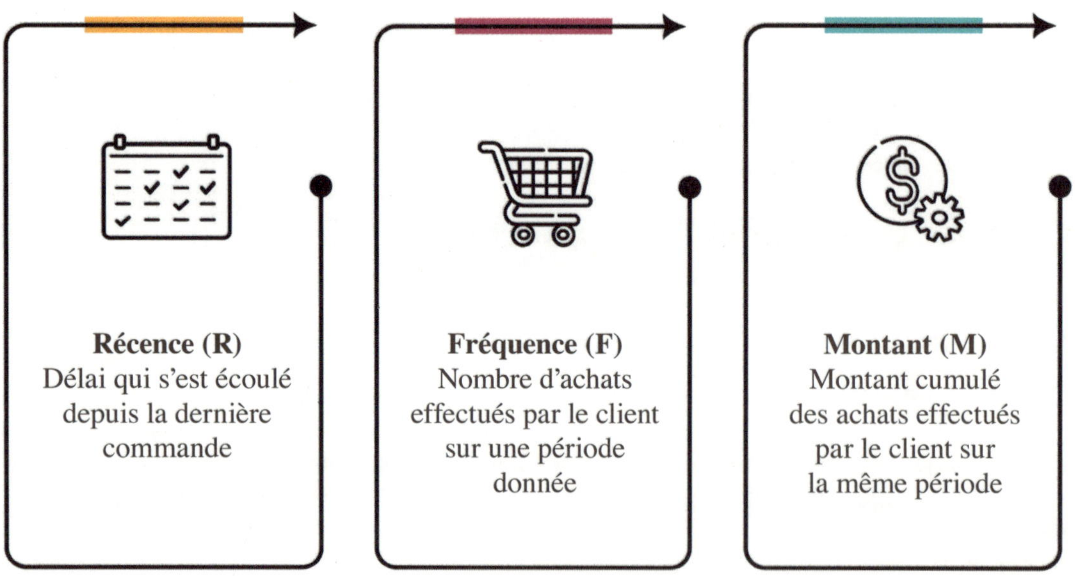

Ces critères peuvent avoir un poids différent dans le score final. Dans ce cas, on procède au calcul d'une moyenne pondérée.

FICHE RESSOURCE

3

METTRE EN ŒUVRE UNE STRATÉGIE DE DÉVELOPPEMENT COMMERCIAL ET DE FIDÉLISATION

Les régies publicitaires et les agences ont constamment besoin de conquérir de nouveaux annonceurs et/ou de fidéliser les annonceurs avec lesquels elles travaillent déjà. Le terme le plus souvent utilisé pour évoquer la conquête de nouveaux annonceurs est « *new business* » ou « *new biz* ». *A contrario*, le terme « *re-biz* » peut être employé pour désigner la fidélisation d'un ou de plusieurs clients.

I *New business* et développement commercial

La recherche de *new business* peut s'appuyer sur différentes stratégies.

La participation aux compétitions (ou réponses aux appels d'offres)	Une compétition peut être organisée directement par l'annonceur qui en est à l'initiative ou par une entreprise externe chargée d'identifier les régies ou agences les plus en phase avec l'objectif recherché par l'annonceur. Ces entreprises pilotent ensuite les différentes étapes de la compétition, aux côtés de l'annonceur, jusqu'à l'attribution finale du marché à la régie ou à l'agence retenue. Le processus de réponses aux appels d'offres et compétitions peut s'échelonner sur plusieurs semaines, voire plusieurs mois, car les régies et agences sont amenées à mobiliser leurs équipes (créatives, commerciales, planning stratégique…) pour proposer la réponse la plus séduisante possible à l'annonceur.
La conception d'offres packagées	Les offres packagées sont spécifiquement conçues pour répondre à un ou plusieurs besoins annonceurs identifiés par les régies ou par les agences. Ces besoins peuvent être de différents ordres. **EXEMPLES :** améliorer la notoriété, l'image, le trafic ; générer du chiffre d'affaires. Pour élaborer ce type d'offres, les régies et agences s'appuient généralement sur leurs équipes internes (commerciales, marketing et planning stratégique). Une fois finalisée, l'offre packagée est proposée à plusieurs annonceurs et clients de manière identique ; en ce sens, elles sont différentes des offres sur mesure.
Le renforcement du marketing de l'offre	Que l'offre proposée soit packagée ou sur mesure, elle s'inscrit dans une démarche qualifiée de marketing de l'offre. Le marketing de l'offre intègre plusieurs types de propositions visant à intéresser l'annonceur et à lui démontrer la qualité et la pertinence de l'offre. **EXEMPLES :** *pricing*, ciblage, activation de canaux (*newsletters*, publications…), organisation d'événements thématiques (webinaires, petits-déjeuners…).
La communication	Communiquer sur le succès de la régie ou de l'agence ou sur le lancement d'une offre peut générer des effets positifs en rassurant et en intéressant d'autres annonceurs. Un indicateur de succès de cette démarche est la génération d'appels entrants. En effet, faire savoir au marché qu'une régie ou une agence vient de remporter un budget d'annonceur au cours d'une compétition, ou que celui-ci a souscrit à une offre packagée ou sur mesure, peut intéresser d'autres annonceurs rencontrant les mêmes problématiques ou évoluant sur le même secteur.
La gestion de l'appel entrant	Dans le domaine de la communication, un appel entrant fait référence à tout contact initié par un prospect ou client potentiel. Ce dernier peut contacter la régie publicitaire ou l'agence média *via* plusieurs canaux de communication. **EXEMPLES :** appel téléphonique, formulaire de contact sur le site Internet, e-mail, réseaux sociaux (LinkedIn, Twitter, Facebook, Instagram…), tchat en direct sur le site Internet, rencontre en personne lors d'événements professionnels, salons ou encore par le biais de recommandations professionnelles.

II Fidélisation et *re-biz*

Les régies et agences qui se sont constitué un portefeuille de clients réguliers doivent constamment réfléchir à de nouveaux moyens de fidéliser ces clients. Les multiples objectifs liés à la fidélisation peuvent prendre différentes formes.

EXEMPLES
- Sécuriser un volume d'affaires à l'année.
- Augmenter les recettes générées par le portefeuille.
- Empêcher les clients actuels de souscrire à une offre concurrente.
- Augmenter la satisfaction client.
- Augmenter ses parts de marché sur un secteur ou un périmètre donné.

Pour répondre à ces objectifs, les équipes marketing et commerciale peuvent activer plusieurs leviers :

Les remises	Elles constituent un moyen simple et efficace de fidéliser un nouveau client ou d'augmenter la satisfaction d'un client fidèle. Par exemple, en proposant une réduction sur un forfait ou en appliquant une remise pour récompenser un client dont les investissements sont conséquents, la régie ou l'agence peut piloter simplement une stratégie de fidélisation. Les régies publicitaires ont pour habitude d'appliquer des « prix dégressifs » en fonction des volumes d'espaces achetés par les annonceurs. **EXEMPLE :** – 10 % pour tout investissement inférieur ou égal à 100 k€, puis – 20 % pour tout investissement supérieur à 200 k€, et ainsi de suite. Dans le cadre de leur communication publique ou sociale, les annonceurs institutionnels bénéficient également de tarifs négociés intéressants. **EXEMPLES :** ONG, association à but non lucratif, entreprise dans le champ de l'économie sociale et solidaire.
La primeur sur certaines offres	Elle permet de fidéliser certains clients. Les régies et agences soulignent ainsi le soin qu'elles souhaitent apporter à la relation client. **EXEMPLE :** proposer à des clients grands comptes ou à fort potentiel de tester ou d'accéder à des offres avant le reste du marché, d'être bêtatesteurs de certaines fonctionnalités ou de nouveaux services.
L'*up-selling*	Il consiste à proposer à certains clients une version plus qualitative ou haut de gamme d'un produit ou d'un service afin d'augmenter les revenus générés, tout en maximisant leur satisfaction. **EXEMPLE :** si un client a déjà souscrit à une offre ou un produit d'appel, il peut être pertinent de lui recommander d'upgrader sa souscription et d'accéder à d'autres services ou parties de l'écosystème de la régie ou de l'agence.
Le *cross-selling*	Il permet d'augmenter les revenus générés en proposant à certains clients de compléter les produits et services auxquels ils ont déjà accès par des options supplémentaires. **EXEMPLE :** l'annonceur A achète régulièrement des espaces publicitaires au sein de 3 marques *Print* de l'écosystème pour toucher une cible X. L'équipe commerciale lui recommande d'ajouter à ce plan média *Print* une option digitale avec un ciblage plus précis et une mesurabilité des résultats renforcée.

Mobiliser le service marketing/communication pour soutenir le développement commercial

L'agence média EcoWave Media lance un tout nouveau programme de collaboration avec les régies publicitaires du marché. Intitulé « Eco 4 Good », ce programme vise à référencer les régies publicitaires les plus responsables du marché. EcoWave Media, agissant pour le compte d'un de ses clients, proposera également à d'autres annonceurs, les plus engagés, de collaborer avec les régies référencées. Celles-ci seront sélectionnées pour leur capacité à proposer des offres et services écoresponsables et performants aux annonceurs (ciblage, *branding*...).
Vous avez été engagé(e) comme stagiaire au service marketing et communication de l'agence EcoWave Media. Votre manager vous charge de préparer ce dossier, qui sera présenté à la direction lors d'une prochaine réunion.

1. Sélectionner, à partir des documents et parmi les offres de régies mentionnées, la régie publicitaire qui correspond le plus aux critères de sélection de votre agence média.
2. Identifier, à partir des documents et d'une recherche Internet, deux régies françaises correspondant aux critères de sélection.
3. Identifier, à partir d'une recherche Internet, d'autres agences médias ayant mis en place des programmes à impact.
4. Réaliser une présentation synthétique de votre travail de recherche (5 *slides* maximum) à destination de votre manager à l'aide d'un logiciel de présentation.

vers Pix 1.3

Document 1 Tableau d'évaluation des offres écoresponsables

En collaboration avec la direction marketing, votre direction RSE a conçu un tableau récapitulatif des critères importants à prendre en compte pour évaluer la démarche écoresponsable d'une régie. Chaque critère est associé à un nombre de points. En évaluant les offres de chaque régie, on peut ainsi déterminer un score sur 100. Votre manager ne souhaite retenir que les régies candidates qui peuvent obtenir un score minimum de 60 sur 100.

Critères	Points	Régie 1	Régie 2	Régie 3
Puissance	25	20	20	10
Affinité	25	15	20	20
Impact environnemental	15	5	10	5
Impact social et sociétal	15	15	5	5
Impact économique	15	15	10	0
Facilité de mise en œuvre	5	5	0	5
Total	**100**	**75**	**65**	**45**

Document 2 — Exemples de campagnes écoresponsables proposées par le groupe Havas à ses clients

https://havaspositiveimpact.fr

liennathan.fr/6a7ap2

Document 3 — Prisma Media mesure l'empreinte carbone de ses campagnes

www.thegood.fr

liennathan.fr/v77tt2

CHAPITRE 9

Élaborer un argumentaire pour valoriser des solutions médias et digitales innovantes

Contexte professionnel

Compétence professionnelle
- **Élaborer un argumentaire**

Savoir associé
- **L'argumentation commerciale**

Prisma Media est une entreprise française de presse, filiale du groupe français Vivendi. Elle compte vingt marques de la presse magazine organisées en trois pôles :
- le pôle Femme : *Femme Actuelle, Gala, Voici, Oh ! My Mag…* ;
- le pôle Premium : *GEO, Ça m'intéresse, Capital, Harvard Business Review…* ;
- le pôle TV-*Entertainement* : *Gentside, Télé-Loisirs, Télé 2 semaines…*

Aujourd'hui, plus de 42 millions de Français sont en contact chaque mois avec une marque du groupe, que ce soit en feuilletant un magazine ou en surfant sur le Web.
Le groupe est à présent l'un des premiers éditeurs de contenus éditoriaux multisupports et l'un des premiers créateurs de solutions digitales. Il est leader des groupes bimédias de France, et n° 1 de la presse magazine, de la vidéo en ligne et de l'audience digitale quotidienne.
Vous avez été recruté(e) comme assistant(e) chargé(e) d'études marketing digital au sein du service Marketing, Insights et Développement digital de la régie publicitaire Prisma Media Solutions. Vous avez en charge la construction de l'argumentaire destiné à présenter l'offre innovante « Video Impact for Brands » aux différents acteurs du marché : les agences médias et les annonceurs.

Prisma Media Solutions
liennathan.fr/a499hh

www.videoimpactforbrands.fr

Comprendre le contexte

1. Démontrer, à l'aide de la vidéo et d'une recherche sur le site www.prismamedia.com, la diversité de l'offre publicitaire du groupe Prisma Media et sa puissance en terme d'audience.

2. Identifier les raisons pour lesquelles le service Marketing, Insights et Développement digital de la régie doit construire un argumentaire.

1 Comprendre l'intérêt de l'association de trois régies concurrentes

Les équipes marketing de la régie Prisma Media Solutions ont constaté que les annonceurs orientent massivement leurs investissements, pour la publicité vidéo en ligne, sur les plateformes d'UGC telles que YouTube, Meta (Facebook et Instagram) ou TikTok. Suite à ce constat, Prisma Media Solutions a lancé une étude, conjointement avec deux autres régies, MEDIA FIGARO et 366 #Communities, pour mieux comprendre les offres commercialisées par les acteurs de la vidéo publicitaire en ligne. Cette association a débouché sur la construction de l'offre « Video Impact for Brands ».

Documents 1 à 3

1. Présenter les trois régies partenaires en mettant en évidence leurs atouts et leur complémentarité.
2. Identifier les atouts de l'offre « Video Impact for Brands » particulièrement mis en avant dans les présentations réalisées lors du lancement de l'offre.
3. Analyser les raisons pour lesquelles Prisma Media Solutions décide de s'allier à deux autres régies presse pour proposer une offre commune de diffusion de vidéos publicitaires en ligne.
4. Présenter les caractéristiques des offres de diffusion de vidéos publicitaires en ligne des régies concurrentes Meta, TikTok et YouTube, à l'aide d'une recherche Internet.

Document 1 Les régies partenaires

366 #COMMUNITIES

366 est une régie publicitaire fondée en 2014 qui réalisait 100 M€ de chiffre d'affaires en 2022, en progression chaque année depuis 6 ans. Initialement dédiée à la commercialisation publicitaire des espaces de la PQR elle a étendu son métier aux inventaires audio (podcasts) et vidéo (VOL). En mars 2021, 366 a créé 366TV pour étendre son activité aux télévisions locales. En janvier 2023 la régie lance, conjointement avec les éditeurs de PQR, DIVERTO : un magazine dédié au divertissement dans les territoires. La vocation de la régie 366 est de constituer un pôle de médias ayant un ancrage territorial fort afin de proposer au marché publicitaire des solutions de communication de proximité diversifiées et puissantes. La régie opère une offre permettant de toucher chaque jour 20 millions de personnes et chaque mois 43 millions de français, soit plus de 80 % de la population française.

www.366.fr

MEDIA FIGARO

Régie publicitaire du groupe Figaro, MEDIA FIGARO assure la commercialisation de l'ensemble des marques du groupe : *Le Figaro*, *Le Figaro Magazine*, *Madame Figaro*, *TV Magazine*, *Le Particulier*, *L'Internaute*, *Le Journal des Femmes*, le JDN, CCM, La Chaîne Météo… Ces contenus sont lus, vus ou écoutés par plus de 41,7 millions de lecteurs chaque mois, soit 8 Français sur 10.

https://media.figaro.fr

PM PRISMA MEDIA SOLUTIONS

Prisma Media Solutions, régie publicitaire du groupe Prisma Media, c'est 25 marques leaders présentes sur plus de 100 supports (presse, Web, mobile, audio, *event*…). N° 1 des groupes de presse magazine, nos marques médias (*Femme Actuelle*, *Gala*, *Capital*, *GEO*, *Voici*, *Télé-Loisirs*…) sont référentes sur de nombreux centres d'intérêt (mode, beauté, *entertainment*, environnement, voyage, cuisine, économie…) et touchent 41 millions de lecteurs/internautes (ACPM One Next Global 2021 V4 chaque mois).

www.prismamediasolutions.com

Document 2 L'offre « Video Impact for Brands »

« Video Impact for Brands » est une offre de diffusion de publicités vidéo en ligne sur les écosystèmes médias de trois régies, associées pour l'occasion : 366 #Communities, MEDIA FIGARO et Prisma Media Solutions.

Site : Vidéo Impact for Brands
liennathan.fr/686tie

Vidéo : INfluencia café – Stéphane Delaporte 366
liennathan.fr/65rd3g

Communiqué de presse : 366, MEDIA FIGARO et Prisma Media Solutions créent « Video Impact for Brands »
liennathan.fr/a8x2c2

Document 3 Communiqué de presse – Un an après le lancement

Il y a un an, les régies 366, MEDIA FIGARO et Prisma Media Solutions créaient une alliance inédite autour de la vidéo online : Video Impact for Brands.
En permettant de toucher jusqu'à 8 internautes sur 10[1] chaque mois dans des univers de médias online complémentaires (sites de PQR, PQN[2], presse magazine) et des territoires d'expression variés, Video Impact for Brands s'est rapidement imposée comme une solution de référence pour les marques souhaitant maximiser l'efficacité de leurs campagnes vidéo.

Distribution, automobile, banque-finance, assurances, services, ameublement-déco… Video Impact a su, en quelques mois, séduire des annonceurs de tous secteurs, en gré à gré ou en programmatique, avec des résultats au rendez-vous et plus de 80 % de taux de complétion et de visibilité obtenus. […]

www.prismamediasolutions.com

1. Source : Médiamétrie // Internet Global, novembre 2022.
2. PQR : presse quotidienne régionale. PQN : presse quotidienne nationale.

2 Préparer l'argumentaire

Votre directeur marketing vous transmet des données issues d'études de référence à transformer en leviers d'efficacité pour la régie. Il vous demande d'identifier :
- les tendances du marché qui justifient le lancement de l'offre « Video Impact for Brands » ;
- les principaux concurrents de cette offre en France.

Pour réaliser ce travail, vous vous appuyez sur la mesure d'audience annuelle Médiamétrie/NetRatings et les données du dernier *Digital Report* publié sur le site de l'agence We Are Social.

▶ Documents 4 à 7
▶ Fiche ressource 1

1 Identifier les médias bénéficiant des plus forts investissements publicitaires des annonceurs français.

2 À l'aide de la mesure d'audience annuelle Médiamétrie/NetRatings, identifier les deux sites de contenus vidéo les plus visités en France.

3 Repérer les titres de presse composant l'offre « Video Impact for Brands » les plus performants sur le digital.

4 Proposer, à partir des analyses des documents et de la visite du site de l'institut Kantar Media, un scénario d'évolution du marché de la publicité vidéo en ligne qui pourra permettre à la régie d'anticiper les attentes des annonceurs et des agences médias. Justifier.

Document 4 Les sites de contenus vidéo les plus visités par les Français

Chaque année, Médiamétrie/NetRatings dresse le bilan des usages digitaux à partir de sa mesure de référence, l'Audience Internet Global. Cette étude répond notamment aux questions suivantes : combien y a-t-il d'internautes en France ? Combien de temps passe-t-on sur Internet chaque jour ? Quelles sont les marques les plus puissantes d'Internet ? Quels sont les réseaux sociaux préférés des Français, et surtout de ceux qui y consacrent le plus de temps : les jeunes ? Quelles sont les dynamiques en matière de vidéo et de gaming ? Et quelles sont les tendances émergentes en matière de consommation en ligne ?

Répartition par écran Top 50 des Marques les plus visitées en France

	Marque B	Visiteurs Uniques par mois	% des VU ayant utilisé l'ordinateur	% des VU ayant utilisé le Mobile	% des VU ayant utilisé la Tablette
1	**Google**	52 950 000	59,8	90,4	33,6
2	**YouTube**	48 225 000	35,9	86,0	24,4
3	**Facebook**	47 879 000	33,2	92,4	20,4
4	**WhatsApp**	39 873 000	3,8	99,0	1,5
5	**Instagram**	36 868 000	11,8	92,4	10,7
6	**Amazon**	36 054 000	39,7	81,0	14,6
7	**Messenger**	32 944 000	1,3	95,9	11,8
8	**Wikipedia**	27 920 000	31,8	79,9	9,2
9	**Leboncoin.fr - T ACPM**	27 514 000	30,4	80,0	11,1
10	**Snapchat - T ACPM**	27 147 000	0,7	98,5	3,2
11	**Yahoo**	25 415 000	24,0	81,1	16,4
12	**TikTok**	23 184 000	6,1	89,4	11,6
13	**Orange**	22 881 000	43,2	71,5	12,6
14	**Microsoft**	22 361 000	53,9	59,9	7,2
15	**franceinfo - T ACPM**	21 253 000	15,8	86,8	10,7
16	**Le Figaro - T ACPM**	20 755 000	22,8	83,2	10,3
17	**Windows Live**	20 451 000	52,0	60,5	8,4
18	**Netflix**	20 186 000	17,7	72,3	26,2
19	**Tele Loisirs**	20 128 000	15,4	85,5	10,3

www.mediametrie.fr, avril 2023.

Document 5 La consommation vidéo des Français

Le rapport de l'agence We Are Social publie également des données sur la consommation vidéo des Français, notamment la part d'internautes français consommant des contenus vidéo par thématiques.

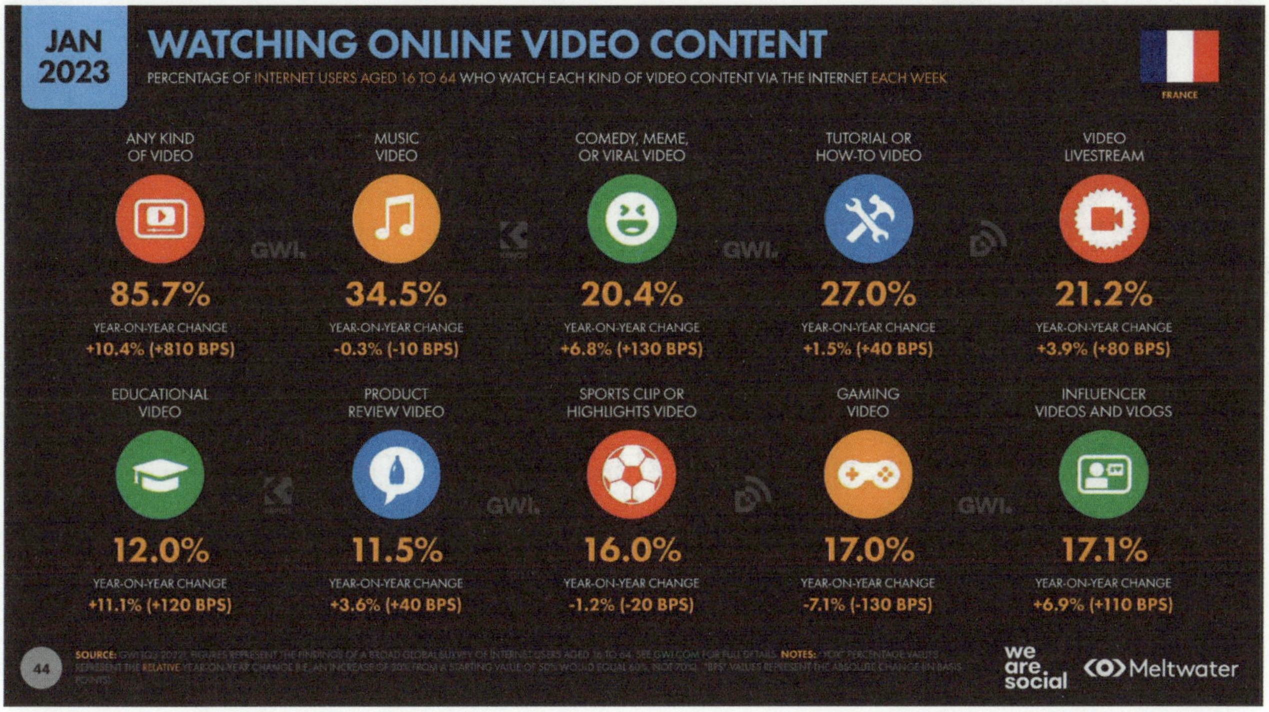

Digital Report 2023, France, https://wearesocial.com

Document 6 La répartition des investissements médias

Le BUMP (baromètre unifié du marché publicitaire) est une étude réalisée par différents acteurs : Kantar Media, l'IREP (Institut de recherches et d'études publicitaires) et France Pub (entreprise qui mesure chaque année les évolutions du marché publicitaire français). Cette étude analyse les tendances du marché publicitaire en mesurant les investissements publicitaires des annonceurs français sur les différentes familles médias :

- Presse
- Radio
- Télévision
- Publicité extérieure
- Cinéma
- *Paid Search*
- *Display*
- *Paid Social*
- *Audio Digital*

Elle propose également plusieurs estimations :
- le nombre d'annonceurs actifs sur les neuf premiers mois de l'année ;
- la répartition du nombre d'annonceurs sur les différentes familles médias.

Site : Kantar Media
liennathan.fr/ig4u64

Document 6 La répartition des investissements médias (suite)

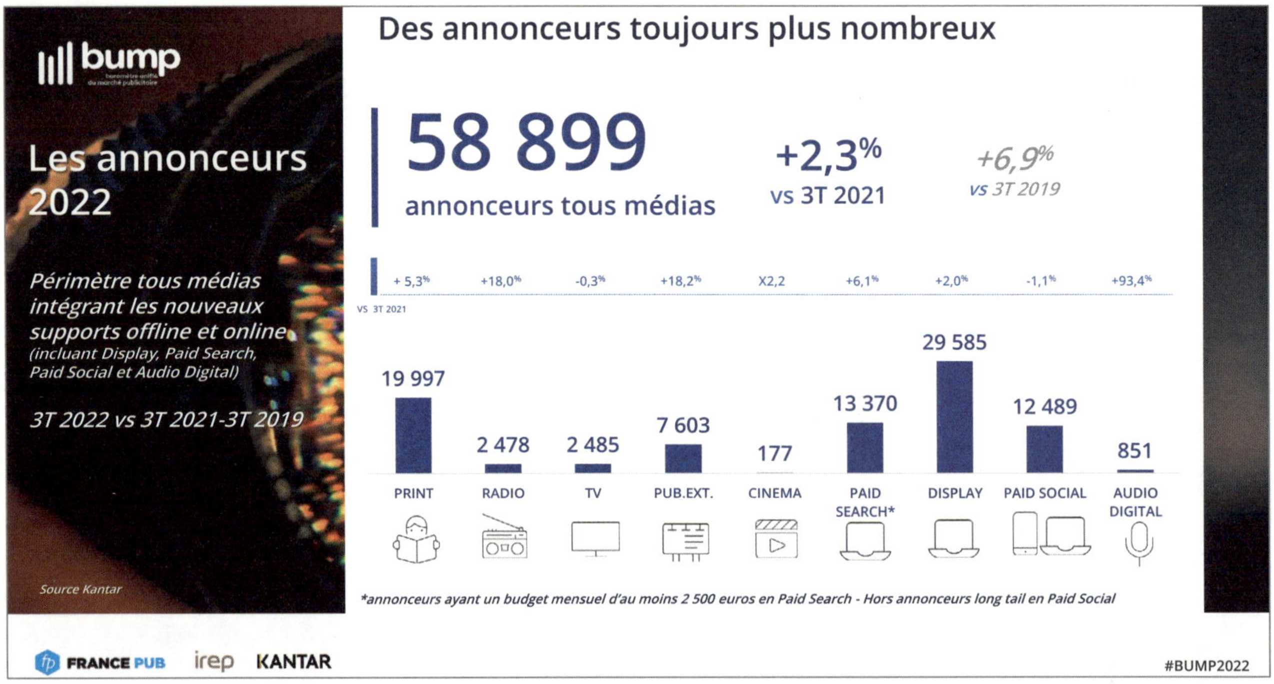

BUMP 2022, www.kantar.com

Document 7 L'évolution des investissements publicitaires en France

Statista, un des principaux fournisseurs de données sur les marchés et les consommateurs, propose un tableau prévisionnel de l'évolution des investissements publicitaires en France sur une période de dix ans sur différentes familles médias et catégories de publicité :

- Audio (*Audio Advertising*)
- *Display* (*Digital Banner Advertising*)
- Petites annonces digitales (*Digital Classifieds*)
- Influence (*Influencer Advertising*)
- Publicité extérieure (*OOH Advertising*)
- Presse (*Print Advertising*)
- Référencement (*Search Advertising*)
- Télévision et vidéo (*TV & Video Advertising*)

Les chiffres du tableau suivant représentent l'évolution (en pourcentage) des investissements médias, année après année. Il permet d'observer une tendance du marché en évolution favorable pour certains médias et, *a contrario*, une tendance du marché en baisse pour d'autres.

Chiffres en %	2018	2019	2020	2021	2022	2023	2024	2025	2026	2027
Audio Advertising	5,6	– 3,7	– 11,9	11,3	– 1,1	4,7	3,2	1,6	1,0	0,4
Digital Banner Advertising	20,3	7,0	15,5	21,4	5,4	10,8	9,1	7,6	6,5	5,9
Digital Classifieds	5,3	– 4,6	– 6,2	7,7	– 3,4	2,4	1,5	1,1	0,8	0,5
Influencer Advertising	55,4	57,4	43,2	29,1	17,2	16,8	14,2	12,9	9,8	8,0
Out-of-Home Advertising	5,5	– 4,3	– 31,0	15,4	12,4	4,3	2,9	1,8	1,6	1,3
Print Advertising	– 2,1	– 11,4	– 19,9	1,0	– 9,7	–4,0	– 5,0	– 6,5	– 7,1	– 8,3
Search Advertising	34,0	14,1	7,8	38,0	20,4	13,1	10,7	7,8	8,7	7,8
TV & Video Advertising	13,2	0,8	– 1,9	14,5	1,6	7,0	5,5	4,5	3,7	3,3
Total	**13,0**	**1,4**	**– 3,6**	**19,5**	**7,0**	**8,3**	**6,7**	**5,1**	**5,1**	**4,5**

https://fr.statista.com, octobre 2022.

3 Réaliser un *benchmark* pour positionner une offre par rapport à celle des concurrents

Dans le cadre de vos missions à l'occasion de l'évolution de l'offre « Video Impact for Brands », votre manager vous demande de réaliser un *benchmark* concurrentiel précis permettant de positionner cette offre sur le marché par rapport aux autres offres existantes.

Documents 8 à 10
Fiche ressource 1

vers Pix 1.1

1. Réaliser un *benchmark* concurrentiel sur les sites de cinq régies proposant des offres de diffusion de vidéos publicitaires en ligne et identifier ce qui les différencie.
2. À partir de ce *benchmark*, construire un tableau synoptique de synthèse.
3. Repérer les composantes de l'offre sur lesquelles les concurrents sont plus innovants ou plus performants que l'offre « Video Impact for Brands ».

Document 8 Mesurer la perception de la marque

YouTube Advertising est l'entité de YouTube qui gère la vente des formats publicitaires diffusés sur la plateforme. YouTube garantit aux annonceurs qui choisissent d'utiliser ses solutions, des outils de mesure de la performance des campagnes.
Parmi ces outils, YouTube propose une étude intitulée Brand Lift, qui permet de mesurer l'impact des campagnes publicitaires selon différents critères : le souvenir publicitaire, la notoriété de la marque et la considération. Cette étude est disponible sous certaines conditions et ne mesure pas certains indicateurs traditionnels comme les clics, les impressions ou le nombre de vues.

www.youtube.com

YouTube Advertising

Brand lift
Découvrez comment votre campagne affecte la façon dont les utilisateurs perçoivent votre entreprise. Le brand lift fournit des métriques clés sur le souvenir publicitaire, la notoriété de la marque, la décision d'achat, etc.

www.youtube.com

YouTube Advertising Brand lift
liennathan.fr/f356yg

Document 9 Prendre la parole dans un format court et sur l'ensemble des écrans

france•tvpublicité, la régie publicitaire du groupe France Télévision, commercialise des espaces publicitaires au format vidéo sur des marques médias de son écosystème aux formats pre-roll et mid-roll.

L'offre « Short-Roll » de france•tvpublicité propose aux annonceurs des formats courts (6 secondes) insérés avant ou pendant certains programmes diffusés en replay sur les plateformes et sites gérés par la régie.

Document 9 — Prendre la parole dans un format court et sur l'ensemble des écrans (suite)

Ces formats peuvent être achetés à l'unité ou liés. La promesse de cette offre est la diffusion des formats publicitaires sur 4 écrans : desktop, portable, tablette et mobile.

En proposant des formats courts sur l'ensemble des écrans, la régie entend s'adapter aux usages réels des internautes qui utilisent ses plateformes.

www.francetvpub.fr/offres/short-roll

Document 10 — Mettre en avant la transparence, la performance et la simplicité d'une offre

***L'Équipe*, *Les Echos* et *Le Parisien* réunis dans un « hub » vidéo**

Le but : Le hub vidéo Alpha propose une « *offre puissante, de qualité, accessible via un écosystème d'achat simplifié et transparent* » pour garantir le meilleur des trois sites commercialisés par Les Echos-Le Parisien Médias et Amaury Media (*L'Équipe, Le Parisien* et *Les Echos*).

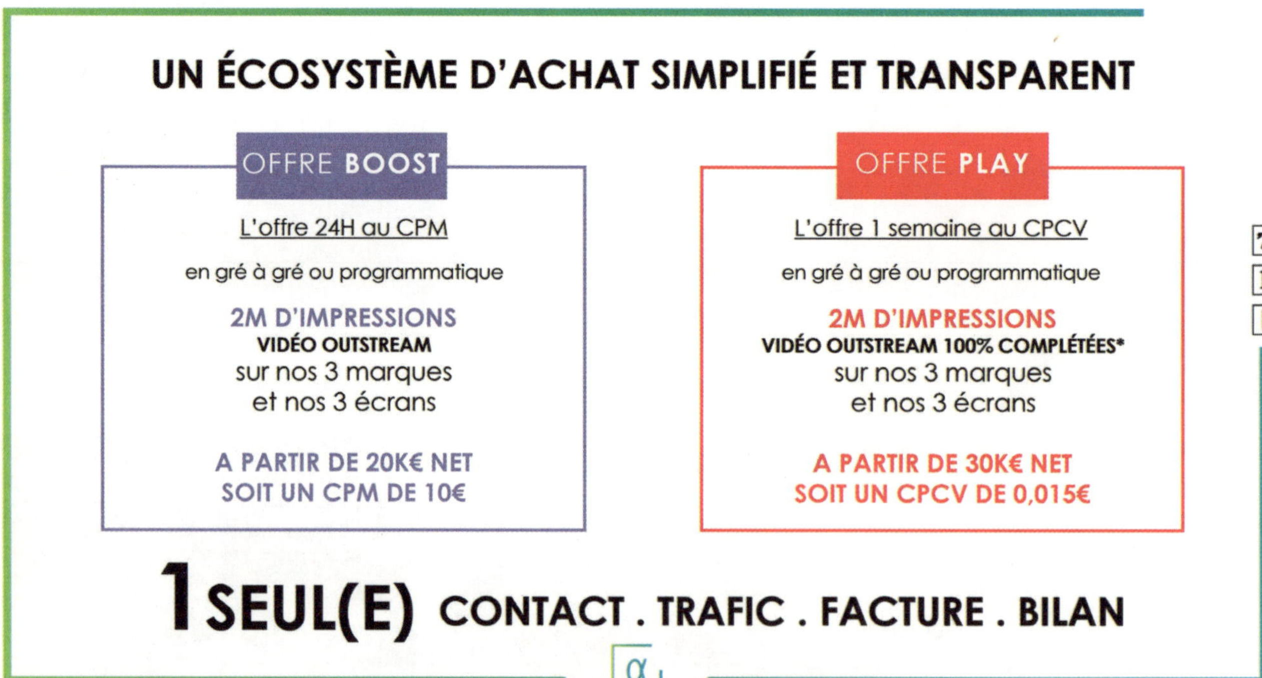

L'innovation : « *Alpha est (...) une nouvelle réponse à une exigence légitime du marché : pouvoir accéder aux inventaires vidéo de marques media premium en toute transparence et de manière très simple, en réunissant nos écosystèmes* », indique Corinne Mrejen, directrice générale du Groupe Les Echos-Le Parisien chargée du pôle Les Echos-Le Parisien Partenaires. Alpha propose des emplacements publicitaires « in-article » déclinés autour de deux offres : Boost, pour une communication à la journée, permettant de toucher 4,8 millions d'internautes par jour, et Play, un dispositif garantissant 100 % de complétion pendant une semaine, selon les régies.

F. Kerssenbrocksource, www.strategies.fr, 14 septembre 2021.

Offre vidéo Alpha
liennathan.fr/r643ek

4 Construire l'argumentaire pour l'équipe commerciale

Pour promouvoir l'offre « Video Impact for Brands » auprès des agences médias et les convaincre d'inclure l'offre dans leurs recommandations médias, le service commercial vous demande d'élaborer un argumentaire de vente. Celui-ci doit mettre en avant les enjeux de la création de l'offre, ses spécificités et ses atouts. Pour ce faire, vous vous appuierez sur :
- une synthèse de la cible jeune (15-34 ans) ;
- un focus sectoriel (au choix parmi les secteurs suivants : beauté, automobile, banque-assurance) ;
- des données issues des différentes sources que vous aurez pu identifier.

Documents 11 à 14
Fiches ressources 2 à 4

vers Pix 1.1

1 Rechercher des données sur la consommation média de la cible jeune (15-34 ans). Flasher les QR codes du document 11 pour consulter notamment le *Guide annuel des médias*, publié par Havas Édition dans la collection « Media Poche » (téléchargeable gratuitement), et l'étude de Méta-Media, le blog collectif de France Télévision.

vers Pix 3.1

2 Réaliser, à l'aide d'un logiciel de présentation (PowerPoint…), un diaporama destiné à prouver aux agences médias et aux annonceurs l'efficacité de l'offre « Video Impact for Brands » sur cette cible.

3 Identifier les principaux arguments que les commerciaux devront mettre en avant lors des présentations de l'offre.

4 En plus de l'argumentaire général, construire un argumentaire de vente sectoriel (beauté, automobile ou banque-assurance) pour l'offre « Video Impact for Brands ».

5 Proposer aux commerciaux deux tableaux de traitement des objections, l'un s'adressant aux agences médias, l'autre aux annonceurs (fiche ressource 4).

Document 11 Les comportements spécifiques de la cible jeune

GenY, GenZ : comment s'adresser aux 18-34 ans ?

[…] Comprendre la GenZ et la GenY pour mieux s'adresser à elles : voici l'obsession des communicants, publicitaires et médias depuis une petite décennie. Trop souvent caricaturée, réduite à des cases auxquelles elle tente de se défaire, la génération des 18-34 ans fascine.

Pour essayer d'en déceler les particularités, les contours et les aspirations, Prisma Media Solutions (PMS) a dévoilé […] son étude en collaboration avec OpinionWay intitulée « Observatoire des 18-34 ans – GenY, GenZ : comment s'adresser aux 18-34 ans ? ».

Comment cette cible si convoitée, « que l'on considère comme les architectes des nouveaux usages », indique Charles Jouvin, directeur marketing, études et communication chez PMS, peut-elle inspirer les contenus, la production éditoriale et publicitaire de demain ? […]

M. Maurer, www.ladn.eu, 2 septembre 2022.

Guide annuel des médias – Havas Édition
liennathan.fr/27zqm9

Étude Méta-Media – Consommation média : le fossé se creuse entre les générations
liennathan.fr/9a4w2e

Document 12 La réduction du temps passé devant la télévision

Chez les 35-54 ans, une évolution de la consommation des vidéos en ligne

Comme pour les 16-34 ans, la réduction du temps passé avec la télévision commerciale en direct/enregistrée est l'un des changements les plus importants entre 2015 et 2020. En 2015, la télévision commerciale en direct/enregistrée représentait 42 % de la journée consacrée aux médias commerciaux pour les 35-54 ans ; en 2020, cette part est tombée à 29 %. Cependant, la télévision commerciale en direct/enregistrée détient toujours la plus grande part de tous les médias commerciaux et la deuxième plus grande portée hebdomadaire.

Pendant le confinement, la télévision commerciale en direct/enregistrée a connu une augmentation significative dans la part de la journée de médias commerciaux, avec une part de 36 %, la plus élevée depuis avant 2018. Cependant, la portée hebdomadaire est restée relativement constante à 87 %, ce qui signifie que c'étaient des téléspectateurs existants qui regardaient davantage la télé. La plus forte croissance de la portée hebdomadaire a été enregistrée par les autres vidéos en ligne (+ 17 %) et les informations commerciales en ligne (+ 17 %), ce qui pourrait s'expliquer par l'augmentation du temps libre et l'intérêt accru pour l'actualité.

K. Bremme, www.meta-media.fr, 13 mars 2021.

Document 13 La notion de *brand safety*

À propos de la *brand safety* sur Facebook, Instagram, WhatsApp et Audience Network

La *brand safety* vous permet de contrôler où vos publicités sont diffusées sur Facebook, Instagram, WhatsApp et Audience Network. Vous pouvez empêcher vos publicités d'apparaître au sein des contenus et des éditeurs qui ne sont pas adaptés à votre marque ou à côté de ces derniers.

Notre approche du *brand safety* inclut plusieurs aspects : les paramètres applicables à l'ensemble de votre compte publicitaire et les contrôles que vous pouvez appliquer à vos besoins de marque spécifiques. […]

Notre objectif est de créer une communauté sécurisée et accueillante pour les plus de trois milliards de personnes qui utilisent les plateformes Facebook à travers le monde, tous points de vue et cultures confondus. Pour soutenir cet objectif, nos standards et règles de la communauté définissent ce qui est autorisé sur nos plateformes et ce qui ne l'est pas. Nos politiques sont fondées sur les retours de notre communauté et l'avis de spécialistes dans des domaines comme les technologies, la sécurité publique et les droits de l'homme. Nous employons plus de 35 000 personnes dédiées à la protection et à la sécurité, ce qui nous permet de supprimer des milliards de faux comptes chaque année. Nous investissons également dans la technologie pour nous aider à réduire la diffusion de fausses informations et à identifier les contenus qui enfreignent nos politiques, souvent avant même qu'ils ne soient diffusés. Enfin, nous publions régulièrement le Rapport d'application des Standards de la communauté pour suivre nos progrès relatifs à la mise en place d'un environnement sûr et inclusif sur Facebook.

www.facebook.com

Document 14 Exemple d'argumentaire

Cet argumentaire s'appuie sur des données quantitatives et sur la ligne éditoriale d'une marque média.

PROGRESSISME & ENGAGEMENT

- ***10 M de lecteurs chaque mois***
- ***La marque News n° 1 des 15-34 ans :*** *2,3 M de lecteurs chaque mois*
- ***1,7 M de lecteurs papier chaque semaine***

Depuis sa création, *L'Obs* a toujours su incarner l'air du temps et l'esprit de son époque. À travers un journalisme de témoignages, d'enquêtes et de solutions, *L'Obs* se fait le porte-voix des individus et des organisations qui alertent, agissent et nous redonnent espoir.

Son engagement féministe, écologiste, en faveur de la solidarité, son ton incisif et impertinent, lui confèrent une place à part dans le paysage des magazines d'actualité français.

Cette identité éditoriale vit et s'enrichit dans son magazine, son site, ses applications numériques et ses événements.

https://mpublicite.fr

L'OBS

FICHE RESSOURCE

1

LE *BENCHMARK*, ÉTAPE INDISPENSABLE À LA CONSTRUCTION D'UN ARGUMENTAIRE

I La notion de *benchmark*

Un *benchmark* est à la fois une pratique et une méthodologie d'analyse de la concurrence. Il permet, à un instant T, d'identifier les bonnes ou mauvaises pratiques des entreprises sur un secteur d'activité ou sur un périmètre donné, et de comparer ces pratiques avec celles de l'entreprise commanditaire du *benchmark*.

Il est possible de réaliser des *benchmarks* sur un grand nombre de sujets.

EXEM PLES

– Les produits, services ou offres commercialisés par les concurrents (qualité, prix pratiqués…).
– Les messages et créations publicitaires diffusés par les concurrents.
– Les arguments employés par les concurrents pour vendre.
– La présence des concurrents sur les réseaux sociaux.
– Les technologies ou outils utilisés par la concurrence.

II La mise en œuvre d'un *benchmark*

Un *benchmark* peut et doit être réalisé à chaque fois que l'entreprise ressent le besoin d'être à jour sur l'activité de ses concurrents :
– avant le lancement d'un nouveau produit, d'un nouveau service ou d'une nouvelle offre ;
– plus tard dans le cycle de vie du produit, du service ou de l'offre pour observer la réaction des concurrents à ce lancement ;
– lorsqu'une entreprise leader sur son marché souhaite faire un état des lieux de la concurrence et de ses potentiels nouveaux challengers ;
– lorsqu'une entreprise challenger veut comprendre la stratégie adoptée par les leaders de son secteur.

III La prise en charge d'un *benchmark*

La direction de l'entreprise peut confier cette mission :
– à différents services en interne (marketing, communication, études…) ;
– à une entreprise externe (agence, cabinet de conseil ou institut d'études).

IV Les étapes de réalisation d'un *benchmark*

Les trois premières étapes sont dites « de cadrage ».

1. Choisir le sujet à analyser et l'objectif du *benchmark*

La première étape consiste à choisir la thématique, à formuler clairement l'objectif attendu.

EXEMPLE

Comparer le positionnement prix de l'entreprise sur une gamme de produits avec celui de ses concurrents.

2. Définir la grille de lecture adaptée

Cette étape importante vise à lister les critères déterminants à prendre en compte pour comparer l'entreprise à ses concurrents.

EXEMPLE

Pour réaliser un *benchmark* sur le positionnement prix de l'entreprise par rapport à ses concurrents, il est nécessaire de prendre en compte au moins deux critères : le niveau de prix et la qualité des produits proposés par l'entreprise et ses concurrents.

3. Définir le périmètre d'observation

Pour que le *benchmark* soit réalisable et la méthodologie fiable, il convient de définir un périmètre d'observation.

EXEMPLES
- Le nombre de concurrents à observer, soit l'univers de référence.
- La zone géographique (exemples : France, Europe ou l'international).
- La période d'observation (exemples : un mois, un trimestre, un semestre).
- Les points de contact sur lesquels rechercher les informations (digital, télévision, presse, radio…) et les autres sources utiles appartenant au périmètre fixé.

4. Collecter des données

Durant cette étape, la personne chargée de la mission collecte l'ensemble des données nécessaires à la conduite du *benchmark*, telles que définies dans les premières étapes de cadrage.

EXEMPLE : lister tous les prix pratiqués par les concurrents pour commercialiser la gamme de produits, évaluer la qualité des produits. Les données ainsi collectées peuvent être reportées dans un tableau pour faciliter l'analyse.

Entreprises	Y	A	B	C
Prix bas	×			×
Prix élevé		×	×	
Qualité basse		×		
Qualité élevée	×		×	×

5. Analyser les données

Cette étape, à partir de laquelle on commence à tirer des conclusions, fait prendre vie aux données récoltées.

EXEMPLE (SUITE) : les trois principaux concurrents de la marque Y pratiquent des stratégies différentes. Le concurrent C possède toutefois la même stratégie que la marque Y en proposant des produits de bonne qualité à un prix bas. Il est donc important de se différencier du concurrent C.

6. Présenter les résultats du *benchmark*

La présentation des résultats peut se faire sous forme d'un mapping de positionnement qui reprend les critères d'analyse en abscisses et en ordonnées.

EXEMPLE (SUITE) : mapping permettant de visualiser clairement la position de chaque concurrent

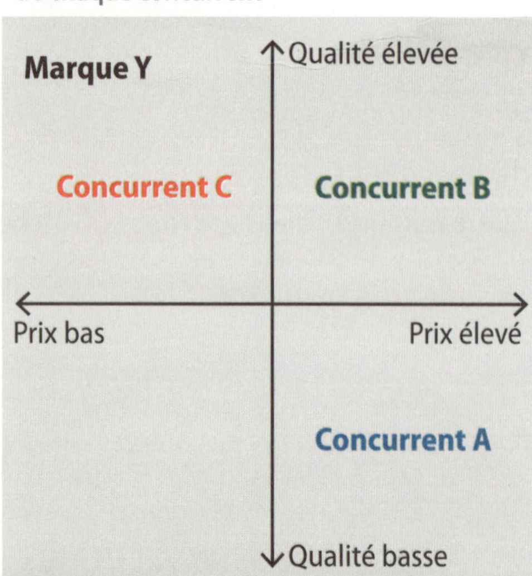

Le niveau de prix est représenté sur l'axe des abscisses et la qualité des produits sur l'axe des ordonnées.

EXEMPLE : mapping concurrentiel

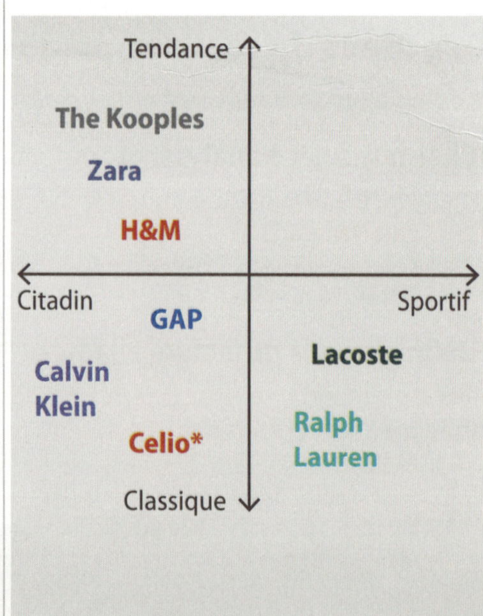

FICHE RESSOURCE

2

L'ARGUMENTAIRE DE VENTE

Un argumentaire de vente est un document commercial destiné à dynamiser l'intérêt d'une régie et/ou d'une offre sur le marché et à faciliter son processus de vente. Généralement réalisé par le service Marketing d'une entreprise, il peut prendre différentes formes.

EXEMPLES : une plaquette, une présentation PowerPoint, un manifesto.

I L'intérêt d'un argumentaire de vente pour une régie publicitaire

Dans le cadre d'une régie publicitaire, l'argumentaire de vente :
- sert à mettre en avant les caractéristiques de la régie et celles des espaces médias qu'elle commercialise ;
- vient en appui à la force commerciale pour l'aider à faire connaître les offres et déclencher des ventes lors de ses rendez-vous avec les clients, qu'ils soient agences médias ou annonceurs ;
- sert de support pour rassurer les clients sur les performances et l'utilité d'une offre ;
- permet de présenter les spécificités et le fonctionnement d'une solution innovante.

II L'objectif d'un argumentaire de vente

Un argumentaire de vente est surtout utilisé pour convaincre un auditoire du bien-fondé d'une offre ou du champ d'action d'une régie publicitaire. La force commerciale d'une régie utilise cet outil dans plusieurs types de situations.

EXEMPLES

- **Dans le cadre d'un premier contact, pour effectuer une présentation globale de la régie publicitaire, de ses atouts, ses preuves et en quoi elle pourrait répondre aux besoins d'un client.**
- **Pour le lancement d'une nouvelle offre que la régie veut faire découvrir à une agence média ou à un annonceur.**
- **À l'occasion du développement d'une offre innovante (technologique, liée à un usage média…).**
- **En réponse au brief d'un annonceur pour apporter une solution concrète au besoin évoqué par le client.**

Pour l'ensemble de ces rendez-vous clients, le service Marketing peut être amené à accompagner les commerciaux sur le terrain, afin de leur apporter un support technique et de plus amples précisions sur certains arguments ou éléments d'études.

III Les différents types d'argumentaires de vente

L'argumentaire sectoriel	Il met en avant les atouts d'une régie pour un secteur d'activité donné.
L'argumentaire de l'offre	Il fait valoir les atouts d'une offre classique, innovante ou événementielle (bénéfice client, périmètre de diffusion, KPI de performance, éléments de preuve…).
L'argumentaire par zones géographiques	Il valorise les forces locales d'une régie ou d'un média. Il peut être national, régional, départemental ou par collectivités territoriales.
L'argumentaire sur cible	Il présente une catégorie de personnes, regroupée à partir de critères sociodémographiques (sexe, âge, catégorie socioprofessionnelle) et/ou de critères socio-comportementaux (attitudes, habitudes, comportements…).

IV Les différentes méthodes de construction d'un argumentaire de vente

Il existe plusieurs méthodes pour construire un argumentaire de vente.

1. La méthode CAB ou CAB/P (+ preuve)

La méthode CAB (caractéristiques, avantages, bénéfices clients) ou CAB/P (preuve) structure les arguments de vente pour maximiser le taux de conversion.

2. La méthode SONCASE

La méthode SONCASE (sécurité, orgueil, nouveauté, confort, argent, sympathie, environnement) permet de comprendre le processus de décision avant l'acte d'achat et de mettre en évidence plusieurs types de clients.

EXEMPLES

S – Le sécuritaire	Le client a besoin d'être rassuré.
O – L'orgueilleux	Le client souhaite être valorisé.
N – Le novateur	Le client est en quête d'innovations.
C – Le confortable	Le client préfère la simplicité d'utilisation et la facilité d'achat.
A – Le ROIste	Le client recherche un investissement rentable.
S – Le sympathique	Le client est sensible à la qualité des relations avec l'équipe commerciale.
E – Le responsable	Le client est sensible aux enjeux RSE.

3. La méthode CAP SONCASE

Cette méthode consiste en un croisement des techniques CAP et SONCASE afin d'identifier, pour chacune des motivations potentielles, les arguments à activer (CAP).
Ce croisement s'effectue, le plus souvent, grâce à une simple matrice.

EXEMPLE : extrait d'une matrice

	Caractéristiques	Avantages	Preuve
Le novateur	Première offre 100 % vidéo proposée par trois régies leaders dans leur domaine (PQR, PQN et presse magazine)	Un inventaire unique, un contexte de diffusion garantissant puissance, affinité et *brand safety*	**Puissance :** 1 milliard d'impressions par mois disponibles **Qualité :** 80 contextes premium aux environnements maîtrisés **Simplicité :** activation en gré à gré ou *curated deal* avec un seul interlocuteur

V Un argumentaire de vente construit et adapté à chaque client

Pour qu'un argumentaire de vente soit efficace, il faut qu'il soit spécifique et adapté au besoin du client. Ainsi, il ne doit pas être trop généraliste mais apporter une solution concrète à ce besoin (voir chapitre 11, fiche ressource 2). De plus, l'argumentaire doit respecter une trame de construction clairement définie, afin de capter l'attention du client, et générer de l'intérêt pour l'offre publicitaire qu'elle porte.
C'est pour ces raisons qu'un argumentaire commercial est produit une fois que la régie publicitaire a identifié les problématiques et besoins des clients.

FICHE RESSOURCE
3

LA CONSTRUCTION DE L'ARGUMENTAIRE DE VENTE

L'argumentaire commercial est construit sur la base de marqueurs incontournables.

I L'introduction

L'introduction d'un argumentaire de vente est primordiale pour rappeler le contexte. Plus celui-ci sera factuel et conforté par des données ou des insights, plus il sera facile de retenir l'attention du client.

Argumentaire de vente d'Amaury Médias : offre pour la Coupe du Monde de rugby 2023
liennathan.fr/q558su

EXEMPLE : dans son argumentaire de vente sur ses offres pour la Coupe du monde de rugby 2023, la régie publicitaire du groupe L'Équipe, Amaury Média, souligne qu'il s'agit d'un événement majeur et insiste sur la dimension émotionnelle de cette compétition, ainsi que sur l'attente qu'elle suscite.

II L'argumentation : la méthode CAB + P

Elle s'appuie généralement sur les éléments suivants :

1. Les caractéristiques de l'offre publicitaire (C)	Cette partie permet de définir l'offre publicitaire à travers la description de ses différentes fonctionnalités. Une liste détaillée des caractéristiques de l'offre est généralement établie afin de les prioriser en fonction des besoins du client : prix, cadre (ou périmètre de diffusion), durée, spécificité, performances médias (taux de couverture, nombre de contacts, répétition moyenne…). **EXEMPLE (SUITE) : la régie Amaury Média pose les limites de ses offres en indiquant la périodicité de celles-ci et leur cadre de diffusion, puis en donnant leurs descriptifs complets.**
2. Les avantages de l'offre publicitaire (A)	Chacune des caractéristiques de l'offre publicitaire est transformée en avantage stratégique pour la positionner comme unique sur le marché. Pour ce faire, les régies publicitaires doivent parfaitement connaître leur univers de concurrence, notamment grâce à des benchmarks réalisés au préalable. **EXEMPLE (SUITE) : à travers ses offres, Amaury Média fait comprendre à ses clients qu'elle est la seule régie capable de couvrir un tel événement sportif. Elle crée de la rareté sur ses offres en ne les rendant accessibles qu'à deux annonceurs et démontre sa capacité à donner une visibilité constante aux annonceurs, sur l'ensemble de ses médias.**
3. Les bénéfices pour le client (B)	Cette partie est destinée à démontrer clairement quelle est la plus-value de l'offre pour le client. C'est l'élément de réponse concret et sur mesure au besoin exprimé plus tôt. **EXEMPLE (SUITE) : Amaury Média met en avant le fait que son offre constitue un carrefour d'audience à ne pas manquer afin de répondre aux objectifs de notoriété ou d'image de marque de ses clients.**
4. La preuve de l'efficacité du dispositif	Il s'agit d'apporter des éléments qui confirment la véracité des arguments avancés afin de rassurer le client et lui prouver que la proposition qui lui a été faite est efficace. **EXEMPLE : AMAURY Média met en valeur sa large expertise du monde du sport pour rassurer ses clients sur ses audiences et l'engouement que la compétition pourra générer.**

III La conclusion

Un argumentaire de vente se termine toujours par une synthèse reprenant les principaux éléments à retenir. Lors d'un rendez-vous commercial, les dernières minutes sont celles qui restent le plus en mémoire du client. La conclusion peut également servir d'ouverture sur des sujets annexes, comme la possibilité de pousser des offres spéciales sur mesure.

EXEMPLE : AMAURY Média a choisi de ne pas conclure sur une synthèse mais sur un élément tout aussi important pour le client : l'ouverture d'un planning avec les dates clés pour s'assurer de souscrire aux offres dans les délais.

FICHE RESSOURCE 4

L'ANTICIPATION DES OBJECTIONS

Si l'argumentaire de vente sert avant tout à présenter l'offre proposée par la régie et ses avantages, il doit anticiper les objections qui peuvent être formulées par les clients.

I L'expression des objections par le client

Ces objections peuvent être classées en différentes catégories. Ainsi, certaines peuvent être d'ordre rationnel (ex. : le prix, le budget) ou irrationnel (ex. : les craintes, les sentiments) et concerner autant le contexte que le produit, l'entreprise, le vendeur ou même d'autres éléments de détails constitutifs de l'offre. Les objections peuvent également être formulées à différents moments du processus de vente, avant la prise de rendez-vous, pendant le rendez-vous ou au moment du *closing* de la vente (signature du contrat).

II La préparation de la réponse aux objections

Dans le cas d'une régie publicitaire, les équipes marketing tentent, le plus en amont possible, d'anticiper la plupart des objections relatives au contexte, à l'entreprise, à ses marques médias, au produit (espaces publicitaires, inventaires), à la cible ou à la mesure de l'efficacité.

Pour cela, elles travaillent en étroite collaboration avec les équipes commerciales.

En effet, les équipes commerciales possèdent une vision plus précise du processus de vente ou de certaines spécificités sectorielles. Elles peuvent renseigner les équipes marketing sur les attentes particulières de certains clients ou catégories de clients.

EXEMPLE : l'exigence des annonceurs dans le domaine des produits de luxe, le besoin de générer une rentabilité immédiate pour les e-commerçants.

III Les deux types d'objections

On distingue deux types d'objections :

Les objections fondées	Elles soulignent des points ou besoins auxquels l'offre ou le produit ne peut pas répondre.
Les objections non fondées	Elles soulignent des points ou besoins auxquels l'offre ou le produit peut répondre.

En croisant ces deux types d'objections avec les points clés de l'argumentaire, il est possible de lister des réponses possibles qui permettront de traiter ces objections et ainsi de lever les freins à la vente.

EXEMPLE : on peut préparer des objections concernant les cibles visées par l'offre.

	Objection fondée	Objection non fondée	Réponse
Cibles	Les titres commercialisés dans l'offre « Video Impact for Brands » de Prisma Media Solutions ont un lectorat majoritairement âgé de plus de 34 ans.	L'offre « Video Impact for Brands » ne permet pas de communiquer sur le segment du luxe.	À partir d'éléments quantitatifs : – les marques médias commercialisées dans l'offre ont un lectorat composé de X % de 18-34 ans, ce qui est supérieur à l'offre Y ; – X % du lectorat des marques médias de Prisma Media Solutions sont des CSP+ ou CSP++, et la régie a déjà réalisé plusieurs campagnes pour des marques de luxe (renvoi aux *best cases*).

Construire un argumentaire pour une offre locale innovante

Implantée à Nîmes (Gard), l'enseigne Les Glaces de l'Alternative veut communiquer, notamment en direction de la clientèle touristique, pour augmenter la fréquentation de son point de vente lorsqu'il fait beau. Ce fabricant de glaces artisanales a besoin d'augmenter son chiffre d'affaires et donc son trafic en magasin. Pour cela, il veut prendre la parole en affichage extérieur (OOH/DOOH) et créer l'événement.
N° 2 mondial de l'affichage extérieur derrière JCDecaux, la régie Clear Channel, présente à Nîmes, propose à ses annonceurs locaux des solutions innovantes pour prendre la parole efficacement. Assistant(e) chargé(e) d'études marketing au sein de l'antenne nîmoise de la régie, et responsable de la conception des argumentaires, vous travaillez en collaboration avec les commerciaux.

1 Identifier les apports de la plateforme ECOOH pour ce type d'annonceur.

vers Pix 3.1 **2** Préparer, à l'intention de la force commerciale et à l'aide d'un logiciel de traitement de texte :
- un argumentaire de vente de l'offre « ECOOH » ;
- une fiche de réponse aux objections que pourrait soulever l'annonceur Les Glaces de l'Alternative.

Document — La plateforme ECOOH pour aider les petits commerçants à communiquer

Fort du succès de son expérimentation pilote lancée à Nice […], Clear Channel France aide les commerces de proximité à se digitaliser rapidement en leur permettant de créer de façon autonome leur propre vitrine digitale pour relancer instantanément leur activité.

www.clearchannel.fr

Document — La plateforme ECOOH pour aider les petits commerçants à communiquer (suite)

[...] Moyens

Grâce au développement de la plateforme en co-design avec des commerçants, les équipes de Clear Channel ont pu identifier les 3 principales problématiques auxquelles sont confrontés les commerces de proximité :
- Générer du trafic dans le magasin (accentué par la crise Covid)
- Besoin de communiquer, et de créer de la visibilité sur le Net
- Difficulté d'accès aux médias de masse

La plateforme ECOOH propose alors l'accès à l'équivalent d'un site web ou une vitrine digitale en ligne avec un référencement de qualité. C'est un véritable outil pour attirer des clients potentiels. La création d'un compte gratuit sur ECOOH permet pour le commerçant d'ouvrir une vitrine en ligne et d'y proposer des promotions directement sur la page.

De plus, cette plateforme met à disposition un moteur de création pour tous les commerçants de proximité souhaitant construire une campagne de publicité.

Ce moteur de création offre la possibilité d'accéder à des gabarits (pré-formats) réalisés par des professionnels du métier de la communication ou bien à des bibliothèques d'images que le moteur d'ECOOH permet d'animer pour dynamiser la campagne publicitaire.

Les campagnes sont d'abord numériques *via* les panneaux d'affichage digitaux, qui grâce à l'utilisation de QR Codes, pourront créer une interaction avec les clients.

Ensuite, les formats utilisés pour les panneaux peuvent être aussi exportés et utilisés en « story » sur les réseaux sociaux par exemple.

Cette solution universelle leur permet donc de développer des campagnes de communication pour différents supports numériques.

Résultats

La plateforme permet aux commerçants de proximité de construire leur présence en ligne et de développer leur attractivité.

Aujourd'hui, avec ECOOH, il est possible de créer une vitrine en ligne, d'y intégrer des offres promotionnelles, de fabriquer une création visuelle impactante à partir du moteur de création, de localiser les inventaires disponibles dans la ville et d'acheter un emplacement directement en ligne.

ECOOH est un projet en constante évolution avec déjà de nombreuses fonctionnalités en préparation pour la fin d'année :
- possibilité de visualiser l'impact qu'ont eu ces campagnes (par exemple, mesurer le trafic sur leur site web) ;
- mise à disposition des commerçants de plus d'éléments pour choisir les actifs (comme les mouvements de circulation dans la ville).

Communiqué de presse Clear Channel : deux innovations en partenariat avec la ville de Nîmes
liennathan.fr/ee776x

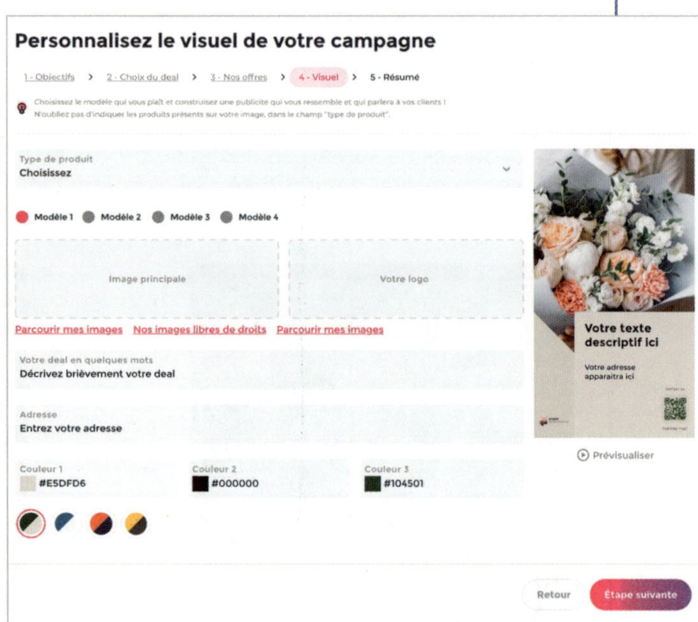

B. Therin, https://hubinstitute.com, 5 octobre 2021.

CHAPITRE 10

Créer des outils d'aide à la prospection et à la vente

Contexte professionnel

Compétence professionnelle
- Créer des outils d'aide à la prospection et à la vente

Savoirs associés
- Les outils d'aide à la vente
- La fidélisation

Stagiaire au service Marketing et Insights au sein de M Publicité, la régie du groupe Le Monde, vous allez participer aux actions de lancement et de valorisation de l'offre publicitaire « Paris 2024 » auprès des différents acteurs essentiels du marché (agences médias, interprofession et cible finale annonceurs).

Les solutions de communication proposées par la régie M Publicité aux agences médias et aux annonceurs se renouvellent et évoluent sans cesse en raison :
- du calendrier des offres construites en fonction des « marronniers » (fête des Mères, Saint-Valentin, Noël...), des pics de vente d'un secteur d'activité ou de grands événements impactant la consommation média (compétitions sportives...) ;
- de l'évolution des usages médias (délinéarisation de la consommation média, fragmentation des audiences, connexion mobile first, montée en puissance de la vidéo, plateformisation des sites éditeurs...) ;
- des nouvelles possibilités technologiques, notamment celles liées à la DATA (*voir chapitre 16*) ;
- de l'évolution des attentes sociétales (transition écologique, nouveaux imaginaires de consommation, attention portée à la RSE...).

La nécessité de prendre en compte l'ensemble de ces évolutions conduit les régies à construire des offres de plus en plus complexes, et qui demandent donc de plus en plus de pédagogie en direction des annonceurs et des agences médias. Dans ce contexte, les supports d'aide à la vente construits ont plusieurs objectifs :
- faire connaître l'offre ;
- expliquer ses différentes composantes ;
- rassurer sur son efficacité.

Site régie M Publicité
liennathan.fr/4d4zlp

Comprendre le contexte

1. Identifier, à partir de la visite du site de la régie M Publicité, les médias et les titres qu'elle commercialise, puis rappeler ce que l'on entend par « marque média ».
2. Préciser si M Publicité est une régie intégrée ou une régie externe.
3. Expliquer pourquoi votre service ne s'appelle plus uniquement « service Marketing » mais « service Marketing et Insights ».

1 Adapter la présentation de l'offre aux évolutions du marché

L'équipe Marketing et Insights, au sein de laquelle vous effectuez votre stage, est en charge de l'élaboration de l'offre « Paris 2024 », de l'organisation du discours la présentant et du déploiement de sa communication sur les différents canaux. Votre tuteur vous transmet un document afin que vous compreniez la construction de l'offre de la régie M Publicité.

- Document 1
- Fiches ressources 1, 2 et 4

1. Analyser la logique de construction de l'offre globale de la régie M Publicité.
2. Définir, après avoir consulté l'intégralité de l'offre « Paris 2024 », dans quelle mesure elle peut être qualifiée d'offre « complexe » ou « composite ».
3. Préciser si cette offre est en phase avec les évolutions de l'écosystème média suivantes :
   a) fragmentation des audiences ;
   b) modification des usages médias ;
   c) transformation des attentes sociétales ;
   d) nouvelles possibilités technologiques.

Document 1 Extraits de l'offre « Paris 2024 »

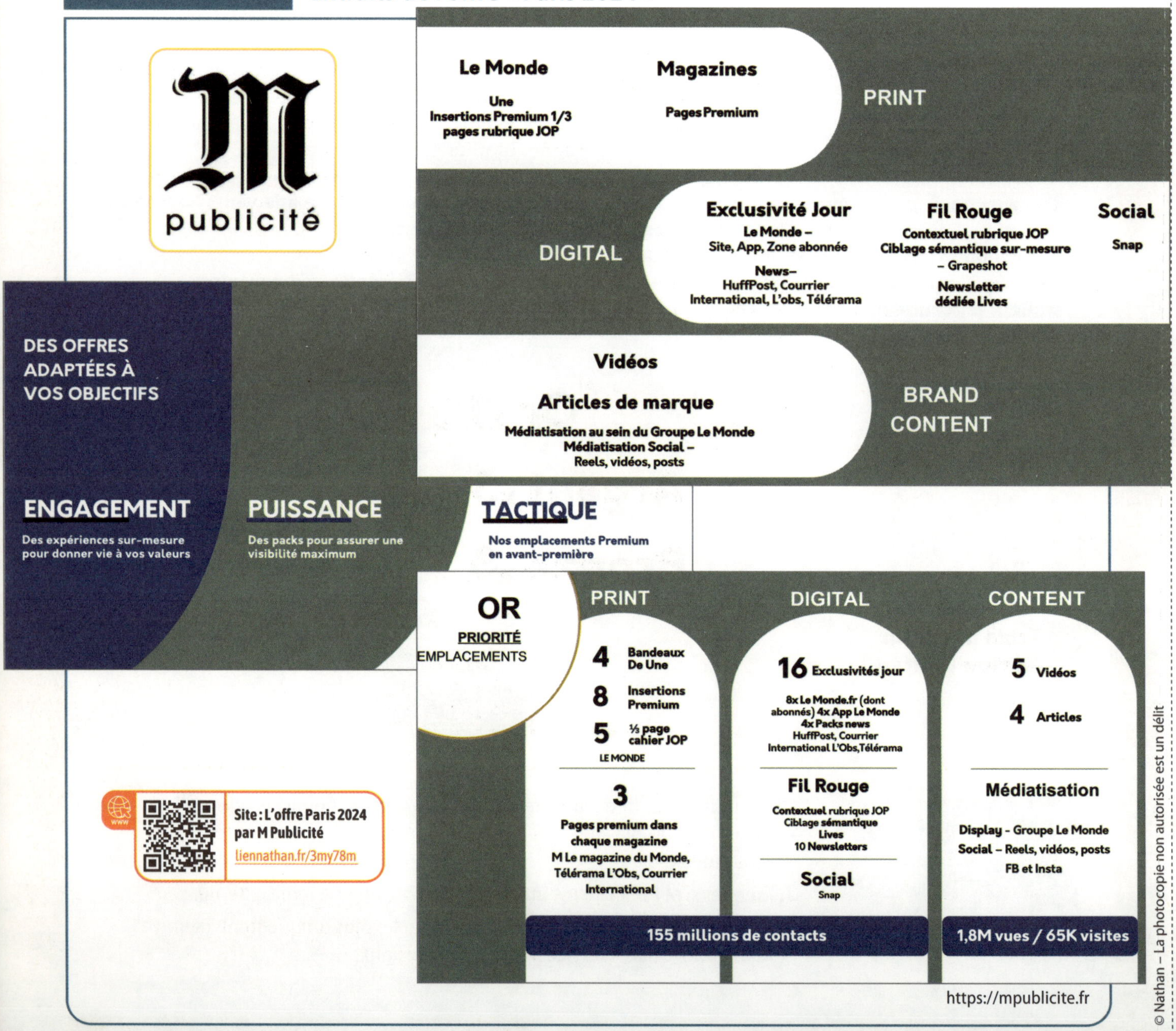

2 Identifier les supports propriétaires « *owned* » pour faire connaître et comprendre l'offre

Votre tuteur vous demande de repérer les bonnes pratiques professionnelles de vos concurrents en faisant un *benchmark* sur la promotion de leurs offres sur les médias dont ils sont propriétaires (*owned media*), notamment sur leur site Internet. Il vous conseille de concentrer vos recherches sur les offres dédiées à des événements sportifs et sur la façon dont elles sont scénarisées. Vous pourrez consulter notamment les offres consacrées chaque année au Tour de France, au tournoi de Roland-Garros ou aux différentes compétitions internationales, en fonction de l'actualité.

Document 2
Fiches ressources 1 et 2

vers Pix 1.1

1. Identifier des offres dédiées à des événements sportifs de deux autres régies à l'aide d'une recherche Internet.
2. Remplir le tableau synoptique téléchargeable ci-contre qui vous aidera à comparer l'offre de la régie Canal+ Brand Solutions aux offres que vous avez trouvées.
3. Proposer d'autres critères qui permettront de compléter l'analyse.
4. Repérer une bonne idée qui pourrait être intégrée à la présentation de l'offre de M Publicité.

Tableau synoptique : Benchmark des offres
liennathan.fr/6it39n

Document 2 — L'offre « Paris 2024 » de Canal+ Brand Solutions, régie externe de la chaîne Eurosport

Offre « Paris 2024 », Canal+ Brand
liennathan.fr/r6y87n

http://static2.canalplus.fr

Votre tuteur vous rappelle que la présentation de l'offre commerciale sur le site de la régie n'est pas le seul moyen de faire connaître votre offre en *owned media*. Il vous transmet certaines initiatives de votre régie et de régies concurrentes et vous demande d'effectuer les missions ci-dessous.

Document 3
Fiches ressources 1 et 2

5 Identifier d'autres supports de communication en *owned media* qui pourraient être utilisés pour présenter l'offre commerciale.

6 Sélectionner deux supports de communication de la régie M Publicité qui valorisent la même offre, puis repérer les modifications qui ont dû être réalisées pour s'adapter aux particularités du support.

7 Expliquer, à partir du document 3 et de vos recherches personnelles, selon quels critères les régies choisissent leurs porte-parole lorsqu'elles doivent lancer et valoriser une nouvelle offre.

8 Analyser les principaux axes de discours de présentation des offres suivantes en *social media*. Comment prennent-ils en compte les particularités de ce média ?

Document 3 Communications sur les réseaux sociaux

Présentation de l'offre « JO Paris 2024 » par la régie CMI Media sur son compte LinkedIn

CMI Media - Certified Positive Company®
1 606 abonnés
2 mois

CMI Media lance son offre JO Paris 2024.

Les rédactions de ELLE France, Version Femina, Louie Media, Télé 7 Jours ou encore Marianne sont dans les starting-blocks pour proposer à leurs audiences des contenus qui iront bien au-delà des performances sportives.

Cette offre permettra aux annonceurs de dialoguer au quotidien avec les Français en s'appuyant sur les angles spécifiques à chaque rédaction, sur tous les territoires d'expression et tous les usages : #audio, #terrain, #social, #print et #digital, pour s'engager, s'enthousiasmer et valoriser les territoires.

Pour en savoir plus :
PATRICK ROBIN
Alexandre Bougouin

Prise de parole du directeur délégué de la régie M Publicité sur son profil LinkedIn personnel

Francois de Ren
Directeur délégué chez M Publicité
2 mois

Citius, Altius, Fortius - Communiter.

Le Groupe Le Monde et M Publicité sont dans La Place ce matin.
Présentation au marché de notre couverture éditoriale exceptionnelle à venir pour couvrir les Jeux Olympiques de Paris 2024, avec toutes nos rédactions mobilisées : Le Monde, L'Obs, Courrier international, Telerama, HuffPost, Telerama.

Et de toutes nos offres M Publicité pour accompagner les marques et leurs agences autour de cet événement unique.

www.linkedin.com

Live tweet du lancement de l'offre « Paris 2024 » de M Publicité

M Publicité @MPublicite · 16 mars
Bonjour à tou.te.s
Aujourd'hui nous recevons le marché #pub à @LaPlaceHipHop pour une prise de parole #PARIS2024 par les rédactions du #GroupeLeMonde, @lobs et nos équipes. Nous vous invitons à suivre le livetweet à partir de 9h.
#StayTuned

M Publicité
@MPublicite

C'est la fin de ce livetweet, merci à tous de l'avoir suivi ! Un grand merci aux rédactions d'avoir été présentes ce matin à @LaPlaceHipHop pour faire vivre cet aperçu de #PARIS2024.
Pour plus d'informations sur nos offres, rdv sur mpublicite.fr/offres-jop-202...

10:52 AM · 16 mars 2023 · 118 vues

https://twitter.com

3 Connaître les supports « *owned* » pour faire adhérer à l'offre et la faire acheter

Vos recherches sur les sites des différentes régies vous conduisent à identifier deux autres outils d'aide à la vente : les *Best Cases* et les kits médias. Vous proposez à votre tuteur de faire une veille sur la façon dont les régies construisent et utilisent les témoignages de leurs clients ainsi que leur kit média.

Documents 4 et 5
Fiches ressources 1, 3, 4 et 5

1. Préciser pourquoi les régies doivent mettre en place des outils de preuve et de réassurance.
2. Identifier les objectifs que poursuivent les régies lors de la conception de leur *Best Cases* et de leurs témoignages clients à partir des exemples du document 4.
3. Expliquer les difficultés que peuvent rencontrer les régies à convaincre les annonceurs de participer à la conception de ces deux outils.
4. Préciser le rôle des outils suivants :
   a) le kit média d'une régie ;
   b) les CGV (conditions générales de vente) ;
   c) les spécificités techniques.
5. Expliquer pourquoi la plupart des kits médias ne se limitent pas à informer sur les emplacements et les tarifs publicitaires.
6. Analyser la structure de quatre kits médias de votre choix et démontrer qu'ils sont de véritables outils d'aide à la vente.

Document 4 — Exemples de *Best Cases* et témoignages clients : les outils de la preuve et de la réassurance

Témoignage client sur le site de la régie M6

liennathan.fr/j4v8g2

***Best Case* sur le site de H3 média, régie du groupe So Press**

liennathan.fr/ujk894

***Best Case* sur le site de la régie Prisma Media Solutions**

liennathan.fr/p6y52j

***Best Case* sur le site de la régie de France Télévision**

liennathan.fr/87dtd7

Document 5 — Exemples de kits médias : construire la lisibilité tarifaire de l'offre

Kit média de l'offre de podcasts de la régie Radio France Publicité

liennathan.fr/v8w64u

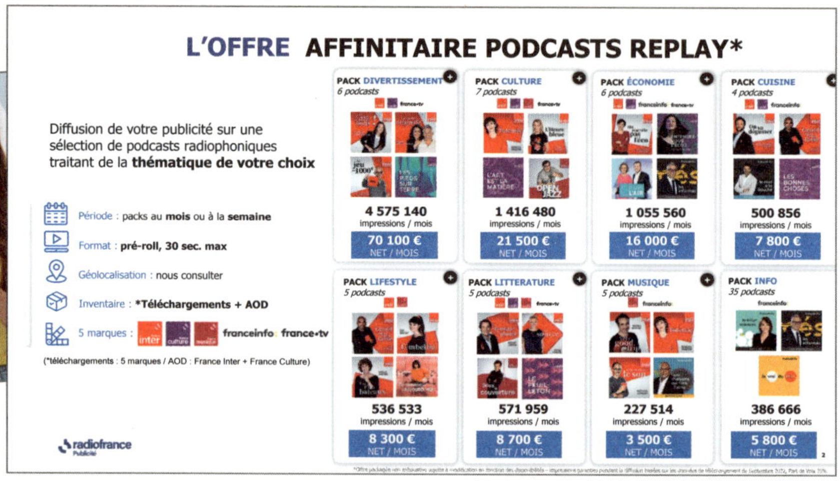

www.radiofrance.com

Kit média de l'offre « Total Vidéo 2023 » de la régie TF1 PUB

liennathan.fr/35azr3

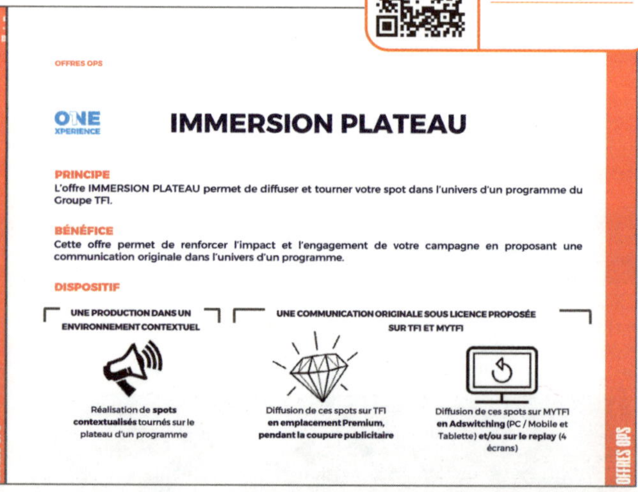

https://app.labox.tf1pub.fr

Kit média du mensuel *Géo* – régie Prisma Media Solutions

liennathan.fr/9su8d5

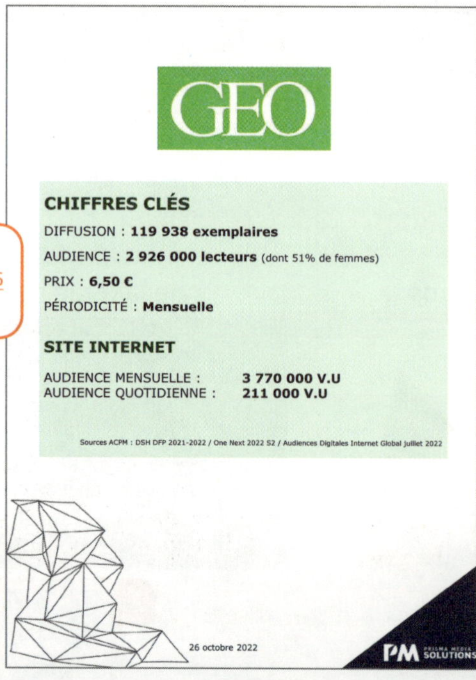

GEO

CHIFFRES CLÉS

DIFFUSION : **119 938 exemplaires**

AUDIENCE : **2 926 000 lecteurs** (dont 51% de femmes)

PRIX : **6,50 €**

PÉRIODICITÉ : **Mensuelle**

SITE INTERNET

AUDIENCE MENSUELLE : **3 770 000 V.U**

AUDIENCE QUOTIDIENNE : **211 000 V.U**

Sources ACPM : DSH DFP 2021-2022 / One Next 2022 S2 / Audiences Digitales Internet Global juillet 2022

26 octobre 2022

PM PRISMA MEDIA SOLUTIONS

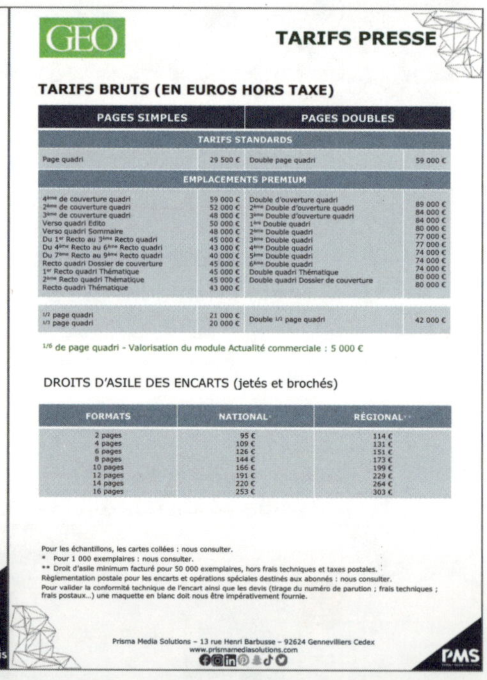

GEO

TARIFS PRESSE

TARIFS BRUTS (EN EUROS HORS TAXE)

PAGES SIMPLES		PAGES DOUBLES	
TARIFS STANDARDS			
Page quadri	29 500 €	Double page quadri	59 000 €
EMPLACEMENTS PREMIUM			
4ème de couverture quadri	59 000 €	Double d'ouverture quadri	89 000 €
2ème de couverture quadri	52 000 €	2ème Double d'ouverture quadri	84 000 €
3ème de couverture quadri	48 000 €	3ème Double d'ouverture quadri	84 000 €
Verso quadri Edito	50 000 €	1ère Double quadri	80 000 €
Verso quadri Sommaire	48 000 €	2ème Double quadri	77 000 €
Du 1er Recto au 3ème Recto quadri	45 000 €	3ème Double quadri	77 000 €
Du 4ème Recto au 6ème Recto quadri	43 000 €	4ème Double quadri	74 000 €
Du 7ème Recto au 9ème Recto quadri	40 000 €	5ème Double quadri	74 000 €
Recto quadri Dossier de couverture	45 000 €	6ème Double quadri	74 000 €
1er Recto quadri Thématique	45 000 €	Double quadri Thématique	80 000 €
2ème Recto quadri Thématique	45 000 €	Double quadri Dossier de couverture	80 000 €
Recto quadri Thématique	43 000 €		
1/2 page quadri	21 000 €	Double 1/2 page quadri	42 000 €
1/3 page quadri	20 000 €		

1/6 de page quadri - Valorisation du module Actualité commerciale : 5 000 €

DROITS D'ASILE DES ENCARTS (jetés et brochés)

FORMATS	NATIONAL*	RÉGIONAL**
2 pages	95 €	114 €
4 pages	109 €	131 €
6 pages	126 €	151 €
8 pages	144 €	173 €
10 pages	166 €	199 €
12 pages	191 €	229 €
14 pages	220 €	264 €
16 pages	253 €	303 €

Pour les échantillons, les cartes collées : nous consulter.
* Pour 1 000 exemplaires : nous consulter.
** Droit d'asile minimum facturé pour 50 000 exemplaires, hors frais techniques et taxes postales.
Règlementation postale pour les encarts et opérations spéciales destinés aux abonnés : nous consulter.
Pour valider la conformité technique de l'encart ainsi que les devis (tirage du numéro de parution ; frais techniques ; frais postaux...) une maquette en blanc doit nous être impérativement fournie.

Prisma Media Solutions – 13 rue Henri Barbusse – 92624 Gennevilliers Cedex
www.prismamediasolutions.com

PMS

4 Optimiser la visibilité des offres d'une régie grâce au *earned media*

Votre mission d'analyse des médias propriétaires étant achevée, votre tuteur vous demande de concentrer votre attention sur l'optimisation de la visibilité de la régie et de ses offres par l'utilisation du *earned media*. Pour vous familiariser avec les relations presse, il vous propose de travailler quelques jours avec l'attaché de presse de la régie, qui organise régulièrement des *workshops* pour les collaborateurs. Première étape de cet atelier : décrypter un communiqué de presse qui annonce le lancement d'une nouvelle offre publicitaire construite à l'occasion d'un événement sportif.

- Documents 6 à 8
- Fiches ressources 1 et 3

1. Hiérarchiser les principaux éléments mis en avant dans le communiqué de presse de france•tvpublicité.
2. Préciser si le communiqué de france•tvpublicité suit exactement les méthodes habituelles de rédaction d'un communiqué de presse. Justifier votre réponse.
3. Analyser les informations que le titre de presse professionnelle *CB News* a sélectionnées pour ses lecteurs à partir des communiqués de presse de la régie france•tvpublicité et de la régie de *20 Minutes*.
4. À partir de votre analyse, recomposer les deux communiqués de presse envoyés à *CB News* par les régies france•tvpublicité et 20 Minutes Media.
5. (vers Pix 3.1) Rédiger un communiqué de presse pour le lancement de l'offre « Paris 2024 » de la régie M Publicité.

Document 6 Communiqué de presse de la régie france•tvpublicité à l'occasion du lancement de ses nouvelles offres « Tour de France 2023 »

Voir toutes les actualités

Communiqués de Presse | *le 21 avril 2023*

La course cycliste la plus prestigieuse du monde fera son retour sur les antennes de France Télévisons dès le samedi 1er juillet 2023.

La 110e édition du Tour de France Hommes s'élancera du Pays basque espagnol et s'achèvera comme chaque année sur les Champs-Elysées. Pour la Grande boucle féminine, après une édition 2022 couronnée de succès, le mythique col du Tourmalet sera au menu.

France Télévisions offrira aux Français une couverture exceptionnelle des **4 semaines de courses** en engageant des moyens techniques sans équivalent pour **produire le plus grand des spectacles avec la France pour décor.**

FranceTV Publicité propose à ses partenaires de **faire rayonner leur marque au cœur de la plus belle course du monde** en parrainant des dispositifs toujours plus **immersifs et innovants.**

En 2022 :
- **41,5 millions de téléspectateurs** ont regardé le Tour de France Hommes
- **19,8 millions de téléspectateurs** ont regardé le Tour de France Femmes
- **65 % des 18-34 ans** ont suivi le Tour de France Hommes

Digital Sport TV

Dans la même catégorie

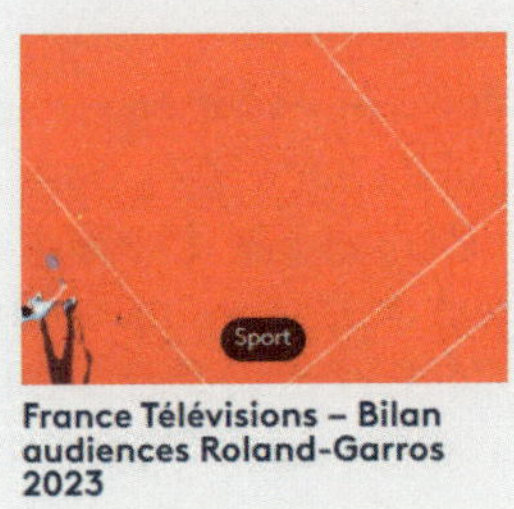

France Télévisions – Bilan audiences Roland-Garros 2023

www.Francetvpub.fr

Document 7 Que doit contenir un communiqué de presse ?

Peu importe votre actualité, l'information doit être transmise sur un ton neutre et objectif. Un communiqué de presse [CP] n'est pas une publicité criarde : sa vocation est d'informer les journalistes d'une actualité propre à votre entreprise, dans l'espoir que cette dernière les intéresse suffisamment pour qu'ils y consacrent un sujet. […]

Un message clair et précis : partez du principe que les journalistes auront très peu de temps à vous accorder. Vous devez donc être clair dès l'objet du mail contenant votre CP. Le contenu du communiqué de presse doit ensuite être anglé, c'est-à-dire parler de votre sujet sous une dimension spécifique. […] Tâchez d'écrire votre communiqué de presse en pensant à la cible, au lecteur final.

Qui ? Quoi ? Où ? Quand ? Comment ? Pourquoi ?

Pour être tout de suite intelligible, l'information contenue dans votre communiqué de presse doit reprendre les codes journalistiques, et répondre aux 5W (*Who? What? Where? When? Why?*). N'hésitez pas non plus à donner des informations chiffrées : les journalistes en raffolent. Simplifiez-leur également la vie en expliquant par exemple pourquoi votre nouveau produit/service va changer la vie de ses utilisateurs. Synthétique, le communiqué de presse ne peut pas tout dire. Vous devez […] hiérarchiser l'information […]. À la lecture de votre CP, [le journaliste] doit pouvoir être en mesure de rédiger un court article sur votre actualité. […]

Comment intéresser les journalistes ?

Le titre de votre CP est très important : il doit être informatif et percutant. Un journaliste peut recevoir entre 30 et plusieurs centaines de communiqués de presse par jour, il faut donc vous démarquer […]. Pourquoi ne pas opter pour un jeu de mots si c'est justifié, ou bien une question qui attirera l'attention. Rattacher votre actualité à une actualité nationale constitue également une bonne méthode.

www.webconversion.fr

Suite de l'article : liennathan.fr/5mr72q

Document 8 Les offres médias pour les JO de 2024 à Paris

[…] LES MÉDIAS ET LEUR RÉGIE RIVALISENT D'ORES ET DÉJÀ DE CONTENUS ET D'OFFRES. […]

Le quotidien gratuit *20 Minutes* annonce le déploiement d'un dispositif complet : la parution en 2023 de deux cahiers spéciaux le 21 avril (« En route pour Paris ») et en novembre (spécial inclusion et jeux Paralympiques) ; le 26 juillet, place au spécial 100 % JO « À 1 an et 20 minutes des Jeux ». Sur le site du journal, un espace dédié à Paris 2024 sera mis en ligne avec des contenus exclusifs également visibles sur les réseaux sociaux du titre ; *20 Minutes* proposera également des émissions live, des podcasts, des portraits vidéo, des reportages et interviews ; enfin, une édition quotidienne du titre [a été] proposée en version bilingue du 26 juillet au 11 août 2021, soit 485 000 exemplaires par jour en Île-de-France.

france•tvpublicité a donné le coup d'envoi de dispositifs pour deux de ses partenaires. En effet, Samsung, Partenaire Mondial de Paris 2024, après avoir communiqué tout au long de la journée du mardi 14 mars [2023] sur France 2, France 3 et France 5 dans des écrans thématisés créés spécialement pour l'occasion, sera parallèlement associé à tous les contenus digitaux hébergés au sein de l'espace Paris 2024 sur france.tv. De même, EDF, Partenaire Premium de l'événement planétaire, a été présent pour fêter le J-500 à travers la diffusion d'un documentaire de 3 épisodes qui a mis en lumière la diversité des engagements du groupe par le prisme d'un de leurs athlètes.

[…] Le groupe Reworld Media lance une offre dédiée à Paris 2024. Si l'événement a lieu dans plus d'un an, la structure entend d'ores et déjà inciter les marques à se raconter « dès aujourd'hui » afin de marquer « sa différence ». […] L'ambition affichée est ici de permettre à chaque marque partenaire de disposer de son propre média dédié, tout en créant son propre écosystème en lien avec l'événement. Elle pourra également développer une communauté engagée en lien avec le groupe.

RMC lance un podcast dédié, « Paris 2024, le grand défi ». Porté par le journaliste Yves Pulici, le format entend emmener ses auditeurs dans les coulisses de l'événement. Il suivra ainsi les préparatifs des JO jusqu'à l'événement lui-même.

T. Wojciak, www.cbnews.fr, 19 mars 2023.

Dans un deuxième temps, votre tuteur souhaite que vous vous concentriez sur les méthodes à utiliser pour maximiser la visibilité de la régie. Vous apprenez qu'au-delà des relations presse ou des rencontres presse, la régie peut obtenir de la visibilité à travers :
- la participation à des prix (*Awards*) institués par les organisations professionnelles ;
- l'obtention d'avis clients spontanés (distincts des *Best Cases*, co-construits avec les clients).

Il vous demande de réfléchir à ces possibilités pour l'offre « Paris 2024 » de votre régie.

Document 9
Fiches ressources 1 et 3

6 Identifier les raisons pour lesquelles la régie 366 a remporté le Grand Prix Stratégies de l'innovation média.

7 Réaliser un mapping des différents prix professionnels permettant de récompenser les régies pour leurs performances, qu'elles soient liées à l'innovation, à l'efficacité, à la qualité de leur relation client ou encore à leur force de proposition.

8 Lister les différentes stratégies pour générer des avis clients.

9 Proposer un plan d'action pour transformer vos clients en ambassadeurs de l'offre « Paris 2024 ».

Document 9 — 366 désignée régie de l'année lors du Grand Prix Stratégies de l'innovation média

« Mobiliser les énergies positives pour supporter l'information et le pluralisme dans les territoires. » C'est la raison d'être définie tout récemment par 366, régie fondée en 2014 et nativement dédiée à la commercialisation publicitaire des espaces de la PQR. La société a réalisé sa mue digitale avec succès sous l'impulsion de son directeur général Stéphane Delaporte, en étendant ses inventaires à l'audio et à la vidéo. Et en mars 2021, en créant 366TV, avec Territoires TV (*La Voix du Nord, Le Télégramme, Sud Ouest*, [*La Nouvelle République du Centre-Ouest*]), détaillant les programmes télé mais plus largement consacré au divertissement. Le titre est né du groupement de six éditeurs majeurs (Centre France, Ebra, Rossel, Sipa-Ouest-France, Sud Ouest et La Dépêche du Midi), avec la volonté de reprendre la main sur le supplément télé produit jusque-là par *Le Figaro*. Ce sont désormais tous les quotidiens de PQR qui le proposent, hormis *Le Parisien*. Cet hebdo a été pensé comme un média d'information global avec un site web et une application embarquée dans celle des éditeurs partenaires. La campagne, imaginée par Jésus et Gabriel, a aidé à sa notoriété rapide. 366 entend constituer un pôle de médias ayant un ancrage territorial fort afin de proposer au marché publicitaire des solutions de communication de proximité diversifiées et puissantes. Son offre permet de toucher chaque jour 20 millions de personnes et chaque mois 43 missions de Français, soit plus de 80 % de la population française. L'attention désormais portée aux territoires gonfle ses voiles…

C. Bonacossa, www.strategies.fr, 24 mai 2023.

Article : Avis Google : pourquoi obtenir des retours clients pour son entreprise ?
liennathan.fr/32bvg6

5 Promouvoir l'offre en *paid media* : le choix des armes

Dans l'objectif de donner la plus large audience possible à l'offre « Paris 2024 », votre tuteur vous fait parvenir 2 offres *paid* de régies concurrentes. Ces offres sont toutes deux diffusées sur le site The Media Leader, qui envoie quotidiennement 35 000 exemplaires d'une *newsletter* à destination des professionnels des médias et de la communication. En mars 2023, 100% Media, marque média d'Adwanted Group, renommée « The Media Leader », devient la première marque d'information média B2B en France selon le classement de fréquentation des sites professionnels de l'ACPM. Le site propose de l'achat d'espace et diverses solutions payantes de référencement, *Brand content* et *events* à ses clients, régies, agences médias et annonceurs. Votre tuteur vous informe que la régie souhaite diversifier sa promotion *paid* de l'offre « Paris 2024 » et vous confie différentes missions préparatoires.

➜ Documents 10 et 11
➜ Fiche ressource 1

1. Identifier comment les régies concurrentes ont positionné leur offre sur le site themedialeader.fr
2. Proposer un plan média intégrant d'autres supports *paid* (*online* et *offline*) affinitaires avec votre cible BtoB.
3. (vers Pix 3.1) Proposer à votre tuteur le brief créatif du visuel qui devra être transmis aux régies publicitaires sélectionnées dans votre plan média.

Document 10 — L'offre de CMI Media

En amont des jeux Olympiques 2024 à Paris, qui auront lieu dans moins de 500 jours, CMI Media lance une offre JO 2024, autour des rédactions d'*ELLE*, *Version Femina*, *City Magazine International*, *Louie Media*, *Télé 7 Jours*, *Public* et *Marianne*. Cette offre permet de dialoguer au quotidien avec les Français sur des angles spécifiques à chaque rédaction, sur tous les territoires d'expression et tous les usages (audio, terrain, social, *print*, digital) pour s'engager, s'enthousiasmer, valoriser les territoires.

Elle propose aux annonceurs de s'associer à des réflexions, débats et éclairages sur ce que le sport dit de nos sociétés en 2024 : la place des femmes, le sport comme affirmation de soi, vecteur d'inclusion, de bien-être & de santé, le sport comme accélérateur de développement territorial et de valorisation du savoir-faire français…

https://themedialeader.fr, 22 mars 2023.

Document 11 — L'offre de france•tvpublicité

À l'occasion des jeux Olympiques de Paris 2024, france•tvpublicité lance la commercialisation de ses offres partenaires exceptionnelles. La régie de France Télévisions placera les marques au cœur de dispositifs inédits avec notamment : des *billboards* uniques en pré et post-générique lors des cérémonies d'ouverture et de clôture, au format de 36 secondes ; un écran « Top départ » diffusé juste avant la cérémonie d'ouverture ; des formats rallongés pendant toute la durée du partenariat avec des *billboards* allant jusqu'à 12 secondes. Par ailleurs, 2 places Or, 3 Argent et 3 Bronze viennent d'être commercialisées pour les marques partenaires du Comité international Olympique et de Paris 2024 sur la plateforme de réservation ADspace.

PARIS 2024 — france•tv

Pour cet événement sportif, France Télévisions diffusera en direct, en différé et dans leur intégralité l'ensemble des compétitions sur France 2, France 3 et sur la plateforme France.tv. Le groupe France Télévisions diffusera dès 2023 des programmes dédiés sur ses antennes afin de faire vivre aux téléspectateurs la préparation des Jeux.

https://themedialeader.fr, 2 décembre 2022.

FICHE RESSOURCE

1

LES DIFFÉRENTS POINTS DE CONTACT AU SERVICE DE LA DÉCOUVERTE DE L'OFFRE

Pour qu'une campagne de publicité se réalise, un annonceur doit acheter de l'espace publicitaire à une régie et ce, quel que soit le support sur lequel il souhaite communiquer. Pour ce faire, les régies publicitaires vont créer, au préalable, un ensemble d'offres attractives et innovantes sur leurs médias, à destination de leurs clients. Il existe donc une multitude d'offres sur le marché, possédant toutes des caractéristiques différentes. La concurrence est intense et peut s'exercer au sein du même média (entre deux régies digitales, par exemple), mais également entre médias différents (la télévision et la communication extérieure, par exemple).

Il est donc nécessaire, pour une régie, de savoir se démarquer en proposant à ses clients des offres innovantes, mais également de prendre la parole pour faire connaître ses différents produits et les positionner sur son marché afin de réussir à les vendre. On parle alors de « cycle de vie d'une offre publicitaire », allant de sa phase de conception au service après-vente. Ce cycle se décompose en deux phases regroupant sept étapes (voir schéma ci-contre).

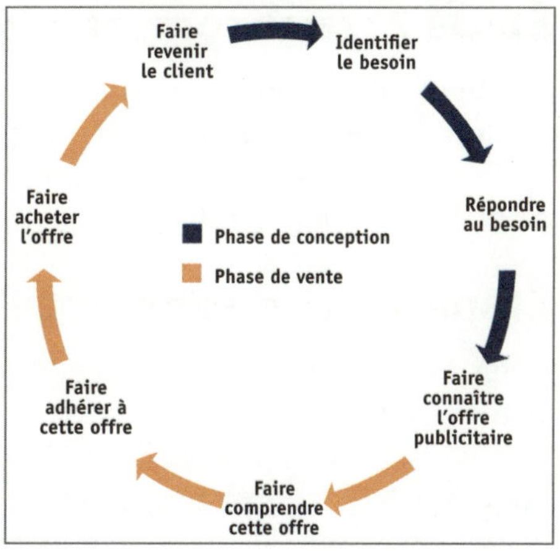

I Les enjeux de la phase de vente

La phase de vente d'une offre publicitaire est la plus importante car elle va pouvoir confirmer l'attrait du marché à travers sa mise à l'échelle (scalabilité). Cependant, commercialiser une innovation est un processus long et difficile, qui nécessite de valider un certain nombre d'étapes, les unes après les autres.

En fonction d'où l'on se trouve dans ce cycle de vie, on passe d'une conversation « *One to Many* » (de façon généralisée, d'une entité à plusieurs) à un discours en « *One to One* » (de façon individualisée, d'une entité à une autre). Cette phase se divise en cinq étapes :

Étape	Enjeu de l'étape	Outils à disposition
Faire connaître	Boost de notoriété	*Owned Media* (site Internet, réseaux sociaux, webinar et conférences, manifesto), *Earned Media* (communiqué de presse, rendez-vous marché), *Paid Media* (espace publicitaire dans la presse professionnelle)
Faire comprendre	Pédagogie sur l'offre	Argumentaires de vente, fiches produits
Faire adhérer	Réassurance et éléments de preuve	*Best Cases*, études post-test (image et vente)
Faire acheter	Génération de conversion	*Template* de proposition commerciale, catalogue d'offres, kit média
Faire revenir	Relation client	Bilan de campagne, Livre blanc

II Étape 1 : faire connaître l'offre publicitaire

Émerger dans un paysage médiatique établi, auprès d'agences médias et d'annonceurs qui n'attendent pas forcément les innovations pour affecter leurs investissements publicitaires, n'est pas toujours chose aisée. Une régie qui lance une nouvelle offre innovante va donc d'abord devoir prendre la parole pour la faire connaître au plus grand nombre.

Elle doit ainsi générer de la notoriété sur son nouveau produit en événementialisant son lancement :

- à travers des rendez-vous incontournables comme l'Union des Marques (où chaque régie vient présenter ses nouveautés et sa stratégie pour l'année à venir à un parterre d'annonceurs) ;
- un *roadshow* auprès des agences médias (où les régies publicitaires viennent leur présenter en détail leurs innovations) ;

Site : Union des Marques
liennathan.fr/6ji92n

– tout autre événement, marketing ou « RP » (relations publiques), où les régies invitent leurs clients pour une conférence, un webinar, du *networking*…

Par ailleurs, une régie publicitaire a la possibilité d'utiliser ses propres canaux pour communiquer, notamment à travers ses réseaux sociaux (on parle de « *social selling* »), des communiqués de presse, des articles de blogs ou des podcasts.

Elle peut également acheter de l'espace publicitaire – souvent digital ou *print* – sur les médias professionnels à destination du marché (comme *Offre Média*, *Stratégies*, *CB News*, *L'ADN*…).

III Étape 2 : faire comprendre l'offre publicitaire

Une fois l'offre connue, une régie publicitaire doit faire preuve de la pédagogie nécessaire pour la faire comprendre au mieux à ses clients. Ainsi, ceux-ci deviennent capables d'y voir leur intérêt et de projeter un achat prochain. L'outil utilisé dans la majorité des cas est le traditionnel argumentaire de vente *(voir chapitre 10)*.

IV Étape 3 : faire adhérer à l'offre publicitaire

Après avoir expliqué en détail en quoi consistait cette offre publicitaire, une régie va chercher à obtenir l'adhésion de ses clients à celle-ci, afin de les engager dans un processus de vente. Elle doit ainsi lever les derniers doutes afin de finir de les convaincre.

Pour parvenir à cet objectif, elle dispose d'outils impactants destinés à rassurer sur la pertinence de l'offre pour son client. Parmi ces outils, on peut citer :

Les *Best Cases*	Ce sont des cas de clients ayant déjà souscrit à l'offre et qui ont obtenu des résultats positifs en termes d'engagement, de perception ou de vente. Ils sont généralement composés d'un descriptif de l'opération, de visuels d'illustration et de résultats chiffrés sur différents KPI.
Les études post-tests	Ce sont des études menées avant, pendant et après la campagne publicitaire pour en connaître l'impact sur l'image de marque d'un annonceur ou sur les ventes du produit médiatisé. Elles sont réalisées par des instituts d'études indépendants des régies et présentent les résultats obtenus sous forme de chiffres et d'*insights*.

V Étape 4 : faire acheter l'offre publicitaire

Il s'agit de conclure la négociation et de valider l'acte d'achat/de vente entre une régie publicitaire et son client. En effet, la régie fait parvenir à l'annonceur ou l'agence média une proposition commerciale synthétique (entre 3 et 5 *slides*) reprenant les éléments principaux de l'offre (périmètre de diffusion, tarif, performances du dispositif…) et les termes de leurs accords.

Après différents échanges successifs donnant lieu à des négociations, l'annonceur accepte l'offre de la régie en lui renvoyant un bon de commande préalablement signé. L'espace publicitaire est alors définitivement réservé pour l'annonceur jusqu'à diffusion de la campagne.

La nouvelle offre publicitaire est alors publiée dans un catalogue global regroupant toutes les offres de la régie à destination de ses clients.

VI Étape 5 : faire revenir le client

Une fois la campagne diffusée, l'objectif d'une régie publicitaire est de transformer le client qui souscrivait pour la première fois à une de ses offres en client fidèle, voire en ambassadeur.

Pour l'atteindre, la régie peut s'appuyer sur plusieurs outils, parmi lesquels :

Le bilan de campagne	Ce document reprend les principaux éléments de la campagne publicitaire qui vient de se dérouler et affiche sa performance en termes de personnes touchées, de visiteurs ou clics générés, de ventes réalisées… ainsi que des visuels de campagne pour les médias offline. Il est primordial d'être totalement transparent sur la réussite ou l'échec d'une campagne tout en essayant de comprendre pourquoi elle a engendré tel ou tel résultat.
Le Livre blanc	Ce document permet d'asseoir le positionnement d'une régie publicitaire sur son marché en éditant un guide pratique sur un sujet structurant ou innovant. Il répond à une problématique définie et aide ses lecteurs à prendre des décisions sur ses prochaines campagnes de communication.

FICHE RESSOURCE

2

L'ADAPTATION D'UN ARGUMENTAIRE TYPE À CHAQUE CLIENT

L'argumentaire de vente, généraliste, constitue la colonne vertébrale de la présentation client, mais son adaptation à la problématique précise de l'annonceur est un facteur clé de conviction et de succès. Cette adaptation nécessite la mise en œuvre de techniques qui relèvent de la stratégie argumentative et de la conception-rédaction.

I L'objectif de la présentation client

L'objectif pour la régie est de convaincre et de persuader, c'est-à-dire de proposer, dans un premier temps, une analyse du problème média de l'annonceur puis de présenter la solution trouvée en apportant des informations quantitatives et des outils de réassurance ayant valeur de preuve. Il est essentiel, en outre, que l'analyse du problème et la solution proposée se déploient dans une forme apte à susciter l'adhésion du destinataire.

Les régies et agences peuvent concevoir deux présentations :

– l'une destinée à être diffusée le jour du rendez-vous client et calibrée en fonction du temps alloué ;

– l'autre contenant l'intégralité des informations, imprimée et remise au client.

La présentation n'est pas destinée à être lue lors du rendez-vous commercial : c'est un support qui vise à convaincre, à partir de chiffres clés et de visuels signifiants, que la solution proposée par la régie répond exactement à la problématique de l'annonceur.

On doit donc dissocier, pour organiser leur complémentarité, les informations apportées par les *slides* et le discours du présentateur (*voice over*). Le *voice over* ne doit pas simplement répéter les informations des diapositives de présentation mais en préciser le sens (fonction d'ancrage) ou en proposer une interprétation (fonction de relais).

L'offre formulée par la régie repose, le plus souvent, sur des dispositifs complexes (*cross media*, *data*, opération spéciale, mesure de l'efficacité…). Elle est aussi fréquemment innovante et demande, même lorsque la régie présente devant les agences médias, un réel effort de pédagogie client. S'agissant d'une vente en B2B, l'objectif n'est pas de vendre à tout prix le dispositif le plus cher possible à l'annonceur ou à l'agence média : une régie qui ne propose pas des dispositifs efficaces ne remplit pas sa mission de conseil, et ne conserve pas ses clients.

II La mise en forme de la présentation client

La proposition commerciale de la régie à l'agence média ou à l'annonceur (ou de l'agence média à son client) prend généralement la forme d'une présentation PowerPoint. D'autres outils de présentation gratuits ou payants peuvent être utilisés (Beautiful.ai, Genially, Prezi, Google Slides…).

- Les *slides* doivent accuser réception de l'identité de l'annonceur (logo, couleurs et typographie de l'annonceur pour qui la recommandation a été élaborée…).
- Toutes les ressources de la visualisation de données sont utilisées (infographie, *data* visualisation, schémas, graphiques…) pour rendre l'information, notamment quantitative, immédiatement compréhensible.
- Les *slides* ne sont pas rédactionnelles (entre 6 et 10 mots par *slide* en plus des titres) : une *slide* = une idée.
- Les visuels choisis ne doivent pas être simplement décoratifs, mais soutenir le propos et soutenir des intentions.
- Les sources (récentes, pertinentes et fiables) doivent figurer sur toutes les *slides* comportant des données quantitatives ou qualitatives.
- Les titres des *slides* ne doivent pas être simplement descriptifs (ex. : « Notre offre », « Dispositif *social media* »), mais porteurs de l'idée (ex. : « Un dispositif *print* puissant amplifié par l'influence », « Une complémentarité DOOH / télévision segmentée pour optimiser le *drive to store* »).
- L'esthétique générale de la présentation doit être particulièrement réfléchie, car elle porte l'image du professionnalisme de la régie et témoigne du temps consacré à l'analyse du problème média de l'annonceur et à la construction de sa solution.

FICHE RESSOURCE 3

CONSTRUIRE LA LISIBILITÉ D'UNE PRÉSENTATION CLIENT

Le diaporama de présentation de l'offre doit être conçu du point de vue du récepteur du message, et non de l'émetteur. Cette lisibilité, condition indispensable de la compréhension et de l'adhésion à l'offre, passe par une réflexion sur la stratégie de présentation et sur la forme.

I Prise de contact : l'importance de la relation humaine et de la diplomatie client

Les 20 premières secondes de la présentation doivent permettre d'humaniser la situation de communication (« *Ice Breaker* »). On pourra commencer la présentation par une « *warm up* » vidéo (micro-trottoir, extraits de publicités, visuels de campagnes antérieures, témoignages d'experts…), qui aura pour objectif d'annoncer l'angle choisi pour l'analyse de la situation.

II Le rappel de la demande : première étape de la plus-value

Critères d'efficacité	Remarques
Il est nécessaire de montrer que la régie ou l'agence média apporte déjà, par son expertise, son travail de veille et d'analyse du contexte, une valeur ajoutée à la compréhension de la demande, qu'elle soit implicite (en *new business*) ou explicite (dans le cas d'un appel d'offres).	Éviter la simple répétition de la demande ou l'explication au client de son secteur d'activité : personne ne les connaît mieux que lui. La formulation du rappel de la demande doit montrer que l'agence média a « digéré » la demande de l'annonceur et se l'est appropriée en en proposant une reformulation.

III Les constats : placer l'annonceur sur un toboggan

Critères d'efficacité	Remarques
Les constats proviennent de la veille. **EXEMPLE :** veille sur le secteur d'activité de l'annonceur, les canaux de communication des concurrents, la consommation média des cibles, l'évolution des tendances de consommation, les tendances du marché média. Les constats sont exprimés sous forme de chiffres clés dans un souci d'efficacité et de mémorisation. Ils doivent permettre de mettre en avant l'*insight* qui structurera la stratégie à venir.	Cette partie est aussi appelée « partie toboggan » dans la mesure où elle doit parvenir à créer un sentiment de logique et d'évidence dans l'enchaînement de l'analyse de la situation et des solutions proposées. L'absence de sources récentes, fiables et pertinentes ou la surreprésentation des sources internes nuisent à la crédibilité de la démonstration. La présentation des constats s'inscrit dans une démarche progressive et démonstrative, et doit absolument éviter l'effet « millefeuilles » (effet d'empilement).

IV Le problème de communication : le moment de la « *slide* catapulte »

Critères d'efficacité	Remarques
L'agence propose, en prenant appui sur les constats qui viennent d'être énoncés, une redéfinition ou une définition plus précise et complète du problème énoncé dans le brief, en identifiant clairement le ou les problèmes auxquels il va falloir répondre. Le problème de communication est alors généralement présenté à l'annonceur grâce à la formule : « Comment… alors que… ».	La formulation du problème de communication doit montrer une plus-value dans la compréhension du problème de l'annonceur (pas une simple répétition de la demande). Faute de cette structuration, ou d'une structuration similaire, la proposition de solutions qui découlera de la formulation du problème de communication risque de perdre la stratégie de vue et de procéder par empilement de moyens médias. Il ne faut pas confondre stratégie de communication (les constats conduisent à une proposition stratégique) et objectifs de communication qui relèvent de la stratégie des moyens.

V Le manifesto : soutenir l'analyse par le pouvoir de l'image

Critères d'efficacité	Remarques
La production d'un manifesto (courte vidéo d'une durée comprise entre 1' et 2'30") permet à la régie ou à l'agence média de mettre en images sa vision du problème de communication de l'annonceur et des solutions qu'elle peut y apporter. Les outils de prévisualisation (*mock-up*) permettent de faire vivre, avant diffusion, la campagne sur les différents supports et médias proposés.	Un manifesto n'est ni un spot publicitaire ni une proposition de solutions : il exprime, en images, la vision que la régie ou l'agence a du problème de l'annonceur et des solutions à y apporter. Le manifesto doit créer l'émotion en s'appuyant sur une bande-son dynamique, un montage rythmé et un choix pertinent d'images.

VI Les objectifs

Critères d'efficacité	Remarque
Les objectifs découlent logiquement du problème de communication identifié. La régie ou l'agence média doit convaincre qu'elle a identifié les bons objectifs de communication et qu'elle apporte une solution plus pertinente et complète que la demande formulée dans le brief.	Là encore, les objectifs ne doivent pas être formulés sous la forme d'un « millefeuille ». Ils doivent se décliner en fonction de la stratégie proposée et se centrer, à ce stade de la présentation, sur les principaux problèmes identifiés.

VII Les cibles

Critères d'efficacité	Remarque
La construction de persona permet d'incarner les cibles à partir de critères sociodémographiques et psychosociaux. Il est souvent utile de compléter les persona pour visualiser leur *consumer journey*.	Lors de la construction des persona, il faut éviter les notations artificielles qui n'apportent rien à la compréhension des cibles (ex. : « aime regarder le soleil se coucher »).

VIII La proposition

Critères d'efficacité	Remarque
La proposition est la partie centrale de la présentation. Elle doit se présenter comme une réponse évidente découlant des constats et prenant appui sur les objectifs et les cibles. Lors du rendez-vous client, l'équipe commerciale, rémunérée pour une part au pourcentage des ventes, peut présenter une offre médiane, une offre haute et une offre de repli (dans le budget de l'annonceur).	La phase de proposition de solutions est celle où il est le plus probable de perdre l'attention de l'annonceur si les solutions ne sont ni phasées (ex. : avant / pendant / après) ni structurées autour de quelques dispositifs majeurs auxquels viennent s'articuler des dispositifs additionnels (amplification, influence, *data catching*…).

IX La budgétisation et le média planning

Critères d'efficacité	Remarque
La budgétisation pourra être présentée en masse (par médias, par exemple) lors du rendez-vous client, mais les arbitrages devront être justifiés. Le média planning devra être expliqué et prendra notamment en compte l'ensemble des opportunités.	Le moment de présentation du budget et du média planning doit également être un temps d'efficacité argumentative. Les justifications apportées seront décisives pour faire adhérer l'annonceur à la proposition de la régie ou de l'agence média.

X Le résumé de la proposition (*Overall*)

Critères d'efficacité	Remarque
Cet outil de lisibilité est destiné à résumer, grâce à des schémas, des infographies, des animations, l'ensemble des propositions faites par la régie en fin de présentation. En 2 ou 3 *slides*, on rappellera l'analyse de la situation en montrant la logique de la construction de l'offre qui en découle.	En fin de présentation, l'attention de l'auditoire n'est plus aussi soutenue qu'au début. Il est indispensable de simplifier l'information en la rendant visuelle et en la hiérarchisant à l'extrême.

XI La conclusion de la présentation « *Peak-end rule* »

Critères d'efficacité	Remarque
La dernière *slide* de la présentation doit prendre en compte la loi psychologique « du pic et de la fin » : les individus jugent d'une expérience à partir de son moment d'apogée et de sa fin plutôt que de la moyenne de chaque instant de l'expérience.	Terminer une présentation sur la classique *slide* « Merci pour votre écoute » n'est pas un choix efficace. On s'efforcera de terminer la présentation sur une idée forte ou, plus généralement, tout moyen susceptible de créer une relation émotionnelle avec l'auditoire, favorisant la mémorisation.

FICHE RESSOURCE

4

LES *BEST CASES*, ÉLÉMENTS DE PREUVE ET DE RÉASSURANCE

Un *Best Case* (aussi appelé « cas client », « *use case* », « *verbatim* », « *testimony* » ou encore « *success story* ») est un outil destiné à mettre en avant une activation média réalisée avec un client pour illustrer une offre et apporter des éléments de preuve sur son efficacité. En donnant la parole à ses clients grâce aux témoignages, une régie publicitaire légitime son offre, rassure les annonceurs et leur permet de se projeter.

I Pourquoi avoir recours aux *Best Cases* ?

En 2018, une étude réalisée par le Content Marketing Institute indiquait que les clients étaient 79 % à avoir parcouru au moins un *Best Case* au cours de l'année et qu'ils étaient 83 % à être allés « au bout de l'histoire », selon la *Harvard Business Review*. Il convient donc, pour une régie publicitaire, de construire des cas clients pertinents et représentatifs de son activité.

II Comment construire un *Best Case* efficace ?

Construire un *Best Case* demande de respecter certaines règles afin que celui-ci remplisse au mieux son rôle de déclencheur de l'acte d'achat auprès des annonceurs ou des agences médias. On distingue trois étapes primordiales pour la réalisation d'un cas client.

1. Définir quel cas client mettre en avant

Pour faire ce choix, la régie doit sélectionner les campagnes ayant obtenu les meilleurs résultats, c'est-à-dire dont les objectifs médias (notoriété, image de marque, ventes…) ont été atteints, voire dépassés. Une fois la liste identifiée, elle doit demander l'autorisation à ses clients d'utiliser ces éléments de campagnes à des fins d'illustrations commerciales et leur faire valider les fiches les concernant avant leur diffusion. Ceux qui acceptent feront ainsi l'objet d'une *success story*.

2. Récolter les informations nécessaires à la rédaction du cas client

Après avoir validé la liste définitive de *Best Cases* à réaliser, vient la phase de rédaction. Le service Marketing de la régie publicitaire va récolter auprès de la force commerciale et du service Étude un certain nombre d'informations afin de construire ces fiches *Best Cases*.

Parmi les informations importantes, doivent apparaître :

- la description du projet du client et le contexte dans lequel il évolue ;
- la problématique ou le besoin du client ;
- l'offre préemptée et son cadre de diffusion (quand, où, quel format…) ;
- l'illustration du plan média (photos *in situ*, captures d'écran…) ;
- les résultats obtenus ou KPIs importants à mettre en avant.

Cette fiche peut être agrémentée d'un témoignage client sous forme de citation ou de vidéo, afin d'apporter une caution supplémentaire à celle-ci.

> www
> **Exemples de *best cases* de la régie France Télévision**
> liennathan.fr/n3a9w2

3. Présenter les résultats de façon claire et rationnelle

Les résultats présentés dans un *Best Case* sont les éléments de preuve ultimes. Ils apportent une réponse claire à cette question : « La campagne a-t-elle apporté une solution au problème du client ? »

- Si son besoin identifié en introduction de la fiche *Best Case* était de maximiser la notoriété du produit ou service de l'annonceur, alors la partie « résultat » doit montrer l'impact de la campagne sur des KPIs importants, comme la couverture sur cible, la mémorisation du message, le nombre de contacts…
- Si son besoin identifié était de driver le maximum de trafic sur le site Internet de l'annonceur ou en magasin, alors les résultats doivent prouver l'impact de la campagne sur le nombre de visiteurs uniques, la hausse du panier moyen, la hausse du taux de transformation, le taux de clics générés…

En somme, les résultats doivent être le miroir des objectifs afin d'amener de la clarté sur la fiche *Best Case*. Si les éléments ne sont pas bien cadrés au préalable, les résultats seront soumis à interprétation et vont engendrer de la défiance de la part du client. Ils doivent donc s'appuyer sur des éléments concrets et factuels afin de terminer de tout à fait convaincre le client de souscrire à cette offre publicitaire et non à une autre.

FICHE RESSOURCE

5

LE KIT MÉDIA : UN OUTIL POUR VALORISER LA RÉGIE ET SES SOLUTIONS

I Qu'est-ce qu'un kit média ?

Un kit média est un document de référence édité par la régie publicitaire et destiné à être publié et transmis au marché. Plus ou moins synthétique, il permet à la régie d'expliciter son positionnement, ses atouts mais également de rendre lisibles les solutions proposées aux annonceurs. Celles-ci sont présentées de la façon la plus exhaustive possible en incluant les tarifs, les conditions générales de vente (CGV) et les spécifications techniques relatives aux formats commercialisés.

II Les objectifs du kit média

Le kit média idéal répond à plusieurs objectifs (détaillés ci-dessous), tant pour la régie que pour le client.

1. Valoriser la régie

En tant que support commercial et document d'aide à la vente, le kit média doit avant tout intégrer une présentation des médias, supports et titres proposés par la régie à ses prospects et clients. Les régies étant généralement en mesure de proposer plusieurs médias, supports ou titres à leurs clients, il est assez fréquent qu'elles rappellent, *via* des chiffres ou informations clés, leur positionnement et leurs atouts tels que (liste non exhaustive) : la couverture de leur écosystème ou de leurs titres, l'affinité avec leurs audiences, leurs spécificités éditoriales, le nombre d'exemplaires (dans le cas d'un titre de presse) tirés et distribués. Ce travail de valorisation, qui intervient en amont de la présentation des solutions, vise à affirmer la légitimité de la régie auprès des clients existants autant qu'à séduire des prospects. Ce discours de valorisation vise également à différencier la régie des régies concurrentes.

2. Présenter les solutions

Les solutions sont le nerf de la guerre. C'est ce que la régie commercialise réellement. Souvent conçues conjointement par les équipes commerciales et Marketing, les solutions ou offres commerciales sont articulées autour d'espaces publicitaires, de formats et d'opérations spéciales dans le but de répondre à des besoins identifiés chez les annonceurs. Certaines solutions seront ainsi orientées performance, tandis que d'autres seront davantage orientées *branding*, notoriété ou ciblage.
Le choix des solutions proposées représente un enjeu commercial capital pour la régie, car c'est ce qui lui permettra de rester pertinente auprès de ses clients et prospects. Le secteur des médias et de la communication étant soumis à des évolutions et transformations rapides, les régies doivent se montrer innovantes et réactives dans les offres proposées.

Les campagnes médias	Ce terme générique est utilisé pour évoquer le fait qu'un annonceur communique sur les médias traditionnels (TV, radio, presse, affichage, cinéma), en opposition au terme « hors-média », qui désigne les campagnes sous la forme de communication événementielle, de *trade marketing* ou d'autres types de communication.
Les campagnes mono-média	Elles font intervenir un seul média pour la diffusion du message. **EXEMPLE :** la presse.
Les campagnes bi-médias	L'annonceur peut diffuser son message sur deux médias distincts. **EXEMPLES :** presse magazine + digital, TV + digital.
Les campagnes plurimédias	Elles permettent à l'annonceur de diffuser des messages sur plus de deux médias en cherchant la complémentarité des médias. **EXEMPLE :** utiliser l'avantage de couverture du média *print*, la précision du média digital et la géolocalisation de la télévision segmentée pour la diffusion d'un même message.
Les campagnes transmédias	Elles visent à diffuser, sur chaque média, un message adapté et propre à ce média. **EXEMPLES :** film de marque grand public en TV, campagne produit pour générer du trafic en digital, campagne *social media* pour mettre en avant les innovations du produit.

Les campagnes *cross media*	Elles offrent un avantage de complémentarité et d'interaction entre les différents médias. **EXEMPLE :** un message diffusé en radio invite les auditeurs à se rendre sur un espace dédié à l'annonceur sur le site Internet du média.
Les opérations spéciales (OPS)	Ce terme fait référence à toutes les possibilités de conception et d'exécution de campagnes et formats publicitaires sur mesure proposés aux annonceurs par les marques médias. Ces opérations peuvent prendre différentes formes, telles que : – des publireportages ; – des espaces dédiés à l'annonceur sur le site Internet de la marque média ; – une rubrique développée sur une thématique et aux couleurs de l'annonceur ; – une websérie ; – un micro-trottoir…

3. Comprendre la tarification

Exemple : Tarifs de la régie 366
liennathan.fr/8xn5g9

Autre élément important du kit média, la tarification permet aux prospects et clients d'évaluer le coût que représente l'insertion d'une campagne publicitaire sur les supports de la régie. Les espaces commercialisés sont ainsi détaillés et présentés très précisément en fonction de leurs tarifs qui, selon les médias, sont présentés selon des règles différentes.

> **EXEMPLE :** les kits médias des supports de presse indiquent leurs tarifs bruts et en fonction des formats et de la qualité des emplacements (couverture, double page d'ouverture, dernière de couverture, quart de page…).

La tarification des supports digitaux dépend des modes d'achat possibles : gré à gré, programmatique, programmatique garanti, *preferred deal*, *curated deal*, *private auction*, CPM, CPC…
Les tarifs des médias TV et radio tiennent compte de la qualité de leur emplacement sur la grille (heure de passage) mais également de la durée du spot ou du *billboard*.

> **EXEMPLE :** en TV, un spot diffusé en *prime time* ou avant une émission à forte audience sera valorisé différemment d'un spot diffusé à 23 h.

À ces informations tarifaires peuvent s'ajouter des compléments visant à rationaliser la performance ou l'efficacité de la diffusion des messages sur ces espaces tels que le volume d'impressions ou de contacts touchés, les cibles adressées, le GRP (*Gross Rating Point*)…
Ces conditions tarifaires intègrent également la mention des remises ou dégressifs applicables en cas de volumes d'achat importants ou selon certaines conditions. Des remises plus ou moins importantes peuvent s'appliquer lorsque l'annonceur s'engage à acheter un certain volume d'espace ou lorsque des agences médias mandataires achètent de l'espace publicitaire en volume pour le compte de leurs clients.

4. Donner un cadre juridique et technique

En tant que support commercial complet et exhaustif, le kit média comprend un volet juridique et technique.

Ordre d'insertion et CGV	Pour qu'un espace publicitaire soit réservé, et *in fine* acheté, l'annonceur doit s'engager auprès de la régie. Cet engagement est donc établi à partir du moment où l'annonceur signe un ordre d'insertion publicitaire. Celui-ci équivaut à un bon de commande. Les informations comprises dans l'ordre d'insertion concernent le format de la publicité, son tarif et les éventuelles remises appliquées, la durée de diffusion de la publicité, le support de diffusion. Ce document engage les parties (annonceur et régie) à exécuter la campagne. Les CGV présentent donc le cadre juridique et réglementaire dans lequel s'inscrit l'achat d'espaces publicitaires auprès de la régie.
Spécifications techniques	Le kit média liste également l'ensemble des contraintes techniques à prendre en compte pour remettre à la régie des fichiers conformes au support de diffusion. Ces contraintes techniques sont donc propres à chaque type de média et support, et peuvent être nombreuses : dimensions des fichiers, formats (JPEG, PDF, HTML, débit…). Elles doivent être connues des créatifs et exécutants de la campagne (directeurs artistiques, graphistes, monteurs…) pour que ceux-ci préparent les fichiers au mieux et dans les délais impartis.

Analyser et construire un manifesto : quand les régies se mettent en scène

Votre période de stage au sein de la régie M Publicité touche bientôt à sa fin et votre tuteur vous demande de vous intéresser non plus à des offres commerciales en particulier, mais à la façon dont les régies scénarisent leur offre globale et expriment leur identité et leurs valeurs à travers de courtes vidéos nommées « manifestos ». Il vous remet cinq exemples de manifestos de régies (document 1).

1 Pour chaque manifesto proposé, identifier :
- la stratégie choisie pour établir un contact émotionnel avec le spectateur ;
- les arguments rationnels avancés ;
- le mode de conclusion.

2 Pour chaque manifesto proposé, analyser et justifier :
- le rapport voix off (ou texte)/image ;
- le choix du son extradiégétique ;
- la stratégie de séquençage ;
- l'échelle des plans ;
- les mouvements de caméra et les axes de prise de vue ;
- les choix de montage (transitions, montage *cut*, rythme…) ;
- la durée moyenne de chaque séquence, de chaque plan et la durée totale du manifesto.

vers Pix 3.2

3 La régie M Publicité souhaitant se doter d'un manifesto vidéo :
- identifier les éléments différenciants de la régie susceptibles d'être mis en avant dans son manifesto ;
- proposer une idée de narration (*storytelling* textuel et visuel) pour déployer l'argumentation ;
- réaliser un découpage technique à l'aide de la trame donnée dans le document 2 pour préparer le manifesto de la régie ;
- réaliser ce manifesto en utilisant les logiciels de montage vidéo et les banques d'images gratuits dont vous pourrez disposer ;
- justifier l'ensemble de vos propositions dans une note d'intention de 2 500 signes au maximum, qui sera communiquée aux décisionnaires de la régie pour validation.

Document 1 Exemples de manifestos de différentes régies

JCDecaux, La ville est une story

liennathan.fr/5wx27f

Document 1 Exemples de manifestos de différentes régies (suite)

Manifesto Media Figaro – Cultiver l'intérêt

liennathan.fr/43pr7b

Lagardère News Story – Parce que c'est toute une histoire de raconter la vôtre

liennathan.fr/79jeh5

Notre approche sur mesure – Prisma Media

liennathan.fr/mk56u8

Manifesto – ExterionMedia

liennathan.fr/96wg3h

Document 2 Découpage technique – Manifesto Régie M Publicité

N° de séquence	N° de plan	Durée	**Image** *Décor, mouvement de caméra, angle de prise de vue, valeur des plans*	**Son** *Intradiégétique (dialogue, bruitage…) / extradiégétique (voix off, bande-son…)*	**Montage** *Type de raccord*	**Intentions** *Rythme, construction de l'argumentation, incrustation de textes, d'infographies, d'images…*

Téléchargez la trame du découpage technique
liennathan.fr/7ajg59

CHAPITRE 11

Comprendre les problématiques médias des annonceurs et élaborer une recommandation média

Contexte professionnel

Compétences professionnelles

- Caractériser la problématique média et digitale de l'annonceur
- Élaborer une proposition adaptée au besoin digital et média de l'annonceur

Savoirs associés

- La caractérisation d'une solution innovante : typologie, offre complexe
- La cible et ses usages : approche psychosociologique, équipements
- Le cadre juridique et organisationnel de la proposition de solution : nature de l'appel d'offres, type d'annonceurs, service pilotant le projet chez l'annonceur

Vous avez découvert, en lisant la presse professionnelle, que certaines entreprises possédaient des services médias très structurés avec, à leur tête, des directrices ou des directeurs médias. Après un stage en régie et un autre en agence média, vous souhaitez compléter votre connaissance de l'écosystème communication en effectuant un stage dans le service média d'un annonceur. Vous avez postulé à une offre de stage à la direction médias de l'enseigne de grande distribution Lidl. Cette enseigne vous semble intéressante et potentiellement très formatrice dans la mesure où :

- Lidl a été le premier annonceur en France en 2017, 2018, 2021 et 2022* ;
- ses investissements publicitaires bruts (avant remises et négociations) ont été en hausse de 24 % sur l'année 2022* ;
- l'enseigne utilise un mix média très complet et affirme sa présence sur les 10 leviers *on* et *offline* étudiés par la veille de la publicité Kantar Media, soit les leviers presse, radio, TV, OOH et DOOH, *display*, cinéma, *paid social*, *paid search*, audio digital et *replay* IPTV ;
- l'enseigne est accompagnée par 2 agences du groupe Publicis : pour le volet média par l'agence Starcom et pour le volet création par l'agence Marcel ;
- l'enseigne lance son projet de *retail media*.

L'enseigne, forte de près de 1 500 points de vente, a entrepris un profond repositionnement à partir de 2012 tout en parvenant à conserver sa clientèle. Lidl, comme ses concurrents de la grande distribution, doit penser sa présence en média du point de vue national, mais également du point de vue local.
Accepté(e) en stage dans la direction médias de Lidl, vous intégrez l'équipe chargée des médias locaux et serez l'un(e) des interlocuteurs de l'agence média Starcom sur ce levier spécifique.

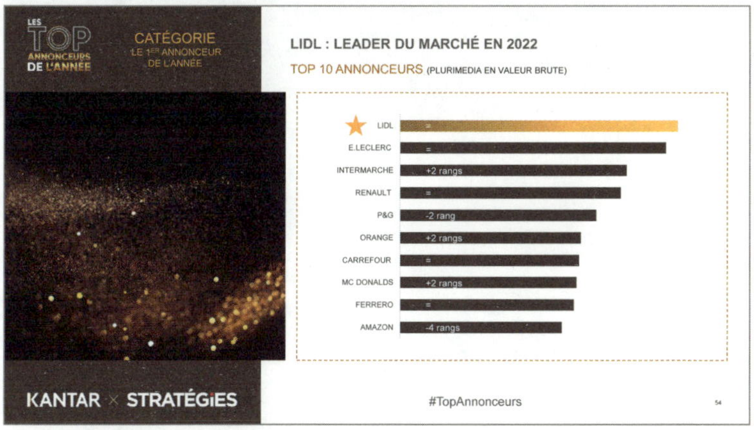

Parole d'annonceur : vous consommez déjà Lidl
liennathan.fr/xhe2od

Les tops annonceurs de l'année 2022
liennathan.fr/rqnlxv

* Source : données de la veille publicitaire de Kantar Media

Comprendre le contexte

1. Caractériser, à partir de vos recherches sur l'enseigne, le repositionnement entamé par Lidl en 2012 et préciser à quels problèmes il répond.
2. Préciser si les enseignes de distribution peuvent déployer des plans médias uniquement orientés *drive-to-store*.
3. Expliquer pourquoi les annonceurs, ayant pourtant un service média structuré, travaillent avec des agences média.
4. Indiquer pourquoi une enseigne de distribution doit prévoir un volet local dans son déploiement média.

1 Connaître les métiers et les acteurs de la recommandation média

Votre tuteur vous demande, dans un premier temps, de vous familiariser avec les processus de construction d'une recommandation média. Outre la découverte des acteurs de la chaîne de valeur et de leurs enjeux, il vous fournit une série d'offres d'emploi susceptibles de vous permettre de mieux comprendre les compétences attendues dans ce secteur d'activité.

Documents 1 à 3
Fiche ressource 1

1. Définir la notion de recommandation média.
2. Préciser pourquoi certaines agences médias sont qualifiées d'indépendantes.
3. Indiquer les enjeux présentés dans la vidéo Best Of « partage de la valeur » qui pourraient impacter les recommandations médias.
4. Choisir une offre d'emploi dans le document 3 en vue de passer un entretien de recrutement simulé. Étudier précisément le profil de poste, effectuer des recherches complémentaires ainsi que des rapprochements entre les activités menées durant votre BTS et les missions du poste afin de valoriser vos compétences.

Document 1 L'écosystème média

Vidéo : Influencia Cafe – Gautier Picquet
liennathan.fr/xdo9dj

Vidéo : Best Of « partage de la valeur »
liennathan.fr/4ia7wd

Vidéo : Prix agence Media de l'année
liennathan.fr/htsnc1

Document 2 Les acteurs de la recommandation média

Agence Media de l'année 2023 (100%Media, MediaLeader)	Catégorie Groupe	Catégorie Agence	Catégorie Agence indépendante
Agence Media de l'année	–	Starcom	BIG
Groupe de l'année	MEDIABRANDS	–	–
Coup de cœur du jury	–	Starcom	–
Coup de cœur des étudiants ISEG	–	–	MEDIAPLUS
Prix des régies et prestataires	–	re-mindphd	COSPIRIT GROUPE
Prix de la progression	PUBLICIS MEDIA	79	COSPIRIT GROUPE
Prix du partenariat	–	OMD	values
Prix social - influence	–	Starcom	ALLMATIK
Prix de la performance	–	Zenith	BIG
Prix RSE - Implication des collaborateurs	–	Initiative	–
Prix RSE - Au service de la marque	–	CARAT	–
Prix RSE	–	–	BIG
Prix inspiration	–	iPROSPECT	–
Prix innovation	–	Starcom	–
Prix de la stratégie	MEDIABRANDS	Initiative	values

https://themedialeader.fr/, 24 janvier 2023.

Document 3 — Offres d'emploi CoSpirit Groupe (les métiers de la recommandation média et du médiaplanning)

[…] Le groupe capitalise sur son expertise des différents territoires de communication : les médias nationaux et locaux, le hors-média et le *retail media*. Ses équipes marketing et média s'appuient d'une part sur une forte expertise tech et data, et d'autre part sur des méthodes et outils propres.

[…] En 2022, le groupe compte plus de 200 collaborateurs, répartis entre Paris, Lyon et Tours, et réalise 19 millions d'euros de marge brute. Il vise les 30 millions d'euros à horizon 2026 en passant le cap d'un milliard de volume d'achat d'espace. […]

COSPIRIT GROUPE

Acheteur Média TV (Paris)

Intégré(e) à notre pôle TV, vous travaillez sous la supervision du directeur Média TV.
En tant que responsable Achats médias TV, vous conseillez et achetez les dispositifs TV de nos clients.

Vos principales missions :
- Comprendre les objectifs de l'annonceur
- Élaborer les stratégies et plan média TV pour des prospects ou des clients existants
- Participer, en étroite collaboration avec nos directeurs de clientèle, aux recommandations et à la construction de plan média TV
- Réaliser des analyses concurrentielles
- Négocier les achats d'espaces publicitaires TV
- Produire des suivis et bilans de campagne en fonction des objectifs de performance définis avec le client
- Interagir avec les régies et les clients
- Réaliser les devis et assurer le suivi administratif
- Analyser les retours de campagnes médias
- Être le/la garant(e) de la qualité des dispositifs mis en œuvre
- Contribuer à développer la notoriété de CoSpirit Media et du réseau d'agences médias Local Planet

Acheteur Média Presse et Affichage (H/F)

En tant que responsable Achats médias presse et affichage, vous conseillez et achetez les dispositifs presse et affichage de nos clients.

Vos principales missions :
- Comprendre les objectifs de l'annonceur
- Élaborer les stratégies et plan média presse et affichage pour des prospects ou des clients existants
- Participer, en étroite collaboration avec nos directeurs de clientèle, aux recommandations et à la construction de plan média presse et affichage
- Réaliser des analyses concurrentielles
- Négocier les achats d'espaces publicitaires presse et affichage
- Produire des suivis et bilans de campagne en fonction des objectifs de performance définis avec le client
- Interagir avec les régies et les clients
- Réaliser les devis et assurer le suivi administratif
- Analyser les retours de campagnes médias
- Être le/la garant(e) de la qualité des dispositifs mis en œuvre
- Contribuer à développer la notoriété de CoSpirit Media et du réseau d'agences médias Local Planet

Chargé(e) de clientèle Média H/F (Paris)

- Assurer l'interface entre les équipes commerciales et les équipes administratives (ADV) : réalisation des devis, suivi des factures et gestion des litiges
- Élaborer, en étroite collaboration, avec les directeurs de clientèle, les recommandations et participer à la construction des plans médias locaux et nationaux
- Identifier les supports on et offline pour optimiser la visibilité des campagnes des clients
- Réaliser des analyses concurrentielles
- Produire des suivis et bilans de campagne
- Assurer la relation avec les régies et les clients (demande kit média, fiches techniques, créations…)
- Gérer la relation client au quotidien (livrable, planning, reporting) et fidéliser les clients du portefeuille confié

Directeur/trice Clientèle Média (Lyon)

- Intégré(e) à nos équipes Médias, votre rôle consiste à construire la stratégie plurimédia des clients dont vous avez la charge dans une logique de conseil, de fidélisation et de développement commercial.

Dans ce cadre, vous êtes chargé(e) de :
- Participer aux réponses à appels d'offres (nationaux et internationaux) et rédiger les propositions commerciales
- Analyser, conseiller, bâtir les meilleures recommandations opérationnelles
- Identifier les supports on et offline pour optimiser la visibilité des campagnes de nos clients
- Rationaliser les investissements publicitaires de nos clients, notamment en négociant les prix d'achat d'espace auprès des différentes régies
- Gérer la relation client au quotidien (livrable, planning, *reporting*)

Document 3 — Offres d'emploi CoSpirit Groupe (les métiers de la recommandation média et du médiaplanning) (suite)

Planneur/euse Stratégique (Paris)

[…] Vos missions principales sont les suivantes :

Connaissance des consommateurs :

- Analyse des profils, constitution des segments, constitution des personae
- Identification des insights pertinents *vs* marché et marque
- Analyse de la consommation média et marque média
- Analyse des affinités d'usage des médias et marque média
- Identification des médias ou marque média clés *vs* la marque et ses cibles

Connaissance des marchés et des secteurs :

- Veille sectorielle sur les innovations et tendances
- Identification de Best Cases ou stratégies médias distinctives
- Suivi des tendances de consommation, analyse des parcours clients
- Compréhension des stratégies marketing et communication des marques (client/prospect)

Recommandation stratégique :

- Détermination de l'angle stratégique, de l'expression de la stratégie des moyens
- Validation de la cohérence des leviers proposés *vs* l'angle stratégique
- Accompagnement et montée en compétences sur le conseil stratégique des ressources internes
- Participation à la conception des éléments de communication de l'agence
- Prise de parole de l'agence : écrite (tribunes, articles…) et orale (conférences) pour les actions de communication externe, de relations publiques, d'actions sur les réseaux sociaux, de Case Studies

COSPIRIT GROUPE

Consultant Digital / Conseil Digital (Lyon)

[…] Principales missions :

- Recommander des solutions de communication digitale en fonction des problématiques clients, ceci dans une démarche conseil et d'avant-vente auprès de nos directeurs de clientèle et/ou de nos interlocuteurs clients.
- Gérer un portefeuille clients
- Suivre et évaluer l'efficacité des campagnes en fonction des objectifs de l'annonceur
- Optimiser, proposer et réajuster votre plan d'action en collaboration avec le client
- Assurer le bilan des campagnes et l'analyse des performances
- Participer aux compétitions (appels d'offres et pitch) de l'agence en étant force de proposition sur la stratégie digitale
- Rester en veille permanente sur les nouveaux outils/supports de communication digitale

Responsable de Clientèle Média Locaux (Lyon)

Intégré(e) à l'équipe média local, votre rôle consiste à construire pour un portefeuille de clients des plans médias locaux sur des problématiques de génération de trafic en point de vente. Dans ce cadre, vous êtes chargé(e) de :

- Rédiger des stratégies d'actions locales
- Analyser, conseiller et bâtir les meilleures recommandations opérationnelles locales
- Identifier les supports on et offline pour optimiser la visibilité des campagnes locales de nos clients
- Rationaliser les investissements publicitaires de nos clients, notamment dans la négociation (quali et quanti) auprès des différentes régies
- Gérer la relation client au quotidien (livrable, planning, reporting)
- Présenter oralement (physique et par call) les recommandations aux clients
- Analyser et veiller sur les tendances et innovations des médias locaux

Chargé(e) de média local Stagiaire (Lyon)

- Rédaction des stratégies d'actions locales
- Recherche de supports pertinents, relation avec les régies, négociations / achats
- Élaboration des recommandations et construction des plans médias, médiaplanning
- Réalisation du suivi et du bilan de campagne
- Suivi des devis
- Gestion de l'interface des différents acteurs du marché (régies publicitaires notamment…).

https://fr.indeed.com

2 Intégrer les médias locaux dans une recommandation média

Votre tuteur souhaite à présent que vous approfondissiez votre compréhension de l'utilisation des médias locaux et votre connaissance des acteurs spécialisés du marché, essentiels pour les enseignes de grande distribution qui déploient leurs points de vente sur tout le territoire. Il vous recommande tout particulièrement la lecture d'une synthèse de Médiamétrie consacrée à la force de la proximité. Il vous suggère également de vous intéresser à la démarche du collectif Les Relocalisateurs.

Documents 4 à 9
Fiche ressource 1

1. Lister des médias et des supports locaux puis préciser leurs atouts publicitaires.
2. Expliquer les missions de l'association Les Relocalisateurs.
3. Lister les entreprises qui composent l'acronyme Gamam.
4. Définir les notions d'offre couplée et d'offre premium en précisant l'intérêt de leur intégration dans une recommandation média.
5. Expliquer en quoi les 5 arguments développés par la régie 366#communities (document 9) sont importantes dans le cadre de la conception d'une recommandation média.

Les médias à l'échelle locale, la force de la proximité
liennathan.fr/vqi1bu

Document 4 Promouvoir la relocalisation des achats médias

La relocalisation média est un enjeu d'emploi, de pouvoir d'achat et de défense de la démocratie. Elle doit être encouragée afin de maximiser les retombées économiques locales de la communication, à tous les échelons.

- En favorisant les médias qui génèrent de l'emploi dans l'Hexagone, au sein des territoires
- En redistribuant les investissements publicitaires au plus près du terrain, pour renforcer le tissu économique autour des acteurs de la proximité
- En maintenant une diversité média *online* et *offline* indispensable à la vie démocratique

Nous agissons pour faire évoluer les mentalités et les pratiques

- En prouvant l'efficacité et l'utilité de ces médias

les relocalisateurs
Le collectif des experts français du media local

- En agissant pour contrebalancer l'aspiration excessive, et en constante progression, des budgets médias par les géants du Web
- En engageant la responsabilité des acteurs des médias, et des annonceurs, sur l'impact de cette montée en puissance
- En accompagnant toutes les parties prenantes sur des solutions alternatives profitables à l'équilibre de nos territoires

Document 5 Les Relocalisateurs, militants de la relocalisation média

Le collectif Les Relocalisateurs se constitue en association pour s'ouvrir aux régies, agences et annonceurs qui veulent porter haut et fort la relocalisation des achats d'espaces publicitaires. Explications avec Florian Grill (CoSpirit Groupe) et Virginie Sappey (france•tvpublicité), respectivement président et secrétaire générale de la nouvelle structure.

INfluencia : Le collectif Les Relocalisateurs, créé en mai 2021, se constitue en association. Pourquoi passer aujourd'hui à la vitesse supérieure ?

Virginie Sappey : La nouvelle donne sur la place du local et l'importance de la territorialité [se sont amplifiées] avec la crise sanitaire et l'urgence écologique. Une nouvelle géographie culturelle redessine le maillage territorial. Chez beaucoup de nos clients, les systèmes de gouvernance se sont décentralisés et les régions ont leur mot à dire dans les stratégies de communication. Dans nos métiers d'agence de stratégie et de communication ou en tant que média, nous devons tenir compte de cette dynamique.

Sur le marché publicitaire, le local représente près de 10 milliards d'euros selon France Pub, mais ces budgets sont largement trustés par des acteurs du digital américains et ne reflètent pas la dynamique impulsée par les Français à laquelle notre filière veut être partie prenante. La constitution du collectif avait eu beaucoup de résonance. Il fallait aller plus loin en créant cette association.

Document 5 Les Relocalisateurs, militants de la relocalisation média (suite)

Florian Grill : On entend beaucoup parler de relocalisation industrielle et d'enjeux de souveraineté mais, de manière très paradoxale, pas du tout de relocalisation média. C'est pourtant un enjeu d'emploi et de pouvoir d'achat, auquel s'ajoute une dimension fondamentalement citoyenne *via* l'information. Il ne s'agit pas d'être anti-Gamam, mais l'industrie des médias se doit de trouver l'équilibre qui pourra alimenter les supports nationaux ou locaux qui portent l'information et répondent à des enjeux de démocratie. [...]

IN : Comment convaincre les marques de faire évoluer leur mix média ?

F. G. : Cela dépend beaucoup de l'argumentation de l'agence média. CoSpirit explique beaucoup au *retail* l'importance de nourrir les zones de chalandise dans lesquelles sont implantés leurs magasins. Ils comprennent que communiquer sur les médias qui génèrent localement de l'emploi et du pouvoir d'achat leur est aussi bénéfique. On peut mettre en avant la simplification et le ROI dans une logique de rentabilité immédiate, mais la responsabilité d'une agence média est de réfléchir à l'écosystème global. À nous de trouver les KPI qui vont convaincre les annonceurs et d'assumer notre responsabilité pour montrer qu'un bon équilibre entre le national et le local génère plus d'efficacité pour le client.

V. S. : Dans son rôle citoyen de média, france•tvpublicité fait aussi un travail de *sourcing* sur les start-up de l'AdTech pour faire éclore des entreprises françaises qui ont une expertise intéressante. Nous travaillons par exemple avec une start-up toulousaine, smappen (ex-Oalley), dans le cadre d'une offre de télé segmentée qui permet de faire du géomarketing.

IN : Dans l'ouverture des Relocalisateurs à d'autres acteurs, les agences médias sont donc essentielles...

F. G. : Les agences médias sont en effet toutes bienvenues au sein des Relocalisateurs. [...]

IN : De quels moyens se dotent les « nouveaux » Relocalisateurs et quelles vont être les premières actions concrètes ?

F. G. : Le collectif fonctionnait sur la bonne volonté de chacun. Alexis Goujon [...], directeur général de l'association [...] est en charge de l'élargissement de la cible des membres de l'association pour accélérer la prise de conscience sur le sujet, par exemple en allant chercher des grandes régions, entreprises et institutions, en mobilisant les acteurs économiques et politiques, les sociologues. Au-delà des webinars [...], nous voulons produire des études, sortir des *data*, mener des actions de sensibilisation, par exemple avec ce futur *Cercle des médiaplanneurs atterrés*, organiser des grandes Journées du local, intervenir en région, multiplier les ateliers de débats, les tables rondes... [...]

www.influencia.net, 13 avril 2022.

Document 6 Des recommandations média local en s'appuyant sur des offres de la régie Altice Media Ads & Connect

BFM Régions, de nouvelles opportunités de communication

Aujourd'hui, près de 60 % de la population française est couverte par l'offre éditoriale proposée par les chaînes régionales de BFMTV. Le retour au local est un véritable phénomène de société qui gagne les Français et pour répondre aux attentes, la mission des chaînes locales est de donner une information fiable, de proximité et de quotidien aux téléspectateurs avec une promesse éditoriale 100 % locale. Grâce à BFM Régions, vous êtes en mesure de :

- cibler et géolocaliser vos communications publicitaires sur les bassins régionaux ;
- vous appuyer sur les forces du média TV, avec la garantie de performance, de puissance et de qualité. C'est le média qui donne la meilleure exposition publicitaire, de la visibilité et de l'engagement avec vos marques.

www.alticemedia-adsconnect.fr

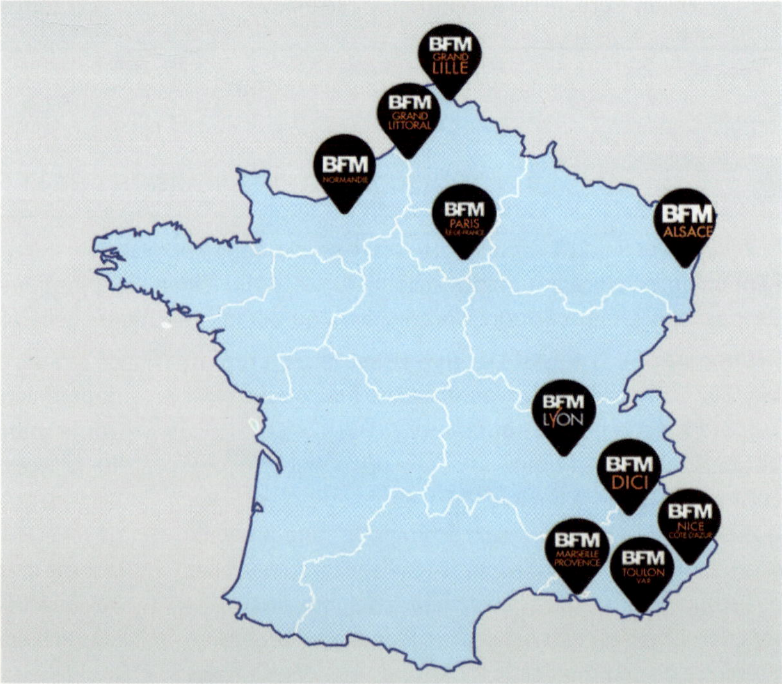

Document 7 — Des recommandations média local en s'appuyant sur des offres de la régie NRJ GLOBAL RÉGIONS

COMMENT CONTINUER À ÊTRE PROCHE DE VOS CLIENTS, TOUT EN RESTANT EFFICACE ?

La réponse à cette question semble faire l'unanimité autour des médias de proximité !

Plus on est proche des clients et prospects, et plus il est facile de les conquérir et fidéliser.

DES SOLUTIONS DE PUBLICITÉ LOCALE UNIQUE EN LEUR GENRE !

Depuis une vingtaine d'années, notre régie publicitaire **NRJ GLOBAL RÉGIONS** a su déployer une force commerciale importante sur de nombreuses villes pour faire face aux nouveaux enjeux de communication locale et régionale. C'est pourquoi nous sommes capables de répondre simultanément à vos problématiques médias et hors médias dites locales ainsi que multi-locales (villes, départements et/ou régions). Au plus près des besoins locaux et de ses enjeux, nous vous proposons des solutions de publicité originales et efficaces !

NRJ GLOBAL RÉGIONS

JE VEUX ÊTRE CONSEILLÉ SUR LA PUBLICITÉ LOCALE

UNE OFFRE DE SOLUTIONS LOCAL MARKETING

C'est tout l'intérêt de nos médias tactiques en local. Ils vous permettront de toucher au plus près vos clients de façon optimale. Aussi, ils ciblent vos clients et prospects pour un meilleur retour sur investissement.

- Solutions Marketing Local RADIO
- Solutions Marketing Local DIGITAL
- Solutions Marketing Local EVENTS

Nous vous aidons à vous adresser à vos clients à travers chaque point de contact, en adéquation avec leurs modes de vie et votre business.

www.nrjglobalregions.com

Document 8 — Des recommandations média local en s'appuyant sur l'offre publicitaire commune france•tvpublicité et Radio France Publicité

france•tvpublicité et Radio France Publicité lancent une offre couplée en TV segmentée et radio en local. Baptisée « Au cœur des régions », cette offre publicitaire simplifie l'accès aux inventaires de TV segmentée et de radio avec de nouvelles solutions de ciblage complémentaires.

Les annonceurs pourront bénéficier d'un maillage du territoire régional tout en diffusant leurs campagnes sur des environnements premium. Ces campagnes seront diffusées sur France Bleu, la radio généraliste de proximité avec son réseau de 44 stations, ainsi que sur France 2, France 3 et France 5 avec une présence géolocalisée grâce à la TV segmentée.

Cette offre exclusive sera lancée dans un premier temps sur 5 territoires : la Normandie, la Bretagne, l'Aquitaine, le Nord-Pas-de-Calais et la Provence.

https://themedialeader.fr, 14 juin 2022.

Document 9 — Faire des recommandations média local en s'appuyant sur les offres *data* de 366#communities

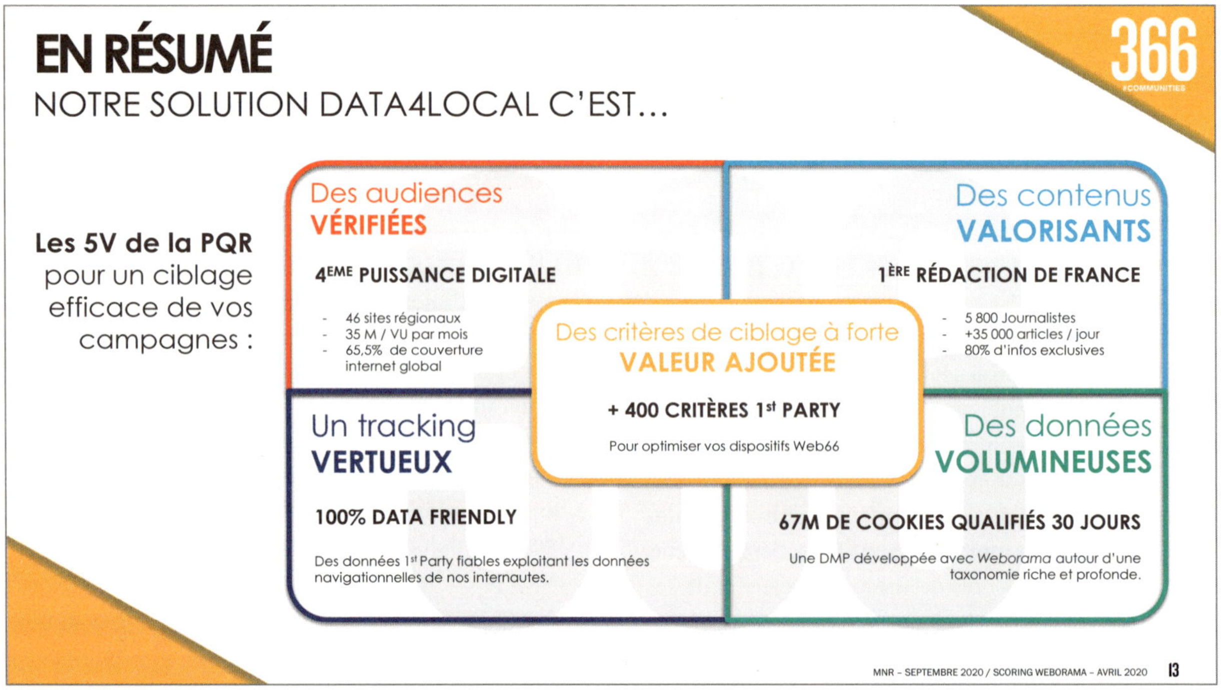

www.366.fr

3 Savoir sélectionner l'agence qui sera en charge de la recommandation média

Votre tuteur estime que vous avez une bonne connaissance des acteurs nationaux et locaux ainsi que des enjeux de la recommandation média. Conformément aux missions qu'il vous a annoncées lorsqu'il vous a recruté(e) en stage, il va vous faire monter en compétence sur le processus de sélection d'une agence média. Il vous fournit une série d'appels d'offres publics d'achat média, qu'il vous demande d'analyser. Il attire également votre attention sur le rôle crucial des services achats dans la sélection des agences médias et vous demande, avant de vous lancer dans la sélection d'une agence média, de vous essayer à l'exercice de la recommandation média pour un annonceur public.

▶ Documents 10 et 11
▶ Fiche ressource 3

1. Expliquer le processus de sélection d'une agence média.
2. Préciser si les annonceurs publics ont une procédure spécifique.
3. Identifier 3 prestations médias différentes figurant dans les cahiers des charges des acteurs publics.
4. Expliquer pourquoi les agences combinent les médias afin d'obtenir des campagnes performantes.
5. Indiquer les critères généralement retenus pour sélectionner une agence média.
6. Préciser quelles directions chez l'annonceur sont les interlocuteurs de l'agence média lors d'une compétition.
7. Lister, après avoir regardé les 2 vidéos du document 10, les rôles du service achats dans le cadre de la sélection d'une agence.
8. Expliquer en quoi vendre de l'immatériel est une vraie difficulté.
9. (vers Pix 3.1) Rédiger une recommandation média pour l'annonceur Santé publique France afin de promouvoir son écosystème mangerbouger.fr. La dimension budgétaire ne sera pas abordée mais vous veillerez à formaliser vos objectifs médias, à sélectionner un média principal puis des médias de complément et à justifier vos propositions.

Document 10 Service achats

L'implication grandissante des services achats dans les métiers de la communication ne concerne pas seulement les médias. Les processus de travail du département achats, ses outils, son positionnement par rapport à la direction marketing/communication sont les mêmes lorsqu'il achète de la création.

Pour aller plus loin

Vidéo : Procurement Day | AACC – L'achat de communication
liennathan.fr/5coxvh

Vidéo : Procurement Day | AACC – Le couple agence/annonceur : nos secrets pour que ça dure !
liennathan.fr/ex418l

Document 11 Appel d'offres public

Santé publique France

Santé publique France vient d'émettre un appel d'offres portant sur le conseil stratégique, la conception et la réalisation de son programme de communication média, hors média et digital sur l'alimentation, l'activité physique et la sédentarité.

Les prestations à réaliser sont :

- accompagnement stratégique dans la réalisation et l'orchestration des dispositifs de communication média, hors média et digitaux auprès du grand public et de publics cibles ;
- conception de ces dispositifs et actions de communication média, hors média et digital ;
- promotion de l'écosystème mangerbouger.fr […] ;
- conception graphique et mise en page de brochures ;
- mise en œuvre opérationnelle de ces différentes actions et leur articulation dans le temps ;
- suivi budgétaire de toutes les actions conduites comprenant la réalisation d'un bilan annuel des actions réalisées ainsi que d'un bilan financier.

arte La Chaîne culturelle européenne

Arte France lance un appel d'offres pour son budget média. Le périmètre inclut le conseil sur la stratégie média, supervision du média planning, audience planning et optimisation constante ; l'achat d'espace média pour le compte d'Arte sur tous les supports publicitaires dits *online* (intégrant le référencement payant) et tous les supports *offline* (OOH, DOOH, presse, radio, cinéma, TV…).

Le pilotage stratégique et opérationnel se fera en synergie avec l'agence qui sera retenue pour le marché « conseil stratégique en communication » et avec l'agence qui accompagne actuellement Arte France sur les réseaux sociaux.

Le marché est d'un montant global de 32 M€ HT pour une durée d'un an, reconductible trois fois.

La Région Occitanie Pyrénées - Méditerranée

La Région Occitanie vient d'émettre une consultation portant sur son achat d'espaces publicitaires et du conseil média sur tous types de supports. Ce marché de 3 200 000 € HT renouvelable comprend du conseil en médiaplanning, la mise en œuvre de campagnes, l'achat d'audience, l'achat d'espaces publicitaires et le suivi opérationnel et financier sur tous les types de support, ainsi que l'achat d'audience et la mise en œuvre d'e-mailings.

Document 11 — Appel d'offres public (suite)

CCI FRANCE

CCI France a émis une consultation pour son achat d'espace publicitaire. Le marché porte sur les prestations suivantes : élaboration de la stratégie média de CCI France ; conseil sur la politique d'achat d'espace publicitaire ; recommandations agence en termes de relations presses ; optimisation du plan média en fonction des demandes de CCI France et/ou d'une agence de communication ; participation au suivi des relations avec les régies dans le cadre de l'achat d'espace. Ces prestations sont exécutées pour l'ensemble des médias en France et à l'international.

À titre indicatif et sans valeur contractuelle, CCI France a dépensé 1 191 776 € TTC en 2020 et 1 908 732 € TTC en 2021. Ces dépenses comprennent l'achat d'espace, les frais techniques et les honoraires. Il est précisé que l'année 2021 n'est pas une année représentative, car des investissements lourds ont été engagés pour la campagne des élections consulaires.

Le marché est conclu pour une durée d'un an, renouvelable 3 fois. La durée totale du marché ne pourra excéder 4 ans.

L'agence sortante est CoSpirit. L'agence avait déjà gagné cet appel d'offres lors des précédents appels d'offres, en 2014 puis en 2019. […]

La Région Grand Est

La consultation a pour objet de sélectionner une agence média. La Région Grand Est lui confiera la conception et la mise en œuvre de campagnes médias comprenant la réservation d'espaces publicitaires et leur suivi d'exécution jusqu'au paiement des supports. L'agence aura également un rôle de conseil et de veille. Elle pourra aussi être amenée à prendre le relais avec les commerciaux de supports ou de régies qui auraient pris contact auprès de la Région. Elle pourra intervenir dans tous les médias : presse écrite, télévision, radio, cinéma, affichage, digital, ainsi que les opérations de street marketing, que ce soit au niveau local, régional, national ou international et vers tout type de cible.

L'agence média agira en tant que mandataire-payeur au nom et pour le compte de la Région Grand Est dans le cadre de sa mission d'achat d'espaces. Il s'agit d'un accord-cadre à bons de commande sans minimum et avec un maximum annuel de 2 000 000 € HT. […]

Région BRETAGNE

La Région Bretagne vient d'émettre un appel d'offres portant sur son budget média. La présente consultation a pour objet la réalisation des prestations suivantes : le conseil média, le médiaplanning, la négociation et la réservation des espaces publicitaires, la gestion technique et financière des achats d'espaces pour le compte de la Région Bretagne. Ce marché est estimé à 214 000 € HT.

Université de Strasbourg

L'Université de Strasbourg vient d'émettre un appel d'offres portant sur l'achat et la recherche d'espaces publicitaires pour ses campagnes publicitaires. Ce marché, d'un budget global de 1 760 000 € HT, est composé de deux lots.

Le premier lot porte sur l'achat et la recherche d'espaces publicitaires offline sur tout support, pour les campagnes de communication de l'Université de Strasbourg et notamment pour une de ses composantes, l'École de Management Strasbourg.

Le second lot porte sur l'achat et la recherche d'espaces publicitaires online, pour des campagnes de communication, notamment pour l'École de Management Strasbourg. Ce marché de 12 mois sera renouvelable. […]

https://tarifmedia.themedialeader.fr

FICHE RESSOURCE

1

LA RECOMMANDATION MÉDIA

Selon l'UDECAM, les agences médias accompagnent les annonceurs et leurs marques dans la conception et la mise en place de leurs stratégies de communication. Elles optimisent la mise en relation entre la marque et les publics auxquels elle s'adresse.

I Les acteurs de la recommandation agences médias

Les agences médias élaborent des recommandations médias qui sont des réponses au brief d'un annonceur cherchant à externaliser :
- l'élaboration de sa stratégie média ;
- la construction et l'optimisation de son plan média et de son achat d'espace.

Une recommandation média est un tout cohérent dans lequel l'agence cherche à résoudre la problématique média de l'annonceur en concevant une orchestration optimale des moyens. Différents médias et leviers sont activés en fonction de leurs caractéristiques, complémentarités et de leurs synergies avec un objectif : être au service des objectifs de la campagne.

1. Les mots-clés de la recommandation média

Contact	Les contacts sont le nombre d'occasions (ODV ; ODE) qu'un plan média donne à la marque de rentrer en contact avec ses cibles.
Distribution des contacts	La distribution des contacts d'une campagne se matérialise par une courbe qui fait apparaître combien d'individus ont été exposés 1, 2, 3 fois ou plus au même message publicitaire. Pour être efficace, une campagne doit éviter autant que possible la surexposition publicitaire qui entraîne une usure de l'audience. Les campagnes digitales peuvent bénéficier de capping (limitation automatique d'exposition d'une création par internaute).
Sourcing prestataires	Il consiste à rechercher de nouveaux prestataires pouvant apporter une plus-value dans la chaîne de valeur d'une agence média.
Ticket d'entrée	C'est le budget minimal dont un annonceur doit disposer pour diffuser sa campagne de façon visible et efficace.
Internalisation	L'*in-housing* (agence interne) consiste pour un annonceur à rapatrier dans ses services internes des missions qui étaient auparavant confiées aux agences. Des solutions hybrides de collaboration peuvent aussi être déployées. Par exemple, des experts de l'agence peuvent intégrer le département média de l'annonceur à l'occasion de missions plus ou moins longues.

2. Les atouts de l'agence média pour élaborer des recommandations médias pertinentes, créatives et réalistes (budget et délais)

Capacité à comprendre…	• l'environnement économique et social ; • l'environnement sectoriel ; • l'environnement réglementaire ; • l'environnement technologique ; • les enjeux marketing et commerciaux des annonceurs.
Capacité à accompagner le changement	• Mettre en place des outils innovants. • Consacrer le temps nécessaire pour / à expliquer et apporter des preuves, de la sécurité et de la confiance. • Accompagner le changement par de la pédagogie.
Capacité à optimiser les conditions d'achat	Lors des appels d'offres, les agences médias sont choisies pour la qualité de leur conseil média mais aussi, le plus souvent, pour leur capacité à optimiser les budgets d'achat de l'espace publicitaire. Elles sont expertes des CGV et de la mesure de la performance.
Capacité à fédérer des équipes pluridisciplinaires	• Experts médias • Experts plurimédias • Planneurs stratégiques • Chargés d'études • Experts de la *data* et des algorithmes…

Capacité à établir des partenariats (*sourcing*) avec…	• les régies pour bien connaître leurs offres innovantes et savoir les transformer en opportunités pour les annonceurs ;	• les entreprises technologiques ; • des prestataires.
Capacité à s'adapter	À la diversité de leur portefeuille clients : • diversité des problématiques clients (*full funnel*) ; • diversité des budgets.	
Capacité à mesurer les performances	*Cf.* chapitre 14	

II La structuration d'une recommandation média

	Étapes	Les équipes : les pôles concernés et leurs missions
1. Analyser la situation en s'appuyant sur des études	• Connaissance des consommateurs • Analyse sectorielle • Analyse des stratégies médias antérieures du client • Analyse des stratégies médias des concurrents • Analyse de la consommation média des cibles	• Service étude (*media intelligence*) • Planning stratégique • Équipes conseils
2. Proposer une stratégie média	Choix des cibles médias qualifiées et quantifiées en relation avec les objectifs de la campagne Choix du mix média. Il s'agit ici pour l'agence de conseiller son client : • sur le poids à affecter à chaque média (parti pris de l'agence) ; • sur l'articulation des médias. Les médias sont sélectionnés en fonction de : • leur capacité à toucher la cible ; • leur capacité à offrir un coût / contact intéressant : • leur capacité à répondre aux objectifs marketing ; • leur capacité à se compléter et à établir des synergies avec les autres médias. Répartition et arbitrage budgétaire	**Les équipes conseil sont en charge :** **→ de l'analyse du brief** • de challenger le brief en discutant avec les équipes de l'annonceur ; • des arbitrages budgétaires entre les différents médias ; • de définir la vision de l'agence (le parti pris). **→ de l'architecture de la campagne média (média principal, médias complémentaires)** • Quel média et pour répondre à quel objectif du brief ? • Être présent ou non sur les mêmes médias que les concurrents ? • Quelle complémentarité entre les médias ? • Quelle performance attendue ? **→ de l'orchestration de la campagne** • Le nombre de médias n'a cessé d'augmenter. Les plans médias sont de plus en plus complexes à gérer. • La coordination des prises de parole est une nécessité. • Quel nombre de vagues ? Quel espacement entre les vagues ? • Quel est le calendrier des actualités du client ? • Quel est le calendrier de prise de parole des concurrents ? • Quel est le calendrier antérieur de prise de parole du client ? • Quels médias déployés ensemble ou successivement ?
3. Médiaplanning : recommander des supports et un calendrier	• Choix de support • Choix de format • Choix d'emplacement • Planification de la campagne	Chaque média possède ses spécificités, consultation des équipes de spécialistes : • du digital ; • de la presse ; • de la radio ; • de la *data* ; • de la télévision / vidéo ; • de la publicité extérieure ; • du cinéma ; • des OPS.

Étapes		Les équipes : les pôles concernés et leurs missions
4. Acheter	• Analyser des offres publicitaires • Contacter chaque régie afin d'obtenir des remises et des avantages qualitatifs (surclassement, emplacements préférentiels…) • Poser des options d'achat • Valider les devis • Passer des ordres d'achat • Réceptionner les justificatifs de parution • Analyser la conformité (différence entre l'ordre d'achat et le justificatif de parution) • Demander des compensations en fonction des écarts constatés • Optimiser la campagne tout au long de sa diffusion	Les équipes Trading en charge des relations avec les régies (CGV et dégressifs) Le médiaplanning et l'achat peuvent être réalisés par les mêmes équipes qui achètent et agissent au nom de l'annonceur dans le cadre d'un contrat de mandat (loi Sapin).
5. Bilan de campagne	• Mesure de l'efficacité	• *Reporting* client

III Structurer une recommandation média

Rappel de la demande client

Pas de redite du brief client, reformulation, contextualisation, redimensionnement avec intégration de plus-value analytique, liaison avec le parti pris de l'agence.

Recommandation stratégique – Le parti pris de l'agence

- Présentation des cibles médias
- Choix du mix média
- Répartition du budget entre les leviers

Médiaplanning

- Planification des supports, dates des vagues, orchestration / articulation des supports les uns par rapport aux autres (*paid*, *owned*, *earned*)
- Détails de la préconisation par support

Préconisation *Paid*

Diffuser les leviers à partir d'achat média.

Préconisation *Owned*

Diffuser les leviers sur les médias propriétaires de l'annonceur : site web, application, réseaux sociaux de l'annonceur, site vitrine…

Préconisation *Earned*

Diffuser les leviers gratuitement grâce à l'intervention d'un tiers indépendant. Influence – social – RP – avis en ligne, sites de comparateurs sur Internet…

FICHE RESSOURCE

2

CONCEVOIR UNE STRATÉGIE MÉDIA POUR UN ANNONCEUR

I La consultation d'une agence média, mode d'emploi

Les annonceurs lancent des compétitions afin de choisir leurs agences médias. Ces consultations s'organisent en plusieurs étapes successives.

1	L'annonceur confirme ses besoins, hiérarchise ses attentes, écrit et valide le brief et les critères de sélection avec toutes les parties prenantes internes impliquées dans le projet. L'interlocuteur des agences sera bien le décideur final.	6	Temps de travail pour les équipes en agence média qui ont été retenues (*shortlistées*).
2	L'annonceur dresse seul ou avec un cabinet conseil une liste d'agences médias ayant le profil en termes : • d'expertise, nombre de collaborateurs… ; • de périmètre (national, international) pour répondre au brief.	7	Présentation de la recommandation à l'annonceur
3	**Phase RFI : *Request For Information*** Les agences présélectionnées remettent un dossier expliquant leur organisation, leur savoir-faire, leur identité…	8	Les présentations sont scorées.
4	Les dossiers sont scorés et l'annonceur établit une *shortlist*.	9	Sélection de l'agence média gagnante
5	**Phase RFP : *Request For Proposal*** Lancement du brief ou du travail sur des études de cas	10	Débriefing avec les équipes perdantes par les annonceurs

II Les acteurs de l'appel d'offres média chez l'annonceur

Acteurs	Missions
La direction marketing/communication	• Rédige le brief qui présente le contexte et les enjeux de l'annonceur • Définit la problématique média • Identifie des objectifs de la campagne • Définit les KPI • Assure la relation avec les agences pendant la compétition
La direction des achats	• Conçoit et propose à la direction marketing/communication des outils d'aide à la décision • Met en place des opérations de *sourcing* pour identifier des « prestataires pépites » • Sécurise la relation agence/annonceurs avec l'aide du service juridique
La direction administrative et financière (DAF)	• Collabore avec la direction générale de l'agence • Contrôle la rentabilité de l'agence et construit sa stratégie de développement • S'implique dans tous les projets qui touchent aux questions de rémunération et de protection des marges de l'agence
Les cabinets d'optimisation de la relation annonceurs/agences	Des cabinets indépendants comme VTscan, Pitchville, onzediziemes… accompagnent : • les annonceurs dans leurs choix d'agence, notamment en optimisant le processus de sélection… ; • les agences, notamment en optimisation leurs actions de *new business*.

Le marché du conseil – choix d'agences vu par ses acteurs
liennathan.fr/08z1we

III Les 2 questions clés lors d'une compétition

1. Côté agence : faut-il se lancer dans la compétition ?

La décision de participer à ce processus de sélection, qui dure en moyenne 3 mois, n'est pas sans conséquence financière, humaine et organisationnelle pour l'agence.
Les équipes en charge du *new business* doivent donc analyser la situation avant de lancer les forces vives de l'agence dans la compétition. Elles doivent procéder à :

- l'analyse des modalités de déroulement de l'appel d'offres (les intérêts de l'agence et de l'annonceur sont-ils équilibrés ? Le calendrier est-il réaliste ? Quel est le nombre d'agences en compétition ? les types de contrat et de rémunération prévus ?…) ;
- l'analyse du brief et de la problématique client ;
- l'évaluation de la charge de travail nécessaire pour répondre (temps passé) ;
- la disponibilité des expertises à l'interne ;
- l'évaluation des coûts générés par la participation ;
- les estimations des opportunités business ;
- la présence d'indemnisation pour les agences non sélectionnées.

2. Côté annonceur : quels critères pour choisir ?

De son côté, l'annonceur choisit son agence média en fonction de plusieurs critères.

Critères liés à l'agence média →

- Actionnariat, nombre de collaborateurs…
- Date de création
- Volume d'affaires géré
- Partenariats stratégiques signés
- Analyse de son portefeuille clients
- Organisation interne de l'agence
- Prestations proposées
- Logiciels experts utilisés
- Périmètre d'action (national ou international)
- Nombre de collaborateurs

Critères liés aux prestations de conseil →

- Qualité de la recommandation sur le mix média et la pertinence du médiaplanning (pertinence et réalisme)
- Niveau de séniorité des équipes (expérience et expertise) et qualité relationnelle
- Disponibilité des équipes : équipe dédiée
- Intégration d'outils de mesure de la performance
- Modalités de rémunération (forfait, pourcentage du budget géré, *incentives*)

Critères liés à l'achat →

- Capacité à analyser les CGV et à optimiser l'achat avec les régies
- Capacité à mutualiser les achats (acheter pour plusieurs clients permet d'obtenir des remises volume…)
- Capacité à mobiliser des technologies d'optimisation des achats

FICHE RESSOURCE

3

MIX MÉDIA, SYNERGIE ET CONTRIBUTION AUX VENTES

Tous les médias n'ont pas les mêmes caractéristiques. Alors que certains d'entre eux sont extrêmement performants sur le critère de l'affinité, d'autres sont les champions de la répétition. L'arrivée du digital a beaucoup fait évoluer le mix média, tout d'abord en multipliant les leviers médias (*search*, *social*…) mais aussi en transformant des éléments non médias en médias (*retail media*…).

Une stratégie média doit donc composer avec les attributs de chacun d'eux, les combiner, les articuler, profiter de leur complémentarité et de leur synergie pour concevoir des stratégies médias performantes.

I Les termes clés

ROI Média (*Return On Investment*, retour sur investissement)	• Valeur créée, ou chiffre d'affaires généré en euros pour 1 € investi en média • Il est important, pour les métiers de la communication, de justifier de l'efficacité de leur choix et de prouver : – la valeur qu'ils génèrent ; – que leurs dépenses sont des investissements et pas simplement un coût.
Contributions	Ventes incrémentales générées par les leviers médias
Synergie média	Mesure de la façon dont l'activation de plusieurs médias rend une campagne plus efficace sur les ventes.

II Le mix média : contribution de chaque média et optimisation des synergies

1. Le *Marketing Mix Modeling* (MMM), modélisation de la contribution

Toutes les agences cherchent la combinaison optimale : faut-il plus ou moins de TV ? plus ou moins de publicité extérieure ? Faut-il combiner la TV et la radio ?
Les acteurs s'appuient à présent sur les outils de modélisation du *Marketing Mix Modeling* (MMM) pour apprécier la contribution précise de chaque média aux ventes et trouver la répartition budgétaire idéale.

2. Exemple : l'efficacité de la TV et la synergie avec les autres médias du mix

Nous avons choisi l'exemple de la télévision, car la question de l'utilisation des médias « traditionnels » et de leur combinaison optimale avec les « nouveaux médias » est souvent au cœur des questionnements.
Cette étude prouve l'effet de synergie qu'apporte la TV combinée aux autres médias. Ce type d'étude, commandée généralement par les organisations professionnelles, est une aide importante pour les agences médias.

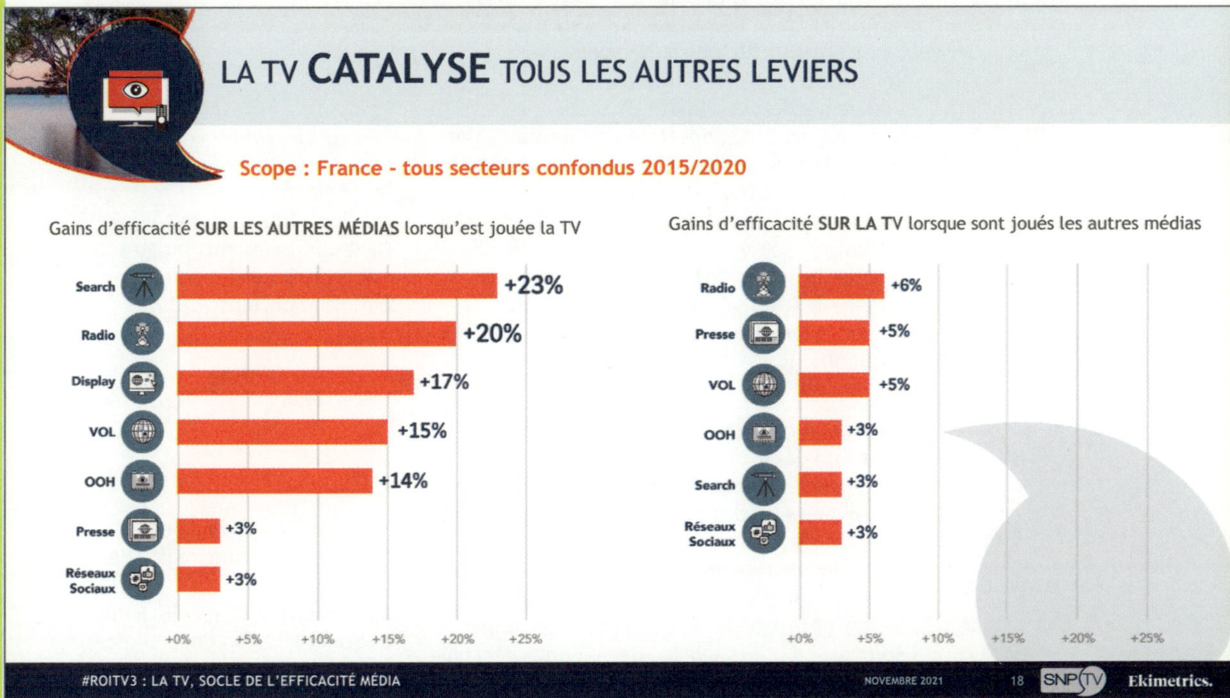

https://snptv.org

III Les atouts et inconvénients de chaque média

Médias	Atouts	Inconvénients
Internet *search*	• Délais de réservation courts • Souplesse d'utilisation • Permet une publicité informative • Média réellement interactif (marketing direct) • Ciblage très précis selon le profil et les centres d'intérêt des internautes • Média regroupant des supports à visibilité mondiale • Analyse exhaustive des performances de campagne • Efficacité sur les ventes	• Risque de saturation publicitaire sur certains supports • Attention parfois réduite • Le message est éphémère.
Internet *display*	• Grande richesse de supports avec de larges possibilités de ciblages et de contextes • Coût contact accessible • Rapidité de mise en œuvre et rapidité de la montée en puissance de la campagne • Développement de solutions de mesure de visibilité et d'efficacité qui permettent de réorienter rapidement la campagne si nécessaire	• Encombrement important qui peut entraîner une saturation • Annonces pas toujours bien visibles qui pénalisent l'efficacité • Faible attention • Contextes parfois peu maîtrisés (notamment en achat programmatique)
Internet *social*	• Réseaux sociaux puissants ayant des niveaux de couverture élevés • Caution des influenceurs ou des pairs / recommandation • Possibilité pour les marques de profiter d'un écosystème riche : *paid* (achat d'espace classique, partenariat avec des influenceurs), *owned* (compte / page propre à la marque) et *earned media* • Ciblage de cibles spécifiques, ciblage contextuel, centres d'intérêt • Multiplicité des formats (notamment vidéo) et innovation créative	• Parfois encombrés • Influenceurs à choisir avec précaution

Médias	Atouts	Inconvénients
Télévision	• Permet de toucher une large audience • Bénéficie d'une forte attention • Génère une forte visibilité • Offre une diversité importante des formats (spots, sponsoring, marketing direct, TV segmentée…) • Offre aujourd'hui des possibilités de ciblage accrues • Complète son offre et optimise son efficacité grâce à la vidéo • Favorise la notoriété, le *branding* et les ventes • Augmente le trafic naturel sur le site web • Influence fortement les forces de vente et la distribution • Média statutaire	• Secteurs interdits • Seuil d'investissement relativement élevé • Optimisation délicate sur certaines périodes encombrées • Encombrement publicitaire parfois important
Presse magazine	• Média puissant et à couverture nationale • Créativité des formats, notamment digitaux • Sélectivité en termes de catégories sociodémographiques et styles de vie / fortes affinités cibles • Sélectivité en termes de contexte rédactionnel • Possibilité de répétition, tant par le nombre d'insertions que par les duplications d'audience et les reprises en main des supports de la campagne • Souplesse d'utilisation accrue grâce aux déclinaisons numériques • Forte crédibilité • Forte capacité pédagogique	• Sélectivité géographique limitée en *print* (éditions régionales limitées) • Montée en puissance plus lente que pour certains autres médias
Presse quotidienne (nationale et régionale)	• Lectorat fidèle • Forte capacité de ciblage sur les cadres et les leaders d'opinion • Caution intellectuelle et locale • Forte capacité d'argumentation • Offres digitales bien structurées, qui élargissent le potentiel du média : cibles, formats, distribution rapide des contacts • Forte crédibilité • Forte capacité pédagogique	• Ticket d'entrée parfois élevé • Lectorat parfois relativement vieillissant • Public parisien et très urbain pour la PQN • Format couleur parfois onéreux en *print*
Radio/audio	• Ticket d'entrée peu élevé • Souplesse d'utilisation • Délais de réservation courts • Distribution rapide des contacts • Sélectivité locale et par âges • Complémentarité avérée avec la TV • Fort renouveau du média avec l'arrivée de l'audio digital (*podcast*, écoute en différé, *streaming*, webradio…) • Rajeunissement des audiences • Créativité des formats publicitaires • Proche de l'acte d'achat	• Attention réduite • Encombrement publicitaire • Couvertures hétérogènes pour les antennes mais compensées aujourd'hui par les offres digitales • Ciblage parfois moins fin que sur les autres médias (généralement du sociodémographique) • Audiences parfois vieillissantes sur certaines stations
Publicité extérieure	• Média puissant • Bonne couverture géographique • Distribution rapide des contacts • Excellente sélectivité géographique • Nombreux formats, capacité de création démultipliée avec les offres DOOH • Le média ne crée plus seul son audience. • Puissant sur les cibles captives (gare, aéroport, centres commerciaux) • Proche de l'acte d'achat	• Faible capacité d'argumentation • Média très réglementé • Moindre pénétration dans les zones non urbaines
Cinéma	• Bonne sélectivité géographique • Audience jeune urbaine, aisée • Très fort taux de mémorisation • Audience attentive et disponible	• Frais de production élevés • Délais de réservation • Média peu puissant • Couverture et répétition faibles • Distribution de contact lente

Caractériser la problématique média et digitale de l'annonceur puis élaborer une proposition adaptée

Votre tuteur vous demande d'analyser en autonomie des campagnes médias. Il vous soumet, d'une part, celle qui a accompagné le lancement du nouveau site de e-commerce de l'enseigne, distinguée par une pépite d'argent au Grand prix du planning stratégique 2023 (CPS Awards) et, d'autre part, celles des lauréats du « Top Annonceurs de l'année 2022 ». Il vous demande d'identifier les différentes problématiques médias, d'analyser chacun des leviers médias utilisés et de faire des propositions d'optimisation de la recommandation média de Lidl.

1. Préciser pourquoi les annonceurs et les agences médias conçoivent des campagnes mix média.
2. Expliquer pourquoi, selon vous, les budgets consacrés à la presse sont en baisse chez les enseignes de distribution du Top 10.
3. Identifier dans la vidéo les différentes problématiques médias des annonceurs.
4. Expliquer pourquoi l'enseigne Lidl utilise fréquemment le mix radio-TV (voir vidéo *Les Top Annonceurs* de 30:30 à 37:27 et de 1:09:33 à 1:18:34).
5. Classer, à partir du document 4, les médias qui seront activés dans la campagne « Vous aimez déjà Lidl, vous allez adorer Lidl.fr » en *owned*, *earned* et *paid*.
6. Justifier chacune des actions médias et hors médias déployées lors de la campagne « Vous aimez déjà Lidl, vous allez adorer Lidl.fr ».
7. Proposer 2 idées médias complémentaires (sans contraintes budgétaires) qui auraient pu optimiser cette recommandation en précisant leurs objectifs.

Document 1 Les 10 premiers annonceurs du marché publicitaire en 2022

Les Top Annonceurs de l'année 2022

Les lauréats présents ont partagé de précieuses informations tant sur les stratégies médias qu'ils ont mis en place durant l'année que sur leurs expériences concernant les nouveaux leviers et les réseaux sociaux en vogue ou plébiscités par les jeunes populations.

Issu d'un partenariat de longue date entre Kantar Media, leader des données publicitaires, et le magazine *Stratégies*, et basé sur la pression publicitaire brute plurimédia.

www.kantar.com

[Replay] Les Top Annonceurs de l'année 2022
liennathan.fr/2p59sp

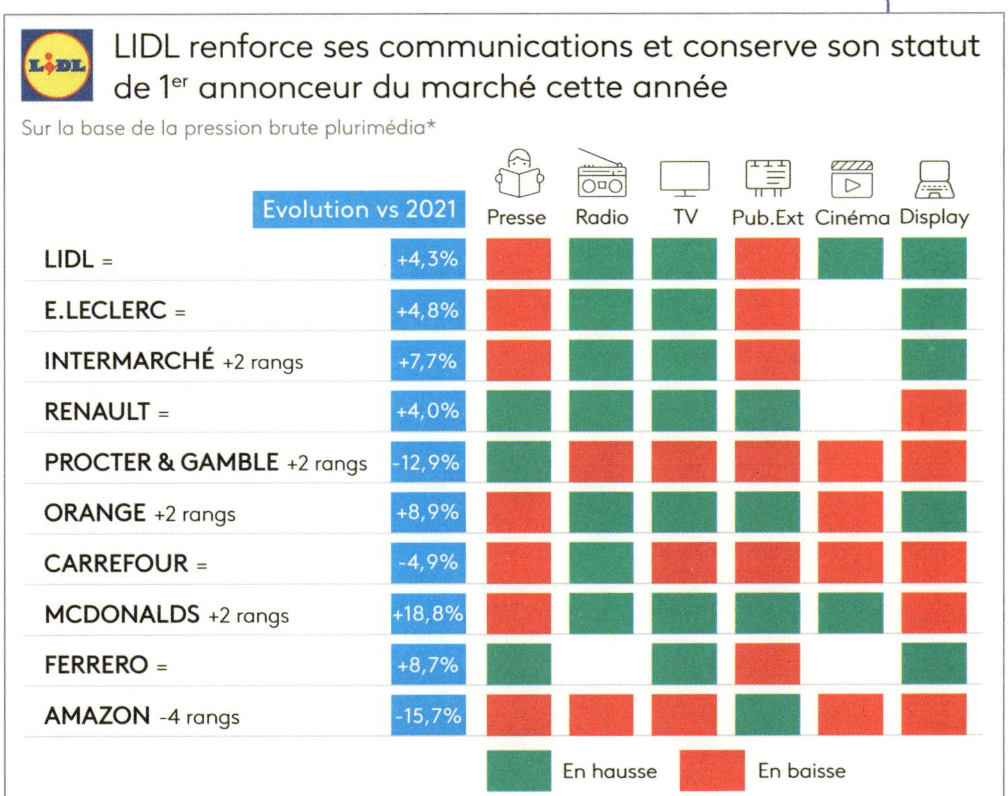

www.kantar.com

Document 2 Lidl, premier annonceur et premier annonceur mix média

www.kantar.com

Document 3 Stratégie média et médiaplanning de la campagne Lidl

Contexte de la campagne	Campagne en 2 temps
Lancement du site lidl.fr, site 100 % non alimentaire, qui vient relayer et compléter l'offre des supermarchés. Le site ne doit pas cannibaliser les ventes des 1 600 magasins. Le site de e-commerce doit se positionner comme une offre complémentaire. La marque Lidl.fr propose 5 000 produits exclusifs.	• L'enseigne propose un site marchand. • Mise en avant des produits
Réponse recommandation stratégique et créative	
« Vous aimez déjà Lidl, vous allez adorer Lidl.fr » Cette signature traduit la complémentarité de l'offre en supermarchés et en ligne du distributeur, qui cherche à élargir son offre auprès de tous les Français. Les magasins sont cités dans le scénario avec une distinction marquée mais complémentaire « chez Lidl » ou « sur Lidl ».	
Réponse recommandation média	
Lidl a déployé un dispositif de communication événementiel et 360°. Campagne de notoriété pour : – fidéliser les clients actuels ; – conquérir de nouveaux consommateurs souhaitant accéder à des offres 7 jours 7, 24 h sur 24. • Les spots audio (du 4 au 18 juin) • TV et cinéma (du 4 au 18 juin) 2 films publicitaires apparaîtront en TV et au cinéma avec mise en avant des produits phares de la saison estivale comme un barbecue à gaz et un bain de soleil. Deux films qui jouent sur la complémentarité de l'offre produits en supermarché (chez Lidl) et en ligne (sur lidl.fr). • Écrans digitaux urbains (du 12 juin au 1er juillet, pour valoriser des produits exclusivement vendus en ligne (trampoline, jacuzzi et transat seront mis en lumière) • Média digital : renforcera la présence de Lidl.fr sur de grands sites comme sur les réseaux sociaux. Informations et offres exclusives relayées sur Lidl + l'application de fidélisation de l'enseigne • Affichages urbains et supermarchés	
Une expérience immersive à travers un dispositif *street marketing* original	
Lundi 5 juin, déploiement d'un dispositif impactant dans 4 grandes villes de France. Opérations de *street marketing*. En plus d'actions prévues à Paris et Marseille, un paddle à la Porte d'Aquitaine à Bordeaux et des outils de bricolage place du Commerce à Nantes seront installés pour être testés par les passants.	

Vidéo : Vous en rêviez... Enfin il est là ! Venez acheter en ligne sur Lidl.fr
liennathan.fr/el9gg3

CHAPITRE 12 Accompagner les acteurs dans les enjeux du numérique responsable

Contexte professionnel

Compétence professionnelle
- Identifier les attentes du marché (l'offre prend en compte les enjeux RSE)

Savoirs associés
- Les enjeux RSE

Razorfish, agence digitale du groupe Publicis, emploie 300 collaborateurs répartis entre Paris, Nancy et Lille. Elle propose différentes prestations à ses clients (des grands comptes comme la SNCF, Axa ou encore Engie) : accompagnement stratégique, conception et développement de produits digitaux, conseil en data, référencement et accessibilité.

Depuis plusieurs années, l'agence s'engage sur les problématiques de sobriété numérique et d'éco-conception. Elle a ainsi publié en 2022 le premier baromètre de l'éco-conception en partenariat avec le collectif GreenIT.fr, une association loi 1901 qui fédère les experts à l'origine des démarches de sobriété numérique, d'éco-conception et de numérique responsable. Ils conseillent et incitent les pouvoirs publics à légiférer et agir pour construire un avenir numérique soutenable. Ce baromètre présente les résultats des 90 sites les plus représentatifs de l'économie française. Jeanne Ba*, manager chez Razorfish et responsable de plusieurs clients, a participé à votre recrutement en tant que chef(fe) de projet digital junior. Elle vous confie le suivi de quatre dossiers :

- l'entreprise GreenBD, une maison d'édition de bandes dessinées qui souhaite améliorer l'éco-conception de son site Internet ;
- une grande surface spécialisée dans l'électroménager et l'électronique, qui souhaite connaître l'impact de son site Internet sur l'environnement par rapport à ses concurrents ;
- la mairie de Grenoble, qui souhaite concevoir et développer un site Internet moins consommateur d'énergie et de ressources afin de limiter son empreinte carbone ;
- l'entreprise Back Market, qui envisage de lancer une campagne pour promouvoir le caractère vertueux de son activité*.

** Pour des raisons pédagogiques, une partie de ce contexte a été inventée.*

www.razorfish.fr

Comprendre le contexte

1. Identifier les raisons pour lesquelles le groupe Publicis est composé de plusieurs agences implantées au même endroit géographiquement.
2. Indiquer si ces raisons sont en phase avec les préoccupations de la société.
3. Détailler les raisons pour lesquelles les clients de l'agence souhaitent s'engager sur les thématiques du numérique responsable et de l'éco-conception.

1 Accompagner le client dans sa formation aux principes d'éco-conception

GreenBD est une maison d'édition de bandes dessinées fondée dans les années 1980 par une autrice de bandes dessinées. Depuis sa création, l'entreprise est engagée pour l'environnement. Elle privilégie, par exemple, l'utilisation du papier recyclé, d'encres végétales et d'énergies vertes pour alimenter son système d'impression.
Consciente de la nécessité de réduire son impact environnemental numérique, elle souhaite s'engager dans une démarche d'éco-conception de son site Internet. Elle sollicite votre agence pour l'accompagner dans cette démarche.

Documents 1 à 5
Fiches ressources 1 et 2

1. Identifier les raisons pour lesquelles des entreprises comme GreenBD souhaitent s'engager dans des actions d'éco-conception numérique.

vers Pix 1.1

2. Réaliser un benchmark des acteurs publics et des organisations à but non lucratif qui sont engagés dans le domaine de l'éco-conception numérique et synthétiser le résultat dans une note à destination de GreenBD.

Document 1 Extrait de l'interview d'Arthur Minjon, manager chez GreenBD

Dans quelle mesure GreenBD est-elle impliquée dans l'éco-conception ?
Mon entreprise a intégré la performance environnementale dans sa stratégie d'entreprise, ainsi que l'éco-conception dans ses processus. Nous aimerions aujourd'hui que nos pratiques se développent davantage sur le long terme et que l'éco-conception soit systématiquement intégrée dans le développement de nos produits et processus.

Quel constat faites-vous aujourd'hui à propos de votre site Internet ?
Nous trouvons que notre site d'e-commerce est trop polluant du fait du nombre important de requêtes envoyées au serveur, du temps de chargement de chaque page et, évidemment, de leur poids en octets. L'impact écologique est un enjeu majeur, nous souhaitons réduire nos émissions carbone et la pollution numérique.

Pourquoi décider de passer à un site web écoresponsable ?
Pour plusieurs raisons, notamment de simplicité : nous voulons nous débarrasser des éléments superflus et nous concentrer sur les besoins essentiels.

La rapidité de navigation est un élément déterminant pour nos clients, ils tiennent à naviguer sur un site fluide, ce qui passe par son allégement. J'ajouterai la longévité, nous souhaitons que notre site dure plus longtemps grâce notamment aux évolutions en matière de conception.

Notre entreprise est engagée dans une démarche environnementale. Notre site doit donc être plus vert et moins gourmand en ressources.

Enfin, il est important que notre site soit hébergé chez un fournisseur de serveur peu énergivore.

Document 2 Exemple du site web éco-conçu par l'agence Razorfish

McDonald's France a lancé fin janvier 2022 la nouvelle version de son site e-commerce conçu avec l'agence digitale Razorfish du groupe Publicis. Le site propose des parcours e-commerce et corporate simplifiés à l'ensemble des publics de l'enseigne.
McDonald's France considère que ses publics sont guidés par leurs convictions environnementales, sociales et économiques. Selon l'enseigne, ses clients intègrent désormais les enjeux corporate dans leur décision d'achat et exigent des preuves directes d'engagement des marques.

www.larevuedudigital.com

Document 3 Page d'accueil du site web éco-conçu McDonald's France

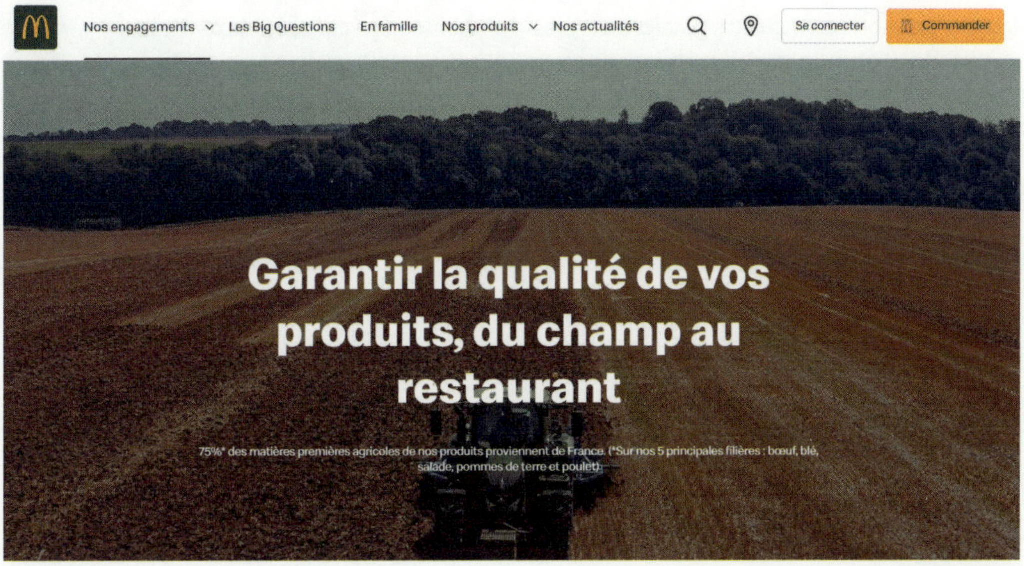

www.mcdonalds.fr

Document 4 Mail de votre manager, Jeanne Ba

De : jeanne.ba@razorfish.fr

À : Vous

Objet : Benchmark éco-conception

Bonjour,

Afin d'enrichir votre benchmark sur les acteurs de l'éco-conception numérique, j'ai pensé qu'il serait intéressant que vous recherchiez des informations à partir de plusieurs supports.

J'ai entendu parler d'une conférence de Frédéric Bordage sur les possibilités de réduction de l'impact environnemental du numérique. Son ouvrage, *Éco-conception web / les 115 bonnes pratiques*, paru en mai 2022, est une référence dans le domaine. *Le Guide de la communication responsable* de l'ADEME est aussi une piste pour vous. Il me semble nécessaire de s'abonner, sur les réseaux sociaux, aux comptes des organisations qui œuvrent pour le numérique responsable, notamment La Fresque du Numérique, GreenIT.fr... D'ailleurs, si cela peut vous aider, plusieurs podcasts consacrés à la question sont accessibles en ligne.

Enfin, plusieurs labels d'éco-conception numérique existent. Il serait pertinent de vous y intéresser.

Évidemment, d'autres ressources sont disponibles. Bon courage dans vos recherches !

Bien à vous,

Jeanne Ba

Document 5 Ressources sur l'éco-conception numérique

Vidéo : Sobriété numérique : les clés pour comprendre et agir avec Frédéric Bordage – GreenIT.fr
liennathan.fr/3a4pn3

Site Internet de l'ADEME
liennathan.fr/4aii46

Vidéo : Innover en communication responsable – Ministères Écologie Énergie Territoires
liennathan.fr/g8i24t

Podcast : J'ai pas compris l'éco-conception numérique
liennathan.fr/99caa7

2 Calculer le score EcoIndex d'un site Internet

Dans le cadre d'un nouveau contrat avec une grande surface spécialisée dans l'électroménager et l'électronique grand public, l'agence Razorfish doit réaliser un audit du niveau d'éco-conception des sites Internet des enseignes de ce secteur. Votre manager, Jeanne Ba, vous charge de cet audit. Les trois sites à étudier sont Boulanger, Fnac et Darty.

- Documents 6 à 9
- Fiche ressource 3

1. Sélectionner un échantillon de cinq pages représentatives des sites e-commerce Fnac, Darty et Boulanger.
2. Calculer le score EcoIndex des pages des trois échantillons, reporter les résultats dans un tableau de scoring puis les synthétiser dans une note destinée à votre manager.

Document 6 Constituer un échantillon représentatif d'un site e-commerce

L'échantillon représente le périmètre d'un audit. Pour le constituer, il faut identifier :
– la finalité du site (ex. : informer) ;
– ses fonctionnalités (ex. : rédiger une réclamation).
L'échantillon représentatif doit au minimum prendre en compte, si elles sont disponibles, les pages suivantes :
– la page d'accueil du site ;
– la page présentant des résultats du moteur de recherche ;
– les pages composant le processus d'un service en ligne (ex. : un formulaire sur plusieurs pages).

Document 7 Le score EcoIndex d'une page web

- Se rendre sur le site Internet EcoIndex.
- Entrer l'URL dans le champ.
- Cliquer sur « Tester le site » pour accéder aux résultats.

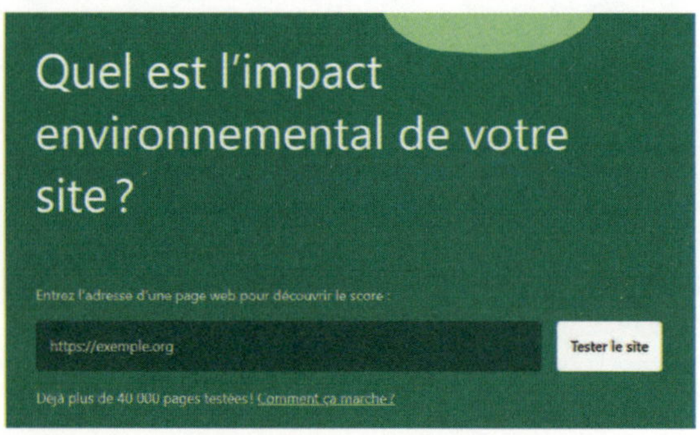

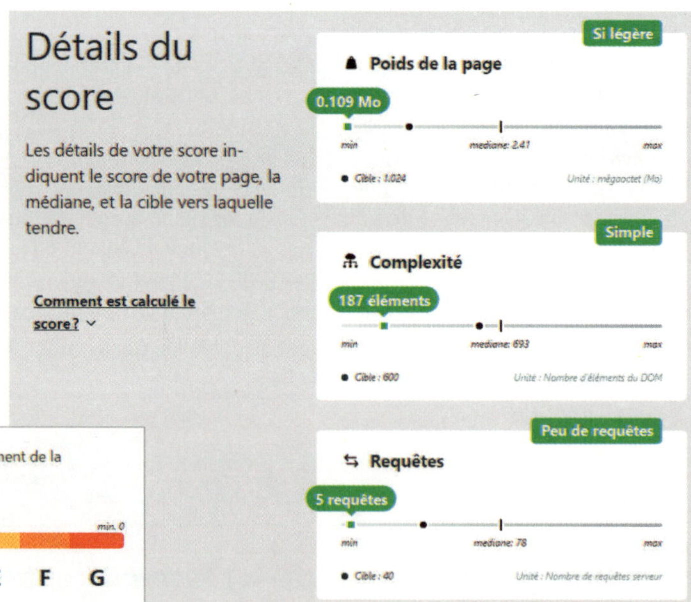

Exemple de résultats obtenus pour une URL depuis le site EcoIndex :

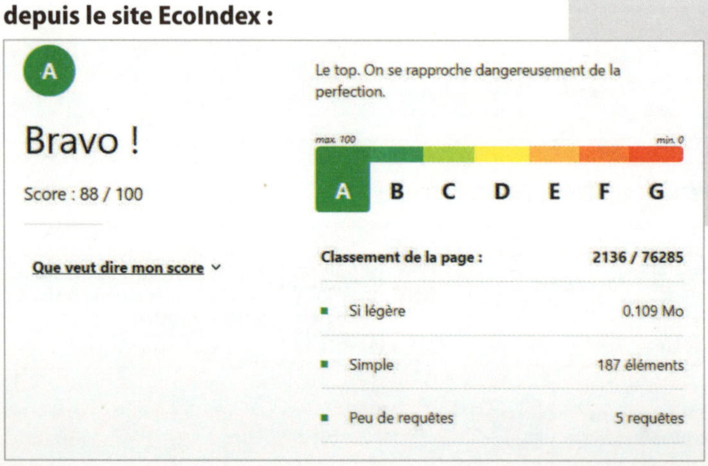

Site EcoIndex liennathan.fr/qf8k99

www.ecoindex.fr

Document 8 Exemple d'un tableau de scoring

Données fournies par EcoIndex après l'analyse de 10 URL

URL 1	E	21	1 515	9 691	91
URL 2	F	18	1 267	4 629	143
URL 3	C	68	307	1 857	42
URL 4	F	17	4 709	10 487	92
URL 5	E	36	797	3 305	92
URL 6	E	26	873	5 427	130
URL 7	F	11	2 375	19 292	134
URL 8	D	45	796	2 890	53
URL 9	C	69	260	2 461	43
URL 10	E	32	818	5 897	96

Document 9 Impacts des trois paramètres d'entrée

Impact des paramètres DOM, poids et requêtes sur l'EcoIndex

Résultats moyens en fonction du score :

Rang	Score	DOM	Poids (Ko)	Requêtes
A	76	235	500	30
B	66	390	1 000	35
C	51	560	1 500	59
D	36	655	20 000	75
E	21	1 000	35 000	110
F	6	1 500	60 000	200
G	2	2 000	70 000	300

https://blog.octo.com

3 Analyser et proposer des actions pour éco-concevoir un site Internet

Depuis plusieurs années, la mairie de Grenoble fait du développement durable une priorité et souhaite atteindre la neutralité carbone d'ici 2040. Pour cela, elle a lancé un appel d'offres public qui lui permettrait de concevoir et de développer un site Internet qui consommerait moins d'énergie et de ressources afin de limiter son empreinte carbone. Votre agence se positionne pour y répondre.

➜ Document 10
➜ Fiche ressource 3

1 Identifier les éléments les plus importants du brief.

Vous consultez le site de Dalkia, considéré comme une référence en matière écologique, car il peut inspirer vos recommandations à venir, ainsi que le référentiel général d'éco-conception de services numériques.

➜ Documents 11 et 12
➜ Fiches ressources 2 et 3

2 Analyser le site de Dalkia et lister les actions que l'entreprise a mises en place pour l'éco-concevoir.

3 Proposer des actions que votre agence pourrait recommander à la mairie de Grenoble pour améliorer l'éco-conception de son site Internet.

Document 10 Brief de la mairie de Grenoble

Éco-conception du nouveau site Internet de la mairie de Grenoble	
Présentation de la mairie de Grenoble	Il y a 156 654 habitants à Grenoble. La métropole grenobloise, capitale verte européenne 2022, dispose d'un tissu économique fertile axé sur la recherche, l'enseignement supérieur, l'industrie et l'innovation (greentech, deeptech). Elle rayonne également dans le tourisme d'affaires. Destination prisée, le tourisme isérois offre à la fois la montagne et les plaines et collines. Il véhicule des valeurs d'authenticité, de patrimoine et d'histoire.

Document 10 Brief de la mairie de Grenoble (suite)

Éco-conception du nouveau site Internet de la mairie de Grenoble	
Notre contexte	La mairie de Grenoble a lancé une nouvelle dynamique depuis plusieurs années autour d'une politique RSE renforcée. Elle a conscience des enjeux liés au dérèglement climatique et a engagé de nombreux chantiers dans la ville pour réduire son empreinte carbone. Elle propose également des ateliers de sensibilisation aux PME de la ville, ainsi qu'aux touristes lors de la période estivale. La mairie de Grenoble souhaite profiter de la refonte de son site Internet, qui a pour objectif de simplifier les parcours utilisateurs et moderniser l'image de la ville, pour intégrer les bonnes pratiques d'éco-conception.
Notre cible	Le site de la mairie est principalement consulté par : – les Grenoblois et Grenobloises, pour effectuer leurs démarches administratives et trouver des renseignements sur les actualités de la ville ; – les visiteurs, pour organiser leur séjour et connaître les activités proposées par la ville.
Nos objectifs	– Moderniser l'image de la ville en adoptant un design simple et aéré. – Obtenir un rang C au minimum sur les pages du site Internet. – Réduire l'empreinte carbone des serveurs.
Principales fonctionnalités	La refonte du site Internet ne doit pas impacter les fonctionnalités déjà disponibles en ligne.

Document 11 Le site Dalkia.fr

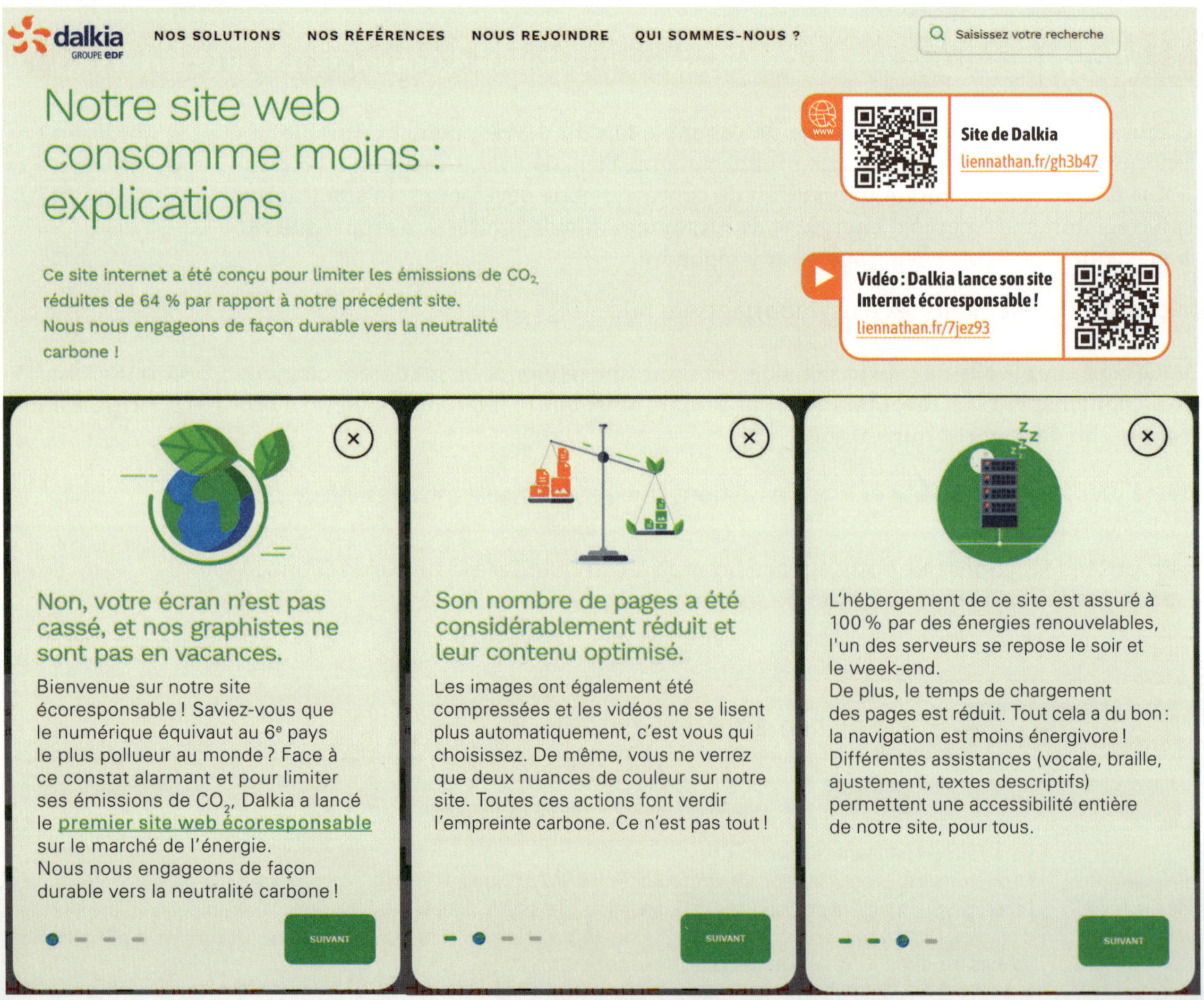

Site de Dalkia liennathan.fr/gh3b47

Vidéo : Dalkia lance son site Internet écoresponsable ! liennathan.fr/7jez93

www.dalkia.fr

Document 12 Extrait du référentiel général d'éco-conception de services numériques (RGESN)

UX/UI – Les étapes et méthodes de conception des services numériques pour définir les meilleures solutions d'interactions destinées aux utilisateurs.

4.1 – Le service numérique est-il utilisable *via* une connexion bas débit ?

4.2 – Le service numérique comporte-t-il uniquement des éléments animations, vidéos et sons dont la lecture automatique est désactivée ?

4.3 – Le service numérique affiche-t-il uniquement des contenus sans défilement de pages infini ?

4.4 – Le service numérique optimise-t-il le parcours de navigation pour chaque fonctionnalité principale ?

4.5 – Le service numérique permet-il à l'utilisateur de décider de l'activation d'un service tiers[1] ?

4.6 – Le service numérique utilise-t-il majoritairement des composants fonctionnels natifs[2] du système d'exploitation, du navigateur ou du langage utilisé ?

4.7 – Le service numérique utilise-t-il uniquement du contenu vidéo, audio et animé porteur d'informations ? [...]

1. Exemple de service tiers : une vidéo hébergée sur YouTube qui est présente sur un site Internet.
2. Exemple de composant fonctionnel natif : le clavier qui s'active lorsqu'on remplit un formulaire sur un site Internet depuis son mobile. Le clavier n'a pas été développé pour le site, il est présent dans le système du mobile.

Référentiel général d'éco-conception de services numériques (RGESN)
liennathan.fr/h4d46n

4 Sélectionner une offre DOOH écoresponsable

Back Market est une entreprise de commerce électronique française, créée en 2014, qui sert d'intermédiaire entre particuliers et professionnels du reconditionnement d'appareils électriques et électroniques. Son directeur de la communication souhaite lancer une campagne publicitaire pour promouvoir le caractère vertueux de l'activité de l'entreprise. Pour cela, il veut communiquer sur le DOOH, média numérique de masse, de manière responsable. Il aimerait connaître les solutions de communication qui s'offrent à lui et pouvoir mesurer l'impact carbone du dispositif retenu. La communication s'adresserait à des consommateurs en mobilité, dans des lieux où ils auront le temps de visionner l'intégralité du message diffusé (transports, centres commerciaux, stations-service...).

Dans ce cadre, Razorfish coopère avec les agences médias du groupe. Publicis est une « *Connecting company* » qui propose à ses clients d'accéder aux différents services de ses agences pour les accompagner sur un ensemble d'expertises (« *Power of one* »).

Vous collaborez avec un manager de Publicis Media, qui vous demande de réaliser une recommandation pour votre client en sélectionnant les solutions de communication extérieure qui répondront le mieux à sa demande.

▶ Documents 13 à 15
▶ Fiche ressource 4

1. Identifier trois offres DOOH susceptibles de répondre au brief du client.
2. Comparer ces trois offres dans un tableau synoptique. Faire apparaître leurs principaux atouts (dispositifs, RSE, format, nombre d'écrans, tarif...).
3. Analyser ces offres à l'aide du calculateur mis en place par le syndicat professionnel UPE (Union de la publicité extérieure). Synthétiser les informations dans un tableau.
4. Ajouter une rubrique dans le tableau dans laquelle vous recensez les initiatives en matière d'environnement des différentes régies. Pour cela, effectuer des recherches.
5. (vers Pix 3.2) Proposer une création de contenu à Back Market pour l'aider à sensibiliser le grand public au principe vertueux du reconditionnement en respectant les contraintes suivantes : format vertical 9/16e, format vidéo, durée de 10 secondes.
6. (vers Pix 3.1) Formuler votre recommandation à Back Market sous la forme d'une présentation succincte (cinq slides maximum) reprenant le plan suivant : rappel du brief, solutions disponibles, offre retenue, impact carbone, proposition de contenus pour la campagne.

Vidéo : Produits « reconditionnés » : qu'est-ce que ça veut dire ?
liennathan.fr/59fk8f

Document 13 Les spécificités de DOOH

Le DOOH ou Digital Out-Of-Home fait référence à la publicité extérieure numérique. Le DOOH sert à diffuser des publicités en extérieur sur différents types d'écrans. Format publicitaire très en vogue actuellement, le DOOH peut être déployé sur les voies publiques, dans les zones de forte affluence comme les stations de métro et les centres commerciaux, à l'arrière d'un taxi, dans les locaux professionnels, etc. Le média sert de support de diffusion de spots publicitaires vidéo d'une durée pouvant aller de 5 à 30 secondes.

www.sharing.agency

Calculateur mis en place par le syndicat professionnel UPE
liennathan.fr/np69k8

Document 14 Propositions DOOH par régie

Univers	Régie	Dispositif	Spécificité	Nombre de jours	Nombre d'écrans	Nombre de spots	Fréquence de diffusion	Tarif brut HT
Transport	Clear Channel	Métro de Lyon	14 stations cœur de ville	7	109	389 130	10 s toutes les 2 minutes	32 031 €
Transport	Mediatransports	Digital Culture	Diffusion dans les halls des gares grandes lignes à proximité des points de vente Relay	7	100	504 000	10 s toutes les 1 min 30	33 100 €
Malls	Clear Channel	168 malls	Écrans positionnés dans les galeries marchandes et centres commerciaux premium	7	2 700	9 639 000	10 s toutes les 2 minutes	273 507 €
Malls	IMEDIACENTER	62 malls	Écrans positionnés dans les galeries marchandes des super et hypermarchés Auchan	7	472	3 568 320	10 s toutes les minutes	56 335 €
Malls	In-Store Media	280 malls	Écrans positionnés dans les galeries marchandes	7	1 200	6 048 000	10 s toutes les 1 min 30	120 000 €
Outdoor	JCDecaux	Monoprix	Écrans positionnés sur les vitrines des Monoprix, visibles depuis la rue	7	230	1 043 280	10 s toutes les 1 min 40	61 616 €
Outdoor	Exterion	Périphérique	Dispositifs touchant les automobilistes du périphérique parisien grâce à de grands écrans	7	31	87 885	10 s toutes les 2 min 40	20 956 €
Outdoor	Fnac-Darty	Vitrines	Écrans positionnés sur les vitrines des magasins Fnac et Darty, visibles depuis la rue	7	43	325 080	10 s toutes les minutes	16 000 €
Outdoor	Fill Up Média	Stations-service	Écrans avec son positionnés sur les distributeurs d'essence dans les stations-service	7	3 600	18 144 000	10 s toutes les 1 min 30	32 000 €
Outdoor	Phenix Digital	National	Écrans positionnés dans des vitrines de lieux de vie (pressings, cafés, tabacs…), visibles depuis la rue	7	1 000	11 340 000	10 s toutes les 40 s	193 750 €

Document 15 Les six principes de la création de contenu en DOOH

La création de contenus en DOOH

#1
La simplicité, vous choisirez
1 image = 1 000 mots

#2
Les codes, vous casserez
Miser sur l'humour optimise les incitations à acheter

#3
Votre message, vous contextualiserez
Personnalisez vos messages

#4
L'émotion, vous provoquerez
L'émotion est un marqueur de la mémorisation !

#5
La « mise en désir » de votre marque, vous travaillerez
Jouer sur le dynamisme et l'appétence permet de provoquer le désir

#6
Participer vos consommateurs, vous ferez
Invitez vos consommateurs à participer à des campagnes plus interactives, immersives, connectées…

47 % de l'impact publicitaire est expliqué par des variables créatives

FICHE RESSOURCE

1

LES ENJEUX DU NUMÉRIQUE RESPONSABLE

On qualifie de « numériques » les données informatiques traitées au moyen de diverses technologies (ordinateurs, infrastructures de télécommunication et de stockage…).
On nomme « numérique responsable » l'application des principes du développement durable à l'univers informatique. Le numérique responsable recouvre tout le cycle de vie du produit (achats responsables, distribution, fin de vie des produits) et offre l'opportunité aux organisations de réduire leur empreinte écologique. L'engagement dans une démarche de numérique responsable permet d'éviter des déplacements (solution de vidéoconférence, maintenance à distance des panneaux publicitaires…) et du gaspillage.

I Un nouvel enjeu de la responsabilité sociétale d'entreprise

La responsabilité sociétale des entreprises (RSE) est la contribution des annonceurs, des régies et des agences aux enjeux du développement durable. Toutes les organisations de l'écosystème peuvent mettre en œuvre une démarche RSE et ce, quels que soient le nombre de salariés, leur statut juridique ou leur secteur d'activité. La RSE se compose de trois piliers :

Économique	Social	Environnemental
L'organisation fixe un cadre à respecter en matière d'achats responsables, participe à la construction d'une relation équilibrée avec ses fournisseurs et sous-traitants.	L'organisation met en place des actions répondant à des objectifs en matière de conditions et de bien-être au travail.	L'organisation s'interroge sur les conséquences de ses activités sur l'environnement en identifiant ses principaux impacts et en mettant en œuvre un plan d'action pour les réduire et les mesurer.

La responsabilité numérique des entreprises (RNE) est un déploiement nouveau et incontournable de la RSE, fondé sur les mêmes principes de redevabilité, d'éthique et d'échange avec les parties prenantes des entreprises. Une entreprise numériquement responsable doit répondre à plusieurs enjeux majeurs en lien avec les objectifs de développement durable :

L'environnement	• Le Green IT et l'éco-conception visent à réduire l'empreinte environnementale directe des équipements, applicatifs et services numériques. • L'IT for Green et l'IT for Good mettent le numérique au service du développement durable : l'une par la dimension environnementale et l'autre par la dimension sociale.
L'inclusivité	L'accessibilité numérique pour tous. **EXEMPLE :** sites Internet accessibles aux personnes en situation de handicap.
L'éthique	Le règlement général sur la protection des données (RGPD) alerte les internautes sur le possible suivi (*tracking*), le traitement et la commercialisation possible de leurs données personnelles. Depuis, le consentement « libre et éclairé » de l'internaute cible est nécessaire.
La santé	La prise en compte de la santé mentale et physique face à un usage excessif ou mal contrôlé du numérique, notamment auprès des jeunes générations.

II La loi visant à réduire l'empreinte environnementale du numérique (REEN)

La loi REEN, promulguée le 15 novembre 2021, renforce cette nécessité pour les organisations de prendre en compte le volet du numérique responsable dans leur démarche RSE. Elle vise à réduire l'empreinte environnementale du numérique en France et présente cinq objectifs clés concernant les constructeurs, les entreprises mais également les collectivités locales :
– sensibiliser à l'impact environnemental du numérique ;
– limiter le renouvellement des appareils numériques ;
– favoriser des usages numériques écologiquement vertueux ;
– promouvoir des data centers et des réseaux moins énergivores ;
– promouvoir une stratégie numérique responsable dans les territoires.

FICHE RESSOURCE

2

LA DÉMARCHE D'ÉCO-CONCEPTION

Selon l'ADEME, l'éco-conception « est une démarche préventive et innovante qui permet de réduire les impacts négatifs du produit, service ou bâtiment sur l'environnement sur l'ensemble de son cycle de vie (ACV), tout en conservant ses qualités d'usage ». L'éco-conception des services numériques n'est pas uniquement une recherche d'optimisation, d'efficience ou de performance, mais une réflexion plus globale sur l'usage des technologies.

I Les bénéfices d'une démarche d'éco-conception

En s'engageant dans l'éco-conception, les organisations réduisent les impacts environnementaux négatifs liés à leur usage du digital, luttent contre la fracture numérique et, plus largement, adoptent une posture sociale éthique. Elles vont ainsi :

- **dynamiser les équipes en interne** autour d'un projet porteur de sens et **attirer de nouveaux talents** en renforçant la marque employeur et la stratégie RSE ;
- **réduire leurs coûts** en réalisant des achats responsables comme des logiciels, des applications et des sites web éco-conçus, pensés pour durer plus longtemps (mises à jour facilitées, consommation plus faible…) et avec une fin de vie organisée (partage, recyclage et reconditionnement) ;
- **anticiper les lois** qui visent à responsabiliser tous les acteurs du numérique : consommateurs, professionnels du secteur et acteurs publics ;

  EXEMPLE : la loi REEN de 2021 a pour objectif de réduire l'empreinte environnementale du numérique.
- **créer des innovations** sur un marché en faisant mieux, avec moins de ressources.

  EXEMPLE : Spotify propose de télécharger des playlists personnalisées, limitant ainsi le flux de données : le téléchargement évite une sollicitation du réseau à chaque écoute d'une playlist.

II L'origine de l'impact du numérique sur l'environnement

Le numérique a un réel impact sur l'environnement, qui a plusieurs origines :

La fabrication des terminaux	Les phases d'extraction et de raffinage provoquent l'épuisement des métaux rares ainsi qu'une pénurie d'eau liée à une consommation très importante lors de la phase de fabrication.
La quantité d'équipements	Les équipements les plus répandus dans le monde sont les téléphones portables (3,8 milliards), les smartphones (3,5 milliards), les divers écrans de télévision, d'ordinateur, d'affichage (3,1 milliards) et enfin, les objets connectés (enceintes Bluetooth, montres…).
Les réseaux	Les box Internet, routeurs, antennes relais… relient les équipements des utilisateurs entre eux et aux data centers et consomment de l'énergie.
Les data centers (centres de données)	Ces infrastructures, qui stockent les données issues des différents systèmes d'information (on compte environ 8 millions de data centers dans le monde), sont très gourmandes en énergie en raison de leur système de refroidissement.
La fin de vie des terminaux	Seule une vingtaine de matériaux présents dans les smartphones sont aujourd'hui recyclables. Les autres déchets sont incinérés ou enfouis (parfois de manière illégale dans des pays en développement), provoquant de la pollution directe (émission de CO_2 lors de l'incinération) ou indirecte (pollution des sols pour les années à venir).

III Mettre en place des actions afin de réduire l'impact du numérique

À partir de ces mesures essentielles, l'organisation peut établir un plan d'action précis visant à réduire son impact carbone à un horizon plus ou moins proche.
Pour connaître ses émissions de gaz à effet de serre (GES), elle doit mesurer les émissions générées par l'ensemble de ses activités et celles du cycle de vie de ses produits/services, de leur phase de fabrication à leur fin de vie. Pour effectuer ce « bilan carbone », l'Agence de l'environnement et de la maîtrise de l'énergie (ADEME) propose trois mesures.

1. Réduire les émissions directes (scope 1)

Les émissions directes désignent les émissions produites par les installations fixes ou mobiles situées à l'intérieur du périmètre organisationnel, provenant des sources détenues ou contrôlées par l'organisme (usines, bâtiments, installations…).

Équipements	• Limiter le taux d'équipement (ex. : favoriser les smartphones avec deux cartes SIM afin d'éviter l'utilisation de deux terminaux). • Favoriser la réparation et le réemploi (appareils reconditionnés…). • Opter pour les dispositifs DOOH éco-conçus, recyclables…
Recherche d'informations	• Utiliser un moteur de recherche engagé. • Saisir directement l'adresse d'un site au lieu de multiplier les étapes de recherche. • Éviter de vider trop souvent le « cache » du navigateur. • Enregistrer en favoris les sites régulièrement consultés.
Data centers	• Nettoyer les bases de données. • Stocker localement plutôt que sur le cloud.
Vidéos	• Limiter l'usage de la caméra lors des réunions à distance. • Modérer l'usage des vidéos en streaming. • Baisser la qualité des vidéos lues. • Diminuer le poids des spots DOOH.
Courriels	• Limiter l'envoi de courriels. • Éviter les pièces jointes et favoriser le partage de documents en ligne. • Utiliser des signatures de mail légères (éviter les images). • Se désabonner des newsletters inutiles. • Trier régulièrement ses mails et supprimer ceux qui sont inutiles.

2. Réduire les émissions indirectes associées à la consommation d'énergie (scope 2)

Les émissions indirectes sont liées à la production des énergies utilisées pour les activités de l'organisation. Elles ne rentrent pas dans le processus de fabrication classique d'un bien ou d'un service, mais sont indispensables à la fabrication : électricité, eau, gaz… L'utilisation de ces énergies n'émet pas de carbone mais leur production en émet.
Plusieurs mesures peuvent être prises dans les data centers :
– recycler la chaleur des data centers ;
– privilégier un hébergeur « vert » alimenté à partir d'énergies renouvelables ou s'assurer que les médias chez qui l'on communique soient fournis en électricité « verte » ;
– choisir un fournisseur d'électricité « verte ».

3. Réduire les émissions indirectes associées aux produits achetés/vendus et au transport (scope 3)

Certaines émissions sont indirectement produites par les activités de l'organisation liées à la chaîne de valeur complète.

EXEMPLES : pour fabriquer un smartphone ou un écran DOOH, il faut au préalable extraire des matières premières, parfois rares, assurer leur transformation et leur transport. Enfin, lorsqu'un produit devient défectueux ou obsolète, il faut assurer sa fin de vie à travers des processus de recyclage ou de destruction.

Conception	Éco-concevoir ses services numériques.
Équipements	Encourager les utilisateurs à se servir d'appareils écoénergétiques pour accéder à vos services numériques.

FICHE RESSOURCE

3

MESURER L'IMPACT D'UN SITE INTERNET SUR L'ENVIRONNEMENT

I La mesure proposée par EcoIndex

Sur un site Internet, il est possible d'appliquer les bonnes pratiques d'éco-conception :
– dès la création du site ;
– lors d'une refonte graphique ;

EXEMPLE : Dalkia.fr

– sur un site Internet existant, déjà mis en ligne.

EXEMPLE : EDF.fr

Pour mettre en place les bonnes pratiques d'éco-conception sur un site Internet déjà mis en ligne, il est nécessaire de connaître son niveau pour identifier les points d'amélioration à apporter. L'identification de ce niveau se fait au travers d'un audit.

Des outils sont disponibles en ligne pour auditer le niveau d'éco-conception d'un site existant. L'outil le plus complet aujourd'hui est le site EcoIndex, mis à disposition par le collectif GreenIT.fr, une association qui regroupe des experts à l'origine des démarches de sobriété numérique, numérique responsable et éco-conception de service numérique.

II La méthode de calcul

EcoIndex s'appuie sur le calcul d'un score qui varie de 0 à 100, associé à un rang de A à G.

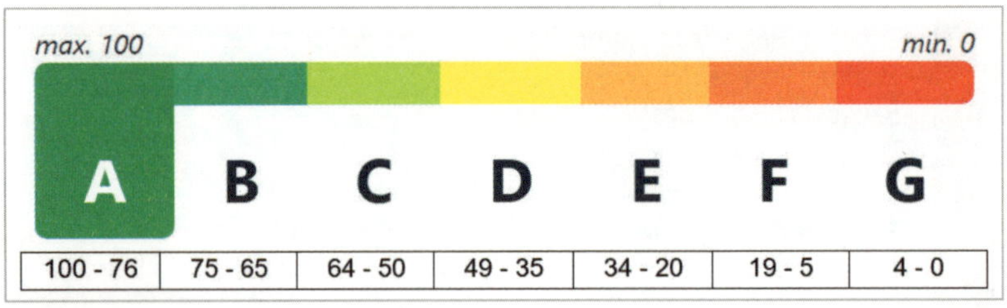

www.ecoindex.fr

Le calcul est établi à partir de trois données :

Le DOM (*Document Object Model*)	Le DOM représente la complexité d'une page. Il est composé des nœuds HTML (chaque nœud représente une information trouvée dans le document HTML) contenus au sein de la page.
Le nombre de requêtes	Les requêtes représentent l'« effort » fait par le serveur pour afficher la page. Elles permettent de connaître le nombre d'éléments appelés sur la page. EXEMPLES : typographies, images, JS, CSS, HTML, vidéo.
Le poids des éléments	Le poids d'une page est exprimé en kilo-octets (Ko) ou mégaoctets (Mo). Il contient le poids des éléments qui composent la page : fonts, images, JavaScript, CSS, HTML, vidéo.

III La méthodologie d'audit d'un site Internet

1. Sélectionner des pages représentatives du site Internet

Sélectionner entre 10 et 20 pages représentatives du site Internet ayant des structures (c'est-à-dire des gabarits) différentes. Un gabarit (« *template* » en anglais) est une grille de mise en page où l'on place des images et des textes. En l'améliorant, les autres pages basées sur lui sont également améliorées.

EXEMPLES : une page d'accueil, une page « articles », une page « offres d'emploi », une page de résultats de recherche, une page « produits ».

2. Auditer l'échantillon

Pour réaliser un audit de l'échantillon de pages, il est possible d'utiliser le site EcoIndex. L'audit peut être complété en utilisant d'autres outils comme WebPageTest, qui permet de détailler le nombre de requêtes et la taille/le poids de la page.

URL	Rang	Score	DOM	Poids								Requêtes							
				HTML	JS	CSS	Image	Font	Other	Vidéo	Total	HTML	JS	CSS	Image	Font	Other	Vidéo	Total
URL 1	E	23	1 419	18	352	70	4 645	67	14	0	5 166	3	10	4	26	3	4	0	50
URL 2	E	24	1 039	10	541	102	552	67	376	4 095	5 743	6	14	5	27	3	4	1	60
URL 3	E	28	1 297	18	348	70	1 036	67	14	0	1 553	3	9	3	26	3	3	0	47
URL 4	F	19	1 550	18	541	102	1 112	67	229	1456	3 525	6	14	5	32	3	4	1	65
URL 5	F	15	1 097	16	542	103	1 771	67	529	0	3 028	7	14	5	29	3	4	0	62

3. Identifier les actions à mettre en place

Il existe différents moyens d'identifier les actions à mettre en place, parmi lesquels :

– reprendre les bonnes pratiques indiquées sur le site EcoIndex après l'analyse de la page ;

EXEMPLE : capture d'écran du site EcoIndex après analyse d'une page
Comment améliorer mon score ?

Si la page est trop complexe

– Limitez le contenu et les fonctionnalités à l'essentiel

– Optez pour l'approche « mobile first »

– Évitez les mécanismes comme le « scroll » infini et les carroussels

Si la page est trop lourde

– Optimisez les images en choisissant le bon format et réduisant la taille

– Évitez les vidéos et fonds vidéos

– Compresser les fichiers (HTML, CSS, JS, SVG)

– Remplacez autant que possible les images d'interface par des styles CSS et des pictos

– Facilitez la mise en cache navigateur

www.ecoindex.fr

– consulter le référentiel général d'éco-conception de services numériques (RGESN) du gouvernement.

EXEMPLES : actions pouvant être mises en place pour améliorer le score EcoIndex d'une URL
- Éliminer les fonctionnalités qui ne sont pas essentielles à l'utilisateur
- Limiter l'usage de la vidéo, les animations et les gifs animés
- Réduire le poids des images
- Supprimer les fils d'actualité intégrés
- Ne pas utiliser l'auto-play sur les vidéos
- Supprimer le défilement (scroll) infini des pages
- Éviter la complétion automatique

Référentiel général d'éco-conception de services numériques
liennathan.fr/4n5y3n

FICHE RESSOURCE 4

MESURER L'IMPACT D'UNE CAMPAGNE DOOH SUR L'ENVIRONNEMENT

I Un outil au service des acteurs de la communication digitale

En 2022, l'Union de la publicité extérieure (UPE), syndicat regroupant les principales régies de communication extérieure, a créé un outil permettant de calculer l'empreinte carbone moyenne d'une campagne d'affichage Print ou digitale appelé « Adoohcc » (*Advertising Out Of Home Calculateur Carbone*).

Pour ce faire, elle a regroupé les données de cycle de vie des panneaux des différentes régies publicitaires afin d'en établir une moyenne d'émission pour chaque type de mobilier.

EXEMPLE : un annonceur a la possibilité de calculer l'impact carbone de sa campagne DOOH en choisissant le type d'écran sur lequel sont diffusés ses spots (indoor ou outdoor), le nombre de diffusions du spot prévues dans le plan média ainsi que la durée en jours de la campagne. La durée moyenne d'un spot pris en compte par le calculateur est de 10 secondes.

II Le bilan carbone d'une campagne DOOH

Le bilan carbone de la campagne est établi en fonction des informations renseignées au préalable, concernant les différentes phases du cycle de vie des mobiliers : fabrication, transport, installation, utilisation et fin de vie.

EXEMPLE : mesure de l'empreinte carbone d'une campagne extérieure

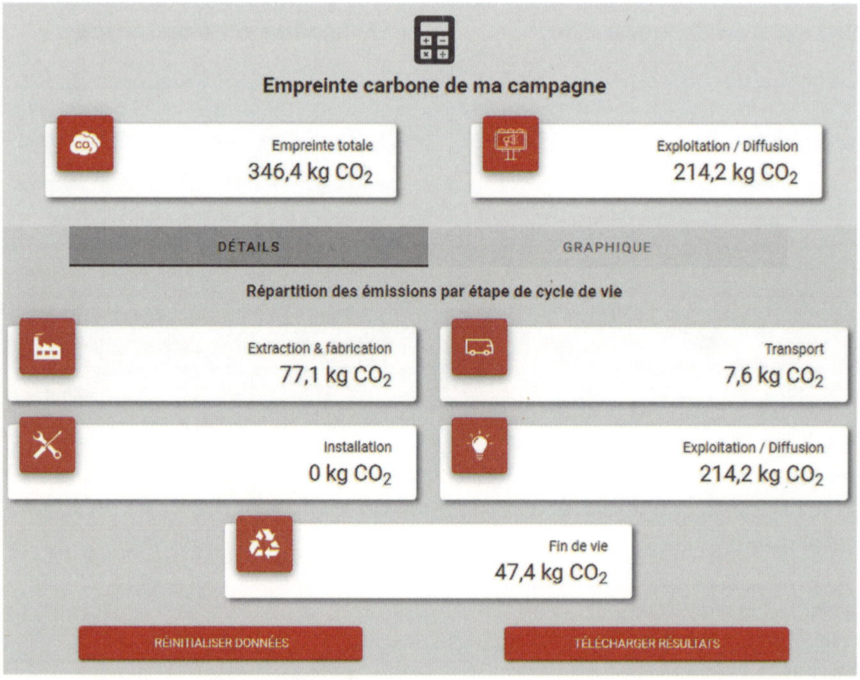

http://carbone-calculateur-adoohcc.upe.fr

Cet audit permet aux agences médias et aux annonceurs de mesurer et piloter l'empreinte carbone de leur campagne publicitaire.

Dans le cas où celle-ci serait trop élevée, il les incite à trouver des solutions alternatives plus responsables.

EXEMPLE : retenir d'autres offres, régies ou médias mettant en avant une empreinte carbone contrôlée.

Accompagner un annonceur dans une campagne éthique et responsable

L'association ADMR (Aide à domicile en milieu rural) propose des services d'aide à la personne. Elle souhaite être accompagnée par une agence pour le lancement d'une campagne de communication digitale externe visant à recruter de nouveaux salariés de manière éthique et responsable.
Pour cela, vous avez été engagé(e) comme stagiaire au sein du pôle communication. Afin de donner de la visibilité à ADMR, l'équipe RSE vous charge de préparer l'appel d'offres qui sera lancé auprès de différentes agences.

vers Pix 3.1

1 Rédiger le brief à destination des agences. Le brief doit contenir les différents supports de communication digitaux externes existants de l'ADMR ainsi que les principaux objectifs de la campagne de communication et identifier les principales cibles.

2 Déterminer les critères qui vous permettront de sélectionner l'agence gagnante. Ils prendront notamment en compte les notions de numérique responsable et d'achat responsable.

Document 1 Présentation de l'association

L'ADMR, association loi 1901 créée en 1945, propose des services à domicile pour les personnes âgées, les personnes en situation de handicap et les familles en difficulté, principalement en milieu rural.

Elle est composée de près de 2 700 associations locales et de plus de 94 000 bénévoles et professionnels qui interviennent sur tout le territoire français pour répondre aux besoins de ses bénéficiaires.

Les services proposés par l'ADMR sont variés et adaptés aux besoins spécifiques de chaque personne, tels que :
– aide à la vie quotidienne (ménage, repas, courses…) ;
– aide à la personne (toilette, habillage…) ;
– garde d'enfants…

ADMR pour tous, toute la vie, partout

Vidéo : L'ADMR, pour tous, toute la vie, partout
liennathan.fr/52i9iz

SERVICES ET SOINS AUX SÉNIORS | ACCOMPAGNEMENT DU HANDICAP | ENFANCE ET PARENTALITÉ | ENTRETIEN DE LA MAISON | AIDE AUX AIDANTS

www.admr.org

Document 2 L'objectif de la campagne digitale externe

L'objectif de la campagne de communication digitale externe souhaitée par l'ADMR est le recrutement éthique et responsable de nouveaux salariés.
La campagne doit :
– mettre en valeur la marque employeur ;
– prendre en compte les enjeux de l'éco-conception numérique.
Elle s'appuiera sur les actions menées par l'équipe RSE de l'association ADMR pour attirer de nouveaux talents.

Document 3 Exemples de campagnes de communication marque employeur de l'ADMR

www.admr.org

Vidéo : Campagne de communication nationale 2021 – Témoignage Fabienne – ADMR
liennathan.fr/rz27m3

Vidéo : Spot TV ADMR « Aider c'est mon métier… et mon engagement » | Clothilde, Aide-Soignante ADMR
liennathan.fr/76ygm6

Document 4 Comment mesurer l'impact écologique d'un système d'information ?

Phases	1. Identification des caractéristiques du cas d'usage	2. Évaluation de l'impact énergétique (en kWh)	3. Évaluation de l'impact GES (en CO_2)
Objectifs	*Évaluer la volumétrie de données à transférer sur le réseau en octets*	*Évaluer l'énergie nécessaire sur l'ensemble de la chaîne de fourniture du service*	*Évaluer les émissions GES nécessaires pour la fourniture du service*
Exemples de méthodes de calcul et de métriques	• Durée d'utilisation du service (D_{ut}) • Type de terminal utilisé • Volume de données à envoyer ou recevoir (ex. : mail)	D_{ut} × impact énergétique de l'utilisation de ce type de terminal utilisé (smartphone, ordinateur, tablette…) en kWh/min	Mix électrique du pays dans lequel le terminal est utilisé
	Bande passante moyenne nécessaire pour assurer le service	V_{data} × impact énergétique du type de réseau utilisé (filaire, Wifi, 2/3/4/5G) en kWh/octet	Mix électronique représentatif des pays traversés d'un point de vue réseau
		V_{data} × impact énergétique du datacenter en kWh/octet	Mix électrique moyen de l'hébergeur

Terminaux utilisateurs — Réseau — Cloud - Datacenter

www.wavestone.com

Référentiel général d'éco-conception de services numériques (RGESN)
liennathan.fr/rr876v

Le guide d'éco-conception de services numériques
liennathan.fr/b59rx7

CHAPITRE 13

Suivre la relation client et accompagner le changement

Contexte professionnel

Compétence professionnelle
- Mettre en œuvre des outils de suivi de la relation annonceur

Savoirs associés
- Relation client : approche qualitative
- La gestion de la relation client
- Accompagnement des clients *B to B*

Clear Channel est une régie publicitaire spécialisée dans la publicité extérieure. Créée en 1921, elle est devenue l'un des leaders mondiaux du secteur. Présente dans plus de 30 pays, avec des implantations dans les grandes villes du monde entier, elle propose à ses 9 600 clients une large gamme de mobiliers publicitaires extérieurs de formats différents, tels que les MUPI (ou « affiche abribus »), les panneaux d'affichage traditionnels 2 m^2, les fameux « 4 par 3 » (panneaux horizontaux de 12 m^2), ainsi que les dispositifs *print* ou digitaux positionnés dans les transports publics, les aéroports, les centres commerciaux, les stades…

Clear Channel aide les annonceurs à atteindre :
- leur public cible, en proposant des emplacements stratégiques et des solutions créatives ;
- leurs objectifs de communication, grâce à son réseau d'emplacements et à son expertise en matière de communication extérieure.

Elle est reconnue pour son engagement dans l'innovation et la technologie dans le domaine de la publicité extérieure avec des solutions numériques avancées (écrans publicitaires haute résolution et interactifs…). Enfin, Clear Channel accorde une grande importance à l'impact environnemental de ses activités. Elle s'engage à réduire son empreinte carbone en utilisant des technologies écoénergétiques et en adoptant des pratiques durables (éclairage LED écoénergétique…) et collabore avec des organismes locaux pour soutenir des initiatives communautaires et des projets socialement responsables.

En tant qu'assistant(e) au service Marketing Client de Clear Channel, vous avez en charge le suivi de la relation client et l'accompagnement au changement.

Vidéo : Présentation Clear Channel
liennathan.fr/923kev

Comprendre le contexte

1. Identifier les principaux services et solutions publicitaires proposés par Clear Channel à ses clients.
2. Expliquer les raisons pour lesquelles Clear Channel collabore avec des organismes locaux pour soutenir des initiatives communautaires et des projets socialement responsables.

Activités

1 Optimiser la collecte des avis clients pour améliorer la relation client

Votre direction vous demande de mettre en place une stratégie de collecte des avis clients pour améliorer la satisfaction client et l'expérience utilisateur. Vous devez également analyser les retours des clients et formuler des recommandations pour optimiser les performances de l'entreprise.

Document 1
Fiche ressource 1

1. Identifier les différents canaux de communication *owned* dont dispose la régie publicitaire de Clear Channel.
2. (vers Pix 1.1) À l'aide d'une recherche Internet, réaliser un *benchmark* identifiant les meilleurs outils, pratiques et autres méthodes de collecte des avis clients que les régies publicitaires peuvent utiliser.
3. Expliquer comment ces méthodes de collecte peuvent fournir des informations précieuses pour améliorer la relation client.
4. (vers Pix 3.1) Préparer une présentation professionnelle sous PowerPoint, à destination de votre responsable, afin d'exposer les résultats de votre analyse sur les outils de récolte d'avis clients et vos recommandations pour améliorer cette pratique au sein de votre régie.

Document 1 Les canaux de communication Clear Channel

Formulaire d'inscription à la *newsletter* de Clear Channel *via* le site Internet

Page Google My Business de Clear Channel

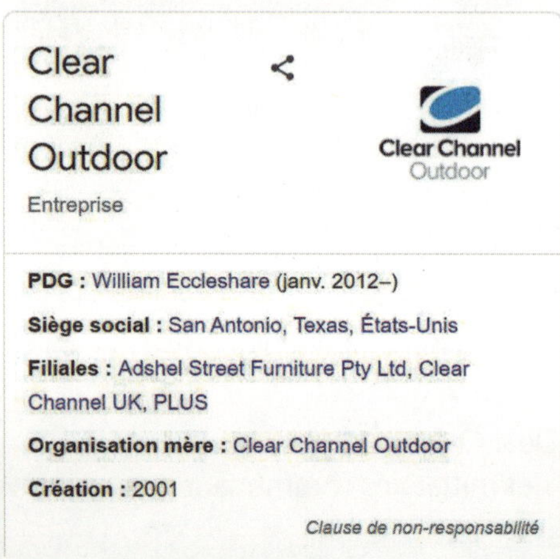

Compte LinkedIn de Clear Channel

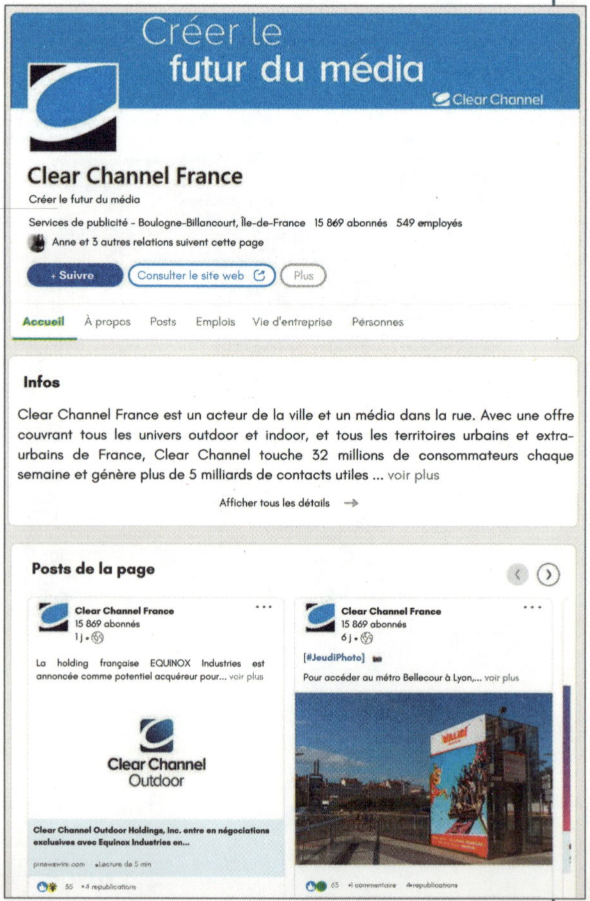

2 Analyser les résultats et écouter les avis clients

Votre direction vous charge de mener une analyse approfondie du baromètre BVA Limelight des régies publicitaires afin de mieux appréhender les tendances du marché publicitaire actuel et de fournir ainsi des conseils avisés à vos clients. Parallèlement, vous êtes chargé(e) de préparer une synthèse qui sera présentée à l'équipe de direction.

Document 2
Fiche ressource 1

1. Identifier les principaux changements économiques, commerciaux et organisationnels qui influencent la manière dont les régies collaborent avec leurs clients.
2. Expliquer pourquoi Clear Channel utilise le baromètre BVA Limelight pour mesurer la satisfaction client.
3. Identifier les critères sur lesquels Clear Channel s'est améliorée ou a régressé depuis 2018, du point de vue des annonceurs.
4. Analyser, en vous basant sur les documents, les retours clients collectés. Pour cela, identifier les tendances et les attentes du marché, ainsi que les points forts et faibles de Clear Channel.
5. vers Pix 3.1 — Proposer à votre direction, dans une présentation synthétique de 5 *slides* maximum, les améliorations à apporter au sein de Clear Channel pour répondre aux attentes du marché, optimiser les performances de l'entreprise et la satisfaction client.

Document 2 Extrait du Baromètre BVA Limelight 2022

PRESSE ET COMMUNICATION EXTÉRIEURE, DEUX MÉDIAS HISTORIQUES plus challengés

La presse, une réinvention à achever

Un média interrogé **sur son modèle traditionnel**, dont l'audience continue de diminuer.

Pour autant, **de vraies opportunités** émergent vers davantage de **diversification** autour d'une marque média forte et une **capitalisation sur la qualité**.

« On est de moins en moins avec des annonceurs qui se font plaisir et de plus en plus avec des annonceurs qui doivent rendre des comptes derrière, et peut-être que la presse n'est pas assez roïste. » — Agence

« Je trouve qu'il y a des choses très encourageantes qui se passent, je prends l'exemple du monde, ou ils ont eu l'intelligence d'aller chercher des audiences complémentaires sur Snapchat, sur Youtube, sur les réseaux sociaux, avec un produit qui n'est pas le même, mais qui leur permet de créer une familiarité entre les jeunes et leurs médias, et d'afficher des chiffres d'audience intéressants. » — Annonceur

La com° extérieure, au pied du mur

Probablement **l'un des médias les plus remis en question** en raison d'une **incapacité**, pour beaucoup, **à prouver son efficacité** et à des **contraintes contextuelles** de plus en plus fortes

Une revalorisation qui doit alors passer par **davantage d'innovation pour répondre à ces enjeux.**

« Aujourd'hui le problème de l'affichage, c'est qu'il est très dilutif, donc on cible quand même beaucoup moins bien nos consos. » — Annonceur

« Le média pour lequel de mon côté je n'arrive pas à voir d'efficacité, c'est l'affichage. Oui pour de l'affichage tactique, parce qu'on peut aller chercher une cible complémentaire en DOOH, qu'on soit sur l'aéroport etc. Mais l'affichage national, sur des gros réseaux, je n'arrive pas à voir une étude qui montre son efficacité. » — Agence

« Ça reste un mass media, il n'y en a plus beaucoup, donc ça a de la valeur quand même. » — Annonceur

© Marketing Insight, juillet 2022.

Document 2 Extrait du Baromètre BVA Limelight 2022 (suite)

#NOTORIÉTÉ SPONTANÉE

Agences médias

209 professionnels en agence interrogés dont **1% ne se sont pas prononcés.**

66 acteurs cités.

Base (répondants) : 208
Classé si => 3 citations

	Agences médias	Evol. 2021	
1	TF1 Publicité	=	64,9%
2	M6 Publicité	+1 ↑	42,3%
3	Francetv Publicité	+2 ↑	34,1%
4	JC Decaux	-2 ↓	25,0%
5	Canal+ Brand Solutions	+5 ↑	17,3%
6	Clear Channel	-2 ↓	15,4%
7	NRJ Global Régions	+7 ↑	13,9%
8	Prisma Média solutions	+1 ↑	13,9%
9	Google	-3 ↓	13,5%
10	Altice Média	+3 ↑	12,5%
11	Media Figaro	+4 ↑	11,5%
12	Bayard Media Developpement	+15 ↑	9,1%
13	Lagardère	+3 ↑	8,7%
14	M Publicité	+6 ↑	8,7%
15	Teads	-3 ↓	8,2%
16	ReWorld Média	-1 ↓	7,7%
17	Meta / Facebook	-6 ↓	7,2%
18	MédiaTransport	-11 ↓	6,3%
19	Exterion Média	-11 ↓	6,3%
20	CMI Média	+3 ↑	6,3%
21	GMC Média	+4 ↑	3,8%
22	366	-4 ↓	3,4%
23	Amazon	New	2,9%
24	Ogury	-2 ↓	2,9%
25	Critéo	-4 ↓	2,9%
26	Adot	+6 ↑	2,4%
27	CBS	New	1,9%
28	Unify	New	1,9%
29	Les échos - Le Parisien	+2 ↑	1,9%
30	Médiaperformances	New	1,9%

Annonceurs

217 professionnels annonceurs** interrogés dont **8% ne se sont pas prononcés.

85 acteurs cités.

Base (répondants) : 200
Classé si => 3 citations

	Annonceurs	Evol. 2021	
1	TF1 Publicité	+1 ↑	50,0%
2	JC Decaux	-1 ↓	33,0%
3	M6 Publicité	+1 ↑	31,5%
4	Francetv Publicité	+1 ↑	24,5%
5	NRJ Global Régions	+3 ↑	18,0%
6	Google	=	17,0%
7	Meta / Facebook	+2 ↑	13,0%
8	ClearChannel	-5 ↓	12,5%
9	Prisma Média Solutions	+5 ↑	11,5%
10	Lagardère	-3 ↓	11,0%
11	Le Figaro	-2 ↓	10,0%
12	Canal+ Brand Solutions	+3 ↑	9,0%
13	Altice Média	+3 ↑	7,5%
14	CMI Média	-3 ↓	6,5%
15	366	New	6,0%
16	Bayard Media Developpement	+5 ↑	6,0%
17	MédiaTransport	-7 ↓	5,5%
18	Teads	=	4,5%
19	Critéo	-2 ↓	4,0%
20	Précom	New	3,5%
21	M Publicité	+9 ↑	3,5%
22	Amaury Média	-3 ↓	3,0%
23	I-Média Center	New	2,5%
24	Régie Radio Régions	+4 ↑	2,5%
25	Carrefour Régie	New	2,0%
26	Exterion Média	New	2,0%
27	ReWorld Média	-5 ↓	2,0%
28	Radio France	+3 ↑	2,0%
29	Conso Régie	New	1,5%
30	Amazon	New	1,5%
31	Ogury	New	1,5%
32	Cdiscount Régie	New	1,5%

New = Nouvelle entrée dans le classement

#RÉGIES LES PLUS INNOVANTES ET DYNAMIQUES

Agences médias

*209 professionnels en agence interrogés, dont **16% ne se sont pas prononcés.***

71 acteurs cités.

Base (répondants) : 175
Classé si => 4 citations

	Agences médias	Evol. 2021	
1	TF1 Publicité	=	41,7%
2	France TV Publicité	+2 ↑	34,3%
3	M6 Publicité	=	24,0%
4	Teads	+2 ↑	16,6%
5	Prisma Média	+3 ↑	13,7%
6	Google	=	13,1%
7	Canal+ Brand Solutions	+2 ↑	12,0%
8	JCDecaux	-6 ↓	12,0%
9	ClearChannel	-4 ↓	7,4%
10	Le Figaro	+4 ↑	7,4%
11	M Publicité	New	6,9%
12	Altice Média	+1 ↑	6,3%
13	NRJ Global Régions	+5 ↑	6,3%
14	Meta / Facebook	-3 ↓	6,3%
14	Amazon	-2 ↓	5,7%
16	Médiatransport	-6 ↓	4,6%
17	ReWorld Média	+13 ↑	4,6%
18	Critéo	-4 ↓	4,6%
19	CMI Média	New	3,4%
20	Orange Advertising	+6 ↑	3,4%
21	Adot	New	3,4%
22	Tik Tok	-2 ↓	3,4%
23	Spotify	New	3,4%
24	Phénix	New	2,9%
25	Lagardère	New	2,9%
26	Bayard	+3 ↑	2,9%
27	Twitch	New	2,9%
28	Mozoo	New	2,9%
29	Invibes	-8 ↓	2,9%
30	Ogury	=	2,3%
31	MédiaPerformances	-9 ↓	2,3%
32	BeOp	New	2,3%

Annonceurs

*217 annonceurs interrogés, dont **38% ne se sont pas prononcés.***

61 acteurs cités.

Base (répondants) : 134
Classé si => 2 citations

	Annonceurs	Evol. 2021	
1	TF1 Publicité	=	38,8%
2	JCDecaux	=	26,1%
3	Google	=	18,7%
4	Meta / Facebook	+1 ↑	17,9%
5	M6 Publicité	-1 ↓	17,2%
6	France TV Publicité	=	17,2%
7	NRJ Global Régions	+4 ↑	13,4%
8	Tik Tok	+12 ↑	10,4%
9	Teads	+3 ↑	9,7%
10	ClearChannel	-2 ↓	7,5%
11	Le Figaro	-1 ↓	7,5%
12	Canal+ Brand Solutions	-3 ↓	6,7%
13	Altice Média	=	6,7%
14	Prisma Média	-7 ↓	5,2%
14	ReWorld Média	+7 ↑	5,2%
16	Lagardère	=	4,5%
17	Médiatransport	+11 ↑	3,7%
18	Amazon	New	3,7%
19	Snapchat	=	3,7%
20	366	+3 ↑	3,0%
21	CMI Média	-3 ↓	3,0%
22	Bayard	New	2,2%
23	Les échos - Le Parisien	New	2,2%
24	LeBonCoin	+4 ↑	2,2%
25	Mozoo	New	2,2%
26	Ogury	-4 ↓	1,5%
27	Critéo	-13 ↓	1,5%
28	M Publicité	New	1,5%
29	Adot	New	1,5%
30	Amaury Média	New	1,5%
31	Galaxie Média	New	1,5%
32	Twitch	New	1,5%

New = Nouvelle entrée dans le classement

#ÉQUIPES COMMERCIALES LES PLUS PERTINENTES ET EFFICACES

Agences médias

*209 professionnels en agence interrogés, dont **18% ne se sont pas prononcés.***

71 acteurs cités.

Base (répondants) : 172
Classé si => 4 citations

	Agences médias	Evol. 2021	
1	TF1 Publicité	=	26,7%
2	France TV Publicité	+3 ↑	23,3%
3	JCDecaux	-1 ↓	19,2%
4	M6 Publicité	=	14,5%
5	ClearChannel	-2 ↓	11,0%
6	NRJ Global Régions	+3 ↑	9,9%
7	Médiavision	+5 ↑	9,3%
8	Prisma Média	-3 ↓	8,7%
9	Le Figaro	+1 ↑	8,1%
10	Teads	-2 ↓	7,0%
11	Lagardère	+8 ↑	7,0%
12	Canal+ Brand Solutions	-2 ↓	5,2%
13	366	=	4,7%
14	Amazon	New	4,7%
15	Altice Média	=	4,1%

Annonceurs

*217 annonceurs interrogés, dont **25% ne se sont pas prononcés.***

94 acteurs cités.

Base (répondants) : 162
Classé si => 4 citations

	Annonceurs	Evol. 2021	
1	JCDecaux	=	37,0%
2	TF1 Publicité	=	29,0%
3	NRJ Global Régions	+2 ↑	22,2%
4	M6 Publicité	-1 ↓	17,9%
5	Google	-1 ↓	16,0%
6	France TV Publicité	=	12,3%
7	Lagardère	+4 ↑	11,7%
8	Canal+ Brand Solutions	+10 ↑	11,1%
9	Médiavision	+3 ↑	9,9%
10	ClearChannel	-3 ↓	9,3%
11	Meta / Facebook	-3 ↓	9,3%
12	Prisma Média	-3 ↓	8,6%
13	Le Figaro	=	8,6%
14	366	+8 ↑	8,0%
15	Altice Média	=	8,0%

© Marketing Insight, juillet 2022.

Document 2 Extrait du Baromètre BVA Limelight 2022 (suite)

16	Médiatransport	-2	↓	4,1%
17	M Publicité		=	4,1%
18	Google	-12		4,1%
19	Critéo	*New*		3,5%
20	Carrefour Régie	*New*		2,9%
21	Mediapost	-5	↓	2,9%
22	Facebook / Meta		=	2,9%
23	Les échos - Le Parisien	-5	↓	2,9%
24	Ogury	+2		2,9%
25	ReWorld Media		=	2,9%
26	Exterion Média	-2	↓	2,3%
27	Bayard	*New*		2,3%
28	Adot		=	2,3%
29	MédiaPerformances	*New*		2,3%
30	Tik Tok	*New*		2,3%

16	CMI Média	+3		4,9%
17	Bayard	*New*		4,9%
18	Médiatransport	*New*		4,3%
19	La Poste	*New*		4,3%
20	Teads		=	4,3%
21	Amaury Média		=	3,7%
22	Régie Radio Régions	*New*		3,1%
23	Médiapost	-13	↓	3,1%
24	Unify	*New*		2,5%
25	Critéo		=	2,5%
26	Les échos - Le Parisien	-12	↓	2,5%
27	Radio France		=	2,5%
28	Rossel Media	*New*		2,5%
29	ReWorld Média	*New*		2,5%
30	Tik Tok	*New*		2,5%

New = Nouvelle entrée dans le classement

#ÉVOLUTION DE L'IMAGE SUR 3 ANS

Clear Channel

	2018	Nbre d'acteurs différents cités 2018	2019	Nbre d'acteurs différents cités 2019	2020	Nbre d'acteurs différents cités 2020	2021	Nbre d'acteurs différents cités 2021	2022	Nbre d'acteurs différents cités 2022
	AGENCES									
NOTO SPONTANÉE	20e (2,2%)	75	23e (1,4%) -3 vs 2018	88	5e (24,6%) +18 vs 2019	55	4e (33,3%) +1 vs 2020	52	6e (15,4%) -2 vs 2021	66
NOTO INNOVATION et DYNAMISME	19e (2,8%)	-	11e (6,8%) +8 vs 2018	79	5e (21,3%) +6 vs 2019	53	5e (15,2%) Même rang vs 2020	48	9e (7,4%) -4 vs 2021	71
NOTO ÉQUIPE COMMERCIALE	8e (12,5%)	71	6e (11,6%) +2 vs 2018	81	6e (13,2%) Même rang vs 2019	49	3e (20,5%) +3 vs 2020	51	5e (11%) -2 vs 2021	71
	2018		2019		2020		2021		2022	
	ANNONCEURS									
NOTO SPONTANÉE	12e (3,8%)	134	17e (2,8%) -5 vs 2018	132	7e (14%) +10 vs 2019	66	3e (27,8%) +4 vs 2020	96	9e (12,5%) -5 vs 2021	85
NOTO INNOVATION et DYNAMISME	10e (5,1%)	-	12e (6,8%) +2 vs 2018	76	9e (8,9%) +3 vs 2019	38	8e (9%) +1 vs 2020	45	10e (7,5%) -2 vs 2021	61
NOTO ÉQUIPE COMMERCIALE	3e (16,7%)	89	10e (9,6%) -7 vs 2018	74	10e (6,8%) Même rang vs 2019	50	7e (9,6%) +3 vs 2020	63	10e (9,3%) -3 vs 2021	94

PERCEPTION DE LA RÉGIE CLEAR CHANNEL PAR LE MARCHÉ

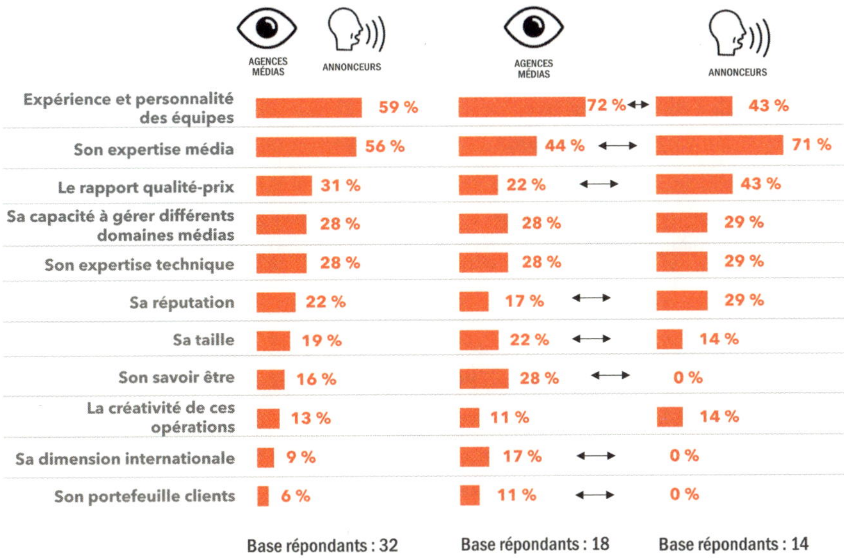

Clear Channel

Entre agences et annonceurs des décalages sur certains axes mais les agences sont globalement plus enveloppantes. Ces dernières associent plus à Clear Channel son expérience, sa taille, son savoir être, sa dimension internationale et son portefeuille de clients. À l'inverse, les annonceurs attribuent plus à Clear Channel des axes autour son expertise média, son rapport qualité-prix et sa réputation.

© Marketing Insight, mai 2023.

3 Comprendre l'intérêt du CRM dans la gestion de la relation client

Actuellement, Clear Channel gère ses relations clients à l'aide d'un système de CRM (*Customer Relationship Management*, gestion de la relation client). Cependant, la direction de la régie reconnaît qu'il y a des opportunités d'amélioration tout au long du cycle de vie de la relation client.
Dans le cadre de cette initiative d'amélioration, Clear Channel souhaiterait faire évoluer son système de CRM et le rendre plus efficace. L'optimisation du système doit permettre à la régie de mieux comprendre et répondre aux besoins de ses clients, d'améliorer les processus et de fournir un suivi de la relation client de qualité. L'objectif principal est d'offrir une expérience client exceptionnelle et de renforcer les relations avec les clients existants tout en attirant de nouveaux clients.
Votre direction vous charge de réaliser ce travail.

Documents 3 et 4
Fiche ressource 2

vers Pix 1.1

1. Réaliser un *benchmark* de quelques outils CRM existant sur le marché à l'aide d'une recherche Internet.
2. Expliquer l'importance pour une régie publicitaire d'élaborer une stratégie CRM et de disposer d'un outil performant.
3. Identifier un plan d'action que Clear Channel pourrait mettre en place afin de renforcer la relation avec ses propres clients en vous inspirant des exemples du document 3.
4. Attribuer les outils adaptés à chaque phase du cycle de vie du client.

Document 3 Trois exemples de stratégies CRM différentes

1 – Engager au maximum sa communauté : les bonnes pratiques côté annonceur – Sephora

Sephora est un champion de la relation client. Sa stratégie : se rapprocher au maximum de ses clients pour apprendre à les connaître et les fédérer autour de ses produits.

L'entreprise ne se contente pas de vendre des produits de beauté à ses clients : elle leur offre également des espaces communautaires où ils peuvent discuter et s'échanger des conseils. Grâce à ces espaces, Sephora a donc réussi à créer une véritable communauté engagée ! Surtout, cela permet à la marque de récolter de nombreuses informations sur les utilisateurs qui complètent leur profil pour participer à cette communauté.

Pour récompenser ses clients les plus fervents – ceux qui s'engagent avec la marque sur les réseaux sociaux, ceux qui achètent régulièrement –, [Sephora a] mis en place un **programme de fidélité personnalisé**, qui leur propose des offres spéciales selon leurs goûts et besoins.

Cette stratégie de marketing relationnel digitalisée a un pendant physique dans leurs magasins : les vendeurs sont en effet équipés d'iPads avec lesquels ils peuvent scanner la carte de fidélité des clients. Ils y voient leurs préférences de produits et peuvent ainsi leur faire des suggestions pertinentes.

En plus d'avoir accès à ces informations en direct, les vendeurs profitent de chaque contact pour poser aux clients 3 questions. Cette technique de « ***progressive filling*** » leur permet de constituer le profil du client au fur et à mesure des interactions avec celui-ci.

En apprenant à mieux connaître ses clients, Sephora peut leur proposer un programme de fidélité personnalisé. [L'entreprise capitalise] ainsi sur ses clients actuels et [augmente son] taux de rétention.

Couplée avec une communauté forte et un engagement récompensé, la stratégie de relation client de Sephora est efficace et pertinente.

• • •

Document 3 Trois exemples de stratégies CRM différentes (suite)

2 – Éduquer ses clients pour les faire acheter – Leroy Merlin

Le marketing relationnel de Leroy Merlin est basé sur l'*inbound* marketing, avec notamment une plateforme proposant des tutoriels vidéo à destination des bricoleurs.

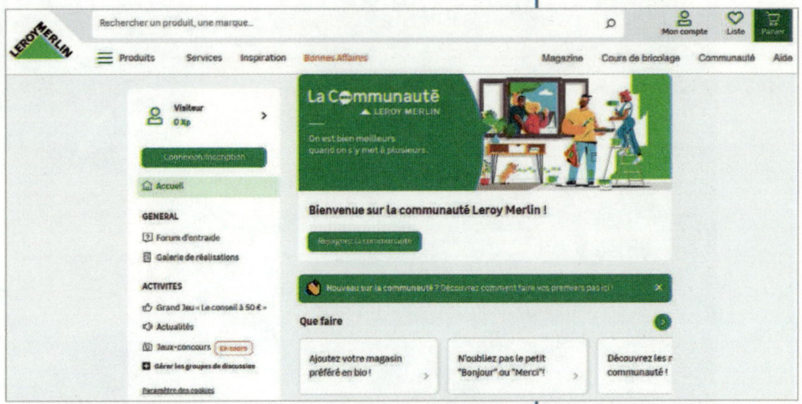

Ces vidéos informatives mettent en scène les produits de la marque et permettent à [ses] clients de mieux en comprendre leur fonctionnement et utilité, tout en les guidant sur des pratiques de bricolage. Les personnes intéressées s'informent facilement et peuvent mieux cibler leurs besoins avant d'acheter.

En proposant du contenu pertinent, Leroy Merlin crée une relation de confiance avec ses prospects et entretient celle avec ses clients, ce qui lui permet d'augmenter à la fois ses taux d'acquisition et de fidélisation. Grâce à cette stratégie, Leroy Merlin se positionne à la fois comme expert de son marché et comme une marque qui se soucie sincèrement de ses clients.

On parle ici de gestion de la relation client car elle vient supplémenter [la] stratégie de marketing relationnel : envoi d'e-mails, promotions, site e-commerce en plus [des] boutiques physiques.

En récupérant les données sur les vidéos qu'a regardées un visiteur de son site, Leroy Merlin est en effet en mesure de lui proposer des offres personnalisées.

Les deux stratégies ensemble sont très efficaces et permettent de cibler les attentes [des] prospects et [des] clients. [L'entreprise a] aussi recours à un programme de fidélité qui propose par ailleurs de nombreux avantages à [ses] clients.

3 – Automatiser sa relation client pour optimiser le tunnel de vente – Airbnb

Aujourd'hui, l'automatisation de la gestion de la relation client est l'une des clés de la croissance d'Airbnb.

Des premières recherches de logement à la finalisation du séjour, toute la relation client d'Airbnb est automatisée. De fait, Airbnb se veut une marque de particulier à particulier, et privilégie les échanges entre les utilisateurs plutôt qu'avec la marque.

Les contacts entre [ses] salariés et les clients sont réduits au minimum dès le début de la relation client, à partir du moment où un visiteur exprime un intérêt pour un logement dans une ville en particulier.

Regardons les communications de la marque pendant le parcours classique de réservation d'un logement sur Airbnb :

- En cherchant un logement, le visiteur connecté reçoit des e-mails lui proposant d'autres logements autour de la même destination.
- Il est également retargeté* par des annonces publicitaires sur Facebook et d'autres sites.
- Durant le processus de réservation, le client reçoit des notifications par e-mail, SMS et sur l'application.
- Le client est tenu au courant du process de réservation par e-mail, SMS et notifications éventuelles sur [l'application mobile d'Airbnb].
- Après la réservation, le voyageur reçoit également un e-mail lui proposant de devenir hôte sur Airbnb – ce qui lui permettrait de gagner de l'argent pendant ses déplacements.
- À la fin du voyage, le client reçoit un court questionnaire par e-mail pour évaluer son séjour.

Les communications d'Airbnb avec ses clients sont automatisées : du début à la fin du process, si tout se passe bien, les hôtes et voyageurs n'ont ainsi aucune interaction avec les équipes d'Airbnb.

L'automatisation de la relation client permet ainsi à Airbnb de se concentrer sur sa communauté et sa notoriété de marque.

* Reciblé.

www.brevo.com

Document 4 — Les étapes du cycle de vie d'un client

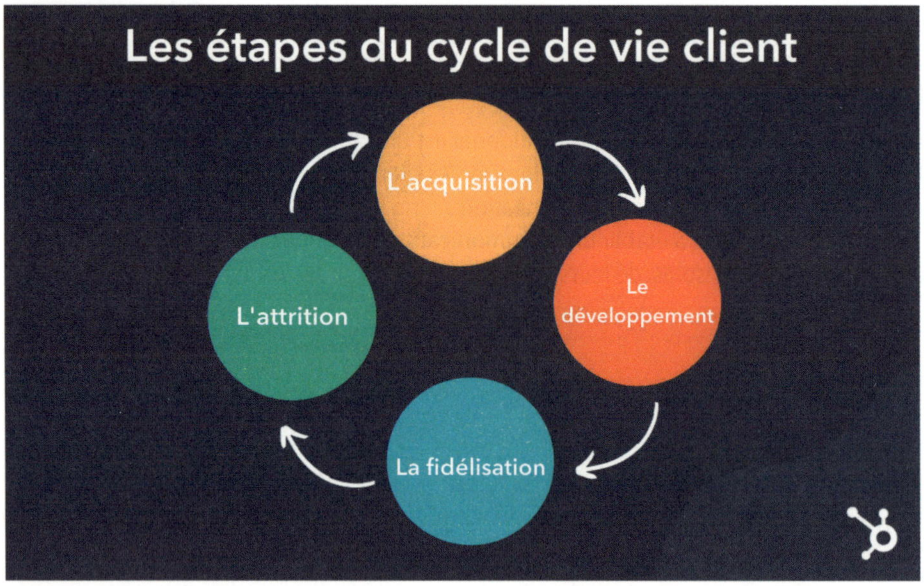

L'acquisition

L'acquisition est un pan très important de la relation client. De la théorie à la pratique, l'acquisition client est une discipline en soi. Toutes les entreprises construisent une stratégie en fonction d'objectifs d'acquisition.
En effet, pour développer une clientèle, puis la fidéliser sur le long terme, une société ou une marque se doit tout d'abord de séduire son audience et la convaincre de la suivre. Pour cela, la phase d'acquisition passe nécessairement par une analyse de sa clientèle potentielle. Connaître le profil type des clients s'avère, dans tous les cas, le meilleur moyen de toucher les bonnes personnes et donc de commencer à développer une clientèle engagée, qui s'identifie à la proposition et au système de valeur de la marque ou de l'entreprise.

Le développement

Sur le schéma du cycle de vie client, le développement de la relation client commence quand le consommateur est passé à l'achat ou bien a réalisé un acte aussi engageant d'un point de vue commercial (la signature d'un devis, par exemple).
Plus concrètement, c'est à cette étape de premier achat que le cycle de la relation client débute réellement. Désormais, l'objectif de la marque est de faire en sorte que cet achat ne soit pas un acte isolé. Le but est de conserver le client et de l'inviter à maintenir un lien avec la marque ou l'entreprise en vue d'autres achats.

La fidélisation

La fidélisation est l'étape qui suit un bon développement de clientèle. Grâce à des actions stratégiques orientées, l'entreprise est parvenue à construire un vrai lien avec ses clients. Ceux-ci sont attachés à son offre de produits ou de services, mais aussi à ses valeurs. Cette part de la clientèle est précieuse : elle est en mesure de recommander l'entreprise à des pairs pour nourrir l'étape précédente du cycle de vie client, celle du développement de clientèle.
Pour fidéliser un client sur le long terme, pas question de relâcher les efforts fournis jusque-là. Un client fidèle n'est pas moins exigeant envers une marque, il faut donc faire en sorte de créer de la satisfaction afin de le maintenir dans un cercle vertueux.

L'attrition

L'attrition est un terme théorique utilisé pour désigner la toute fin du cycle de vie d'un client. En effet, après la phase de fidélisation, qui peut durer de quelques jours à plusieurs années, s'ensuit une déperdition de l'attention du client envers la marque et enfin la perte du client.
L'attrition n'est pas toujours due à un manque d'effort de la part de la marque pour maintenir la relation avec son client. Dans bien des cas, les attentes et besoins de la clientèle évoluent d'une manière qui ne suit plus la proposition de l'entreprise.
Cependant, c'est une phase durant laquelle la marque dispose encore d'une marge de manœuvre suffisante pour conserver son client dans un cycle de vie actif.

https://blog.hubspot.fr

FICHE RESSOURCE 1

LE MARKETING RELATIONNEL

I La notion de marketing relationnel

Dans le domaine de la communication, le marketing relationnel est une approche du marketing axée sur la création et le maintien de relations solides et durables avec les clients de la régie ou de l'agence de communication. Il met l'accent sur la construction d'une relation à long terme, basée sur la confiance, la satisfaction client et l'engagement, et vise à établir une communication personnalisée et continue avec les clients, en tenant compte de leurs besoins, de leurs préférences et de leur historique d'interaction.

EXEMPLES : envoi de présentation de cas pratiques réalisés dans le secteur d'activité d'un client, mise à disposition d'un tableau de bord personnalisé présentant les données de *reporting* de campagnes, mise en place d'un service client dédié par téléphone pour aider à lancer des campagnes publicitaires sur une interface.

II Les objectifs du marketing relationnel

Le marketing relationnel vise à :
– renforcer la fidélité des clients à la régie publicitaire ou à l'agence de communication ;
– améliorer la satisfaction des clients en cernant leurs besoins individuels et en y répondant ;
– acquérir de nouveaux clients grâce à la recommandation de clients actuels satisfaits ;
– optimiser l'allocation des ressources en mettant l'accent sur les segments de clients les plus rentables et à fort potentiel de croissance.

1. Les outils de marketing relationnel et la récolte d'avis clients

Le CRM (*Customer Relationship Management*)	Cet outil est essentiel pour gérer les interactions avec les clients, stocker les informations clés, suivre l'historique des communications et personnaliser les interactions.
Les programmes de fidélité	Ils offrent des incitations aux clients pour continuer à acheter auprès de la régie ou de l'agence de communication et récompensent leur fidélité avec des avantages exclusifs.
L'e-mailing	Il permet d'envoyer des messages personnalisés, des offres spéciales et des informations pertinentes aux clients, en maintenant une communication régulière et ciblée. **EXEMPLE :** la *newsletter*.
La récolte des avis clients	Élément important du marketing relationnel, elle peut se faire à travers des enquêtes de satisfaction, des réunions de suivi ou des sondages en ligne.

2. Les actions mises en œuvre dans le cadre du marketing relationnel

Dans une régie ou une agence, le marketing relationnel se concrétise par différentes actions.

La personnalisation des campagnes	En utilisant les données clients disponibles dans le CRM, une régie publicitaire peut créer des campagnes publicitaires plus personnalisées et ciblées, en tenant compte des préférences et des intérêts spécifiques de chaque client.
Le suivi régulier des clients	Une régie publicitaire peut maintenir une communication continue avec ses clients en les tenant informés des résultats de leurs campagnes, en leur fournissant des rapports d'analyse et en leur offrant des conseils pour optimiser leurs performances publicitaires. Ce rapport pourrait inclure des indicateurs clés tels que le taux de conversion, le taux d'engagement, les impressions, les clics… et offrir des conseils stratégiques personnalisés ou organiser des événements exclusifs pour les clients.
La gestion de la relation client	Les agences de communication peuvent utiliser le CRM pour suivre l'historique des interactions avec leurs clients, gérer les informations clés, suivre les demandes et les projets, maintenir une communication fluide pour répondre à leurs besoins (par exemple, en utilisant les coordonnées, les préférences, les historiques d'interaction, les projets en cours… issus du CRM).
La récolte d'avis clients	Les régies publicitaires et les agences de communication peuvent solliciter les avis et les retours clients sur les campagnes publicitaires et les services fournis. Cela leur permet d'identifier leurs points forts, d'améliorer leurs faiblesses et de renforcer la satisfaction client.

FICHE RESSOURCE

2

METTRE EN PLACE ET GÉRER LA RELATION CLIENT

I L'intérêt d'un outil de CRM

Pour une régie publicitaire ou une agence média, la mise en place d'un outil de CRM (*Customer Relationship Management*) ou GRC en français (gestion de la relation client) permet :
- de centraliser les données de chaque client (coordonnées, contact, chiffre d'affaires…) et de les analyser ;
- de regrouper les fonctionnalités permettant son suivi (agenda, tchat, e-mailing…) ;
- de mettre en place des stratégies et des processus visant à gérer de manière proactive les interactions avec leurs clients ;
- de personnaliser leurs offres et leurs communications ;
- d'optimiser leur connaissance client ;
- d'offrir un service client de qualité ;
- de renforcer leur relation avec les annonceurs ;
- de maximiser l'efficacité de leurs campagnes publicitaires.

Cet outil permet à la fois de **gagner en productivité** et d'**améliorer la qualité de la relation** au quotidien :
- avec les clients de la régie ;
- avec les autres équipes du média (éditeur, *traffic manager*, comptabilité, gestion…).

Grâce aux fonctionnalités proposées, ce type d'outil permet une approche optimale tout au long du cycle de vie client (prospection, vente et fidélisation).

II Les fonctionnalités essentielles du CRM

Un CRM offre les principaux blocs de fonctionnalités suivants :
- gestion de la base de données prospects et clients : centralisation des données essentielles à leur suivi ;
- mise à disposition et transfert automatique des données pour mise en place de campagnes et d'outils relationnels (e-mailing, marketing automation…) ;
- définition et automatisation du processus commercial ;
- transfert automatique des données commerciales (devis, bons de commande, factures) aux outils de gestion et de comptabilité.

Il propose des fonctionnalités pratiques :

À l'équipe commerciale	Au client
• Suivi des demandes en cours • Agenda partagé • Tchat, visioconférence • *Reporting*	Mise à disposition d'un espace client avec centralisation des informations et documents utiles au client (profil, commandes, factures…).

Outre l'automatisation des processus internes à la régie, l'utilisation d'un CRM peut être étendue aux processus de collaboration avec les autres équipes.

EXEMPLE : un bon de commande validé par le client peut générer automatiquement une liste de tâches pour l'équipe *trafficking* (équipe en charge de paramétrer et programmer les campagnes publicitaires) et permettre de transférer directement les données de campagne dont elle a besoin (dates de campagne, formats, emplacements, volume d'impressions à paramétrer…).

FICHE RESSOURCE

3

COMPRENDRE L'ACCOMPAGNEMENT AU CHANGEMENT DANS UNE ORGANISATION

L'accompagnement au changement est un processus essentiel dans la stratégie de communication d'une organisation. Face à l'évolution rapide des médias, des technologies ou encore des normes sociales et environnementales, les entreprises – aussi bien les régies publicitaires que les agences médias – doivent s'adapter pour rester compétitives et offrir les meilleures possibilités à leurs clients.

I Le nécessaire accompagnement au changement

L'accompagnement au changement :
- consiste à soutenir les membres d'une organisation dans l'acceptation et l'intégration des transformations majeures qui les affectent. Généralement, ces transformations sont à l'initiative d'une politique d'entreprise, de marché ou même de collaborateurs sans qui les changements ne peuvent avoir lieu ;
- vise à minimiser la résistance au changement au sein d'une organisation ou vis-à-vis de ses clients, à favoriser l'adhésion des collaborateurs, à garantir la continuité des activités et à maximiser les chances de réussite des projets de transformation.

II Les étapes de l'accompagnement au changement

La conduite du changement est une démarche incontournable pour aider une organisation à relever les défis de son époque. Pour cela, il est nécessaire d'adopter une méthodologie ordonnée et efficace afin de mener la transition avec fluidité et sérénité.

1. **Diagnostic**
   Évaluer la situation actuelle, identifier les besoins de changement et les parties prenantes impliquées.

2. **Communication**
   Élaborer une stratégie de communication adaptée pour informer les collaborateurs ainsi que les clients sur les raisons, les objectifs et les impacts du changement.

3. **Formation**
   Offrir des formations et des séances d'apprentissage pour développer les compétences nécessaires à l'adaptation au changement.

4. **Participation et implication**
   Impliquer les collaborateurs et les clients dans le processus de changement en les encourageant à partager leurs idées, à participer à des groupes de travail et à prendre part aux décisions.

5. **Suivi et évaluation**
   Mettre en place des mécanismes de suivi pour évaluer l'efficacité du changement, collecter les retours des collaborateurs et apporter les ajustements nécessaires.

III La communication dans l'accompagnement au changement dans les médias

Dans le cadre du marché des médias, le changement se conduit à plusieurs niveaux :

Pour un annonceur

Il s'agit d'effectuer le suivi d'une transformation de marché, d'un changement de produit ou de procédé de fabrication plus en adéquation avec son époque (plus respectueux de l'environnement, plus rapide, plus technologique…), qui aura un impact sur sa communication et les messages à faire passer.

Pour une agence média

Il s'agit d'opérer une restructuration interne, d'utiliser de nouveaux outils orientés autour de la performance des campagnes ou de la connaissance client (cibles, environnement concurrentiel…), d'identifier de nouvelles offres publicitaires répondant aux transformations du marché en termes de respect de l'environnement, d'égalités…

Pour une régie publicitaire

Il s'agit de réaliser une transformation de l'organisation interne pour être plus en accord avec le marché dans lequel la régie est implantée – comme la création de pôles commerciaux par verticales de compétences, qu'elles soient technologiques (digital, programmatique…), sociétales (sobriété, respect de l'environnement et des normes sociales…) ou sectorielles (automobile, divertissements…) – mais également de moderniser certains outils (le CRM, la gestion de projet…) *via* l'automatisation pour gagner en rapidité d'exécution et en efficacité.

Pour l'ensemble de ces acteurs, ces transformations passent par différentes phases.

La sensibilisation	Communiquer de manière transparente et régulière sur les évolutions de leur secteur ou de leur entreprise, sur leurs enjeux, leurs tendances et leurs impacts sur leur propre organisation.
L'implication des collaborateurs *via* des médias internes	Adapter la stratégie de communication externe pour informer les partenaires, les clients et le grand public sur les changements dans l'organisation et rassurer sur la capacité à s'adapter (*via* le *earned*, *owned* ou *paid media*).
La gestion des résistances	Anticiper les résistances au changement en identifiant les craintes et les préoccupations des collaborateurs mais aussi des clients, en mettant en place des actions de communication ciblées.

Conduire le changement au sein d'une agence média

Blue 449, agence média du groupe Publicis, se distingue par son approche innovante et créative en matière de stratégie média. Vous êtes en stage au sein de l'équipe Conseil en stratégie plurimédia de l'agence. La directrice de clientèle vous demande de développer une réflexion sur l'enjeu de la communication responsable dans la stratégie de communication média de ses clients et auprès de ses collaborateurs.
Vous devez également proposer des recommandations concrètes pour intégrer des pratiques responsables dans les campagnes médias des clients.

Fiche ressource 3

vers Pix 1.1 **1** Analyser, à l'aide de vos recherches et du document 1, les pratiques de communication de l'agence et expliquer son engagement pour une communication plus responsable.

2 Mettre en avant les tendances actuelles en matière de communication responsable et les attentes des consommateurs envers les marques.

3 Identifier les actions et les messages responsables qui ont un impact positif sur la perception de la marque et l'engagement des consommateurs.

vers Pix 3.1 **4** Élaborer une charte de communication responsable spécifique à Blue 449, en définissant les principes, les valeurs et les actions que l'agence s'engage à respecter dans ses campagnes médias.

5 Proposer des recommandations concrètes pour intégrer des pratiques responsables dans les campagnes médias de l'agence.

6 Développer, à l'aide du document 3, une stratégie de sensibilisation interne pour impliquer les collaborateurs de l'agence dans la démarche de communication responsable.

Document 1 — Lancement du Positive Media Project by Publicis

Le Positive Media Project s'adresse aux annonceurs, aux médias, aux régies et aux partenaires technologiques qui souhaitent réfléchir ensemble aux pistes qui permettront d'accélérer la diffusion responsable en imaginant les solutions publicitaires de demain. Le lancement du Positive Media Project s'inscrit dans la démarche du groupe Publicis « No Impact for Big Impact » (NIBI), process d'éco-communication qui analyse le cycle de vie des campagnes et propose de co-construire de nouvelles pratiques pour opérer la transition écologique de la communication.
« *La performance responsable est une valeur intrinsèque de notre positionnement. Nous sommes entrés dans une phase où nous devons faire plus que quantifier et compenser notre impact, nous devons désormais coécrire les solutions publicitaires de demain avec nos clients et l'ensemble de nos partenaires* », souligne Anne-Sophie Cruque, COO [*Chief Operating Officer*] de Publicis Media [...]. Dans le cadre de son premier rendez-vous [...], le Positive Media Project se saisira du thème du « Digital Responsable ». Les professionnels seront invités à imaginer les évolutions contribuant à minimiser l'impact environnemental de la publicité digitale. Zenith (Groupe Publicis Media) partagera plus en détail les résultats de son étude « Le Grand (R)éveil Digital » menée auprès des 15-24 ans pour mieux comprendre et anticiper la mutation des usages numériques. Celle-ci révèle notamment que 92 % d'entre eux souhaitent que les marques mesurent, compensent ou réduisent l'impact de leur communication digitale.

F. Gentilleau, www.e-marketing.fr, 4 juin 2020.

positive Media Project by Publicis Groupe

Compte Instagram : Positive Media Project
liennathan.fr/gs532j

Document 2 La politique de RSE, critère essentiel de différenciation des grands groupes dans l'opinion

D'une façon générale, 90 % des Français déclarent apprécier davantage les groupes qui ont une bonne politique de RSE que ceux qui se désintéressent de cette question.

88 %

Pour 88 % des Français, une bonne politique RSE renforce l'image positive qu'ils peuvent avoir d'un groupe.

« Si j'apprenais qu'un grand groupe que j'apprécie a une bonne politique de RSE, mon opinion sur lui deviendrait encore meilleure. »

L'effet RSE a donc un impact fort et réel, qui peut jouer dans un sens... ou dans un autre.

Pour 67 % de nos concitoyens, découvrir qu'un groupe qu'ils n'aiment pas mène une bonne politique de RSE redorerait son image. Inversement : aux yeux de 82 % des Français, le fait d'apprendre qu'un groupe qu'ils apprécient mène une mauvaise politique de RSE ternirait l'opinion qu'ils ont de lui.

www.ladn.eu

Les leviers de la communication responsable, site de l'Ademe
liennathan.fr/646itg

Document 3 Publicis France souhaite faire de tous ses collaborateurs des acteurs de la transition écologique et sociétale

Publicis lance un programme de transformation interne de ses métiers, *We are positivers*, qui concerne les 4 500 talents du groupe en France, pour leur permettre d'être des acteurs de la transition écologique et sociétale. « *Après avoir proposé pendant plus de 2 ans de nombreuses formations, débats, conférences sur le sujet de la communication responsable à nos talents, nous avons ressenti le besoin d'accélérer en travaillant un véritable programme de transformation interne* », complète Caroline Darmon, directrice RSE de Publicis Groupe en France.

Le programme se déroule en 2 temps : une première phase d'e-learning pour acculturer l'ensemble des talents à la communication responsable [...], puis des ateliers de mise en action, pour passer de la théorie à la pratique en fonction de chaque expertise métier, de chaque client. Le groupe souhaite former 70 % des collaborateurs d'ici l'été [2022].

« *Il s'agit d'impulser la communication responsable dans tous nos métiers pour répondre à une attente sociétale, atteindre nos objectifs et KPI en matière de communication responsable et toujours mieux accompagner nos clients sur cette transformation* », précise Valérie Henaff, directrice de la stratégie et de l'engagement de Publicis Groupe en France.

Engagée depuis de nombreuses années dans une démarche de transformation positive, la politique RSE du groupe est structurée autour de 3 axes :

- au sein de ses agences pour qu'elles soient plus inclusives, plus attentives à la santé et au bien-être de ses collaborateurs, à l'écoute ;
- auprès de ses partenaires dans le secteur, en contribuant à l'accélération de la transformation positive de ses clients et en encourageant ceux qui font avancer les causes ;
- avec le secteur *via* notamment son programme No Impact For Big Impact (#NIBI), le seul programme capable de garantir aux annonceurs un accompagnement complet pour une communication responsable.

« *La transformation positive est une révolution culturelle qui ne peut se faire qu'avec les collaborateurs. Le sujet, c'est bien celui de la pédagogie, de la formation et d'une mise en application au quotidien. Pour que notre secteur s'engage et se transforme, il faut d'abord et surtout que les femmes et les hommes dont c'est le métier soient engagés et aient les connaissances et les outils pour transformer leurs métiers* », explique Agathe Bousquet, présidente du groupe en France.

C. Wilchusky, www.thegood.fr, 29 novembre 2021.

We are positivers
by Publicis France

CHAPITRE

14 Mettre en place des indicateurs de performance

Contexte professionnel

Compétence professionnelle
- Mettre en place des indicateurs de performance

Savoirs associés
- Indicateurs de performance médias
- Indicateurs de performance digitaux

Vous êtes en stage dans l'agence média indépendante Values.media, que vous avez découverte grâce à ses podcasts Vcast traitant de l'actualité des médias. Composée de 50 collaborateurs, l'agence accompagne 60 annonceurs comme les taxis G7, la mutuelle MGEN, les cosmétiques SVR, la nourriture infantile Hipp ou encore le réseau Gîtes de France. L'agence, qui affiche un taux de fidélité client de 97 % dans le cadre de collaborations de 5 ans et plus, a obtenu de nombreux prix, dont 2 prix Effie et le prix 100%MEDIA de la performance en 2022.

Values.media fait partie de deux organisations professionnelles de l'expertise média :
- l'UDECAM (Union des entreprises de conseil et achat média), qui réunit 24 agences médias ;
- l'AAMI (Association des agences médias indépendantes), qui regroupe les principales agences médias indépendantes du marché français.

Ces organisations sont des instances de dialogue et de concertation avec les différents partenaires des médias, de valorisation de l'expertise média, de défense des intérêts collectifs de leurs adhérents et de représentation auprès de tous les acteurs du marché : pouvoirs publics, organismes professionnels et interprofessionnels, médias, annonceurs et relais d'opinion.

L'agence est membre de la commission RSE de l'UDECAM, qui pilote de nombreux projets, comme l'adoption d'une nouvelle charte relative à la responsabilité sociétale des entreprises. Cette charte s'inscrit dans les engagements de la filière communication en faveur de l'environnement en soutien du projet de loi Climat & Résilience. L'UDECAM a aussi mis en place un outil de mesure et de réduction de l'impact environnemental des campagnes médias en collaboration avec des experts scientifiques de la performance environnementale (méthode PEF – *Product Environmental Footprint* – adoptée par l'UE en 2018).

Dans le cadre de votre stage, vous avez très vite compris que la mesure de la performance est un thème de réflexion au cœur des enjeux métiers mais aussi un sujet en profonde mutation, impacté par la technologie et les enjeux environnementaux. Vous décidez de faire des recherches pour mieux appréhender la réalité professionnelle que recouvre cette notion.

Vidéo : Prix Agence Media 2023 Soutenance Values.media
liennathan.fr/0oz80e

Vidéo : Soutenance Patrick Gouyou Beauchamps – Prix agence média 22
liennathan.fr/2s1t8m

Comprendre le contexte

1. Identifier, à partir des 2 vidéos, comment l'agence a fait évoluer son offre en 2022 et 2023.
2. Commenter le positionnement de l'agence : « Apporter de la valeur dans le respect de vos valeurs ».
3. Identifier les 3 axes majeurs de travail de l'agence dans le cadre de l'accompagnement de ses clients.
4. Expliquer pourquoi la méthode européenne PEF est évoquée dans le cadre de la mesure de l'efficacité.

1 Connaître les prix qui récompensent l'efficacité publicitaire

Vous décidez d'étudier les 2 prix Effie que l'agence Values.media a gagnés. Généralement, quand on aborde le sujet de la performance, certains mots-clés apparaissent immédiatement : critères, pré-test, post-test, marché test, bilan, baromètre, tracking, KPI... Toutefois, malgré cette technicité apparente, il reste primordial de replacer les campagnes dans leur cadre stratégique. Sans compréhension du contexte, du problème et des objectifs de communication, il est impossible de choisir les bons KPI. L'étude des prix Effie vous permettra de resituer l'étude de la performance dans une vision plus macro-environnementale, car ces prix incarnent une certaine vision des métiers de la communication, une image de la relation agence-annonceur performante qui connecte efficacement la créativité et l'orchestration média.

Documents 1 et 2
Fiche ressource 1

1. Expliquer pourquoi la mesure de l'efficacité des campagnes est un enjeu important pour l'agence comme pour tous les acteurs du secteur de la communication.
2. Identifier les organisations professionnelles à l'origine de la création du prix Effie.
3. (vers Pix 3.1) Choisir l'un des cas gagnants du prix Effie et réaliser une présentation de 10 diapositives (4 sur l'agence, 4 sur l'annonceur, son contexte sectoriel et son brief, 1 sur l'*insight*, 1 sur les critères d'efficacité).

Document 1 Les prix de l'efficacité publicitaire

La première qualité de la communication, c'est l'efficacité [...] Créé en 1994 par l'AACC, CB News et l'UDA [UDM aujourd'hui], le prix Effie France est le seul prix qui récompense les annonceurs et leur agence sur la base de l'efficacité mesurée et prouvée de leur campagne de communication. Il est l'occasion unique de faire valoir le rôle primordial de la communication dans le succès des entreprises et bénéficie également du soutien des grands médias. Décernés par un jury de professionnels, les prix Effie sont attribués sur la base de l'évaluation objective d'un dossier présenté par les annonceurs ou leurs agences. [...]

Quelques exemples de critères d'efficacité publicitaire :
- **Performance commerciale :** évolution du référencement, des ventes, de la part de marché...
- **Impact sur l'attitude et le comportement de la clientèle potentielle :** progression de l'image, de la notoriété, des intentions d'achat (par exemple, sur la base de post-tests publicitaires : attribution, reconnaissance, agrément, mémorisation...).
- **Impact sur les consommateurs :** évolution du profil des clients, de la fidélisation, du trafic point de vente. Indice d'attractivité de la marque, du produit...
- **Impact sur d'autres cibles :** adhésion à la communication de l'interne (personnel, actionnaires) et de l'externe (pouvoirs publics, environnement professionnel, analystes financiers, fournisseurs...).
- **Impact économique et financier :** rentabilité de l'investissement en communication, rentabilité générale du produit, appréciation boursière de l'entreprise...

www.effie.fr

Document 2 Témoignages des duos agences-annonceurs gagnants du prix Effie

Vidéo : Interview Back Market et Marcel
liennathan.fr/7r27al

Vidéo : Interview SNCF et Publicis Conseil
liennathan.fr/5i55e8

Vidéo : Les codes I Canal+ I BETC
liennathan.fr/waieu9

2 Identifier les facteurs ayant un impact sur l'efficacité des campagnes publicitaires

La question de la mesure de l'efficacité est liée à des enjeux de méthodologie et de confiance dans des *metrics* choisis collégialement par les annonceurs, les régies publicitaires et les agences. Les instituts d'études spécialisés, tiers de confiance, travaillent pour fournir au marché des KPI standardisés qui permettent de mesurer l'efficacité des campagnes de communication à chaque étape du processus (funnel de considération), mais aussi de les comparer. Vous comprenez donc que, dans le cadre de votre veille, vous devez connaître à la fois :
- **les instituts d'études ayant une offre sur la mesure de la performance ;**
- **les méthodologies de travail (pré-test, post-test, marché test...) ;**
- **les KPI validés par la profession.**

Documents 3 et 4
Fiches ressources 2 et 4

1. Citer les principales activités de la société Nielsen en recherchant les informations sur Internet en complément du document 3.
2. Classer les 6 facteurs mesurés par l'étude Nielsen, du plus fortement au moins fortement contributeur.
3. Décrire le fonctionnement d'une courbe de réponse.
4. Expliquer en quoi la courbe de réponse est très utile pour orienter les futures campagnes de communication.

Document 3 En matière d'efficacité publicitaire, qu'est-ce qui est déterminant ?

De nombreux facteurs ont une influence avérée sur l'efficacité de la publicité. Nielsen, société mondialement connue et spécialiste des études, se penche depuis de nombreuses années sur la mesure de l'efficacité. Forte d'une importante base de données constituée à partir de bilans de campagnes publicitaires, Nielsen est en mesure de produire des données générales sur le fonctionnement de la publicité et d'apporter des éléments d'analyse et de compréhension sur ce fonctionnement. [...] En 2017, Nielsen a décidé de faire une nouvelle étude pour évaluer le poids de chaque facteur dans l'efficacité des campagnes de communication sur les ventes.

La méthodologie de l'étude Nielsen

Ces informations sont basées sur près de 500 campagnes de produits de grande consommation diffusées en 2016 et au premier trimestre 2017 sur toutes les grandes plateformes médias : télévision linéaire et adressable, numérique et vidéo en ligne, mobile, magazines et radio.

Quels sont les 5 facteurs recensés et étudiés par Nielsen ?
- La couverture (nombre de personnes de la cible qui sont touchées par la campagne)
- La création (qualité de la création)
- La récence (délai entre la campagne de publicité et l'acte d'achat)
- Le ciblage (pertinence de la cible visée)
- Le contexte

À ces 5 facteurs clés, on peut aussi ajouter un facteur « marque » (avec notamment les qualités intrinsèques à la marque, son prix, sa pénétration sur le marché).

www.nielsen.com

Nielsen

Nielsen est l'un des acteurs majeurs des études dans le monde. La société travaille avec tous les acteurs du marché (annonceurs, médias, régies et agences) et propose de nombreuses solutions pour répondre aux besoins des professionnels.

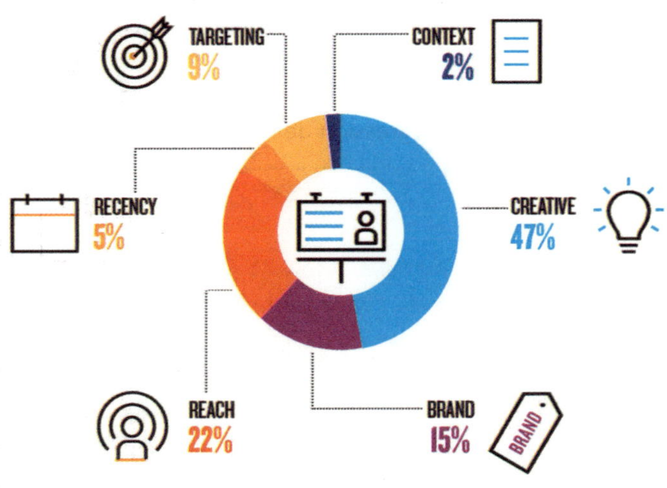

Nearly 500 campaigns across all media platforms
Source : Nielsen Catalina Solutions ©2017; Period 2016-Q1 2017

Document 4 Comprendre le fonctionnement de la courbe de réponse

De nombreuses solutions de mesure de l'efficacité intègrent les courbes de réponse. Rappelons que le principe de la courbe de réponse est de mettre en relation le critère que l'on mesure (notoriété, image, achat…) avec le niveau d'exposition à la campagne de publicité. Nous partons du postulat que plus le niveau d'exposition est élevé, plus la campagne sera efficace. Or, il arrive un temps où la courbe ne progresse plus.

Un exemple sur le critère notoriété

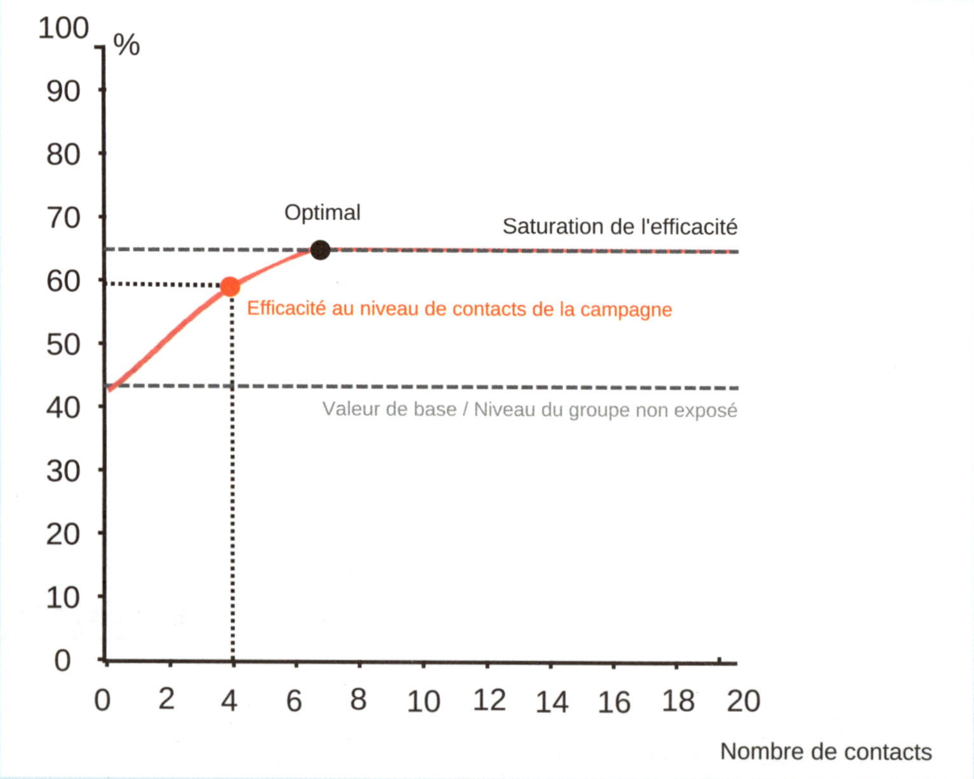

L'**axe horizontal** indique le nombre de contacts. Remarque : au point 0, aucun individu de la cible n'a été exposé à la campagne. Cependant, les individus connaissent la marque (notoriété 40 %).

L'**axe vertical** illustre la notoriété, indicateur que l'on cherche à mesurer.

La **courbe** montre l'évolution de la notoriété en fonction du nombre de contacts (ou niveau d'exposition d'un individu à la campagne publicitaire).

ANALYSE

Nombre de contacts de la campagne (point rouge) : pour une campagne publicitaire ayant un niveau de répétition moyen de 4, la courbe atteint 57 % de taux de notoriété. Cela signifie que la campagne a entraîné une augmentation de la notoriété puisque pour les personnes non exposées, la notoriété est de 40 % et pour l'ensemble des personnes exposées, elle est de 57 %. L'annonceur a donc gagné 17 points de notoriété.

Seuil optimal (point noir) : ce seuil, qui s'établit à environ 7 contacts, correspond au niveau de répétition moyenne qui donne le meilleur rapport entre la répétition moyenne et le pourcentage de notoriété. Au-delà de ce seuil, commence la phase de saturation. Cela veut dire que même en investissant plus, le niveau de la notoriété ne va pas croître plus. Faire un plan média avec plus de 7 de répétition moyenne reviendrait à gaspiller le budget.

Saturation de l'efficacité : il faut éviter de se trouver dans cette zone. L'efficacité n'est plus au rendez-vous, les performances stagnent alors même que les moyens engagés sont plus importants.

3 Comprendre la mesure d'efficacité de la publicité TV segmentée

Dans le cadre de votre stage, vous vous intéressez à la publicité TV segmentée, qui a été lancée sur le marché français en 2021. Elle permet aux annonceurs de diffuser des messages publicitaires ciblés grâce aux technologies numériques et à la collaboration des fournisseurs d'accès à Internet (Orange, Bouygues, SFR et Free). Fin 2022, 6,6 millions de foyers français étaient éligibles à ce service (foyers techniquement adressables et ayant accepté ce type de publicité). Cette même année, environ 1 200 campagnes de publicité TV segmentée ont été mises en œuvre. Afin de soutenir cette nouvelle offre, le SNPTV (Syndicat national de la publicité télévisée) a mis en place des tests d'efficacité pour illustrer son impact sur les ventes. Parmi les campagnes testées, figure celle réalisée par la marque régionale d'eau minérale Carola. La mesure d'efficacité a été opérée par MarketingScan.

Documents 5 à 9
Fiche ressource 4

1. Présenter l'institut d'études MarketingScan ainsi que le SNPTV en précisant leur rôle.
2. Présenter le fonctionnement de la publicité TV segmentée et ses atouts publicitaires.
3. Préciser pourquoi il est pertinent de travailler avec des données transactionnelles plutôt que déclaratives.
4. Expliquer pourquoi la méthodologie de MarketingScan repose sur l'observation de 2 groupes distincts et en quoi la question de la représentativité de ces villes tests est aussi importante.
5. Expliquer l'intérêt de réaliser une mesure avant campagne et après campagne.
6. Repérer la variété d'eau Carola qui a le plus bénéficié de cette campagne.
7. Préciser sur quels critères a été ciblée la campagne Carola.

Document 5 Présentation de la publicité TV segmentée

La mise en place de la publicité TV segmentée sur le marché français ouvre la possibilité de diffuser des campagnes TV sur les téléviseurs selon 2 modalités.

Podcast : La pub à l'oreille – Épisode 9 : Premiers résultats d'efficacité pour la TV segmentée
liennathan.fr/yaayy4

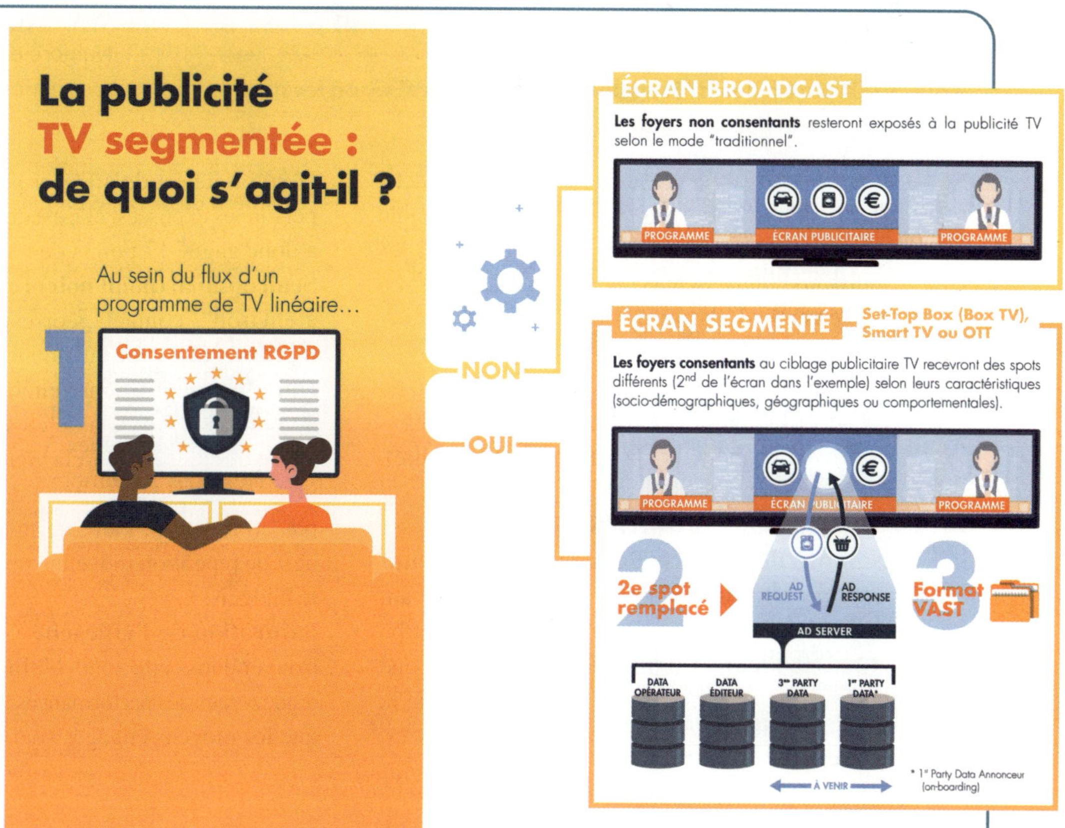

www.snptv.org

Document 6 L'institut d'études MarketingScan – Les marchés tests

Un institut : MarketingScan est le principal opérateur des marchés tests en France.
Une méthodologie : un marché test consiste à comparer 2 zones géographiques :
– une zone de contrôle ou zone témoin, non exposée à la nouvelle campagne publicitaire ;
– une zone test qui va être exposée à la nouvelle campagne publicitaire.

Étape 1	Réaliser une campagne publicitaire pour une marque à Angers (ville test).
Étape 2	Mesurer les résultats des ventes à Angers.
Étape 3	Comparer les résultats des ventes réalisées à Angers aux résultats obtenus à Poitiers, ville qui n'a pas été exposée à la campagne publicitaire (ville témoin).

Ce dispositif repose sur plusieurs éléments :

La représentativité	3 zones représentatives de la population française : Angers, Le Mans et Poitiers, soit une population d'environ 600 000 habitants. Depuis 20 ans, Angers est le plus grand marché test européen pour la représentativité naturelle de sa population. Celle-ci représente une mini France qui permet aux annonceurs de tester l'impact de leur campagne publicitaire et le lancement de leurs produits en conditions réelles. Une mini France avec la même structure commerciale, les mêmes profils de consommateurs, la même structure de consommation et le même équipement média que la moyenne du territoire français.
L'étanchéité	Ces zones de test doivent être étanches. Les personnes exposées au message publicitaire doivent consommer dans la zone.
La maîtrise d'une technologie	Cette technologie permet la substitution des messages dans le tunnel publicitaire.
L'accès aux données	Accéder aux données des cartes de fidélité des distributeurs Auchan, Cora et Système U ainsi qu'au relevé permanent des promotions dans les magasins des zones permet d'identifier l'ensemble des paramètres pouvant avoir un effet sur l'efficacité.

Document 7 À Angers, MarketingScan passe les consommateurs à la loupe

Angers fait partie des trois agglomérations françaises où les marques testent leurs nouveaux produits avant leur lancement sur le marché national. […]

MarketingScan scrute depuis Angers les habitudes de consommation des Français. C'est une société de consommation en miniature qu'observe depuis 1995 MarketingScan à Angers. Cette filiale du spécialiste de la mesure d'audience Médiamétrie et du groupe GFK passe à la loupe les achats des Angevins dans une douzaine d'enseignes de grande distribution. La cité du roi René fait en effet partie, aux côtés du Mans et de Poitiers, des villes où les marques testent en situation réelle leurs nouveaux produits auprès des consommateurs français. « Angers est très représentative des agglomérations françaises. On y trouve des retraités, des jeunes actifs, des cadres et des étudiants. Le pouvoir d'achat y est aligné sur la moyenne nationale et de nombreuses enseignes avec des tailles de linéaires différentes y sont installées. C'est un terrain d'expérimentation idéal pour les marques », explique Fabien Vital, directeur commercial et communication de MarketingScan.

Ce laboratoire de la consommation française est représenté à Angers par un panel de 5 500 foyers effectuant leurs achats au sein de l'agglomération. Dotés d'une carte à présenter lors de leur passage en caisse, les panélistes permettent ainsi à MarketingScan de visualiser leurs achats et de les corréler avec leurs profils sociodémographiques. « Grâce à ces données et à celles des magasins, nous sommes capables de déterminer le taux de ré-achat d'un produit, d'analyser l'efficacité d'une campagne publicitaire ou encore de mesurer l'impact d'un changement de packaging », indique Fabien Vital. Ces expérimentations sont menées pour le compte de firmes multinationales mais également de PME françaises et start-up locales cherchant à réduire leurs risques lors de la mise sur le marché de leurs produits. « On a l'habitude de dire que si un produit fonctionne à Angers, il fonctionnera partout ! » […]

Cédric Menuet, *Les Echos*, 30 août 2022.

Vidéo : Angers, une ville laboratoire pour les grandes marques
liennathan.fr/g7iu57

Document 8 Le syndicat national de la publicité télévisée (SNPTV)

Le SNPTV […] a quatre missions directrices :
- la promotion de la publicité TV, y compris au travers du soutien de ses membres aux campagnes d'intérêt général ;
- l'étude de la publicité TV et de la permanence de son efficacité pour ses annonceurs, conseils en achats médias et agences de publicité ;
- la veille des développements de la publicité TV, notamment dans le monde ;
- la représentation de ses membres et le dialogue avec les instances représentatives des acteurs de la publicité.

www.snptv.org

Document 9 La mesure d'efficacité de la campagne Carola

La marque Carola est une marque leader sur le marché des eaux gazeuses consommée depuis 130 ans dans le Grand Est de la France. La campagne publicitaire concernait 2 produits : une eau fortement pétillante (la Carola rouge) et les eaux aromatisées. Le ciblage géographique a été choisi par cet annonceur régional qui se lançait pour la première fois en TV grâce à une campagne de publicité TV segmentée (spot de 20 secondes). Les régies adhérentes au SNPTV en association avec l'af2m (Association française pour le développement des services et usages multimédias multi-opérateurs), qui regroupe les opérateurs Orange, Bouygues, SFR…, ont mesuré l'efficacité de la télévision segmentée sur l'impact sur les ventes et la génération de trafic sur site ou en magasin. La campagne Carola était l'une des campagnes analysées.

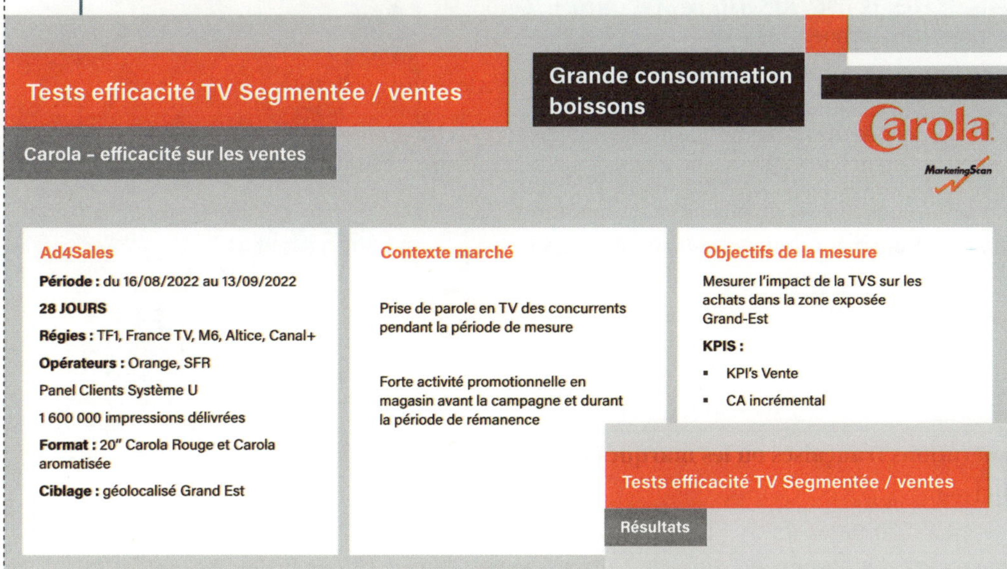

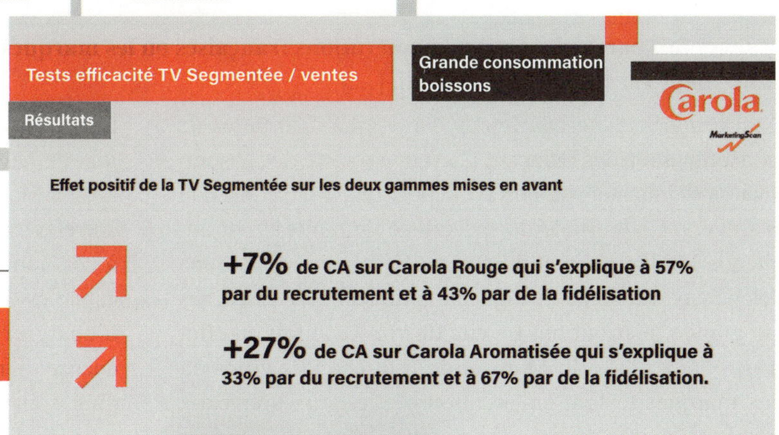

www.marketingscan.fr

4 Repérer le rôle des organisations professionnelles dans la mesure de l'efficacité

Vous continuez vos recherches pour découvrir les grands chantiers en cours des organisations professionnelles qui ont pour rôle d'anticiper les évolutions du secteur et d'accompagner leurs membres dans la transformation de leurs métiers. Elles ont notamment permis aux acteurs de l'écosystème communication de réagir efficacement à l'arrivée du digital dans les années 2000. Les organisations professionnelles travaillent aujourd'hui pour fournir aux agences, aux régies et aux annonceurs les moyens de faire face aux nouveaux enjeux environnementaux et *data*, mais aussi de pouvoir répondre aux exigences de mesure de la performance des services achats.

- Documents 10 à 13
- Fiche ressource 5

1. Présenter les initiatives entreprises par chacune des organisations professionnelles et leur axe de travail.
2. Expliquer pourquoi les organisations professionnelles s'investissent dans le sujet de la mesure de la performance.

Document 10 UPE, efficacité et *Marketing Mix Modeling*

L'Union de la Publicité Extérieure lance un appel d'offres sur l'efficacité business de la communication Out-Of-Home

Dans le cadre de ses travaux économétriques, l'UPE lance un appel d'offres dont l'objectif est d'apporter tous les éléments de compréhension relatifs à l'efficacité de la Communication Extérieure appréhendée sous l'angle du business des marques. Cette consultation s'adresse aux instituts d'études, panélistes consommateurs et distributeurs, prestataires spécialisés dans l'analyse et la modélisation des données, ou encore aux agences médias. Ils devront être en mesure de produire des modélisations de type MMM […].

www.upe.fr

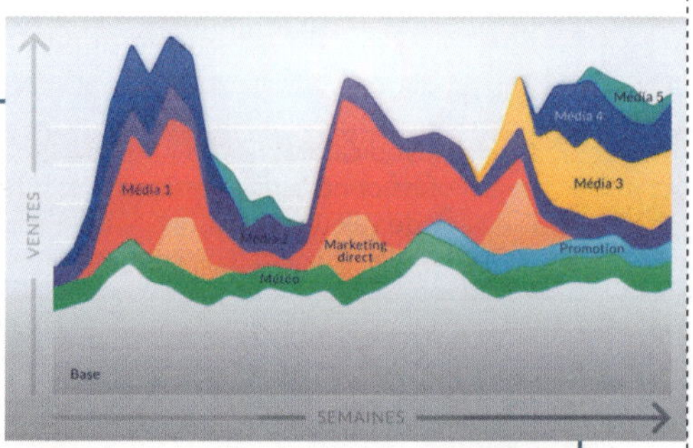

Vidéo : La pédagogie du MMM (*Marketing Mix Modeling*)
liennathan.fr/zdwfqi

Document 11 AACC, efficacité et créativité

[…] Toutes les campagnes lauréates au prix Effie 2022 ont été testées par l'outil intelligence artificielle de Kantar Insights qui a permis d'avoir une unité commune de mesure pour valider que ces campagnes efficaces étaient aussi créatives dans leur contenu mais avaient également un impact business quantifiable à court terme sur les ventes, mais aussi à plus long terme sur la *brand equity*.

- 93 % de ces campagnes efficaces, puisque récompensées aux Effie, sont également créatives. Elles sont toutes dans le top 30 des campagnes les plus aimées ou engageantes de la base de données de Kantar Insights, qui totalise plus de 2 700 cas.
- 73 % des campagnes influent directement sur le business à court ou à long terme pour les marques.

L'outil d'IA entraîné sur 2 700 campagnes en France a permis d'identifier quels sont les piliers de cette efficacité publicitaire de toutes les campagnes lauréates.

Les piliers de l'efficacité créative publicitaire :

- Générer une réaction émotionnelle forte à l'égard de son audience, à 84 %
- Se différencier pour émerger dans un contexte publicitaire de plus en plus encombré, à 74 %
- Partir d'un *insight* consommateur pour entrer au maximum en résonance avec sa cible, à 66 %
- Faire jouer un rôle fort à la marque dans l'histoire, à 53 %
- Et enfin, s'appuyer sur des dispositifs médias créatifs […]

www.lefigaro.fr, 2 décembre 2022.

Vidéo : Creativity is Business #3 | Effie (AACC, Kantar Media, Media Figaro)
liennathan.fr/tgm9pm

Document 12 SRI, efficacité et langage commun

« Alors que le digital est maintenant le premier média investi, la question de son efficacité est plus que jamais au cœur des préoccupations de toute la chaîne média, des annonceurs en particulier.
Cette efficacité, si elle est largement mesurable et mesurée quotidiennement par les régies et leurs partenaires, continuera néanmoins d'être questionnée si les parties prenantes ne s'entendent pas préalablement sur les indicateurs clés (KPI) à suivre et mesurer.
Dans cette perspective, il est absolument nécessaire de partager un langage commun en matière d'efficacité, langage dont les experts rassemblés au SRI se proposent aujourd'hui de poser les bases. »*

Sylvia Tassan Toffola, présidente du SRI.

Ces indicateurs mesurent la qualité de la diffusion : la livraison, l'affichage, l'occasion de voir et le contexte de diffusion d'une impression publicitaire. S'ils sont indispensables à la bonne diffusion de la campagne, ils ne mesurent en rien l'efficacité du message.

www.sri-france.org

* Le SRI (Syndicat des Régies Internet) est une organisation interprofessionnelle qui représente les intérêts des régies dans la chaîne de valeur de la publicité digitale en France. Nos adhérents travaillent dans un esprit de coopétition et se répartissent en 2 collèges : le collège « Régies », rassemblant des régies digitales adossées à des publishers, et le collège des « Partenaires Technologiques », réunissant des acteurs exerçant une activité technologique de monétisation publicitaire sur Internet. Pour peser au sein de la chaîne de valeur de la publicité digitale, le SRI agit sur trois fronts complémentaires : le décryptage du marché, l'amélioration des pratiques et la défense des intérêts de notre collectif.

LE PENSE PAS BÊTE DE L'EFFICACITÉ
SRI LES RÉGIES INTERNET

KPI	METRICS	MESURE / FORMULE
Taux de visibilité	Nb impressions servies Nb impressions mesurées Nb impressions visibles	Mesurées / Servies = taux de mesure Visibles / Mesurées = taux de visibilité
Taux Brand Safety	Nb impressions servies Nb impressions mesurées Nb impressions rejetées	Rejetées / mesurées = taux de rejet 1 - le taux de rejet = taux de brand safety
Taux de Fraude	Nb impressions servies Nb impressions mesurées Nb impressions frauduleuses	Frauduleuses / mesurées = taux de fraude
Taux impression sur cible	Nb impressions servies Nb d'impressions sur cible Nb de visiteurs uniques	Impressions sur cible / total impressions servies = taux d'imp. sur cible
Répetition	Nb de visiteurs uniques sur cible	VU sur cible / total VU = taux
Taux de Completion Completion Rate CR	Nb d'impressions video servies mesurées à partir de 0 seconde Nb de videos jouées à 100%	Données par quartile (25% 50% 75% 100%) Nb de videos jouées à 100%

Document 13 UDM, efficacité et standards communs

le Référentiel union des marques

Qu'est-ce que le Référentiel ? Le Référentiel de l'Union des marques est la première plateforme destinée à accompagner les professionnels dans la mesure de l'efficacité des campagnes de communication. Cet outil a été créé par un comité de pilotage constitué des membres de l'Union des marques et d'experts de la mesure de l'efficacité [...].
Que contient-il ? Le Référentiel répond en particulier à 3 objectifs exprimés par les membres de l'Union des marques : référencer les indicateurs pertinents du marché, les hiérarchiser en fonction de leur niveau de prédictivité de l'efficacité des actions de communication, identifier les études et outils les plus fiables pour calculer ces indicateurs. Grâce à la plateforme du Référentiel, chaque utilisateur peut ainsi sélectionner rapidement, parmi la centaine d'indicateurs répertoriés, ceux qui sont les plus adaptés à sa problématique et en obtenir une définition précise.

Vidéo : Le Référentiel de l'Union des marques
liennathan.fr/kqd56f

Pour une sélection optimale, le Référentiel organise les indicateurs autour de trois niveaux :
- les **indicateurs de mise en œuvre média** (les prérequis de l'efficacité) ;
- les **indicateurs publicitaires**, qui mesurent la compréhension et la mémorisation des messages publicitaires ;
- les **indicateurs d'efficacité globale** liés aux objectifs de marques, pré-business et business, pour évaluer la performance en regard des budgets investis.

Le corpus d'indicateurs les plus couramment utilisés par les marques est enrichi des études et outils de référence audités par le CESP. En complément, le Référentiel offre aujourd'hui aux régies, agences et instituts d'études la possibilité d'y intégrer leurs études et outils de mesure de l'efficacité. Pour bénéficier de cette intégration, l'obtention d'un Visa Efficacité par le CESP est nécessaire.

Vidéo : Le Référentiel de l'Union des marques – Tutoriel
liennathan.fr/jp50fj

https://uniondesmarques.fr

5 Comprendre les post-tests publicitaires

Les post-tests sont souvent réalisés par les instituts d'études à la demande d'annonceurs qui souhaitent vérifier le bon fonctionnement de leur communication (par exemple, l'institut BVA pour les campagnes des pouvoirs publics). Cependant, ils peuvent aussi émaner de régies qui, lorsqu'elles vendent l'espace publicitaire, peuvent proposer à l'annonceur un post-test de la campagne, en faisant appel à un institut d'études externe ou en réalisant le post-test en interne, à partir d'un panel propriétaire (exemple : les post-tests de la régie 366). Les post-tests présentés ci-dessous apportent un début de réponse à la mesure de l'efficacité. Pour parfaire cette mesure, il convient d'ajouter la mesure d'indicateurs correspondant aux objectifs marketing des campagnes (notoriété, image, achat).

Document 14
Fiche ressource 3

1 Expliquer le principe d'un post-test.

2 Expliquer les 2 volets de l'offre post-test de BVA.

3 Identifier, dans un tableau, les 4 scores utilisés pour évaluer l'efficacité de la campagne de Santé publique France et expliquer ce que chacun des scores évalue.

4 Expliquer pourquoi Santé publique France a fait le choix de post-tester cette campagne.

Document 14 Les campagnes publiques post-testées

Cas étudié : Messages sanitaires obligatoires – Annonceur Santé publique France

Contexte et objectifs : depuis le 27 février 2007, des messages sanitaires accompagnent les publicités pour les aliments et boissons à la télévision, la radio, dans les journaux et sur les affiches ou certaines brochures de la grande distribution. Cette mesure est issue de la loi de santé publique d'août 2004.
Dans ce contexte, l'INPES [Santé publique France depuis 2016] a chargé BVA de réaliser en octobre 2007 une enquête afin de mesurer l'impact des messages sanitaires auprès de la population vivant en France et leurs perceptions à l'égard de cette mesure.

Principaux objectifs de l'enquête :
- ✓ Mesurer la mémorisation des différents messages sanitaires
- ✓ Évaluer le niveau de compréhension des messages
- ✓ Mesurer l'image de ces messages (clarté, crédibilité, facilité d'application, etc.)
- ✓ Évaluer le caractère incitatif de la campagne au changement de comportement (alimentaires et d'achat)

Méthodologie : l'institut BVA a réalisé une enquête en face-à-face auprès de deux cibles
- ✓ **Pour les 15 ans et plus :** échantillon national représentatif de cette population, 1 063 personnes interrogées du 1er au 17 octobre 2007.
- ✓ **Pour les enfants :** échantillon national représentatif de la population âgée de 8 à 14 ans, 400 enfants interrogés, du 1er au 17 octobre 2007.

Échantillons construits selon la méthode des quotas appliquée aux variables suivantes : sexe, âge, CSP du chef de famille après stratification par région et catégorie d'agglomération.

Résultats : un bilan positif en termes de compréhension, d'agrément et d'incitation au changement de comportement
1. Le principe de prévention nutritionnel des messages sanitaires est bien compris malgré une certaine focalisation sur la lutte contre l'obésité [...].
2. Les messages sanitaires et les films globalement appréciés [...].
3. Des films clairs, adaptés aux enfants et absolument pas anxiogènes [...].
4. Un vecteur de discussion pour les enfants avec leurs parents et amis [...].
5. Une forte incitation au changement de comportement, encore plus forte auprès des enfants ayant déjà de « bonnes habitudes alimentaires » [...].

https://sante.gouv.fr

BVA

Une expérience reconnue en matière d'évaluation de communications : depuis 2012, les pouvoirs publics (gouvernement, ministère, INPES, etc.) ont confié l'ensemble de leurs post-tests à BVA. [...] Notre offre se distingue par une capacité à analyser à la fois la force de vos créations et la pertinence du plan média [...] avec un focus particulier sur l'évaluation de l'efficacité des campagnes centré sur les indicateurs d'incitations, de *call for action* ou de *drive to*. [...]

www.bva-group.com

Étude complète
liennathan.fr/5bqs9a

FICHE RESSOURCE

1

MESURER LA PERFORMANCE

La communication est un investissement pour les annonceurs. Par conséquent, comme pour les autres investissements, il est absolument nécessaire d'en mesurer l'efficacité.

I La définition de la mesure d'efficacité

La mesure d'efficacité consiste à mesurer l'impact des campagnes de communication. Elle s'opère à deux niveaux :

1er niveau – Mesurer la visibilité de la communication	Il s'agit d'évaluer la qualité de la création publicitaire et de mesurer la visibilité dans les médias.
2e niveau – Mesurer l'impact des investissements publicitaires sur les indicateurs marketing des marques auprès des cibles visées	Il s'agit d'évaluer la contribution des investissements publicitaires : • à la notoriété de la marque : la campagne de communication a-t-elle contribué à augmenter la notoriété de la marque ? • à l'image de la marque : la campagne de communication a-t-elle contribué à améliorer l'image de la marque ? • aux ventes de la marque : la campagne de communication a-t-elle permis d'augmenter les ventes de la marque ?

II Les trois fonctions majeures de la mesure d'efficacité

- La première fonction consiste à mesurer les effets de la publicité après une campagne pour vérifier si les objectifs ont été atteints. Les effets sont également mesurés grâce au calcul du ROI (*Return On Investment* ou retour sur investissement). En général, les résultats (surtout s'ils sont bons) sont présentés à la direction de l'entreprise et permettent de justifier le bien-fondé de l'investissement réalisé (*reporting* client).
- La deuxième fonction consiste à utiliser les résultats de la mesure d'efficacité pour piloter la communication, orienter les prochains investissements en termes de niveau de budget, de choix média… La mesure d'efficacité est alors une aide à la décision pour organiser les prochaines prises de parole de la marque.
- La mesure d'efficacité entre également en compte dans la rémunération de l'agence et devient donc un enjeu majeur de la relation annonceur-agence. Une partie de la rémunération est certes fixe (calculée sur la base d'un pourcentage sur le budget média ou sur des honoraires au temps passé), mais une autre partie est liée aux résultats d'efficacité (prime, *incentive*…).

III La mise en œuvre de la mesure d'efficacité

1. Un référent essentiel : le parcours consommateur

Le funnel de considération est le parcours théorique du consommateur. À chaque étape du parcours, le consommateur se rapproche un peu plus de l'acte d'achat, les objectifs de communication varient et les moyens de communication diffèrent.

2. Les KPI (*Key Performance Indicators* ou indicateurs clés de la performance)

Les KPI sont mesurés à l'issue de la campagne de communication pour s'assurer de l'efficacité des actions. À chaque étape du parcours consommateur sont associés des KPI. Ils sont propres à chaque marque et sont définis en fonction de ses objectifs marketing et communication.

La mesure des KPI peut être opérée :

Méthode	Exemples
Active	Interviewer un échantillon lors d'un bilan de campagne (notoriété de la marque).
Passive	Collecter des données de façon passive sur les canaux digitaux (nombre de visites sur le site de la marque).

3. Quelques exemples de KPI d'efficacité

KPI \ Méthode	Active (Interview de consommateurs)	Passive
Connaissance	• % de notoriété *top of mind* • % de notoriété spontanée • % de notoriété assistée	• % de clics sur annonce *display* • Nombre de requêtes concernant la marque sur Google Trends
Intérêt	• Notes d'image de la marque sur les critères pertinents • Note d'attractivité de la marque • % de demandes d'information	• % de transformation (renvoi vers le site ou l'application de la marque)
Considération	• % de recherche marque sur comparateurs • Note de proximité à la marque	Visites du site de la marque (nombre de visites, temps passé, nombre de pages vues…), souscription à la *newsletter*
Action	• % d'intention d'achat • % d'achat • % de recommandation	Achats sur le site marchand de la marque

4. Conclusion

La publicité n'est pas le seul facteur qui contribue à faire varier les positions de la marque sur ces critères (KPI). D'autres éléments du mix marketing vont également avoir une influence positive ou négative, tout comme d'autres éléments extérieurs au marketing (actions des concurrents, météo, cadre réglementaire…). Dans le cadre de la mesure d'efficacité d'une campagne, il est donc essentiel d'essayer d'isoler les effets de la publicité des effets des autres facteurs.

Les facteurs pouvant exercer une influence sur les objectifs à atteindre

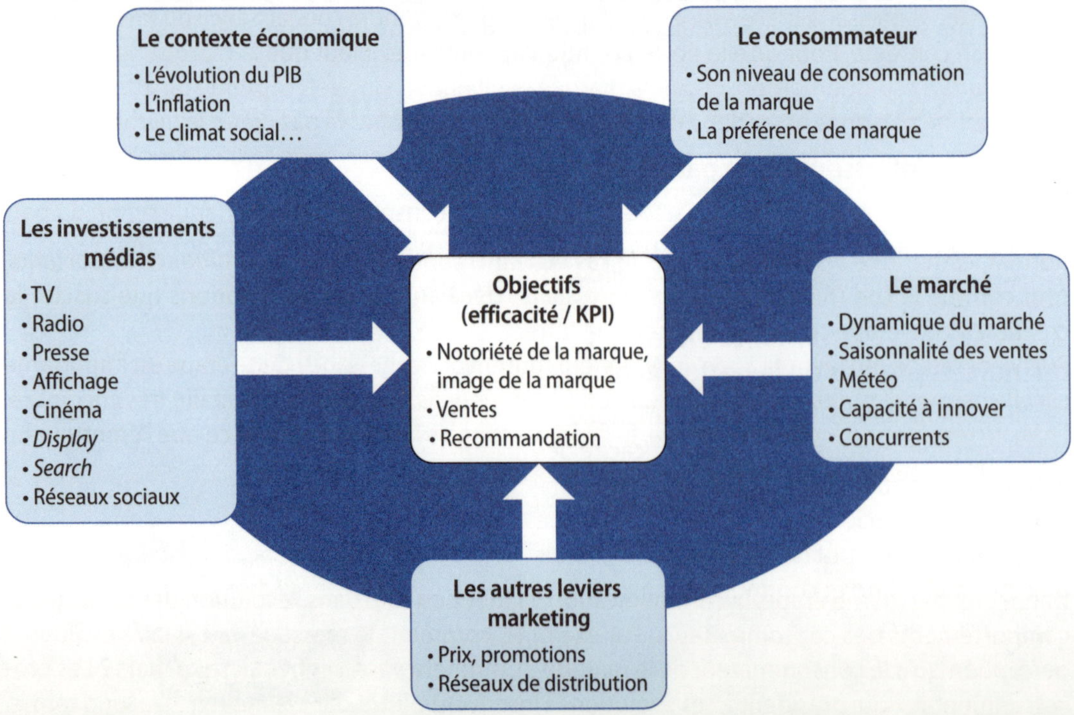

FICHE RESSOURCE

2

COMPRENDRE LE FONCTIONNEMENT DE LA PUBLICITÉ POUR CERNER LES ENJEUX DE LA MESURE DE LA PERFORMANCE

Entre le moment où un consommateur reçoit un message publicitaire et celui où il va acheter un produit, de nombreuses interactions s'établissent entre le message envoyé par la marque et la façon dont le consommateur reçoit et traite ce message. Ces interactions s'étalent dans le temps. On parle ainsi d'effets à court terme et d'effets à long terme.

I La réception du message

Le parcours débute par la rencontre entre le message et son destinataire grâce à un contact média. L'intérêt du consommateur pour le message publicitaire peut être motivé par le type de produit ou service proposé, mais aussi par la création publicitaire. Si cette première étape de l'intérêt est franchie, le consommateur va ensuite identifier l'émetteur et décoder le message.

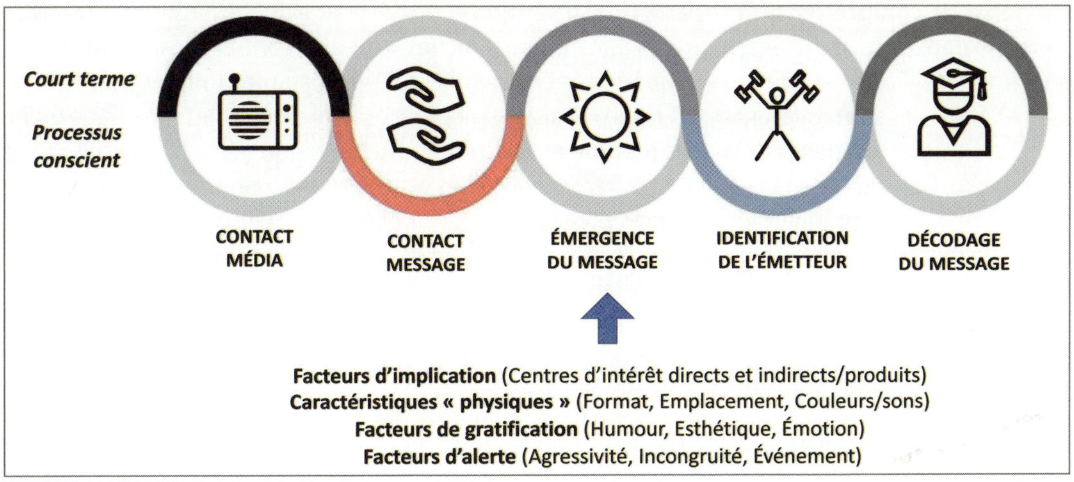

Source : séminaire formation, Havas Media France, 2019.

Éléments de compréhension : lorsqu'une marque délivre un message publicitaire à un client ou un prospect, certains mécanismes se mettent en œuvre. La personne destinataire va entrer en contact avec le message grâce à un support média et donc prendre connaissance du message dans un certain contexte. Pour qu'elle porte attention au message, il faut que la marque, la catégorie de produits, la solution proposée par la marque éveillent son intérêt, captent son attention. Par exemple, une personne assez peu intéressée par la technologie ne va pas prêter la même attention à une offre de produit technologiquement innovante qu'une personne férue de technologie. La communication doit donc passer un premier filtre d'intérêt.

Ensuite, il faut que la qualité créative du message soit attractive. Le concept créatif et sa réalisation (format, esthétique visuelle et sonore, le cas échéant) sont des facteurs d'influence importants, tout comme le ton (humour, sérieux, agressivité, décalage…) ou les émotions que suscite la création. Cette étape constitue le deuxième filtre.

Puis vient l'étape de l'identification de l'émetteur : qui envoie le message ? Cette étape est importante car elle permet d'attribuer le message au bon émetteur dans un univers publicitaire très encombré.

Enfin, le récepteur décode le message, il en prend connaissance, comprend ce que l'émetteur lui dit, apprécie ou pas le message.

II Les effets du message

Dans cette deuxième étape, la communication va jouer un rôle dans l'évolution des attitudes et comportements des consommateurs. Par exemple, comment le message va-t-il faire évoluer la perception qu'a le consommateur de la marque ? Comment va-t-il impacter ses achats ? Les processus mentaux qui président à ces évolutions s'inscrivent plutôt dans le moyen et le long terme.

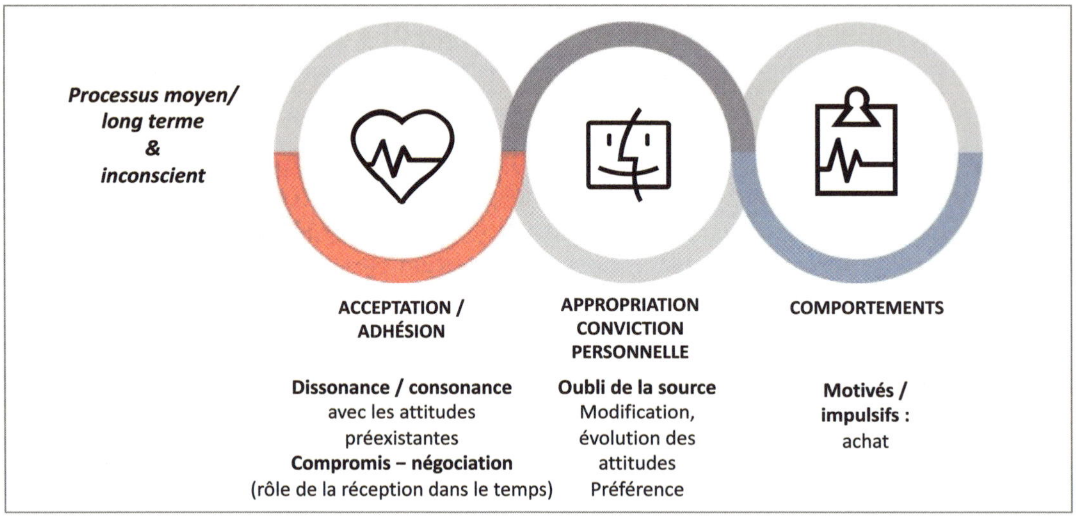

Source : séminaire formation, Havas Media France, 2019.

Éléments de compréhension : à partir de la réception et du décodage du message, un processus s'engage dans l'esprit du récepteur. Les informations reçues vont être confrontées aux attitudes préexistantes. Soit elles sont en adéquation avec les attitudes préexistantes (on parle de consonance), soit elles sont différentes (on parle de dissonance). Dans le premier cas, le message vient renforcer ce que l'on pense déjà de la marque et contribue à maintenir ou accroître la préférence de marque. Dans le second cas, soit la différence avec les attitudes préexistantes est acceptable et vient peu à peu modifier les attitudes préexistantes, soit elle est trop importante et il y a un risque de rejet de la marque. Ces phénomènes d'adhésion ou de rejet sont souvent inconscients. À terme, le renforcement ou le changement d'attitude aura un effet sur les comportements du consommateur et va l'amener à acheter, utiliser et recommander la marque. La mesure d'efficacité doit être cohérente avec les objectifs fixés à la campagne de communication (funnel de conversion) et doit se faire auprès des cibles visées par la campagne.

Conclusion : une publicité est efficace si elle remplit plusieurs conditions.

Elle est visible : • la création publicitaire capte l'attention du consommateur ; • la création publicitaire est attribuée à la marque ; • le message publicitaire est adressé à la bonne cible ; • le niveau de pression publicitaire est suffisant pour émerger alors que le bruit publicitaire est important.	Elle déclenche une réaction de la part du destinataire, cette réaction pouvant être déclenchée par des arguments rationnels ou émotionnels : • changer d'opinion ou de comportement vis-à-vis de la marque ; • continuer à acheter le produit ; • recommander la marque à ses proches…

III Les méthodes de mesure d'efficacité et leurs approches méthodologiques

Il existe plusieurs méthodes de mesure d'efficacité avec plusieurs approches. Le schéma suivant présente les différentes mesures d'efficacité et les objectifs auxquelles elles répondent.

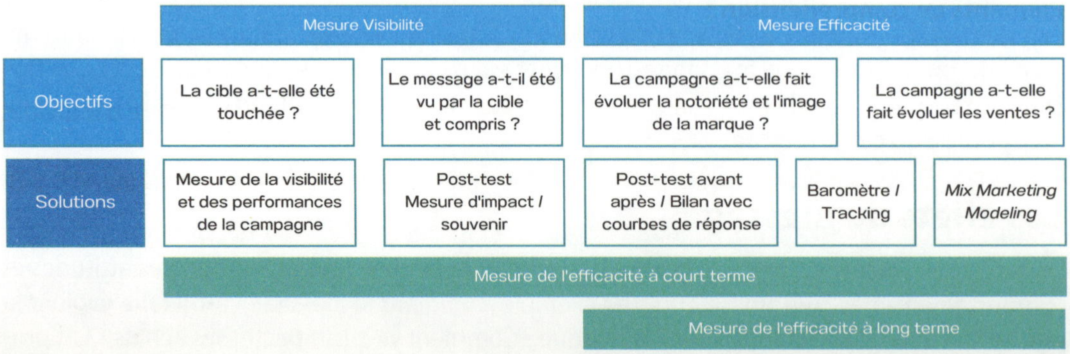

Source : séminaire formation, Havas Media France, 2019.

FICHE RESSOURCE
3

MESURER LA VISIBILITÉ

I La mesure des performances de campagnes

La mesure de la visibilité des campagnes s'opère grâce à des indicateurs de performance des plans médias. Ces performances sont calculées par des logiciels spécifiques à partir des données fournies par les études d'audience de référence. On parle d'**exposition à la campagne (ou au plan média)**. La notion d'exposition traduit la rencontre d'un consommateur avec le message publicitaire d'une marque. C'est en fait la probabilité qu'a ce consommateur d'avoir vu (**ODV, occasion de voir**), entendu (**ODE, occasion d'entendre**) une publicité. Cette exposition se calcule en croisant les audiences de chaque support du plan média (issue des études de référence) avec les habitudes de consommation média du consommateur. La mesure de la visibilité se fait avant, pendant et après la campagne. Elle permet le pilotage des campagnes au cours de leur déploiement.
Elle doit permettre de vérifier que le dispositif de campagne initialement prévu est efficace.

1. Les 3 indicateurs majeurs

La couverture de la campagne	Pourcentage de la cible visée qui a eu au moins un contact (ODV ou ODE) avec le message publicitaire de la campagne
La répétition moyenne	Nombre moyen de contacts reçus par une personne de la cible.
Le GRP (*Gross Rating Point*)	Indicateur de pression publicitaire Nombre de contacts générés par la campagne pour 100 personnes de la cible Le GRP se calcule selon 2 formules : – Couverture × Répétition ; – somme des audiences (en %) de toutes les insertions du plan média.

2. La notion de couverture et de répétition

1	4	1	3	5	1	3	2	6	0
3	6	7	4	6	5	4	4	3	0
2	1	3	2	12	8	2	5	8	0
4	5	11	9	4	10	7	1	2	0
6	1	3	3	2	1	8	6	4	0
1	7	6	4	5	3	5	2	3	0
4	3	1	10	2	1	4	7	1	0
2	2	5	2	3	7	2	8	2	0
1	3	4	8	1	9	6	5	3	0
5	6	2	5	3	2	4	1	1	0

Imaginons une population cible de 100 personnes représentées chacune par une case. Lorsque qu'un plan média est diffusé, de par leurs habitudes de fréquentation des médias diverses, toutes les personnes ne vont pas être touchées par ce plan avec la même intensité :
• Certaines personnes ne seront pas touchées (la case affiche 0 contact).
• Certaines personnes vont être touchées très souvent (la case affiche par exemple 11 contacts).
• Certaines personnes vont être touchées peu souvent (la case affiche par exemple 2 contacts).

Source : séminaire formation, Havas Media France, 2019.

Éléments de compréhension :
- La couverture s'établit à 90 % de la cible. 90 personnes sur les 100 ont eu au moins 1 contact avec la campagne.
- La répétition moyenne s'établit à 4,1 : la somme des contacts divisée par le nombre d'individus (369 / 90).
- Le GRP s'établit à 369. Le plan a délivré 369 GRP (369 contacts ont été générés pour 100 personnes de la cible).

3. Le cas particulier des performances de visibilité des campagnes digitales

Avec la montée en puissance du digital, la profession a dû choisir de nouveaux indicateurs propres à ce média. De nouvelles normes ont été définies par les organisations professionnelles (IAB, *Interactive Advertising Bureau*) en lien avec les solutions technologiques disponibles sur le marché.

Ces solutions permettent de mesurer 3 types d'indicateurs :

La pertinence du ciblage	L'impression a-t-elle été vue par une personne de la cible ?
La visibilité des annonces	Les impressions publicitaires sont-elles réellement vues par l'internaute ?
La sécurité pour la marque	Le contexte de ces impressions est-il *brand safe* ? Les contenus dans lesquels s'insère l'annonce publicitaire ne doivent pas porter préjudice à la marque.

II Les post-tests de campagne / La mesure du souvenir publicitaire

Ces bilans sont simples à réaliser. Il s'agit de mesurer, à l'issue de la campagne, le souvenir de cette même campagne.

Ces post-tests fournissent des enseignements sur le fonctionnement de la création.
Plusieurs indicateurs sont alors mesurés.

Méthode	Questionnaire
• Interrogation d'un échantillon représentatif de la cible en fin de campagne (dans les 3-4 jours suivant la fin de la campagne, 10 jours maximum) • 400 interviews minimum recommandés	**Évaluation de l'impact :** • Émergence de la campagne • Souvenir de la campagne • Reconnaissance de la copy • Agrément de la création **Pour aller plus loin sur l'analyse de la création** • Lien à la marque : attribution à la marque • Compréhension du message : questions ouvertes de compréhension ou niveau d'accord sur une liste d'items • Jugement publicitaire : niveau d'accord sur liste d'items (« *Et diriez-vous que cette campagne vous donne envie…* »)
Enseignements sur la visibilité et le degré d'impact de la création	
• Insights création Les critères mesurés lors du post-test peuvent être comparés à des résultats standards (normes). Attention ! Ces normes doivent rester de simples repères, l'historique de la marque restera la meilleure base de comparaison. **• Insights Media** Les critères mesurés n'apportent pas vraiment d'enseignement opérationnel sur l'efficacité média.	

Source : séminaire formation, Havas Media France, 2019.

FICHE RESSOURCE

4

MESURER L'EFFICACITÉ

La mesure de l'efficacité va évaluer l'impact de la campagne sur les attitudes et comportements des consommateurs à l'égard de la marque.

I Les bilans de campagne

Ils intègrent plus d'indicateurs que les post-tests de souvenir et font la part belle aux indicateurs marketing (notoriété, image, achat…). Deux approches peuvent être envisagées.

1. Les bilans de campagne « avant / après »

Méthode	Questionnaire type
Une première mesure est effectuée avant le démarrage de la campagne et une seconde à l'issue de la campagne. Les 2 mesures sont réalisées sur la base de 2 échantillons appariés, c'est-à-dire que la structure des échantillons est identique mais ce ne sont pas les mêmes personnes qui sont interrogées avant et après la campagne. Les échantillons recommandés sont de l'ordre de 400 personnes minimum.	Évaluation de la notoriété de la marque (notoriété *top of mind*, spontanée, assistée) • Évaluation de l'image de la marque sur une batterie d'items d'image en rapport avec la marque • Évaluation de l'intention d'achat ou de l'achat Pour aller plus loin, on peut ajouter dans la mesure après campagne des indicateurs de souvenir publicitaire (comme ceux du post-test précédent).
Enseignements	
L'efficacité est mesurée en comparant les résultats des indicateurs après campagne aux résultats de ces mêmes indicateurs avant campagne. S'ils sont en progression, on juge que la campagne est efficace.	

Source : d'après séminaire formation, Havas Media France, 2019.

2. Les bilans de campagne avec courbes de réponse

Cette méthode, utilisée depuis de nombreuses années par divers instituts, a l'avantage d'apporter des enseignements opérationnels pour le pilotage des stratégies médias.

Les courbes de réponse sont une représentation graphique qui met en relation :

- un indicateur d'efficacité (KPI), tel que le pourcentage de notoriété, une note d'image, le pourcentage de personnes achetant le produit… ;
- avec un indicateur traduisant les moyens qui ont été mis en œuvre lors de la campagne de communication, exprimé en GRP, nombre de contacts ou euros investis.

Le principe de la courbe de réponse est de mesurer le niveau atteint par l'indicateur en fonction du nombre de GRP, de contacts ou du montant d'euros.

Les courbes de réponse sont utilisées dans de nombreuses mesures de l'efficacité car elles permettent de mesurer l'élasticité des indicateurs de performance en fonction des moyens mis en œuvre (niveau de contacts ou investissement publicitaire).

Méthode	Questionnaire type
La mesure a lieu à l'issue de la campagne, dans un maximum de 10 jours après la campagne. Un échantillon important est nécessaire pour pouvoir obtenir des résultats fiables. L'échantillon recommandé est de 600 personnes minimum. Le principe de ces bilans est de mettre en relation les indicateurs mesurés avec le niveau d'exposition à la campagne de publicité des personnes interviewées.	Concernant les indicateurs, il est identique à celui du bilan avant/après. • Évaluation de la notoriété de la marque (notoriété *top of mind*, spontanée, assistée) • Évaluation de l'image de la marque sur une batterie d'items d'image en rapport avec la marque • Évaluation de l'intention d'achat ou de l'achat On le complétera par une information indispensable à la mesure de l'exposition : les habitudes de consommation média des interviewés.

Enseignements

La lecture des résultats permet de mesurer :
- l'évolution de chaque indicateur entre les personnes non exposées à la campagne et les personnes exposées à la campagne. La campagne sera jugée efficace sur un indicateur si celui-ci est supérieur au groupe des exposés ;
- l'évolution de chaque indicateur sur la courbe de réponse. L'analyse de la courbe de réponse permet de savoir s'il existe un niveau de répétition optimale, un seuil de saturation. La méthode permet également de voir s'il existe des synergies entre deux médias.

Exemple :

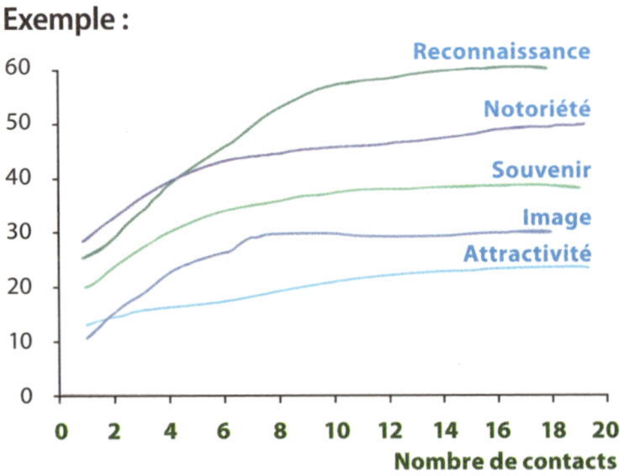

Exemple de lecture : chaque courbe du schéma montre l'élasticité de la réponse d'un critère au niveau d'exposition à la campagne. Si l'on considère la notoriété, on observe que la courbe s'élève en même temps que le niveau de contacts, sans effet de saturation. Donc, tout euro supplémentaire investi contribue à augmenter la notoriété. En revanche, si l'on considère le critère d'image, on observe une progression de l'indicateur jusqu'à 5 contacts. À partir de 5 contacts, l'image ne progresse plus et atteint un seuil de saturation. Au-delà de 5 contacts, tout euro supplémentaire investi n'apporte rien de plus.

Source : d'après séminaire formation, Havas Media France, 2019.

II Les baromètres et le tracking

Les baromètres et le tracking permettent de mesurer régulièrement l'évolution des critères. Ils sont parfois enrichis par des courbes de réponse.

Méthode	Questionnaire type
Le principe de ces approches est d'établir un suivi régulier ou continu des indicateurs d'efficacité. La méthode s'appuie sur la mesure régulière des indicateurs auprès de la population cible via un questionnaire. Les échantillons interrogés ont les mêmes caractéristiques lors de chaque mesure. Pour le tracking (suivi régulier des indicateurs), la mesure est réalisée en général de manière hebdomadaire. Pour les baromètres, elle est plus espacée (mensuelle, trimestrielle, semestrielle, voire annuelle).	Le questionnaire est constitué des mêmes éléments que ceux utilisés dans les autres études d'efficacité. • Évaluation de la notoriété de la marque (notoriété *top of mind*, spontanée, assistée) • Évaluation de l'image de la marque sur une batterie d'items d'image en rapport avec la marque • Évaluation de l'intention d'achat ou de l'achat On peut le compléter par une mesure du souvenir publicitaire et parfois des habitudes de consommation média des interviewés.

Enseignement

Mesurer l'évolution des indicateurs d'efficacité. Cependant, la lecture des résultats est parfois complexe pour deux raisons :
- de nombreux facteurs extérieurs à la publicité de la marque peuvent avoir un impact significatif sur ces indicateurs. Par conséquent, il peut être difficile d'isoler la seule contribution de la publicité car d'autres facteurs peuvent interférer ;
- les effets de la publicité sur certains indicateurs ne sont pas visibles à court terme. La méthode ne permet pas de bien isoler les effets à long terme.

Exemple :

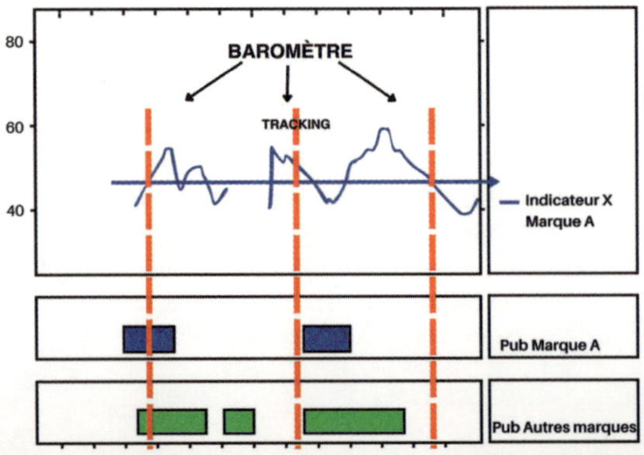

Éléments de compréhension du schéma :

Pub Marque A : les rectangles bleus illustrent les périodes des campagnes publicitaires de la marque étudiée.

Pub Autres marques : les rectangles verts illustrent le calendrier des prises de parole (campagnes pub) des concurrents.

Tracking : il consiste en un suivi permanent des indicateurs de performance et les résultats sont représentés par la ligne bleue quasi continue.

Baromètre : cette mesure est réalisée à intervalles réguliers mais pas en continu. Les traits verticaux rouges illustrent le moment où la mesure barométrique va être réalisée.

Source : d'après séminaire formation, Havas Media France, 2019.

III Les bilans de campagne centrés sur l'efficacité sur les ventes

Il sera ici question de la mesure d'efficacité centrée sur les ventes. L'indicateur des ventes est considéré comme primordial pour toutes les marques, en particulier les ventes à court terme, notamment sur les marchés de la grande consommation. Le principe de base de ces mesures est de mettre en relation les achats des consommateurs avec leur exposition au plan média (le fait que les consommateurs aient une probabilité d'avoir vu les messages de la campagne publicitaire de la marque). Les trois principaux types d'études sont abordés dans cette partie.

1. Présentation

Méthode	Enseignements
Utilisation des panels consommateurs tels Kantar Worldpanel. Ces panels, dits « *single source* », recueillent toutes les informations nécessaires à la mesure auprès d'un même individu. Ainsi, pour chaque individu, on dispose : • du tracking continu de ses achats (les panélistes scannent tous leurs achats et les données sont transmises automatiquement à Kantar Worldpanel) ; • de ses habitudes de fréquentation média (médias traditionnels et digitaux) collectées sur déclaratif (questionnaire). Le tracking en continu des achats permet d'obtenir, pour chaque produit de la marque, diverses informations : le nombre d'acheteurs, les fréquences d'achat, les quantités achetées, les sommes dépensées. La mesure consiste à comparer ces indicateurs d'achat enregistrés par scan avant et après campagne sur un échantillon de personnes exposées à la campagne et un échantillon non exposé à la campagne de publicité (échantillon témoin).	En comparant, les résultats avant/après sur les 2 échantillons, on parvient à isoler l'effet du dispositif de communication sur les ventes. On répond à la question suivante : quel est le pourcentage d'accroissement des ventes lié à la publicité ? Les résultats peuvent être calculés sur différentes cibles de consommateurs. Quelles sont les cibles qui ont été le plus impactées par la campagne ?

Source : séminaire formation, Havas Media France, 2019.

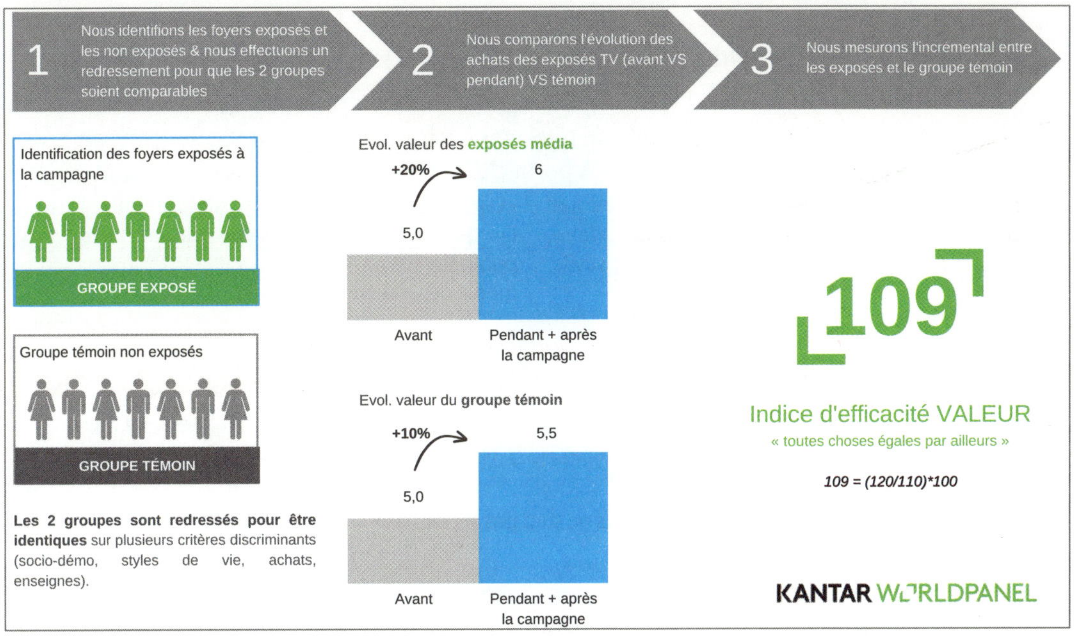

Éléments de compréhension : avant la campagne de communication, les ventes s'établissent à 5 %, c'est-à-dire que 5 % des personnes de la cible achètent le produit de la marque. Après la campagne, on sépare cette population cible en 2 groupes : un groupe qui a été exposé à la campagne et un groupe qui n'a pas été exposé à la campagne. On mesure à nouveau le taux d'achat. On observe que sur le groupe des non-exposés (groupe témoin), les ventes sont passées à 5,5 %, ce qui fait donc une progression de 10 % (par rapport au 5 % avant campagne). Ceci veut dire qu'il y a eu une augmentation des ventes sans publicité. Sur le groupe des exposés, le taux passe de 5 % à 6 %, soit une progression de 20 %. Cette progression est liée à l'effet de la publicité mais pas seulement, puisque le groupe des non-exposés a lui aussi progressé. Pour mesurer le seul effet de la publicité, on va déduire de la progression du groupe des exposés la progression enregistrée sur le groupe témoin.

2. Les marchés tests

L'utilisation des marchés tests permet de mesurer l'efficacité dans les conditions réelles des campagnes. Elle permet, comme les autres méthodes, de mesurer l'efficacité des campagnes afin d'optimiser les dispositifs et de valider les choix stratégiques.

Méthode	Enseignement
La méthode consiste à évaluer l'impact d'une communication sur les ventes sur une zone géographique bien précise et hermétique avant de lancer la campagne au niveau national. On crée des conditions réelles de campagne mais sur une zone test.	La méthode permet d'isoler l'effet de la publicité sur les ventes par rapport aux autres facteurs d'influence.

Exemple :

Comparaison de l'évolution du comportement d'achat des groupes exposés versus non exposés

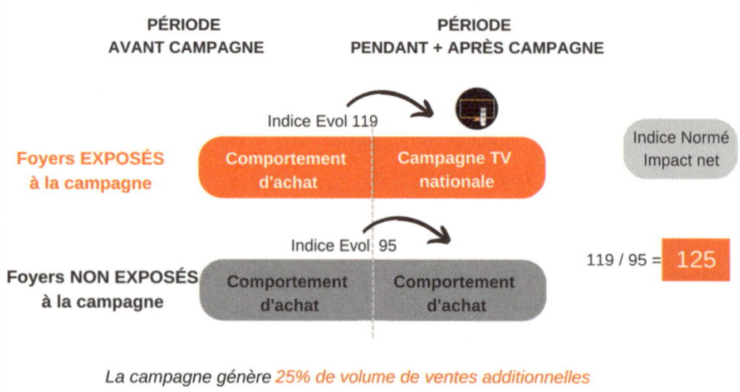

Source : MarketingScan

Éléments de compréhension :
La campagne a eu un effet très positif sur les ventes. Sur le groupe témoin des personnes non exposées, les ventes ont baissé entre la période avant campagne et la période pendant et après campagne (indice 95). En revanche, pour le groupe des personnes exposées à la campagne, on observe une progression des ventes de 19 % entre les 2 périodes. Si l'on met en regard les résultats sur les 2 groupes, on en déduit que la campagne a été efficace avec une augmentation relative (exposés *vs* non-exposés) de 25 %.

3. Le *Mix Marketing Modeling* (MMM)

Les méthodes de mesure d'efficacité ont beaucoup évolué. Le recours à des solutions basées sur les mathématiques et les statistiques est de plus en plus fréquent. Ces méthodes sont appelées « MMM » pour « *Mix Marketing Modeling* ». À partir de l'historique des données, le MMM permet de comprendre quelles actions de marketing et de communication sont les plus efficaces sur les ventes. Il repose sur la collecte de données et sur des modélisations mathématiques. C'est un outil d'aide à la décision qui établit des liens entre les investissements et les performances des ventes et un outil pour mesurer la rentabilité des investissements.

Méthode	Apport
Il s'agit de mettre en relation l'indicateur des ventes avec tous les facteurs qui peuvent contribuer à le faire évoluer. Parmi ces facteurs, on trouve : les actions marketing (actions de communication) et promotionnelles de la marque, les actions des concurrents, des critères économiques (PIB, niveau de confiance des ménages…), des critères exogènes (météo, événements sociaux…) pouvant avoir une incidence sur le marché.	**Un seul indicateur est mesuré.** Concrètement, on va essayer d'évaluer (grâce à un modèle statistique) la contribution de tous ces facteurs à l'augmentation des ventes.

Enseignements

Cette méthode va permettre :
- de décomposer les ventes pour savoir quels facteurs contribuent aux ventes ou pénalisent les ventes ;
- de calculer le ROI total de la campagne : diviser le CA des ventes incrémentales en euros par le montant de l'investissement publicitaire total ;
- de calculer le ROI par levier : diviser le CA incrémental généré par chaque levier en euros par l'investissement réalisé dans chaque levier.

Au-delà de ce calcul, la méthode apporte des enseignements opérationnels concernant, notamment, le budget optimal à investir par média, les contributions de chaque média à l'efficacité, les effets de synergie entre médias, les effets à court terme et moyen ou long terme, permettant ainsi d'établir un calendrier optimisé des prises de parole de la marque.

FICHE RESSOURCE

5

IDENTIFIER LES AXES D'ÉVOLUTION DE LA MESURE D'EFFICACITÉ

I Les 3 axes d'évolution

La mesure d'efficacité évolue sans cesse et s'adapte aux nouveaux besoins des annonceurs. Aujourd'hui, 3 axes de développement majeurs apparaissent :

- le premier est plutôt orienté méthodologie, favorisé par des avancées technologiques et mathématiques ;
- le deuxième est lié à la *data* ;
- le troisième est plutôt ancré dans les attentes RSE, avec la prise en compte du bilan carbone des campagnes de communication et la volonté de définir des KPI environnementaux.

Ces 3 axes illustrent bien la volonté des acteurs de combiner des objectifs business et des objectifs de développement durable à plus long terme, l'enjeu étant actuellement de trouver des solutions opérationnelles pour concilier des enjeux qui, *a priori*, s'opposent. Il s'agit ainsi à présent, pour l'ensemble des acteurs, de définir des KPI environnementaux sans impacter les performances médias.

II Les évolutions méthodologiques

Comme nous l'avons vu dans ce chapitre, la mesure de l'efficacité est devenue incontournable dans l'univers de la communication pour mesurer le ROI des campagnes, piloter et optimiser les dispositifs de communication.

De nombreuses solutions permettent d'ores et déjà de répondre à cette mesure. Pourtant, de nouvelles méthodes très innovantes sont apparues ces dernières années. Elles ne sont pas encore généralisées car complexes à mettre en œuvre et parfois onéreuses.

III Les évolutions liées à la *data*

1. L'utilisation des cookies

La production de *data* en grand nombre contribue largement à l'évolution de la mesure d'efficacité. Elle permet une mesure plus rapide, plus précise et favorise la prise en compte des multiples facteurs d'influence.

Jusqu'ici, de nombreuses mesures d'efficacité des campagnes digitales utilisaient les cookies. En effet, ces trackers de l'activité digitale des internautes permettaient de suivre le parcours de ces derniers et d'identifier les leviers ou supports qui avaient un effet positif sur leurs comportements.

Avec la mise en œuvre du RGPD et la nécessité de préserver les données personnelles, les cookies tiers sont en voie de disparition. Les acteurs du marché ont donc dû trouver d'autres solutions pour cibler mais aussi mesurer la performance des campagnes.

2. Les *data clean rooms* : de nouvelles solutions pour la mesure de la performance

Elles sont nées du besoin de trouver une solution opérationnelle et efficace pour remplacer les cookies tiers (amenés à disparaître) dans le ciblage et l'activation des campagnes digitales. Cette solution sert également à mesurer l'efficacité de chaque point de contact (sur les ventes, par exemple).

Une *data clean room* permet de partager des données entre plusieurs acteurs et va donc rassembler en un même endroit :

– les données des médias (niveau d'audience et qualification des audiences, par exemple) ;
– des données en provenance des annonceurs (données CRM comme les chiffres de ventes) ;
– des données issues des distributeurs ou d'autres acteurs du marché.

Dans les *data clean rooms* opérées par des tiers, toutes les données sont anonymisées grâce à un encodage et l'utilisateur de la donnée ne peut pas avoir d'informations personnelles et sensibles sur les personnes dont les données ont été collectées (respect du RGPD). Les données sont donc sécurisées.

IV Les évolutions liées à la prise en compte de l'impact écologique des campagnes

Dans ce domaine, ces dernières années ont vu le développement de nombreuses initiatives destinées à mesurer l'impact carbone des campagnes de publicité et à intégrer la transition écologique dans les performances des médias et de la publicité.
Cette nouvelle tendance s'accélère d'autant plus que les entreprises de plus de 500 salariés sont tenues de mesurer l'impact carbone de leurs activités publicitaires. L'évolution se fait donc sous contrainte et en ordre dispersé.

Voici quelques exemples d'initiatives dans ce domaine.

1. Du côté des régies historiques

Groupes Les Échos-Le Parisien, Le Figaro et Le Monde	Avec la collaboration du cabinet Ekodev pour construire un outil commun de calcul de l'empreinte carbone des campagnes publicitaires *print* et digitales.
Prisma Media Solutions	Les calculs sont effectués par le nouvel outil Eco Impact. Ce calculateur multisupport de l'impact carbone des campagnes de publicité diffusées sur les marques de presse magazine intègre le référentiel digital du SRI. Des projets de compensation sont aussi mis en place ; ils s'appuient sur des éco-projets certifiés et labellisés par un partenaire climat EcoAcd.
leboncoin Publicité	La régie est accompagnée par le cabinet BL évolution, expert de la transition. Elle calcule, sur demande de ses clients, l'impact carbone de leurs campagnes. Cette estimation s'appuie notamment sur les données du SRI.

2. Dans les agences, des solutions voient le jour

Groupe Havas M4	M4 (*Meaningful Mix Marketing Modeling*) est une solution développée par CSA Data Consulting. Cette offre d'achat média permet aux annonceurs de faire des choix médias en fonction de leur performance publicitaire et de l'impact carbone des différents leviers.
Groupe Publicis A.L.I.C.E	A.L.I.C.E (*Advertising Limited Impacts & Carbon Emissions*) est un calculateur qui permet de mesurer l'impact carbone des campagnes d'un annonceur et de l'ensemble des campagnes opérées par Publicis sur une année.

3. Du côté des annonceurs

L'UDM (Union des marques) vient de lancer son méta-référentiel de l'efficacité qui intégrera les mesures carbone de la publicité, lesquelles reposent actuellement sur différentes calculettes et référentiels.

Accompagnée de partenaires comme BL Evolution, Orange et l'agence Sidièse, l'UDM formalise et harmonise ainsi avec ce méta-référetiel les approches de mesure de l'empreinte carbone qui englobe 6 canaux (TV, digital, affichage, *print* et événementiel) et couvre aussi bien la création que la diffusion. Cet outil intègre les méthodes de référence développées par les associations professionnelles : Ecoprod, SEPM, SNPTV, SRI et UNIMEV.

Optimiser la mesure de la performance et les nouveaux axes de travail permis par la *data*

Vous avez assisté à la 6e édition des Grands prix de la Data et à la table ronde inaugurale sur l'importance du contexte dans la performance publicitaire. Ces Grands Prix se sont déroulés dans l'auditorium du journal *Le Monde* et ont récompensé :

- les utilisations les plus innovantes de la *data* dans toute la chaîne de valeur de la communication ;
- les dispositifs les plus pertinents où la *data* a pour objectif de renforcer la créativité et l'efficacité.

Le prix décerné à la régie CANAL+ Brand Solutions vous a particulièrement intéressé(e) dans la catégorie « Mesure et performance ». Vous avez décidé de chercher à mieux comprendre cette innovation à partir des documents ci-dessous. Dans la perspective de poursuivre votre formation aux médias en licence professionnelle, vous avez identifié plusieurs postes en apprentissage au sein de la régie TF1 PUB et M6 Publicité, et vous pensez que la compréhension des enjeux des *data clean rooms* sera un vrai « plus » lors des entretiens de recrutement.

Fiche ressource 5

Vidéo : Table ronde introductive du Grand Prix de la Data
liennathan.fr/2fif3i

1 Présenter la régie CANAL+ Brand Solutions et ses spécificités, à partir des documents ci-dessous et de vos recherches sur Internet.

2 Identifier dans un tableau, après avoir regardé la vidéo du HUB Institute, les différents partenaires mobilisés pour mettre en place la plateforme Connect+ ainsi que leur rôle respectif.

3 Présenter le fonctionnement et l'intérêt d'une *data clean room*.

Document 1 CANAL+ Brand Solutions

Filiale du groupe CANAL+, CANAL+ Brand Solutions est la régie publicitaire de 36 marques médias, dont CANAL+, C8, CStar, CNews, les marques Eurosport & Discovery, RTL9, OQEE Ciné, myCANAL, UGC, le Grand Rex, et propose aux marques des solutions de communication en TV, digital, cinéma, *data* et *brand content*.

CANAL+ Brand Solutions mesure l'effet des contextes programmes sur la mémorisation publicitaire, l'image de la marque et les comportements d'achats, en croisant les données de consommation TV collectées via les boxes de ses abonnés avec des données tierces.

www.dataetcreativite.fr

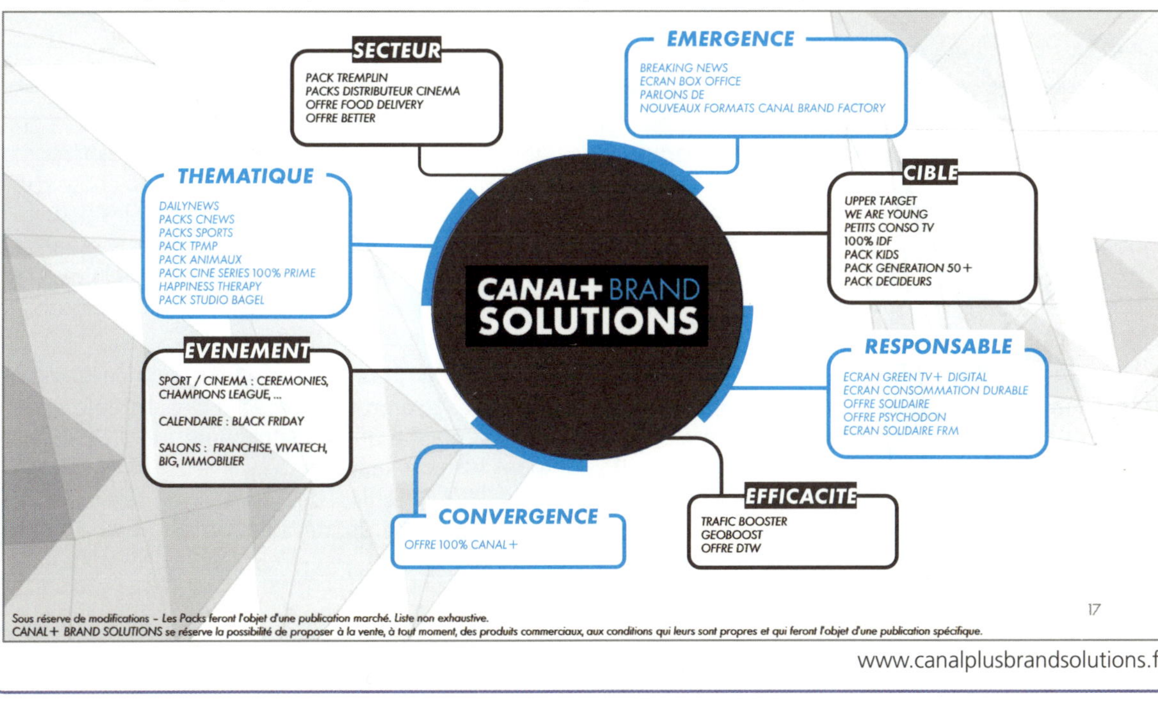

www.canalplusbrandsolutions.fr

Document 2 — CANAL+ Brand Solutions, Connect+, plateforme au service d'une meilleure mesure des performances et de l'optimisation des campagnes TV

Chez CANAL+ Brand Solutions, notre ambition est d'ouvrir la voie à une nouvelle ère de l'usage de la *data* en TV. C'est dans ce contexte que nous avons lancé l'année dernière Connect+.

Connect+ est une plateforme 100 % sécurisée permettant de croiser les données d'exposition publicitaire collectées *via* les box de 3,7 M d'abonnés CANAL+ avec les données d'achats online et/ou offline issues par exemple de la data CRM de l'annonceur. L'objectif étant de mesurer l'impact de l'exposition en TV linéaire sur les comportements d'achat.

Nous avons élargi cette année la mesure à des indicateurs *branding*, qui construisent les ventes à long terme de la marque. Pour ce faire, nous avons constitué avec l'institut d'études CSA un échantillon « *single source* » d'abonnés CANAL+, sur lesquels nous pouvons à la fois collecter toute l'exposition publicitaire *via* leur box, et administrer un questionnaire afin de mesurer les effets de l'exposition sur la notoriété et l'image de marque. Ce dispositif est une première en France.

Nous sommes ainsi la première régie à proposer à nos clients d'utiliser la *data* pour mesurer l'efficacité de leurs campagnes TV linéaires à chaque étape du parcours d'achat, de la notoriété jusqu'à l'acte d'achat. Cette mesure, qui s'appuie sur des expositions publicitaires avérées, permet par ailleurs de mesurer les effets du contexte sur chaque KPI du parcours d'achat.

www.e-marketing.fr, 18 octobre 2022.

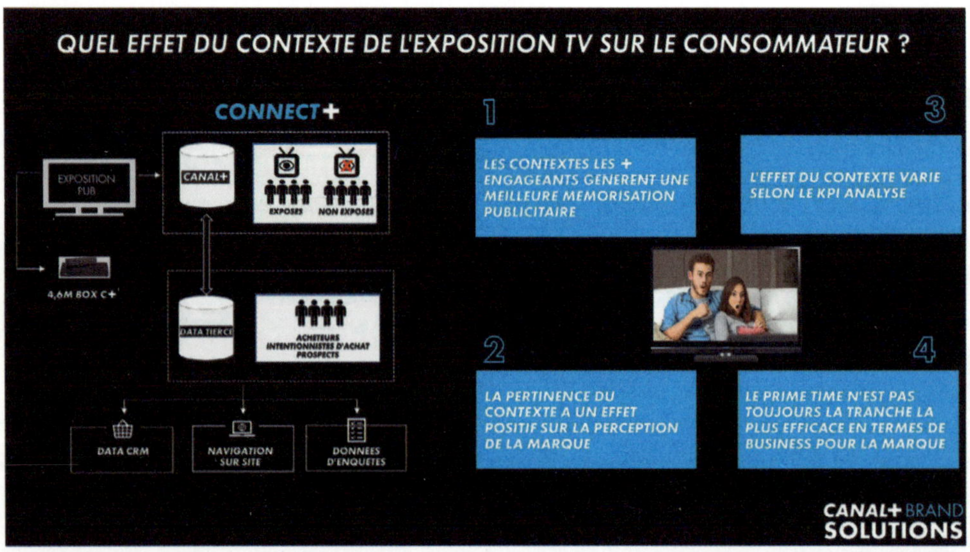

www.canalplusbrandsolutions.fr

Vidéo : Comment CANAL+ Brand Solutions accompagne les marques avec une plateforme innovante ?
liennathan.fr/c3zzqf

Document 3 — Les *data clean rooms* au cœur des enjeux de mesure de la performance

Tout d'abord, qu'est-ce qu'une *clean room* ? Une *clean room* est un environnement partagé et sécurisé avec un accès externe, entre deux ou plusieurs entreprises, où chaque entreprise peut déterminer le niveau de visibilité de ses données. Elle est gérée par une entreprise tierce ou par une entreprise qui partage ses données et elle peut être opérée par un tiers de confiance.

Des échanges favorisés, des *data* alliances : aujourd'hui, l'échange de données entre entreprises n'est pas une tâche facile. En effet, au vu de leur sensibilité, l'échange est très strictement régulé. Il est donc rare de voir les entreprises en échanger. Les *clean rooms*, grâce à un encodage des données, permettent de procéder à ces échanges tout en respectant les réglementations. […]

Des analyses plus poussées : les *clean rooms* ouvrent la possibilité à des analyses plus poussées. De façon évidente, le fait de regrouper les données de plusieurs entreprises permet d'avoir des analyses de meilleure qualité et plus complètes. Cela va donc permettre une compréhension plus approfondie des clients de ces entreprises. […]

Sécurité : […] travailler avec des données personnelles oblige à procéder avec la plus extrême attention et minutie afin d'éviter toute fuite. Une *clean room* est un espace de travail sécurisé et restreint dans lequel seules des personnes sélectionnées ont accès à des données encryptées. Ces données personnelles sont, par ailleurs, encodées pour diminuer encore le risque. Chaque entreprise reste bien maîtresse de ces données. […]

https://numberly.com

Accessibilité numérique : capacité, pour un site ou une application, d'être accessible aux personnes en situation de handicap, d'accéder aux contenus et services digitaux. Sa mise en place est couverte par l'application aux interfaces digitales des normes d'accessibilité émises par le référentiel général d'amélioration de l'accessibilité (RGAA).

Achat programmatique : mode d'achat automatisé des espaces publicitaires ; par opposition à l'achat en gré à gré, où l'agence média négocie et réserve des espaces spécifiques sur des supports choisis en fonction de leur audience pour ses clients. Il permet d'acheter directement des cibles auprès des régies, grâce notamment aux données fournies par la *data* et les DMP.

***Adblocker* :** logiciel de filtrage ou de blocage visant à supprimer ou masquer l'affichage de nombreux formats publicitaires : pages, vidéos, pop-up, bandeaux et bannières, identifiés comme publicitaires au cours de la navigation sur Internet.

AdTech : *Advertising Technology* ou technologie publicitaire. Ce terme désigne les outils digitaux proposés aux régies, aux agences médias et aux annonceurs par des entreprises de la Tech.
Les acteurs de l'écosystème peuvent aussi développer des solutions propriétaires ou incuber des start-up. Il s'agit notamment d'outils permettant :
- d'atteindre les audiences ;
- de diffuser et mesurer les campagnes publicitaires numériques.

Les outils AdTech présentés dans ce manuel sont, par exemple, toutes les technologies liées à l'achat en programmatique (DSP, SSP...) mais aussi aux plateformes *retail media*, à l'extension d'audience...

Affinité : indicateur d'évaluation qui met en évidence la proximité d'une population avec un support, une émission, une marque, un produit...

Agrégat : regroupement d'éléments, de critères, de données... pour constituer un univers plus vaste. Par exemple, dans les résultats de la mesure d'audience de la télévision (Médiamat), on peut avoir un agrégat « groupe TF1 » dans lequel sont additionnées les audiences des chaînes TF1, TFX, TMC et TF1 Séries Films.

Analyse sémantique (ou linguistique quantitative) : technique d'analyse informatisée de données textuelles (presse, *social media*, UGC...) permettant de mettre en évidence, notamment, l'émergence d'un thème dans des articles de presse ou la récurrence de qualificatifs associés à un produit dans les commentaires laissés par les utilisateurs sur les réseaux sociaux. Les techniques de l'analyse sémantique, associées à la datavisualisation, sont un moyen efficace de veille et de repérage des signaux faibles.

Audience : ensemble de personnes exposées à un message, un média, un support de communication ou une publicité dont le nombre fait l'objet de mesures : l'audimétrie.

Audiences consolidées (dans la mesure d'audience télévision) : données issues de sources différentes, rassemblées et/ou combinées entre elles.

***Audio Digital* :** écoutes radio effectuées depuis Internet, notamment les *podcasts* et autres diffusions de contenus ou musiques, sous forme exclusivement audio par le biais d'un canal de diffusion digital.

Baromètre (ou étude barométrique) : étude périodique réalisée à partir d'échantillons qui ont toujours les mêmes caractéristiques et d'un questionnaire identique à chaque mesure. Le baromètre utilisé pour mesurer les évolutions des attitudes et comportements des consommateurs ou les évolutions d'un marché permet donc une analyse historique des données mesurées.

***Benchmark* (ou analyse comparative) :** processus qui peut s'appliquer à de nombreux domaines. Il peut s'agir, par exemple, de mesurer la perception d'un produit, d'une marque ou la performance d'une entreprise par rapport à un concurrent appartenant au même secteur d'activité, sur le même marché ; on parle alors de « *benchmark* concurrentiel ». Il peut s'agir aussi d'analyser et de comparer les pratiques d'autres entreprises du même secteur ou de secteurs différents pour identifier des innovations et de bonnes idées adaptables à l'entreprise ; on parle alors de « *benchmark* horizontal ».

***Best cases* :** « cas clients » illustrant l'efficacité et/ou la performance des solutions proposées par une régie ou une agence média.

***Billboard* :** en TV, dans le domaine du parrainage ou du sponsoring, ce terme désigne un spot de courte durée (6 à 8 secondes) diffusé hors écran publicitaire juste avant et juste après la diffusion du programme et où apparaît le nom ou le logo du sponsor. En *display*, le terme « *billboard* » désigne une séquence vidéo publicitaire d'un maximum de 10 secondes diffusée avant le contenu (*billboard pre-roll*), en milieu de contenu (*mid-roll*) ou en fin de contenu (*post-roll*).

BtoB (*Business to Business*) : transaction, communication établie entre professionnels, de professionnel à professionnel.

Cache du navigateur : fonctionnalité du navigateur qui permet de sauvegarder les données nécessaires à la consultation d'un site web sous forme de fichiers temporaires. Les données composant une page Internet ne sont donc pas rechargées à chaque visite de la page. L'intérêt de ces sauvegardes est de réduire la consommation de bande passante.

Chaîne de valeur : chaque acteur (maillon) de l'écosystème communication doit permettre d'améliorer à la fois l'efficacité de la campagne de communication de l'annonceur et la marge des entreprises intermédiaires constituant la chaîne entre le lancement du brief d'une marque et le bilan de campagne.

***Chatbot* :** programme informatique conçu pour simuler des conversations entre l'organisation et les internautes, généralement *via* des interfaces de messagerie. Le *chatbot* utilise l'intelligence artificielle pour comprendre le langage naturel et répondre aux questions et demandes courantes des utilisateurs de manière automatisée.

Cloud : serveurs distants accessibles sur Internet. Il s'oppose au stockage physique ou local au moyen d'un disque dur d'ordinateur.

Communauté *online* : groupement d'individus ayant des intérêts communs et interagissant *via* Internet, autour d'une activité particulière.

Connexion *mobile first* : cette expression désigne :
- soit le fait que les internautes se connectent à une application ou un site majoritairement *via* leur smartphone ;
- soit une stratégie de conception d'un site ou d'une application adaptée prioritairement à la consultation sur smartphone.

Considération : fait qu'en situation de besoin ou d'achat, un consommateur va considérer une marque comme un choix susceptible de répondre à son besoin.

***Consumer journey* (parcours consommateur/client) :** ensemble d'étapes par lesquelles passe un client ou un prospect lorsqu'il entre en contact avec une entreprise, un produit ou une marque. Ce parcours comprend la phase d'achat, mais également les moments qui la précèdent et ceux qui lui succèdent. Il prend en compte toutes les émotions, positives ou négatives, ressenties par le consommateur/client tout au long de ce processus d'achat.

***Content commerce* (ou commerce éditorial) :** sur le site d'un éditeur, contenu commercial permettant à l'internaute d'être mis en relation avec le site de l'annonceur ou une *marketplace*. En *content commerce*, l'éditeur d'un site propose aux internautes des « bons plans », des comparatifs ou des guides d'achat à partir desquels ils pourront accéder à un site marchand. C'est l'objectif, par exemple, de la rubrique « Guides d'achat » du Monde.fr (https://www.lemonde.fr/guides-d-achat).

Cookie : fichier texte automatiquement enregistré par le navigateur sur le disque dur d'un ordinateur lorsqu'un internaute consentant se rend sur un site web. Les cookies permettent aux sites web de collecter des informations sur les utilisateurs (préférences, articles consultés, historique de navigation…).

Cookie tiers : dans le domaine de la publicité digitale, ils désignent des cookies déposés par des sociétés autres que le site que visite l'internaute. Les sociétés qui déposent des cookies tiers sont souvent des partenaires commerciaux ou prestataires de publicité ciblée. Le responsable du site n'a pas de pouvoir d'action sur ces cookies qui sont gérés par d'autres sociétés. La possibilité pour des entreprises tierces de déposer des cookies sur des sites partenaires devrait prendre fin en 2024.

CPM (coût pour mille) : mode standard de valorisation et de facturation des espaces en publicité *display* par lequel un annonceur est facturé selon un prix de l'espace publicitaire exprimé pour 1 000 affichages de la création (bannière, vidéo…) sur les écrans des internautes.

CSS (*Cascading Style Sheets*) : langage informatique qui permet de mettre en forme des contenus HTML (par exemple, de modifier la couleur d'arrière-plan ou de la police utilisée).

***Curated deal* :** transaction programmatique dans laquelle la qualité du contexte éditorial est garantie ainsi que la possibilité de vérifier le nombre d'impressions ; par opposition à une offre programmatique dans laquelle l'annonceur ou son agence média n'a pas la possibilité de contrôler ni le contexte d'affichage de la publicité vidéo en ligne ni la réalité des impressions réalisées avec précision. Voir aussi « Achat programmatique ».

Cycle de vie d'un produit : succession de phases qui prend en compte toutes les activités qui entrent en jeu dans la fabrication, l'utilisation, le transport et l'élimination de ce produit.

***Data* :** terme générique pour nommer toutes les données numériques que l'on peut obtenir à partir des solutions digitales. Ces *data* sont utilisées soit pour améliorer la relation clients, soit pour optimiser le ciblage des consommateurs et prospects.

***Data centers* :** infrastructure composée d'un réseau d'ordinateurs et d'espaces de stockage utilisée par les entreprises pour organiser, traiter, stocker et entreposer de grandes quantités de données.

***Data Management Platform* (DMP) :** plateforme de gestion des données qui permet de trier, d'organiser et de stocker des données consommateurs provenant de différentes sources en ligne (*via* les cookies, par exemple) ou hors ligne (données CRM, cartes de fidélité…). Dans le domaine du marketing digital, elle permet d'obtenir un ciblage optimal des campagnes à partir de l'association de très nombreux paramètres qui débouche sur une définition fine des cibles pertinentes. Les *Data Management Platforms* sont donc essentielles aux achats d'espaces en programmatique.

Datavisualisation : représentation visuelle simple et créative de données quantitatives issues de très grosses bases de données ou d'études (*big data*). Elle permet l'accès simple et rapide à ces données, l'établissement de liens entre ces données et une vision souvent dynamique (animée) des résultats.

Délinéarisation de la consommation média : consommation des contenus médias non plus en direct, mais en différé, en utilisant des services de streaming de type Netflix, de *catch-up* TV ou les *podcasts* en radio.

***Display* :** publicité sur Internet utilisant des éléments graphiques ou visuels qui prennent la forme de bannières de formats variés (bannières simples, *skyscrapers*, carrés, pop-up...). De manière plus générale, le terme « *display* » désigne l'ensemble des impressions publicitaires sur Internet.

DOM (*Document Object Model*) : représentation de l'ensemble complexe des nœuds HTML contenus dans une page web.

Données agrégées : données quantitatives individuelles, collectées au moyen de questionnaires puis traitées par des outils statistiques (additions, moyennes et autres calculs). Les résultats obtenus sont des données compilées, publiées dans les études.

Données anonymisées : données recueillies lors d'études et traitées de façon anonyme. La personne auprès de qui sont recueillies les données ne doit pas pouvoir être identifiée ou identifiable.

DOOH (*Digital Out-Of-Home*) : ensemble des systèmes de publicité digitale extérieure.

Droit d'asile : montants facturés pour l'insertion d'un encart en presse magazine (facturation de l'espace publicitaire, des frais techniques d'impression et d'insertion, des surcoûts d'affranchissement en cas d'expédition par voie postale).

***Drive-to-store* :** campagne de communication ayant pour objectif de donner envie de se rendre sur un point de vente.

Échantillon représentatif : terme statistique désignant un ensemble d'individus reflétant les propriétés d'une population dont l'étude permet d'étendre des conclusions à des populations entières ou à des sous-populations.

Écoconception : démarche qui permet de réduire les impacts négatifs du produit, service ou bâtiment sur l'environnement durant l'ensemble de son cycle de vie, tout en conservant ses qualités d'usage.

EcoIndex : outil qui permet de prendre conscience de l'impact environnemental d'Internet *via* un calcul basé sur 3 critères (DOM, requêtes, poids de la page) et de proposer des solutions concrètes.

Écosystèmes : ensemble d'êtres qui vivent au sein d'un milieu ou d'un environnement spécifique et interagissent au sein de ce milieu et avec lui. Par emprunt au vocabulaire de la biologie, on parle d'écosystème innovation, d'écosystème média et digital ou encore d'écosystème communication pour désigner les multiples interactions des acteurs de la chaîne de valeur du secteur de la communication.

Électricité « verte » : électricité produite uniquement à partir de sources d'énergies renouvelables telles que l'énergie hydraulique (barrages), éolienne, solaire...

Fonte : terme utilisé en typographie pour désigner une police de caractères.

***Fooding* :** mot-valise créé par la contraction des mots anglais *food* (« nourriture ») et *feeling* (« ressenti, sentiment »). Il désigne à la fois un comportement et un marché. L'enjeu de ce nouveau terme est de revisiter l'art de la table à la française sous l'angle de la modernité afin de l'inscrire dans le quotidien.

Fragmentation des audiences : conséquence de l'apparition d'Internet et de l'augmentation du nombre d'écrans par foyer qui, en permettant la consommation des contenus médias « à la demande », diminue la puissance des mass médias traditionnels (en termes de publicité mais aussi de prescription de l'opinion).

***Free-lance* :** terme anglo-saxon qui désigne un travailleur indépendant ou le fait de travailler à son compte. En France, on désigne ainsi un professionnel ayant créé sa propre activité ou son entreprise, qu'il dirige comme il le souhaite et dont il tire ses revenus en louant ses compétences à des clients variés, avec lesquels il n'a aucune attache légale ni relation de subordination.

***Full funnel* :** en marketing digital, une campagne est dite « *full funnel* » lorsqu'elle cherche à toucher une cible dans l'ensemble des 4 phases du *funnel* de conversion : connaissance, intérêt, considération et action.

Gaz à effet de serre (GES) : gaz présents naturellement dans l'atmosphère terrestre mais dont la quantité a considérablement augmenté en raison de l'activité humaine et qui retiennent une partie de la chaleur reçue du soleil. Ils sont responsables de l'effet de serre et jouent un rôle important dans le réchauffement climatique.

Gré à gré : désigne, par opposition à l'achat programmatique, l'achat d'espaces publicitaires conclus entre une régie et un annonceur ou son agence média sans l'intermédiation d'une plateforme automatisée. L'achat de gré à gré se matérialise par l'émission d'un ordre d'insertion (OI) qui sert de bon de réservation de l'espace publicitaire.

***Green* IT :** ensemble des technologies de l'information et de la communication dont l'empreinte économique, écologique, sociale et sociétale a été volontairement réduite et/ou qui aident l'humanité à atteindre les objectifs du développement durable.

Hackathon : mot-valise formé à partir de l'américain *hackers* (qui, dans ce contexte, concerne la résolution de problèmes) et *marathon* (pour la gestion de l'effort).
Initialement employé pour désigner des phases courtes de développement de programmes informatiques, le terme s'applique maintenant au rassemblement, pendant une brève période et avec un objectif précis, de spécialistes de divers domaines pour résoudre un problème, faire émerger une innovation.

***Hashtag* :** mot-clé cliquable, précédé du signe dièse (#), qui permet d'indexer les publications concernant un même thème. Le *hashtag* peut être explicite ou jouer l'implicite (reprise d'expression, connotations, ironie).

Hébergeur web : entreprise proposant des serveurs où sont stockées les données en rapport avec les sites Internet consultés.

HTML (*Hypertext Markup Language*) : langage informatique utilisé pour la création de pages web, permettant notamment de définir des liens hypertextes, de structurer et donner du sens aux contenus web, de définir les titres sur une page, d'intégrer une image ou une vidéo…

Impression : affichage sur un écran d'un élément publicitaire dans le cadre d'une campagne de publicité sur Internet.

***Inbound marketing* :** stratégie de marketing axée sur l'attraction et l'engagement des prospects/clients en leur proposant du contenu utile et de qualité. Objectif : créer des relations durables en les accompagnant tout au long de leur parcours d'achat.

Incubateur : organisation qui accompagne un collaborateur ou une équipe porteuse d'une idée dans la structuration opérationnelle, économique et juridique de son projet.

Infographie : présentation visuelle, scénarisée et synthétique des résultats d'une étude réalisée grâce à des images numériques (graphiques, diagrammes, schémas) conçus à partir des informations statistiques délivrées par l'étude.

***Insight* :** résumé efficace d'informations clients permettant une résolution rapide du problème de communication. L'*insight* provient souvent du repérage d'un point de tension entre 2 informations, qu'elles soient qualitatives ou quantitatives (les intentions déclaratives exprimées lors d'un *focus group*, par exemple, et les comportements réels des consommateurs exprimés par les chiffres des ventes).

***Insight* consommateur :** opinion, comportement ou attente présente, de façon parfois sous-jacente, chez les consommateurs et qui sert à orienter les discours publicitaires et la politique de commercialisation d'un produit.

***Instream* :** format d'un message publicitaire vidéo intégré de manière dynamique (c'est-à-dire qui cible spécifiquement des consommateurs) dans un contenu vidéo diffusé en *streaming*. Ainsi, tous les spectateurs d'une vidéo ne verront pas la même publicité vidéo *instream* puisque l'intégration dynamique permet d'adresser des messages spécifiques en fonction des caractéristiques de la cible.

Intentionniste : désigne toute personne qui manifeste l'intention d'acheter un produit, de souscrire à une offre de service ou de réaliser une action importante (déménagement, achat d'un véhicule automobile, choix d'une destination de voyage…). L'analyse des parcours de navigation sur Internet permet de déduire des sites fréquentés les achats que projettent les consommateurs.

Inventaire (publicitaire) : en marketing digital, ensemble des espaces mis à la disposition des annonceurs par le propriétaire d'un site web pour l'affichage de publicités.

IT *for Good* : mouvement qui vise à utiliser la technologie pour servir le bien commun ; la technologie devient ainsi un levier pour atteindre les objectifs de développement durable.

IT *for Green* : sous-périmètre de l'IT *for Good*, l'IT *for Green* vise à utiliser le numérique dans un objectif de réduction de l'empreinte écologique. On parle d'informatique au service de l'environnement.

JavaScript (JS) : langage de programmation qui permet de créer du contenu mis à jour de manière dynamique, comme animer une image.

KPI (*Key Performance Indicators*) : indicateurs clés de performance utilisés pour mesurer l'efficacité d'une action de communication. Le suivi permet à la marque de vérifier que les objectifs sont bien atteints et de piloter la performance de ses actions tant au niveau de la relation client, de la conquête de nouveaux clients que de la communication. Les KPI sont propres à chaque marque, définis en fonction de ses objectifs. Leur mesure peut être opérée :
- soit en interviewant un échantillon lors d'un bilan de campagne (ex. : notoriété) ;
- soit en collectant des données de façon passive sur les canaux digitaux (ex. : nombre de visites sur le site de la marque).

Livrables : ensemble des productions (études, synthèses, présentations, infographies, créations *print*, digitales ou audiovisuelles, planification, budgétisation…) que la régie ou l'agence média remet à son client, généralement à l'issue de sa présentation. La liste des livrables attendus figure le plus souvent dans le brief de l'annonceur ou de l'agence média.

Mapping (carte perceptuelle ou carte de positionnement en marketing) : représentation graphique utilisée pour cartographier visuellement les entreprises présentes sur un marché. Ce sont les 2 critères retenus qui correspondent aux axes du mapping qui permettent de positionner les marques sur le graphique et de les situer les unes par rapport aux autres. On pourrait ainsi, pour réaliser un mapping des régies, les répartir selon l'axe vertical puissance/affinité et selon l'axe horizontal *online/offline*.

Marque employeur : image de l'entreprise perçue par ses collaborateurs, ses candidats potentiels et son environnement. Dans un monde où les consommateurs sont de plus en plus conscients des enjeux environnementaux, il est essentiel pour les entreprises de se positionner comme des acteurs engagés dans des pratiques durables et responsables.

Médiaplanning : ensemble des savoir-faire qui permettent, à partir d'un budget donné et d'une cible à atteindre, de construire un plan média.

Mesure passive : mesure effectuée en équipant les personnes de l'échantillon ou du panel avec un appareil (appelé « meter ») qui enregistre automatiquement les comportements de la personne. Cette méthode permet une collecte exhaustive des données et évite les biais liés aux questionnaires.

Méthode des quotas : échantillon statistique constitué avec une structure similaire à celle de la population de base étudiée pour assurer sa représentativité.

***Mid-roll* :** intégration d'un spot publicitaire de quelques secondes sur Internet, au milieu de la visualisation d'une vidéo de contenu.

Modélisation économétrique : méthode statistique complexe qui consiste à mesurer l'impact de plusieurs facteurs sur les ventes d'une marque, par exemple, en vue de définir une formule statistique dans laquelle on a :
- une variable à expliquer : le volume des ventes ;
- des variables explicatives : les investissements publicitaires, les promotions, le PIB, la météo…

L'objectif du modèle est de combiner ces différentes variables explicatives pour arriver au résultat (les ventes).

Monétisation : revenu généré grâce à la vente de contenus web et, plus généralement, démarche consistant à générer des revenus à partir de services innovants.

***New biz* (ou *new business*) :** conquête de nouveaux annonceurs par une agence de communication ou une régie.

Nœuds HTML : point unique dans l'arbre des nœuds du DOM. Chaque nœud représente une information trouvée dans le document HTML (un attribut, un texte…).

ODV (occasion de voir) : probabilité de contact ou rencontre d'un consommateur avec le média dans lequel est insérée la publicité (support publicitaire ou plan média). Le nombre de contacts se calcule à partir des résultats d'audience.

Offre composite (ou offre complexe) : l'offre d'une régie est dite « composite » ou « complexe » à partir du moment où elle propose la diffusion du message publicitaire sur plusieurs supports (offre pluri-supports) ou plusieurs médias (offre pluri-médias). Par exemple, en PQR, on peut acheter un espace *print* sur un seul support (*Le Progrès*, par exemple) : on parle alors d'offre simple. On peut également acheter, en fonction des objectifs, un dispositif couplant *print*, télévision locale et *social media* : on parle alors d'offre composite.

***Outstream* :** format publicitaire vidéo qui n'est pas placé dans un flux vidéo mais en ouverture d'une page ou intégré dans un format classique de type bannière.

***Paid search* (ou recherche payante) :** annonces de bannières publicitaires surlignées en haut de la liste de résultats des moteurs de recherche. Ces bannières se réfèrent au mot recherché par l'utilisateur au moyen de requêtes ou de mots-clés achetés par ou pour le compte de l'annonceur.

***Paid social* (ou *social paid*) :** définit les contenus publicitaires présents sur les réseaux sociaux. On parle aussi de *posts* sponsorisés. Ces contenus bénéficient d'une audience définie au préalable par l'annonceur, dépendante du budget qu'il a alloué, et sont diffusés dans le fil d'actualité visible du réseau social.

Panel : échantillon (représentatif de la population étudiée) permanent de personnes, régulièrement interrogées lors d'enquêtes de longue durée. La mesure s'effectue tout au long de l'année sur les mêmes panélistes. On utilise les panels dans le domaine des études d'audience ou des études de consommation.

Part d'audience : poids de l'audience d'un support par rapport à l'audience totale d'un média.

Part de marché : part, exprimée en %, représentant les ventes d'un produit par rapport aux ventes de l'ensemble du marché.

Part de voix (PDV) : indicateur mesurant en % les investissements publicitaires de l'annonceur par rapport à ceux de tous les acteurs du même secteur.

Persona : du latin *personare* (« parler à travers »). Représentation de l'utilisateur ou client sous une forme condensée, archétypique et personnalisée, à partir de données réelles ou probables. Dans la mesure où le persona humanise l'utilisateur, cela permet aux concepteurs de générer des idées ou services qui répondent aux besoins spécifiques du persona, afin de satisfaire l'ensemble des utilisateurs probables qu'il représente.

Plateforme d'*Ad Exchange* : plateforme automatisée de vente et d'achat d'espaces publicitaires Internet. Les demandeurs d'espaces sont des annonceurs, des agences médias… et les offreurs sont des réseaux, des régies…

Plateformisation des médias : nécessité ou choix, pour les médias (créateurs de contenus), de diffuser leur contenu par le biais des principales plateformes digitales ou réseaux sociaux (distributeurs de contenus), par exemple l'espace contrôlé par le moteur de recherche Google.

Portefeuille annonceurs : ensemble des clients d'une agence média ou d'une régie.

Préemptée : qualifie soit une chose acquise en priorité, du fait d'un droit légal ou contractuel, lorsque le propriétaire manifeste sa volonté de la vendre (sens juridique), soit une chose prise ou retenue au détriment d'autrui (sens courant).

***Pre-roll* :** intégration d'un spot publicitaire sur Internet, au début de la visualisation d'une vidéo de contenu. Le spot peut être « *skippable* », c'est-à-dire que l'internaute peut accéder directement au contenu après quelques secondes de visionnage.

***Private auction* :** enchères auxquelles peuvent participer les seuls annonceurs sélectionnés par les éditeurs, contrairement aux enchères ouvertes. Ce groupe exclusif dispose de la priorité d'enchérir.

Programmatique : voir « Achat programmatique ».

Puissance (ou couverture sur cible) : pourcentage d'individus d'une population donnée touchée par l'offre ou le support (exprimée en % ou en milliers d'individus).

Re-*biz* : fidélisation d'un ou de plusieurs clients.

Refonte graphique : changement d'apparence et de fonctionnalités d'un site Internet afin d'obtenir un nouveau visuel professionnel et ergonomique.

Régie publicitaire : entité (société, groupement d'intérêt ou département d'entreprise) en charge de la commercialisation des espaces publicitaires d'un support, d'un ensemble de supports ou d'un groupe média. Elle est dite « **omnicanale** » quand elle gère tous les supports, qu'ils soient physiques ou digitaux.

Régie publicitaire externe : société assurant la commercialisation d'un ensemble de supports publicitaires qui peuvent appartenir à différents groupes médias n'ayant pas les moyens d'assurer eux-mêmes la commercialisation de leurs espaces.

Régie publicitaire intégrée ou interne : département d'entreprise chargé de promouvoir, commercialiser et gérer les espaces publicitaires des titres du groupe média auquel il appartient, par opposition à la régie externe. Dans la pratique, les régies intégrées sont fréquemment hybrides, c'est-à-dire qu'elles commercialisent également des espaces publicitaires qui ne leur appartiennent pas. C'est le cas de la régie TF1 PUB, qui commercialise l'espace des Indés Radios.

Règlement général sur la protection des données (RGPD) : règlement qui encadre le traitement des données personnelles sur le territoire de l'Union européenne.

Remise mandataire : remise de 15 % sur le prix des espaces publicitaires accordée par une régie à l'annonceur lorsqu'il passe par un mandataire (une agence média, par exemple).

Responsabilité numérique des entreprises (RNE) : démarche d'amélioration continue qui tente de réduire l'empreinte écologique, économique et sociale des technologies de l'information et de la communication.

Responsabilité sociétale des entreprises (RSE) : contribution des entreprises aux enjeux du développement durable. Une entreprise qui pratique la RSE tend à avoir un impact positif sur la société tout en étant économiquement viable.

***Retail media* :** ensemble des dispositifs de communication présents sur le parcours des consommateurs, en magasin ou en ligne, permettant aux enseignes de monétiser leur audience et aux marques d'augmenter leurs ventes.

***Retargeting* :** pratique publicitaire du e-commerce qui consiste à re-cibler un individu ayant visité un site Internet ou consulté une fiche produit sans qu'il y ait eu achat ou transformation lors de cette visite.

***Roadshow* :** dans le contexte, groupe des collaborateurs et de dirigeants d'une régie ou d'une agence média qui va visiter ses principaux clients pour présenter de nouvelles offres ou faire de la pédagogique autour d'une innovation.

Scalabilité : terme de l'univers du Web désignant la faculté d'un logiciel, d'une application à s'adapter aux fluctuations de la demande du marché. Par extension, une activité est dite « scalable » quand on peut augmenter les quantités vendues (ou le nombre de clients), donc quand elle a la capacité de supporter une croissance soudaine de son activité. Dans le domaine de la communication, une solution déployée à petite échelle est dite « scalable » quand elle peut être proposée à l'ensemble des clients ou du marché.

Scope : délimitation d'un champ d'application.

Segment de population / segment de consommateurs : regroupement au sein d'un même segment de personnes qui présentent les mêmes caractéristiques, comme des critères sociodémographiques mais aussi des attitudes et comportements communs.

Segmentation : opération qui consiste à diviser un marché ou une audience en sous-ensembles distincts appelés « segments », pour en clarifier la composition.

Serveurs publicitaires (*Ad Servers*) : plateformes technologiques utilisées dans la publicité en ligne pour gérer, diffuser et suivre les annonces publicitaires.

Service numérique : fourniture électronique d'informations, y compris des données et du contenu, sur plusieurs plateformes et appareils, tels que le Web ou le mobile.

Signaux faibles : éléments de perception de l'environnement, opportunités ou menaces détectées au moyen d'une écoute anticipative, appelée « veille », dans le but de contribuer à des choix prospectifs pour établir une stratégie et réduire l'incertitude.

Single source **:** type d'étude qui recueille, auprès d'un même interviewé, les informations concernant ses achats, ses habitudes de fréquentation des médias et son exposition aux promotions. Ces informations sont indispensables pour réaliser une étude d'efficacité.

Sobriété numérique : démarche qui vise à réduire l'impact environnemental du numérique en limitant ses usages et constitue l'un des aspects de l'informatique durable.

Social listening **(ou écoute des réseaux sociaux) :** écoute attentive des mentions et conversations liées à une marque ou un domaine d'activité afin d'identifier les émotions et sentiments des internautes et de décider d'actions adaptées.

Social selling **:** démarche qui consiste à utiliser les réseaux sociaux pour rechercher de nouveaux clients.

Solution composite (ou complexe) : commercialisation par les régies publicitaires d'éléments de natures très différentes : *data*, formats publicitaires, création visuelle ou de contenu, OPS, post-tests et technologie. On peut donc parler d'une offre complexe ou composite des régies publicitaires.

Sourcing **:** process grâce auquel sont identifiées des sources fiables et pertinentes adaptées à un besoin d'information ou de *data*.

Stratégie 360 : mobilisation de l'ensemble des canaux d'une stratégie de communication (événementiel, relation presse, marketing digital…) pour obtenir un gain de notoriété, l'acquisition de nouveaux clients ou le réengagement et la fidélisation des clients déjà acquis.

Taux de complétion : part des individus exposés à une vidéo publicitaire qui en visionnent la totalité (100 %). Le taux de complétion moyen sur un site a une incidence sur la structure des messages publicitaires qui y sont diffusés.

Tendances : terme souvent employé dans l'univers du marketing et de la communication dans le sens de « tendances sociétales » manifestant les transformations subies par une société, les mutations dans le fonctionnement des groupes humains, les changements de valeurs, les modes d'adaptation des individus au changement… Elles permettent de comprendre certaines attitudes et certains comportements des cibles de communication.

TGI France de Kantar Media : enquête média-marché menée auprès de 15 000 Français de 15 ans et plus, *via* un questionnaire auto-administré *online*, qui étudie les comportements de consommation *online* et *offline*, les opinions, les centres d'intérêt, les styles de vie ainsi que les habitudes médias et hors médias des consommateurs à travers de plus de 60 000 variables.

Trade marketing **:** approche économique et stratégique du marketing en BtoB, qui conduit les producteurs et les distributeurs à collaborer, notamment pour déployer des actions de communication communes. Ainsi, c'est souvent la direction *trade marketing* qui rédige les briefs *retail media*.

UGC (*User Generated Content*) : contenu généré par les utilisateurs sur les sites ou espaces à vocation communautaire ou d'échanges. Il peut s'agir de la mise en ligne d'une vidéo personnelle, d'un avis déposé sur un site de partage d'expériences de voyage ou sur un site marchand…

User centric / site centric **:** une étude *user centric* a pour objectif de mesurer les comportements des utilisateurs et des internautes, et repose sur une méthode qui consiste à mesurer, à partir d'un traceur, leurs comportements de navigation sur le réseau Internet. Par comparaison, une étude *site centric* mesure la fréquentation d'un site Internet en comptant le nombre de visiteurs du site.

Visiteurs uniques : nombre moyen d'internautes ayant visité un site au moins une fois au cours d'une période donnée. Les internautes ayant visité le même site plusieurs fois pendant la période concernée ne sont comptés qu'une fois.

Voice over **:** dans le cadre d'une présentation client avec un support visuel, le terme « *voice over* » désigne l'argumentation orale construite par l'équipe commerciale. Le *voice over* n'est en aucun cas la simple lecture ou le commentaire des slides projetées, mais un discours structuré et préparé qui guide le client dans la compréhension de la proposition et la mémorisation des éléments clés.

Warm up **:** dans le cadre d'une présentation client, le terme « *warm up* » désigne une brève séquence vidéo (micro-trottoir, images d'actualité ou d'archives…) destinée à gagner l'attention de l'auditoire au début de la prise de parole. Le choix du *warm up* permet également à l'agence média ou à la régie de donner une première indication de sa compréhension du problème de l'annonceur.

Watermarking **:** tatouage numérique inséré dans le son d'une chaîne TV, inaudible pour l'oreille humaine, mais qui permet à l'audimètre de le reconnaître et d'identifier la chaîne qui est en train d'être visionnée.

Webinar : séminaire/conférence en ligne.

Crédits photographiques

Chapitre 3 : p. 59 : ©Anna/AdobeStock

Chapitre 4 : p. 77 : www.prismamedia.com ; p. 81 : ©leungchopan/AdobeStock ; p. 82 : www.gfmag.fr ; p. 93 : ©NicoElNino ; p. 95 : france•tvpublicité ; p. 96 : ©Gorodenkoff ; p. 99 : (haut) ©Pierre Dupraz et Romain Melot, https://fonciers-en-debat.com ; (bas) www.seuil.com ; p. 102 : ©MiraCle72/AdobeStock ; ©Dimitry/AdobeStock

Chapitre 7 : p. 145 : https://hyundai.run ; p. 146 : https://tf1pub.fr ; p. 150 : www.pandasecurity.com ; p. 151 : www.uber.com ;

Chapitre 8 : p. 165 : ©evannovoctro/AdobeStock ; p. 168 : ©Vitalii Vodolazskyi/AdobeStock ; p. 171 : ©YummyBuum/AdobeStock ; p. 172 : https://business.linkedin.com ; p. 176 : ©GraphicGrid/AdobeStock ;

Chapitre 9 : p. 189 : ©Jose Calsina/AdobeStock ; p. 197 : ©ClearChannelFrance

Chapitre 10 : p. 206 : ©Coloures-Pic/Adobestock ; p. 207 : www.strategies.fr

Chapitre 12 : p. 240 : ©2021 nikkimeel/Shutterstock ; p. 245 : ©Taras Livyy/AdobeStock

Chapitre 13 : p. 255 : ©ClearChannelFrance ; p. 267 et 268 : www.positivebypublicis.com

Chapitre 14 : p. 269 : www.values.media ; p. 276 : ©ACPM France

Notes

Achevé d'imprimer en août 2023 par l'Imprimerie de Champagne à Langres — France
N° de Projet : 10293753 - Dépôt légal : Septembre 2023